十字架を背負ったイエスが歩んだ
ヴィア・ドロローサ

イエスがローマ帝国の総督ピラトの官邸で行われた裁判で有罪とされてから、十字架を背負って歩くゴルゴタへの道が、ヴィア・ドロローサVia Dolorosa(悲しみの道)。全長約1km。このあたりは当時も今も繁華街で、大勢の民衆の目にさらされたのだろう。そのなかには、母マリアの姿もあった。罪人の汚名を着せられたわが子を見るのは、さぞつらかったに違いない。ラテン語で悲しみの道という意味をもつこの名は、イエスの心情ばかりでなく、マリアを含めその沿道で見守る人々の多くの思いを表した名でもある。

ヴィア・ドロローサは第1留のピラトの官邸からゴルゴタにある聖墳墓教会まで14留ある。キリスト教徒は、物売りの喧騒がこだまする細い路地を、1留ごとにそこで起こったことを黙想しながらたどっていくのだ。

毎週金曜にはフランシスコ会の修道士が、ヴィア・ドロローサを十字架を担ぎながら行進する。そして、それぞれのステーション(留)でイエスの身に起こった事柄に関する祈祷文を読み上げる。人々は賛美歌を合唱しながら続き、観光客も加わって大きな群れとなってイエスの歩んだ道をたどる。

IX 3度目につまずく

スーク・ハーン・エッゼイトSuq Khan Al-Zeit St.の通り沿いにある小さな商店の脇の階段を上り、道なりに右折後、左折。聖墳墓コプト教会の入口にある。ここにあるローマ時代の円柱が、イエスが3度目に倒れた場所。

X ゴルゴタの丘 (聖墳墓教会)

ここからの5留はすべて聖墳墓教会の敷地内にある。イエスが衣を脱がされた場所は聖墳墓教会の入口横にある聖堂と言われている。教会に入り、右側にあるのがゴルゴタの丘とされるローマ・カトリック小聖堂。

VII 再びつまずく

スークと交差する所。キリスト教で伝えられるところによると、ここに審きの門と呼ばれる城外に抜ける門があり、その敷居につまずいたため、イエスが2度目に倒れたとされる。またこの門の上にイエスの罪状書きが張りつけられたとされる。

VIII エルサレムの婦人らを慰める

ルカによる福音書23:27~31のなかで、ここはイエスがエルサレムの娘たちに「私のために泣くな、自分たち、自分の子供たちのために泣くがよい」と語った場所だといわれている。現在建っている聖ハラランボス・ギリシア正教会の修道院の壁に、記念の十字架が刻まれている。

V シモンがイエスの代わりに十字架を背負う

マルコによる福音書15:21に書かれているように、クレネ人のシモンがイエスに代わり、十字架を負わされた所。

VI ベロニカ教会

ここでベロニカという女性が、イエスの顔を絹のハンカチで拭った。すると、このハンカチにキリストの顔が浮き上がったという。この場所には現在、ベロニカ教会がある。ハンカチはヴァティカンのサン・ピエトロ大聖堂に保存されている(非公開)。

III 最初につまずく

イエスが十字架の重みに耐えかね、最初につまずいた場所。ポーランドのカトリック騎士団が小聖堂を建て、現在はアルメニア・カトリックの所属。

IV 苦悩の母のマリア教会

マリアが十字架を背負ったイエスを見たとされる場所。アルメニア人が建てた苦悩の母のマリア教会があり、教会の入口にはその様子が描かれている。また、教会の地下にありビザンツ時代のモザイクにはマリアのサンダルも表されている(一般公開はされていない)。

I 判決を受ける

現在のエル・オマリヤ・スクールEOmariya Schoolの校庭。ここのミナレットは、イエスが死刑の判決を受けたアントニ

要塞があったといわれる所にある。金曜にフランシスコ派修道会の行進はここから始まる。

II 鞭打ちの教会

ここでイエスは十字架を背負わされる。さらに、イエスは茨の冠をかぶせられ、ローマ軍の兵士たちに鞭で打たれた。鞭打ちの教会内にあるステンドグラスには、このときの様子が表されており、祭壇上のドームに茨の冠が飾られている。ここはエッケ・ホモ教会同様、アントニアの要塞上に建てられた教会で、敷地内の博物館には当時の建物の模型がある。

XIII マリアが亡骸を受け取る (聖墳墓教会)

第11留のローマ・カトリックと第12留のギリシア正教の小聖堂の間には、スタバト・マーテルという、イエスの死を嘆くマリアの小祭壇がある。ここで聖母マリアがイエスの亡骸を受け取ったと伝えられている。

XI 十字架に磔 (聖墳墓教会)

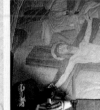

第10留と第11留は直接繋がってはおらず、入口を経由する必要がある。ローマ・カトリック小聖堂の階段を登ると右側に祭壇があるが、ここでイエスは十字架に磔にされたとされている。

XIV イエスの墓 (聖墳墓教会)

ヴィア・ドロローサの終点。イエスが墓に納められた所。現在は聖堂になっており、天使の礼拝堂の奥にある小さな部屋に、墓石が納められている。聖墳墓教会の中でも最も重要な場所。

XII 息を引き取る (聖墳墓教会)

ローマ・カトリック小聖堂と隣接したギリシア正教会の小聖堂の祭壇。磔にされたイエスのイコンがあり、祭壇の下の岩、印のある所が、磔になったイエスの十字架が立てられ、息を引き取った場所という。

地図

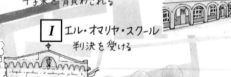

Al-Kanayes St.

Suq Khan Al-Zeit St.

Mujahiddin St.

II 鞭打ちの教会
十字架を背負わされる

オーストリアン・ホスピス
最初につまずく

エッケ・ホモ教会

I エル・オマリヤ・スクール
判決を受ける

Via Dolorosa

III

IV

V

聖母マリアがイエスを見つめる

再びつまずく VII

VIII

VI クレネ人のシモンがイエスの代わりに十字架を背負う

ベロニカ教会
ベロニカがイエスの顔を布で拭う

St. Francis St.

IX
3度目につまずく

聖墳墓教会
X ～ XIV
服を脱がされ磔刑にされてから埋葬されるまで

As-Saraya St.

神殿の丘

地球の歩き方 E05 ● 2019～2020 年版

イスラエル
Israel

地球の歩き方 編集室

ISREAL CONTENTS

イスラエルは小さな国ですが聖地として知られ、また死海など自然の魅力も尽きないところ。日本からはエルサレムの聖墳墓教会やパレスチナ自治区にあるベツレヘムの聖誕教会などキリスト教の巡礼地を訪ねるツアーが人気です。本書はこの地をさらに多方面から楽しめるよう、モーセが十戒を授かったエジプトのシナイ山、ヨルダンにある人気のペトラ遺跡なども取り上げました。個人でも安全に旅ができるよう実用情報も重視しています。

出発前に必ずお読みください！
旅のトラブルと安全情報…9、73、173、308

本書で用いられる記号・略号

紹介している地区の場所を指します。

掲載地域の市外局番と掲載地域の中心部の標高

地図のあるページ

世界遺産登録物件がある地域や見どころには **世界遺産** と表示してあります。

✈ 飛行機　🚆 鉄道
🚌 バス、マイクロバス
🚕 タクシー、シェルート
⛴ フェリー

✉ 住所　☎ 電話番号
📠 ファクス番号
@ eメールアドレス
🌐 ホームページアドレス
🕐 開館時間　🈺 休業日
💴 入場料
📷 写真撮影の制限
📷 フラッシュ撮影の制限
（いずれも特に制限のない物件には記載していません）

地 図

🛈 観光案内所
Ⓗ ホテル
Ⓡ レストラン
Ⓢ 商店、旅行会社など
✉ 郵便局
🚏 バス停
🚌 バスターミナル
✈ 空港
━━ 歩行者天国

Map P.11B4

エルサレム

ジェルーサレム　イェルシャライム　アル・クドゥス
Jerusalem　ירושלים　القدس

エルサレム

市外局番 02
標高 754m

Maps
中心部　折込表
広域　P.54〜55
エン・カレム周辺　P.56
ラトルン　P.98
ほか

ゲッセマネの園に隣接して建つ万国民の教会

世界遺産
エルサレム旧市街と城壁
Old City Jerusalem and its Walls
1981年登録 〔ヨルダンによる申請〕

ベト・グヴリンとマレシャの洞窟群
Caves of Maresha and Bet-Guvrin in the Judean Lowlands as a Microcosm of the Land of the Caves
2014年登録 →P.97

●エルサレムへの行き方
●ベン・グリオン空港から
🚌シェルートが頻発
所要：約45分　運賃：64NIS
🚆No.485が1時間に1便
所要：約1時間　運賃：16NIS
●テルアビブから
🚌運行：1〜2時間に1便
所要：約1時間45分　運賃：20NIS
🚆No.405→P.303[1]
●ハイファから
🚌No.940→P.303[1]、No.947→P.303[1]
●エイラットから
🚌No.444→P.303[1]
●ティベリヤから
🚌No.961→P.303[8]、No.962→P.303[9]
●ベエル・シェヴァから
🚌No.440→P.303[7]、No.446→P.303[9]、No.470→P.303[9]

50

エルサレムの町が見下ろせるオリーブ山かスコープス山に登ってみよう。薄いベージュのエルサレム石で統一された建物は斜面に沿って建てられており、エルサレムの町がいくつもの丘からなることが実感できる。

朝日が昇る頃、あるいは夕日が落ちる時刻ならぬお美しい風景が楽しめる。町が茜色に染まっていくなかで、ひときわ目を引くのが、岩のドームとアル・アクサー寺院だ。さらにその向こうには聖墳墓教会が見える。そして視界に入らないが、神殿の丘の西側には、ユダヤ教徒にとって最も大切なものとされている嘆きの壁がある。

エルサレムはユダヤ教、キリスト教、イスラーム……どの信者にとっても聖地である。ユダヤ教徒は嘆きの壁の前で神殿の再建を願って祈り続ける。キリスト教徒は、イエスが十字架を背負って磔刑に処せられるため歩いた道、ゴルゴタの丘へ続くヴィア・ドロローサをたどる巡行を行う。また、ムスリムにとって安息日である金曜日、イスラーム寺院ではメッカの方角に向かって祈る人々の姿が見られる。

英語でジェルーサレム、ヘブライ語でイェルシャライム、そしてアラビア語でアル・クドゥス（神聖）と呼ばれるエルサレム。4000年の昔から神の名のもとに、あるいは民族の誇りをかけ、数えきれない戦いの舞台となった。

時は流れど、現在でも多くの巡礼者はエルサレムを訪れる。エルサレムを歩くことは、歴史の生き証人と会うことかもしれない。

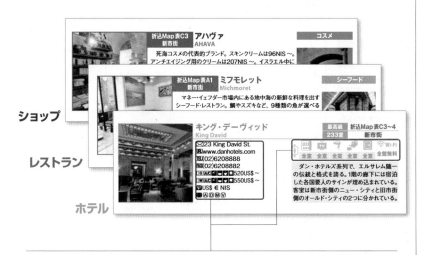

ショップ

レストラン

ホテル

折込Map表C3 **アハヴァ**
新市街 AHAVA
コスメ

死海コスメの代表的ブランド。スキンクリームは96NIS〜。
アンチエイジング用のクリームは207NIS〜。イスラエル中に

折込Map表A1 **ミフモレット**
新市街 Michmoret
シーフード

マネー・イェフダー市場内にある地中海の新鮮な料理を出す
シーフード・レストラン。鯛やスズキなど、9種類の魚が選べる

キング・デーヴィッド
King David
最高級 折込Map表C3〜4
233室 新市街

☒223 King David St.
www.danhotels.com
TEL(02)6208888
FAX(02)6208882
520US$ ~
550US$ ~
US$ € NIS
A D M V

ダン・ホテルズ系列で、エルサレム随一
の伝統と格式を誇る。1階の廊下には宿泊
した各国要人のサインが埋め込まれている。
客室は新市街側のニュー・シティと旧市街
側のオールド・シティの2つに分かれている。

物 件

客室設備

🔲 エレベーター

🔲 ミニバー／冷蔵庫

📺 テレビ

🔲 ドライヤー

🔲 ティーセット

🔲 セイフティーボックス

🛜Wi-Fi 無線LAN

Ｄ ドミトリー／相部屋

Ｓ シングルルーム

Ｗ ダブルorツインルーム

🔲 扇風機付きの部屋

A/C エアコン付きの部屋

🔲 部屋にシャワー付き

🔲 共同シャワー

🔲 部屋にバスタブ付きの
シャワールームあり

🔲 部屋のシャワールームに
バスタブはない

🔲 部屋にトイレ付き

🔲 共同トイレ

🔲 宿泊料金に朝食が込み

🔲 宿泊料金に朝食は含まれない

💴 現金
NIS シェケル
JD ヨルダンディナール
US$ 米ドル
€ ユーロ
JPY 日本円

C/C クレジットカード
Ａ アメリカン・エキスプレス
Ｄ ダイナースカード
Ｊ JCBカード
Ｍ マスターカード
Ｖ ビザカード

■博物館の展示
　博物館では、展示物をほかの施設に貸し出したり、補修などのために非公開となることもあります。
■ヘブライ語・アラビア語表記
　イスラエルは、ヘブライ語を公用語としています。また、アラビア語も広く使われています。本書ではユダヤ人が多い地域にはヘブライ語を、アラブ人が多い地域ではアラビア語を併記しました。町によってはヘブライ語とアラビア語の見どころが並んでいる箇所もあります。また、アラビア語を公用語としているパレスチナ自治区やヨルダン、エジプトについてもアラビア語を併記しています。
■「パレスチナ」について
　パレスチナは、歴史的にヨルダン川と地中海に挟まれた地域を指しており、本書では現在のイスラエル領を含むこの地域について、場合により「パレスチナ」の語を用いていますが、現在のパレスチナ自治区のみを特に指す場合についても、「パレスチナ自治区」の表記のほか、単に「パレスチナ」と表記していることもあります。

　なお、パレスチナ自治政府は「パレスチナ自治区」という表現を認めておらず、「パレスチナ国」である、としています。
■日本語・欧文表記
　できるだけ現地音に近いカタカナで表記するように努めました。長母音の一部は省略してあります。また「エルサレム」など日本で一般的になっている地名は通用名とし、聖書に出てくる人名も混乱を避けるために一般的な日本語訳に従いました。現地で英語訳が一般的な施設には英語訳を採用したものもあります。欧文表記については英語訳を採用しました。ただし固有名詞の英語表記は幾とおりもあり、ガイドブックや地図などによってスペルが違うことが多々あります。
■イスラエルの通貨
　イスラエルの通貨はシェケル（イスラエリ・シェケルIsraeli Shekel）で本書ではNISと表記しました。また、ホテル料金については取材時にUS$（アメリカドル）、€（ユーロ）での回答があった場合は、その通貨単位で表記しています。ヨルダンではヨルダンディナールの回答もあったため、JDと表記しています。

イスラエルの基本情報

▶ヘブライ語
→ P.311

▶アラビア語
→ P.316

国 旗 中心にあるのは青のダビデの星で、その上と下に平行している青の2本の帯は祈祷用の肩かけを意味する。

正式国名 イスラエル国
State of Israel מדינת ישראל
メディナット・イスラエル

国 歌 ハ・ティクヴァ（希望）התקווה

面 積 約2万2000km²（イスラエルが併合した東エルサレムおよびゴラン高原を含むが、この併合は日本を含め国際的には承認されていない。面積は四国より少し大きい）

人 口 約868万人（2017年）

首 都 エルサレム Jerusalem ירושלים（日本を含め国際的には認められていない。米国などを除き、諸外国は大使館をテルアビブに設置）
人口約88万2000人（2016年）

元 首 ルーベン・リブリン大統領
Mr. Reuven Rivlin

政 体 共和制

民族構成
ユダヤ人（ユダヤ教徒）、アラブ人など

宗 教
ユダヤ教75%、イスラーム17.5%、キリスト教2%、ドルーズ派1.6%など

言 語 2018年、ユダヤ国家国民法が可決され、ヘブライ語のみを公用語としたが、アラビア語も広く使われている。またユダヤ教の正統派の人たちの日常会話はイーディッシュ語が使われている。一般的に英語もよく通じる。

通貨と為替レート

NIS

▶通貨と両替
→ P.295

通貨単位はシェケル（Shekel、略号NIS）。補助通貨単位はアゴラ（Agora）。それぞれ複数形はシュカリム、アグロットとなる。1NIS＝100アグロット＝約31円

（2018年9月5日現在）。

紙幣は200NIS、100NIS、50NIS、20NIS、硬貨は10NIS、5NIS、2NIS、1NIS、50アグロット、10アグロット、5アグロット。

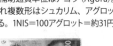
200シェケル

100シェケル

50シェケル

20シェケル

10シェケル

5シェケル

2シェケル

1シェケル

50アグロット

10アグロット

5アグロット

電話のかけ方

▶郵便、電話、インターネット
→ P.297

日本からイスラエルへかける場合　📱 テルアビブの（02）1234-5678へかける場合

国際電話会社の番号		国際電話識別番号	イスラエルの国番号	市外局番（頭の0は取る）	相手先の電話番号
001（KDDI）※1		**010**	**972**	**2**	**1234-5678**
0033（NTTコミュニケーションズ）※1	+		+	+	+
0061（ソフトバンクテレコム）※1					
005345（au携帯）※2					
009130（NTTドコモ携帯）※3					
0046（ソフトバンク携帯）※4					

※1 マイライン・マイラインプラスの国際通話区分に登録している場合は不要。詳細は、http://www.myline.org
※2 auは005345をダイヤルしなくてもかけられる。
※3 NTTドコモは事前にWORLD WINGへの登録が必要。009130をダイヤルしなくてもかけられる。
※4 ソフトバンクは0046をダイヤルしなくてもかけられる。
※ 携帯電話の3キャリアは「0」を長押しして「＋」を表示し、続けて国番号からダイヤルしてもかけられる。

祝祭日
（おもな祝祭日）

▶暦と祝祭日
→P.299

イスラエルの祝祭日			パレスチナ自治区の祝祭日		
4月	4/20	※過越しの祭ペサッハー（初日）	1月	1/1	新年
	4/27	※ペサッハー（最終日）	3月	3/30	ランド・デー（土地収奪反対の日）
5月	5/8	※戦没者記念日	4月	4/3	※預言者ムハンマド昇天祭
	5/9	※独立記念日		4/19	※聖金曜日（正教会、カトリック）
6月	6/9	※7週祭ハグ・ハ・シャヴオト		4/21	※イースター（正教会）
9月	9/30, 10/1	新年ローシュ・ハシャナ	5月	5/15	ナクバ（大災厄日）
	10/9	※贖罪の日ヨーム・キプール	6月	6/4～6	※断食明けの祭リード・アル・フィトル
10月	10/14～20	※仮庵祭ハグ・ハ・スコット	8月	8/12～14	※犠牲祭イード・アル・アドハー
	10/22	※律法の歓喜祭シムハット・トーラー		8/31	※イスラーム暦の新年

※印は、毎年日付が異なる移動祝祭日（上記・右記は2019年の予定）。イスラエルの祝祭日はユダヤ暦に基づき、祝祭日の前日の日没から始まる。

11月 11/9　※預言者ムハンマド聖誕祭
12月 12/25　クリスマス

ビジネスアワー

以下は一般的な営業時間の目安。金曜の日暮れから土曜の日暮れまではシャバットと呼ばれる安息日で、官公庁、銀行などの一般企業、商店やレストランはもちろん、ほぼすべての公共交通機関もストップする。パレスチナ自治区の官公庁は金・土曜に休業。

銀行
8:30～12:00頃の営業。土曜は休業。支店により異なるが、夕方に営業を再開するところもある。金曜は午前のみ。パレスチナ自治区の銀行はおもに8:30～13:30頃まで営業しており、金曜は休み。

デパートやショップ
9:00～13:00と、16:00～19:00頃の営業が一般的。金曜は午前中のみ、土曜は休業。

レストラン、カフェ
12:00～15:00、18:00～24:00の時間帯は最も多くの店が開いている。昼食後の休憩を取らない店も多いし、朝食を提供している店は8:00頃から営業している。コシェル（ユダヤ教の食事規定）を守っている店はシャバットの間はクローズするところがほとんど。ノンコシェルの店の多くは無休で営業。

電気＆ビデオ

電圧とプラグ
イスラエルのプラグは、通常3つ足で穴が楕円形の特殊な形だが、ヨーロッパで広く使用されている2つ足のCタイプが使える。また、イスラエルの電圧は220V（50Hz）なので、100V対応の電気製品は、変圧器をとおして使う。

ビデオ・DVD方式
イスラエルのテレビ・ビデオ方式はPAL。日本やアメリカの方式（NTSC方式）とは異なる。ソフト購入時には確認を。また、DVDは、リージョンコードは2で日本と同じだが、ビデオと同様に方式が異なるため、一般的な家庭用DVDプレーヤーでは再生不可能。

イスラエルから日本へかける場合　⑩(03)1234-5678 または (090) 1234-5678へかける場合

国際電話識別番号 00※1	＋	日本の国番号 81	＋	市外局番と携帯電話の最初の0を除いた番号※2 3または90	＋	相手先の電話番号 1234-5678

※1 ホテルの部屋からは、外線につなぐ番号を頭につける
※2 携帯電話などへかける場合も、「090」「080」などの最初の0を除く

▶イスラエル国内通話　市内へかける場合は市外局番は不要。市外へかける場合は市外局番からダイヤルする
▶公衆電話のかけ方
①受話器を持ち上げる
②テレホンカードを、カードに示された矢印の方向に入れる
③相手先の電話番号を押す
④テレホンカードの残りが画面に表示される。通話が終わったら、受話器を置き、カードを取る

チップ

　レストランなどの請求書に「Service is not included」などと書かれている場合は、15%程度のチップが必要。高級ホテルなどでも何か頼んだときや、快適なサービスを受けたときには、その気持ちに応じてチップを渡せばよい。

タクシー
　流しのタクシーに乗車した場合は基本的に不要。もし払うなら、サービスに応じて渡せばよい。

レストラン
　料金の15%くらい。サービス料が含まれている場合は払う必要なし。

ホテル
　基本的に不要。

飲料水

　イスラエルではミネラルウオーターが広く普及している。1.5ℓで8NIS前後が相場。パレスチナ自治区では3NISとイスラエルよりも安い。

気候

▶トラベルカレンダー
→ P.20 〜21

　イスラエルは北と南で気候が違う。北は比較的雨が多く、南はほとんど雨が降らず、沙漠が大半を占める。気候は温暖で、気温は日本と同じぐらいかやや高いと考えてよい。標高差が大きいので、気温の差も激しい。

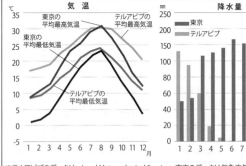

テルアビブと東京の気温と降水量

※テルアビブのデータは、Israel Meteorological Service、東京のデータは気象庁気象統計による。

日本からのフライト時間

▶入国と出国
→ P.291

　日本からテルアビブまでの直行便はないので、アジアやヨーロッパの空港で乗り継いで行くのが一般的。日本からなら、ターキッシュ エアラインズのイスタンブール経由が早く、テルアビブまでは所要時間は約14時間40分（乗り継ぎの時間は除く）。ヨーロッパ経由だと経由地によって異なり、所要時間は15〜18時間（乗り継ぎ時間は除く）。また、テルアビブに到着する飛行機に搭乗するとき、いくつかの質問やボディチェックを受ける。

時差とサマータイム

　日本との時差は7時間。日本時間から7時間引いた時間が現地時間となる。つまり日本の8:00がイスラエルの1:00となる。夏はサマータイムが実施されるので6時間の差となる。3月の最終日曜日の直前の金曜日に2:00を3:00に、10月の最終日曜に2:00を1:00にする。2019年のサマータイムは3月29日〜10月27日、2020年は3月27日〜10月25日となる。3月と10月の終わりにかけて旅行する人は注意しよう。

郵 便

▶郵便、電話、インターネット
→ P.297

イスラエルの郵便局は赤いカモシカのマークが目印。目立つのですぐわかる。一般的な郵便局の営業時間は8:00～18:00のところが多い。金曜と祝日の前日は午前中のみの営業、土曜は休み。

なお、パレスチナ自治区の郵便局は8:00～15:00、金曜は休み。
郵便料金は、日本へ航空便ではがきを送る場合、イスラエルからは9NIS。パレスチナ自治区から送る場合は1.5NIS。

出入国

▶入国と出国
→ P.291

ビザ
観光目的の日本国民は、通常は3ヵ月以内の滞在についてビザは不要。
パスポート
パスポートの残存有効期間は入国時6ヵ月以上必要。

滞在許可証
イスラエルの入国審査が終わると、青い色をした名刺大の入国審査証を受け取る。ホテルのチェックインや出国時に必要になるので、パスポートと一緒に保管しておくこと。

税 金

TAX

▶付加価値税の払い戻しを受ける方法
→ P.293

2018年8月現在、イスラエルの付加価値税は17%。観光省が推薦している店で400NIS以上の買い物をした旅行者は、出国の際に所定の手続きをすることで、付加価値税の一部が返還される。ただし、食料品、飲料、たばこなどには適用されない。

安全とトラブル

▶旅のトラブルと安全対策
→P.308

2018年8月現在、日本の外務省からイスラエルおよびパレスチナ自治区全域に「十分注意してください」という危険情報が発出されている。
ことにヨルダン川西岸（エリコ、ベツレヘム、ラーマッラーおよびこれら3都市とエルサレムを結ぶ幹線道路、西岸内の国道1号線および90号線を除く）や、西岸との境界周辺、レバノンとの国境付近には「渡航の延期をお勧めします」が、またガザ地区および同地区との境界周辺にも「渡航の延期をお勧めします」が発出されている。情勢は急に変化

することがある。常に最新情報を確認して行動すること。
イスラエルと聞けばまず治安面が心配されるが、旅行者が一番注意すべきことはスリや置き引きなど、一般的な軽犯罪。また、現地の人と軽率に政治や宗教の話をすることは避けたほうがよい。
緊急時は以下の番号に連絡を。

警察署 **100**
救急車 **101**

年齢制限

イスラエルでは18歳未満の酒類の購入は不可。また、空港や主要な観光地でレンタカーを借りることができるのは、21歳以上で運転経験が1年以上ある人。

度量衡

単位は基本的に日本と同じメートル法を採用している。

その他

在外公館
●テルアビブの日本大使館
Embassy of Japan　Map P.189B2
⊠Museum Tower 19th & 20th Floor, 4 Berkowitz St.
☎ (03)6957292
🖷 (03)6910516
🖳www.israel.emb-japan.go.jp

トルコ
地中海
キプロス
シリア
レバノン
イスラエル　右図参照▶
パレスチナ
ヨルダン
サウジ
アラビア
エジプト
紅
海
スーダン

本書で扱う地域について

本書では旅行者の便宜を第一に、イスラエルのほか、2012年11月に国際連合において「オブザーバー国家」として承認されたパレスチナ自治区、エイラットから日帰り観光できるペトラ、アカバがあるヨルダン、聖地として人気の聖カトリーナなど、エジプトのシナイ半島周辺も取り上げました。

さらに詳しくはこちらをどうぞ！
関連書籍のご案内

地球の歩き方Plat
19 エジプト
定価(本体1200円+税)

ピラミッドや王家の谷、アブシンベル神殿を短い滞在時間で効率的に巡る旅。

E04
ペトラ遺跡とヨルダン
定価(本体1800円+税)

ロマンあふれるペトラ遺跡やエキゾチックなスーク(市場)、死海リゾートなど異文化の世界へ誘います。

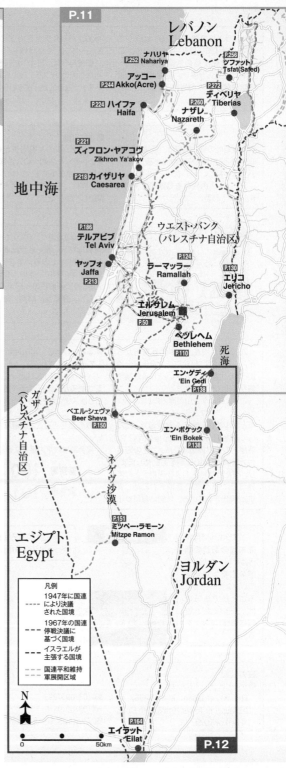

P.11

レバノン
Lebanon

P.252 ナハリヤ
Nahariya

P.256 ツファット
Tsfat(Safed)

P.244 アッコー
Akko(Acre)

P.272 ティベリヤ
Tiberias

P.224 ハイファ
Haifa

P.260 ナザレ
Nazareth

地中海

P.221
ズィフロン・ヤアコヴ
Zikhron Ya'akov

P.218 カイザリヤ
Caesarea

ウエスト・バンク
(パレスチナ自治区)

P.186
テルアビブ
Tel Aviv

P.124
ラーマッラー
Ramallah

P.130
エリコ
Jericho

ヤッフォ
Jaffa
P.213

エルサレム
Jerusalem
P.50

ベツレヘム
Bethlehem
P.110

死
海

P.138 エン・ゲディ
'Ein Gedi

ガザ
(パレスチナ自治区)

ベエル・シェヴァ
Beer Sheva
P.150

P.138 エン・ボケック
'Ein Bokek

ネゲヴ沙漠

P.151
ミツペー・ラモーン
Mitzpe Ramon

エジプト
Egypt

ヨルダン
Jordan

凡例
- - - - 1947年に国連により決議された国境
- - - 1967年の国連停戦決議に基づく国境
- - - イスラエルが主張する国境
- - - - 国連平和維持軍展開区域

N

P.164
エイラット
Eilat

0   50km

P.12

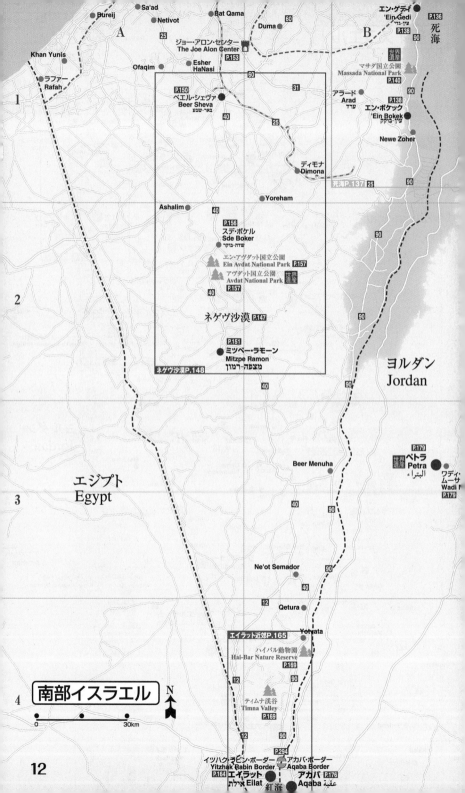

南部イスラエル

Bureij
Sa'ad
Bat Qama
Duma
60
エン・ゲディ
'Ein Gedi
P.136
P.138
死海

A
Netivot

Khan Yunis

ジョー・アロン・センター
The Joe Alon Center
P.153

B

世界遺産
マサダ国立公園
Massada National Park
P.140

ラファー
Rafah

Ofaqim
Esher
HaNasi

60

ベエル・シェヴァ
Beer Sheva
P.150

31

アラード
Arad

エン・ボケック
'Ein Bokek
P.138

1

40

25

90

Newe Zoher

ディモナ
Dimona

死海 P.137 25

90

Yoreham

Ashalim
40

P.156
スデ・ボケル
Sde Boker

エン・アヴダット国立公園
Ein Avdat National Park P.157

アヴダット国立公園
Avdat National Park
P.157
世界遺産

90

2

40

ネゲヴ沙漠 P.147

ヨルダン
Jordan

P.151
ミツペー・ラモーン
Mitzpe Ramon

90

ネゲヴ沙漠 P.148

40

Beer Menuha

P.179
世界遺産
ベトラ
Petra

ワディ・ムーサ
Wadi I
P.179

エジプト
Egypt

3

40

90

Ne'ot Semador

90

40

12

Qetura

エイラット近郊 P.165

Yotvata

ハイバル動物園
Hai-Bar Nature Reserve
P.169

90

4

南部イスラエル

N

12

ティムナ渓谷
Timna Valley
P.169

90

0   30km

12

90

P.294

12

イツハク・ラビン・ボーダー
Yitzhak Rabin Border
P.164

アカバ・ボーダー
Aqaba Border

エイラット
Eilat

アカバ
Aqaba
P.176

紅海

旅のヒント

政治・経済・文化の中心都市テルアビブはビーチリゾートとしても人気 （→P.186）

どこで何が楽しめるの?

　イスラエルの見どころは、聖地にある美しくも荘厳な建造物、沙漠の造形美、海のリゾート、死海での浮遊体験など、いずれもイスラエルでしか味わえない魅力がある。日本の四国ほどの小さな国だから、移動時間が短くて済むのもうれしいところだ。

地中海沿岸

テルアビブ（→P.186）以北の地中海沿岸はどの町にもビーチがあり、夏なら快適な滞在が楽しめる。テルアビブはイスラエルの文化、経済の中心でエンターテインメントなどが充実している。**ハイファ**（→P.224）はイスラエル第3の都市。急坂の多い眺めのいい町である。

おすすめスポット

ローシュ・ハ・ニクラの洞窟（P.252）

ナハリヤ●
アッコー●
ハイファ●
ツファット●
北ガリラヤ地方
ティベリヤ●
ナザレ●
ベト・シェアン●
カイザリヤ●
ネタニヤ●
エズレル平野
テルアビブ●
ヤッフォ●
地中海
エリコ●
エルサレム■
ベツレヘム●
ヘブロン●
ガザ●
エン・ゲディ●
ガザ
死海
ベエル・シェヴァ●
アラード●
エン・ボケック●

ネゲヴ

おすすめスポット

イスラエル南部の沙漠地帯。世界的にも珍しい断層があるほか、ナバテア人の遺跡も点在している。4WDでのツアーや沙漠の動植物を探すトレッキングなどアクティビティは多彩。**ミツペー・ラモーン**（→P.151）にはビジターセンターがある。中心都市は**ベエル・シェヴァ**（→P.150）。

ラモーン・クレーター
（P.154）

●ミツペー・ラモーン
ネゲヴ沙漠
ペトラ●
エイラット●

14

北ガリラヤ地方

イスラエルの最北端には標高2814m
のヘルモン山がそびえている。冬には雪
が降り、雪解け水はヨルダン川の水源と
なっている。イスラエルでは珍しい森林や
滝の風景が**ダン自然保護区**（→P.285）
で楽しめる。なお、シリアと国境を接す
る一帯は国連の管理地域となっている。

おすすめ
スポット

ナハル・ヘルモン自然保護区の滝（P.285）

ガリラヤ湖周辺

ガリラヤ湖は標高マイナス222mの
所にある淡水湖。中心地は**ティベリ
ヤ**（→P.272）で、古代から温泉の町
として知られるスパリゾートだ。湖畔
はイエス宣教の地であり、ゆかりの
教会が多い。湖の南は肥沃なエズ
レル平野。聖家族が暮らした**ナザレ**
（→P.260）にも巡礼者が絶えない。

おすすめ
スポット

死海のビーチ（P.139）

おすすめ
スポット

山上の垂訓教会（P.277）

エルサレム＆死海

エルサレム（→P50）は町全体が聖地で
あり、歴史が息づいている。**ベツレヘム**
（→P.110）を含めて4日は滞在したい。死海
（→P.136）へはバスで1時間半ほど。日帰
りも可能だがぜひ滞在してマッドスパを試
したい。**エリコ**（→P.130）も聖書ゆかりの
地で日帰りで訪れることができる。

紅海

エイラット（→P.164）はイスラエルで唯
一紅海に面した町。ダイバー憧れの海
として名高い紅海のリゾート基地として
1年中観光客を集めている。ダイビング
はもちろん、潜水艦で海中探索を楽し
んだり、ラクダで谷を巡ったり、大人も
子供も楽しめる町だ。

おすすめ
スポット

ドルフィン・リーフ（P.167）

世界遺産

イスラエルは小さい国だが、世界遺産に登録されている物件は多いのが魅力。人類の起源からイエスに関連する史跡、さらには現代建築群までバラエティに富んでいる。ここでは周辺国の魅力的な世界遺産もあわせて紹介！

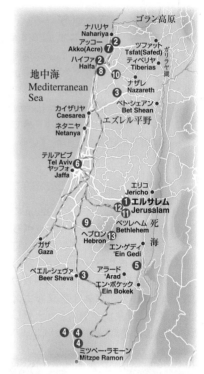

世界遺産 No.1 エルサレム旧市街と城壁（ヨルダンによる申請）
Old City Jerusalem and its Walls ➡P.50

東エルサレムを中心とする旧市街は、ヨルダン（1979年に世界遺産条約を締結）によって申請された。エルサレム旧市街にある各宗派の宗教施設をはじめ、約220もの歴史的建造物が世界遺産に登録されている。ユダヤ教徒は民族の象徴でもある嘆きの壁でかつての王国に思いをはせ、キリスト教徒は聖墳墓教会で磔刑に処せられたイエス・キリストを思い涙する。ムハンマドが昇天した岩のドームはイスラーム第3の聖地であり、かつてはユダヤ教の神殿があった丘の上にある。

世界遺産 No.2 ハイファと西ガリラヤ地方にあるバハーイー教の聖地
Bahá'i Holy Places in Haifa and the Western Galilee ➡P.234 P.251

18世紀、イランで起こったバーブ教は、反イスラーム的であることから迫害を受け、リーダーのバーブは処刑された。跡を継いでバハーイー教と改めたバハーオッラーもオスマン朝から冷遇され、アッコーに幽閉された。バハーオッラーの家はアッコー近郊にあるほか、墓廟もアッコーにある。ハイファには、先駆者バーブの廟があり、周囲は緑豊かなバハーイー庭園になっている。アッコーにあるバハーオッラーの廟も信徒たちによって守られ、年中美しい花が庭園を彩っている。

オリーブ山から眺めたエルサレム旧市街

ハイファのバハーイー庭園

世界遺産 No.3　メギッド、ハツォル、ベエル・シェヴァにある聖書の時代の遺跡丘

Biblical Tels - Megiddo, Hatzor, Beer Sheba ➡P.152 P.271 P.284

ハルマゲドンの語源ともなっているメギッドや、旧約聖書の時代の城壁などが残りアブラハムゆかりの井戸があるベエル・シェヴァのテル（丘）などが世界遺産に登録されている。ハツォルは悪名高きアハブ王の時代に栄えた町だが、カナン時代の遺構も残っている。

その地下水路は高度な技術を用いて造られており、これにより、高台にありながら多くの人口を養うことができたという。ハツォルでは花崗岩で造られたオリーブオイルを搾り出す搾油器なども出土しており、紀元前よりオリーブ油の加工が行われていたことが判明している。

メギッドの地下水利用システム。地下水を巧みに利用している

世界遺産 No.4　ネゲヴにある香料街道の沙漠都市

Incense Route - Desert Cities in the Negev ➡P.157 P.158

乳香や没薬といった香料の交易により莫大な富を得て栄えたナバテア人。その繁栄を示すのはペトラ遺跡だけではない。彼らが活躍したネゲヴ沙漠は、地中海とアラビア半島を結ぶ2200kmにも及ぶ交易路の一部であり、マムシトやシヴタ、アヴダットといった都市遺跡が残っている。

マムシトに残るモザイク

世界遺産 No.5　マサダ

Massada ➡P.140

ヘロデ王が当時の技術の粋を集めて築き上げた、死海を眼下に収める天然の地形を利用した難攻不落の城塞。エリエゼル・ベン・ヤイール率いる熱心党がローマ軍に対して立てこもり、壮絶な籠城戦を繰り広げたという史実もあり、ユダヤ教徒にとって忘れられない場所である。

丘の上には広大な遺跡が広がっている

世界遺産 No.6　テルアビブの現代建築群

White City of Tel Aviv - the Modern Movement ➡P.186

1920年代から1950年代、テルアビブが発展していく過程で造られた建築群。建物の色から「白い町」と呼ばれ、世界でもユニークな町並みが形成された。1920年代末、ヨーロッパの建築学校を卒業した若手建築家がインターナショナルスタイルを持ち込んだことから始まり、1930年代はテルアビブの建築物はほぼすべてこのスタイルで造られるようになった。当時、中心部までこのようなデザインで造られた町はヨーロッパにもなく、世界でも稀有な例となった。

都市計画初期に作成されたロスチャイルド通り

No.7 アッコー旧市街
Old City of Acre ➡P.244

地中海に面した天然の良港アッコーは古代フェニキア人の時代より栄え、ローマ、イスラーム勢力、十字軍など多くの勢力がこの港を庇護下においてきた。旧市街を囲む堅固な城壁は十字軍時代のもので、城壁内にはオスマン朝時代のハーン（隊商宿）やイスラーム寺院など多くの歴史的建造物が残っている。

アッコーのマリーナ。奥に見えるのは隊商宿

No.8 人類の進化を示すカルメル山の遺跡群：ナハル・メアロット／ワディ・エル・ムガラ洞窟
Sites of Human Evolution at Mount Carmel:The Nahal Me'arot / Wadi el-Mughara Caves ➡P.237

ハイファ近郊のカルメル山は、現在のホモ・サピエンス（ヒト）がアフリカから初めて到達した地という説があり、発掘調査が盛んに行われてきた。周囲には石器時代に居住していたネアンデルタール人の洞窟遺跡が点在し、そのひとつナハル・メアロットでは旧石器時代の断層から多くの遺物が発見されている。

人形を使って当時の暮らしを再現している洞窟もある

No.9 ベト・グヴリンとマレシャの洞窟群
Caves of Maresha and Bet-Guvrin in the Judean Lowlands as a Microcosm of the Land of the Caves ➡P.97

ベト・グヴリンはユダ王国時代にはマレシャとして記録されていた町。アケメネス朝末期にシドン（現在のレバノン領）から移民した人々が造り出した岩窟墳墓は色鮮やかで保存状態もいい。マレシャは紀元前40年にパルティアによって破壊されてしまったが、人々はマレシャの近くに移り住み、町はローマ、ビザンツ時代に大いに栄えた。公園内に残る岩窟は石灰石を採取するために削られたものとされている。

敷地内には各時代の遺跡が点在している

No.10 ベト・シェアリームのネクロポリス：ユダヤ人復興の象徴的遺跡
Necropolis of Bet She'arim: A Landmark of Jewish Renewal ➡P.238

ハイファの南東約20kmにある古代ユダヤ人による岩窟墓群。作られたのはおもに2世紀から4世紀にかけてで、ユダヤ人が第2次ユダヤ戦争に敗れ、ローマ帝国がユダヤの宗教や文化を根絶しようとしていた時期に重なる。岩窟墓内にはユダヤ教のシンボルはもちろん、ギリシア神話にまつわるものや幾何学模様などさまざまな彫刻が施されて、ギリシア語やアラム語、ヘブライ語など、さまざまな言語で刻まれた碑文も残っている。

洞窟内には彫刻が施された石棺が並ぶ

世界遺産 No.11　イエスの生誕地：ベツレヘムの聖誕教会と巡礼路（パレスチナによる申請）
Birthplace of Jesus: Church of the Nativity and the Pilgrimage Route, Bethlehem ➡P.114

新約聖書によるイエス聖誕の地。4世紀にローマ帝国コンスタンティヌス大帝の母ヘレナにより、聖堂内の地下洞窟がイエス聖誕の地と定められた。現在の建物は十字軍時代に修復されたもので、聖堂内はローマ・カトリック、東方正教会など宗派ごとに区分所有している。

これがイエス聖誕の洞窟

世界遺産 No.12　ワインとオリーブの地 南エルサレム、バッティールの文化的景観（パレスチナによる申請）
Land of Olives and Vines - Cultural Landscape of Southern Jerusalem, Battir ➡P.120

バッティールには旧約聖書の時代には既に集落があったとみられ、丘の上にはカナン期の遺構も残る。人々が

現在でも利用されている段々畑

何千年も前から灌漑システムを造り、段々畑を整備してきた。現在も人々は昔ながらの方法で畑を耕し続けている。

しかし、段々畑を横断するようにイスラエルは分離壁の建設を計画。2014年、ユネスコは危機遺産へ緊急登録し、遺産の保護を求めている。

世界遺産 No.13　ヘブロン／アル・ハリール旧市街（パレスチナによる申請）
Hebron/Al-Khalil Old Town　本誌非掲載

ユダヤ人の父祖が眠る聖地

ヘブロンは旧約聖書に登場するユダヤ民族の父祖アブラハム、イサク、ヤコブが埋葬されたとされる町で、アラビア語ではアル・ハリールという。アブラハムはアラブ人の祖イシュマイールの父でもあるため、イスラームにとっても聖地である。現在見られる町並みの基礎は13～16世紀のマムルーク朝支配時代に築かれた。最大の見どころはユダヤ民族の父祖が眠るとされるマクペラの洞窟。

ヘブロンの町とその周辺は2018年8月現在、日本の外務省の危険情報でレベル3「渡航は止めてください。（渡航中止勧告）」が発出されている。

周辺国の世界遺産

聖カトリーナ（エジプト）
Saint Catherine Area ➡P.174

モーセが神から十戒を授かったガバル・ムーサ（シナイ山）はキリスト教、ユダヤ教、イスラームの聖地。神々しい御来光を見ようと、山頂を目指す巡礼客が絶えない。ガバル・ムーサの麓にある聖カトリーナ修道院は、ビザンツ時代に創建され、今でも修道士が暮らしている。

シナイ山の麓に作られた聖カトリーナ修道院

ペトラ（ヨルダン）
Petra ➡P.179

アラビア半島と地中海を結ぶ「香料の道」を押さえ、交易で栄えたナバテア人の都。自然の要塞とも言えるほどの渓谷に、アル・ハズネやアッデイルのような壮麗な建造物が今も残っている。映画『インディ・ジョーンズ／最後の聖戦』のロケ地としても有名。

シークから眺めたアル・ハズネ

トラベルカレンダー

月		☀日の出 ★日没（エルサレム）	旅行情報 祭りとイベント	混雑具合	航空券の値段	エルサレム周辺	最高気温 最低気温
1	上旬	☀6:40 ★17:00	1月上旬をクリスマスとする宗派もある	★	★★	気候　エルサレムは標高800mほどの所にあり寒いが氷点下になることはない。雨がちな日が続くことがあるが、雪になることはほとんどない。	13 5
	中旬		トゥ・ビシュバット（'19/1/21）花の季節	★	★		
	下旬			★	★		
2	上旬	☀6:20 ★17:30		★	★	服装　東京の冬の服装で。観光アドバイス　雨具は必携。旧市街は足場が悪いので滑らない靴を。	13 6
	中旬			★	★		
	下旬			★	★		
3	上旬	☀5:50 ★17:50		★	★	気候　3月はまだ雨が多いが4月になるとほとんど降らなくなる。気温も20℃を超す日があり初夏を思わせる陽気。服装　日焼け止めの準備を。	18 8
	中旬		ハグ・ハ・プーリーム（'19/3/21）	★	★		
	下旬			★	★		
4	上旬	☀6:10 ★19:10	ハグ・ハ・ペサッハー（'19/4/20〜27）イースター休暇は混む	★★★	★	観光アドバイス　イースター休暇はヨーロッパからの巡礼客で混雑する。	23 10
	中旬			★★	★		
	下旬			★★	★★★		
5	上旬	☀5:45 ★19:30	ラマダーン月（'19/5/6〜6/3）	★★	★★★	気候　5月になると、すっかり夏の気配。8月が最も暑いが、標高が高いため暑くても最高気温は30℃前後。ほとんど雨は降らない。	27 14
	中旬			★★	★★		
	下旬		独立記念日（'19/5/9）	★★	★★		
6	上旬	☀5:40 ★19:45	イード・アル・フィトル（'19/6/4〜6）	★★	★★	服装　宗教施設が多いので暑くても長袖の準備を。町歩きなら問題ないが、宗教施設では短パンも御法度。観光アドバイス　旧市街をはじめ徒歩での観光が多くなる。歩きやすい靴がよい。世界中から観光客や巡礼者が来るので、荷物の持ち方も工夫しよう。	29 16
	中旬			★★	★★		
	下旬		夏時間実施期間	★★	★★		
7	上旬	☀5:45 ★19:45		★★	★★		31 17
	中旬			★★★	★★★		
	下旬			★★★	★★★		
8	上旬	☀6:00 ★19:30	イード・アル・アドハー（'19/8/12〜14）	★★★	★★★		31 18
	中旬			★★★	★★★★		
	下旬			★★★	★★★		
9	上旬	☀6:30 ★18:45		★★★	★★		29 17
	中旬			★★	★★		
	下旬		ローシュ・ハシャナ（'19/9/30、10/1）	★★	★★		
10	上旬	☀5:45 ★17:20	ヨーム・キプール（'19/10/9）（すべての機関が休業）	★★	★★		27 15
	中旬			★	★		
	下旬		ハグ・ハ・スコット（'19/10/14〜20）	★	★		
11	上旬	☀6:00 ★16:45		★	★		21 12
	中旬			★	★		
	下旬			★	★		
12	上旬	☀6:30 ★16:40	ハグ・ハ・ハヌカー（'18/12/3〜10）（'19/12/22〜30）	★	★		15 7
	中旬			★	★		
	下旬		クリスマス（12/25、カトリック）	★★★	★★★		

岩のドーム→P.75

※日の出、日没時刻はサマータイムを適用。
イスラエルの祝祭日はユダヤ暦に基づき、祝祭日の前日の日没から始まる。

イスラエルにはユダヤ教、キリスト教、イスラームなどが共存し、それぞれ独自の行事や慣習が行われる。それは町の混雑具合にも影響する。気候は夏暑く、冬もおおむね暖かい。

死海、ネゲヴ、エイラット	最高気温 最低気温 水温（℃）	テルアビブと地中海沿岸	最高気温 最低気温 水温（℃）	ガリラヤ湖周辺	最高気温 最低気温 水温（℃）	月
気候 沙漠地域だが雨季にあたる。年に数回は雨が降り、ワディ（涸れ川）にも水が流れる。観光アドバイス 岩盤が固いため遠くで雨が降ったとき、晴れている場所にいてもバスが流されるほどの鉄砲水が出ることがある。	21 10 死海15 紅海19	気候 雨が降ると肌寒いが基本的には暖かく過ごしやすい。服装 長袖が基本。天気の悪い日に備えて上着があるといい。	18 9 地中海17	気候 湖畔の各地域は冬でも比較的暖かい。ガリラヤ湖北部のゴラン高原、レバノン国境付近は気温が低い。	18 9 ガリラヤ湖16	1
	23 11 死海18 紅海20		18 10 地中海17	観光アドバイス 2月下旬～3月上旬は湖畔の野生花が一面に咲き誇り、見事な景観を造り出す。	20 9 ガリラヤ湖15	2
気候 3月後半からは急に暑く感じられるようになる。雨はほとんど降らなくなる。服装 突き刺すような日差しから肌を守るには長袖がベスト。砂から身を守るスカーフ、サングラスや帽子も必携だ。コンタクトレンズの人は砂嵐対策を。	26 14 死海20 紅海20		19 11 地中海17	気候 暑くなってくるのはだいたい4月の中旬頃から。服装 日中は上着がいらなくなる日が多くなる。観光アドバイス ガリラヤ湖は海抜下222mという低地にあるので、気温が高くなると非常に蒸し暑くなる。	22 11 ガリラヤ湖16	3
	31 18 死海25 紅海21	春の丘という意味のテルアビブ（→P.186）	23 14 地中海18		27 13 ガリラヤ湖19	4
気候 まるでドライヤーのなかにいるように暑い。乾燥していて汗を感じないが、水分補給はこまめに。服装 肌を露出しているとやけどのような状態になる。サングラスも有効だ。観光アドバイス トレッキングや遺跡見学では、日陰がないので大きめの帽子が必要だ。	36 17 死海29 紅海23	気候 5月になると汗ばむような陽気の日が続く。泳げるのは6月から。7～8月は湿度が高く蒸し暑い。観光アドバイス 初夏になると町は急に華やぐ。7～8月はイベントなども増えて沿岸の観光地がにぎわう。ビーチ沿いのプロムナードもテルアビブの繁華街も夜中まで人どおが絶えない。	25 17 地中海22	気候 湿度も気温も高い。服装 南部に比べれば日差しは強くないが、それでも真夏は万全の日焼け対策を。ティベリヤ近郊には温泉があるので水着も持っていこう。観光アドバイス 野や丘にある教会を訪ねたり、湖畔のレストランに行ったりするとき、意外に足場が悪いので歩きやすい靴がよい。	32 17 ガリラヤ湖23	5
	38 24 死海32 紅海25		28 21 地中海24		35 20 ガリラヤ湖28	6
	39 26 死海34 紅海29		30 23 地中海26		37 23 ガリラヤ湖28	7
	40 26 死海34 紅海29		30 24 地中海27		37 24 ガリラヤ湖28	8
	37 25 死海34 紅海28		30 23 地中海26		35 22 ガリラヤ湖28	9
エイラット（→P.164）のノースビーチ	33 21 死海33 紅海25	アッコー（→P.244）のマリーナ	27 19 地中海26	ティベリヤ（→P.272）で楽しむ水上アクティビティ	32 19 ガリラヤ湖26	10
気候 暑さのピークは過ぎる。夜はぐっと冷え込むのでベドウィン・ディナーのツアーに行くときは防寒対策を。	28 16 死海28 紅海23	気候 11月に入るとぐっと寒くなる。それでも太陽が輝く晴天の日はポカポカ陽気だ。	23 14 地中海23	気候 ガリラヤ湖畔はまだまだ暖かいが、レバノン国境付近の北部では紅葉が楽しめる。	26 15 ガリラヤ湖22	11
気候 12～3月の初めぐらいまで、死海も紅海も水は冷たい。しかし泳いでいる人もいて店は営業している。	23 12 死海18 紅海19	観光アドバイス 博物館を回ったり、コンサートを楽しんだり、冬は文化都市テルアビブを楽しもう。	19 11 地中海17	気候 日本よりずっと暖かく過ごしやすい。日差しがあれば、春を思わせる日もある。	20 11 ガリラヤ湖18	12

ルート作りのヒント　トラベルカレンダー

星の数★～★★★は相対的な値の大きさを示しています。星の数が増えれば混雑度は大きくなり、料金は高くなる。

旅のモデルプラン

　イスラエルは日本の四国ほどの大きさの国。テルアビブから最も移動距離が長いエイラットまでの路線でもバスで5時間ほどだから、普通は長くても3時間以内の移動で次の町に行くことができる。移動にはエゲッドバス（→P.303）が国内をカバーしているが、テルアビブから地中海沿岸の町へ北上するときは鉄道の旅も景色がよくておすすめだ。

6泊8日 王道コース

旅の必要パーツ

予算	15万円〜
航空券	日本→経由地→テルアビブ テルアビブ→経由地→日本
ホテル	エルサレム4泊　ナザレ1泊 テルアビブ1泊　機中1泊
移動	ベン・グリオン空港→エルサレム（シェルート） エルサレム→ナザレ（バス） ナザレ→テルアビブ（バス）

エルサレム旧市街

ナザレ
テルアビブ
エルサレム
ベツレヘム
死海
マサダ

day 1　日本→ベングリオン空港

ベン・グリオン空港 P.191 からシェルートでエルサレムまで所要約45分。その日はそのままエルサレムで1泊。

day 2　エルサレム市内観光

午前　まずは旧市街で嘆きの壁 P.70 、聖墳墓教会 P.66 、神殿の丘 P.74 と、エルサレムの主要な見どころを巡ろう。
午後　ヤッフォ門近くで休憩。午後はダビデの塔 P.64 を見学した後、オリーブ山へ。時間があればシオンの丘へも足を延ばそう。

万国民の教会とオリーブ山

day 3　エルサレムからベツレヘムへ日帰り

ダマスカス門近くから発着するバスでベツレヘムへ。世界遺産に登録されている聖誕教会 P.114 を見学。ランチ後はエルサレムへ戻り、新市街のイスラエル博物館 P.88 へ行こう。

day 4　エルサレムから死海へ日帰り

午前　朝の涼しいうちにエゲッド・バスでマサダ国立公園 P.140 へ。
午後　マサダから下山したら、死海のビーチ P.139 でプカプカと浮遊体験。スパ施設で泥を全身に塗るのもおすすめ。

死海のビーチ

day 5　ナザレ市内観光

午前　セントラルバスステーションからアフーラー経由のバスでナザレ旧市街へ移動。
午後　ナザレに来たのなら、受胎告知教会 P.262 と聖ヨセフ教会 P.262 は見逃せない。ディナーは美食の町ナザレで存分に味わおう。

受胎告知教会

day 6　テルアビブでお買い物

最後はテルアビブでおみやげ探し。ネヴェ・ツェデク地区 P.194 で新鋭のアーティストのショップを巡るのもいいし、1ヵ所で揃えるのならショッピング・センター P.212 へ行くのも手。

day 7　日本帰国

ベン・グリオン空港発の便で日本へ。機中泊。翌日帰国。

5泊7日
北部聖地巡礼コース

旅の必要パーツ

予算	14万円〜
航空券	日本→経由地→テルアビブ テルアビブ→経由地→日本
ホテル	テルアビブ1泊　ナザレ1泊 ティベリヤ1泊　エルサレム1泊　機中1泊
移動	テルアビブ→ナザレ（バス） ナザレ→ティベリヤ（バス） ティベリヤ→エルサレム（バス） エルサレム→ベン・グリオン空港（シェルート）

ガリラヤ湖

ティベリヤ
ナザレ
テルアビブ
エルサレム

day 1
日本→ベン・グリオン空港

ベングリオン空港 P.191 から市内までは鉄道で所要約20分。

day 2
ナザレ市内観光

左記のday5と同じ。聖地巡礼グッズも要チェック。

day 3・4
ガリラヤ湖観光

ティベリヤを起点にガリラヤ湖を周遊。バスの便は少ないが、タブハ村周辺の見どころ、山上の垂訓教会 P.277 やパンの奇蹟の教会 P.276、ペテロ首位権の教会 P.276、カペナウム P.277 は1日で回れる。

山上の垂訓教会

day 5
エルサレム市内観光

左記のday2と同じ。時間があれば東エルサレムの園の墓 P.86 も訪れよう。

day 6
日本帰国

ベングリオン空港発の便で中東もしくはヨーロッパを経由して日本へ。機中泊。

7泊9日
南部世界遺産巡り

旅の必要パーツ

予算	17万円〜
航空券	日本→経由地→テルアビブ テルアビブ（orアンマン）→経由地→日本
ホテル	エルサレム4泊　ミツペー・ラモーン2泊 エイラット1泊　機中1泊
移動	ベン・グリオン空港→エルサレム（シェルート） エルサレム→ミツペー・ラモーン（バス） ミツペー・ラモーン→エイラット（バス） エイラット→ベン・グリオン空港（バス+シェルート）

ペトラ遺跡のアル・ハズネ

テルアビブ
エルサレム
死海
ベツレヘム
マサダ
ベエル・シェヴァ
ネゲヴ沙漠
ミツペー・ラモーン
ペトラ
エイラット

day 1
日本→ベン・グリオン空港

中東もしくはヨーロッパ経由便でベングリオン空港 P.191 へ。空港からシェルートでエルサレムまで所要約45分。

day 2〜4
エルサレム・ベツレヘム・死海

2日目はエルサレム旧市街を巡り、3日目はベツレヘムの聖誕教会 P.114 とバッティール P.120 へ行こう。4日目はマサダ国立公園 P.140 まで日帰り。その後は死海のビーチへ行くのもいい。

day 5・6
ネゲヴ沙漠観光

ミツペー・ラモーンへ移動したら、ベエル・シェヴァを起点にテル・ベエル・シェヴァ P.152 へ。翌日はアヴダット国立公園 P.157、マムシト国立公園 P.158 を日帰りで巡る。

マムシト国立公園

day 7・8
エイラット→ペトラ（→日本帰国）

エイラットから日帰りツアーでペトラ P.179 へ。その後は同じルートを辿ってベン・グリオン空港へと戻る。ペトラからアンマンへ移動して、ヨルダンの旅を続けるのもいい。

旅のキーワード

宿泊

　ヘブライ語でホテルは「マローン」というが、どんな田舎でもホテルという英語が通じる。ヒルトンやシェラトンなどの高級ホテルチェーンからドミトリーのある安宿まで種類も豊富。

ホスピス

　エルサレムやナザレなどに多いキリスト教徒の巡礼客用の施設。日本人でも利用可能。
→P.104
ホテル代が比較的高いイスラエルではありがたい存在。ただし、部屋の設備はいまいち。

聖ジョージ教会に併設するホスピス、→P.104

キブツ

　イスラエルには仕事や生活を共同で行うキブツ（→ P.307）というシステムがある。キブツでは、旅行者用の宿泊施設を備えているところも多い。自炊の設備があるところもある。

キブツが経営するエン・ゲディ・リゾート→P.145

食事

　イスラエルのレストランは西洋料理から日本食までバリエーションは豊富。ただし、ユダヤ教の食事規定コシェルを厳格に守る店も多く、食材なども制限されている。

コシェル

コシェルKosherとは、聖書に書かれているユダヤ教の食事規定。覚えておきたいポイントは以下の5つ。

❶ひづめが分かれており反芻するものはOK　牛、羊、シカはOKだが、豚、ラクダ、ウサギはダメ。

❷その他の動物　鶏などはOKだがダチョウはNG。猛禽はダメ、地を這う四つ足動物はNG。

❸食べられる肉でも血抜きする　正しく屠殺することが求められ、特に血抜きをするためにイスラエルの肉は一般に固くてパサつきがちだ。

❹水に棲む、ひれとウロコのない生物はダメ　貝、イカ、タコ、エビ、ウナギなどは食べない。

❺乳製品と肉類を一緒に食べない　チーズのかかったピザにサラミやハムなどの肉類は合わせられない。ハンバーガーもチーズが入っていない。

ユダヤ関係

シナゴーグ＝ユダヤ教の会堂
ラビ＝ユダヤ教の指導者
キッパ＝頭を隠す帽子
シャバット＝安息日。金曜の夕方から土曜の夕方まで

キブツ＝ヘブライ語で「集団・集合」を表す。現在では農場を持つ共同体といったところ
ベン・グリオン＝イスラエル初代首相。公共施設や通り名などによく使用される
ヘルツル＝テオドール・ヘルツル。19世紀末に活躍したシオニズム運動家

大都市を結ぶバスや鉄道は便数も多く、遅延なども少ない。ただし、安息日である金曜の夕方から土曜の夕方までの移動は難しい。

大都市間の移動はエゲット・バスが便利

シェルート

バンを改造した乗合タクシー。エルサレム〜ベン・グリオン空港など、決まった区間を走る。市内を走るシェルートはバスの路線と同じ番号を掲げていることが多い。ルート上ならどこでも降車可能だ。アラブ地区ではセルヴィスとも呼ばれている。

パレスチナ域内の移動

エルサレムからベツレヘムやエリコへ行く場合は、新市街でタクシーをひろっても行ってくれない。ダマスカス門のあたりにいる東エルサレムのタクシーか、アラブバスで行く。東エルサレムでひろったタクシーは交渉次第でエン・ゲディなどイスラエルの町へ行ってくれるようだ。情勢によりルートや乗り場も変わりうるので要確認。

シャバット中の移動

イスラエルの安息日は金曜の夕方から土曜の夕方まで。これをシャバットといい、労働してはいけないことになっている。この間はハイファを除くすべての町で、公共交通機関がストップする。土曜は徐々に動き出すが本数が少ないため移動は最小限にすべきだろう。

シャバット中でも大活躍のシェルート

イスラエル旅行で注意したいのはセキュリティ。空港や駅、ショッピング・センターなどのセキュリティはかなり厳しい。公共施設で写真を撮るのも注意されることがある。

セキュリティ

「安全は何物にも優先する」。これがイスラエルのテロに対する方針。たとえ国家の重要人物でも、不審なことがあれば、徹底的に調べる。空港や国境の**セキュリティチェック（→P.292）**の厳しさは有名だが、駅などで荷物をちょっと置いてトイレに行っただけで、不審物として処理されてしまう。

チェックポイント

エルサレム〜ベツレヘム間など、イスラエルからパレスチナ自治区へ移動する場合、チェックポイント（検問所）を経由する場合がある。その際はパスポートが必要なので、必ず携帯しよう。詳しくは**ヨルダン川西岸のアクセスガイド（→P.111）**を参考にしてほしい。

ベツレヘム近くにある分離壁

イスラーム関係
クルアーン＝イスラームの啓典
ムハンマド＝アッラーに遣わされた預言者。
　　　　　　英語でマホメッド
ムスリム＝イスラーム信徒
マスジドまたは**ジャーマ**＝イスラーム寺院、英語ではモスク

そのほか
ハンマーム＝トルコ風の共同風呂
シュック（スーク）＝市場
ベドウィン＝遊牧民

イエスの足跡をたどる旅
Christian Pilgrimage

ガリラヤ湖畔やエルサレムは、
後にキリストと呼ばれるようになったイエスが
2000年前に実際に活躍した場所でもある。
彼の足跡を、一つひとつ噛みしめるように
人々はたどって歩く。
古代から変わらない巡礼の風景だ。

ナザレ旧市街の中心部にある受胎告知教会（左）、エチオピアから訪れた信徒たち（下左）、コインがたくさん投げられた井戸はギリシア正教会系の聖ガブリエル教会内にある（下右）

受胎告知
the Annunciation

大天使ガブリエルによりマリアは身ごもったことを伝えられた

ルカによる福音書によれば、ナザレに住んでいたヨセフの許嫁、マリアのもとに天使がやってきて受胎を告げた（ルカによる福音書1:26〜37）。

受胎告知教会（→P.262）は、これを記念して建てられた。受胎告知をテーマにした壁画が並んでおり、なかには日本人画家、長谷川路可（1897〜1967）による「華の聖母子」もある。旧市街の北にある聖ガブリエル教会（→P.263）には、マリアが天使の声を聞いたという言い伝えのある井戸（→P.263）が今もなお残されており、こちらにも参拝者が絶えることはない。

フラ・アンジェリコ作『受胎告知』
サン・マルコ美術館（フィレンツェ）蔵

生誕
the Nativity

預言どおり「ダビデの町」で
イエス、ここに生誕

マリアの夫、ヨセフの本籍はベツレヘムに
あり、ローマ帝国の人口調査のため、ヨセ
フはマリアとともにベツレヘムへと帰ってい
た。その途中、マリアはイエスを出産する。
（ルカによる福音書2:5 〜）。
「ユダヤの王になるべくして生まれた子」を
恐れたヘロデ王は、ベツレヘムへ追手を向
かわせる。一家
はエジプトへと
逃げていく。ベツ
レヘムには聖家
族ゆかりの教会
が数多く建てら
れている。

闇に浮かび上がる聖誕教
会（上、→P.114）。教会
の地下はイエスが生まれ
た場所とされている（下）

フィリッポ・リッピ作
『聖母子と2人の天使』
ウッフィツィ美術館
（フィレンツェ）蔵

Key Phrase
東方三博士の礼拝

　「マタイによる福音書」の、東方から星に
導かれて3人の博士がイエスを訪問し、黄
金、乳香、没薬をささげるという神秘的な
シーン。絵画のテーマとしても有名だ。

ボッティチェッリ作　『マギの礼拝』
ウッフィツィ美術館（フィレンツェ）蔵

洗礼
Baptism

洗礼ポイントはいくつかあるが、ガリラヤ湖からヨルダン川に入ってすぐのヤルデニット（→P.283）がよく知られている

洗礼者ヨハネによりヨルダン川で洗礼を受ける

イエスが洗礼者ヨハネに洗礼を受けたことは、すべての福音書に書かれており、たいへん重要なことだったことがわかる。ヨハネが当時のユダヤ人に大きな影響力をもつ人物であったことは、『ユダヤ戦記』などを記した当時のユダヤ人、ヨセフスも認めている。『ルカによる福音書』によれば、天使はマリアに受胎告知する前、ヨハネの父にも子が生まれることを告知したという。そのとおりに妊娠したことから、受胎告知を受けたマリアが、ヨハネの母の家で3ヵ月ほど滞在している。

ヴェロッキオとダ・ヴィンチ作『キリストの洗礼』ウッフィツィ美術館（フィレンツェ）蔵

ヨハネはユダヤの人々に正しい道を説き、洗礼を施していたという。当時ユダヤの人々は厳しい境遇を甘受していた。自らを変えたくてヨハネに身を委ねる若者も多かっただろう。

「ユダヤの全地方とエルサレムの住民は皆、ヨハネのもとに来て、罪を告白し、ヨルダン川で彼から洗礼を受けた」（マルコによる福音書1:5）

若きイエスもまた、ヨルダン川でヨハネによる洗礼を受けて己の道を歩み始める。

エルサレムにある洗礼者ヨハネ誕生の教会（左、→P.96）。ヤルデニットで買える聖水（上）。ヨルダン川は細い川だが、水を絶やすことはない（右）

誘惑
Temptation

聖書に出てくる「ユダの荒野」は、エリコ周辺だといわれている。草木もなく山や谷が続く厳しい場所だ。聖ゲオルギウス修道院もそんな場所にある修道院のひとつ。過酷な環境のなかで現在も修道生活が続いている（上）、悪魔に試みられた山には現在はロープウエイもある（右）

キリスト教で「荒野」といえば、洗礼を受けたイエスがその後40日間の苦行を行った場所がイメージされるだろう。苦行のなかでは悪魔に「神の子なら、この石にパンになるように命じたらどうだ（ルカによる福音書4:3）と無理難題を言われたり、「もし、ひれ伏して私を拝むなら、これをみんな与えよう」（マタイによる福音書4:9）と甘言をささやかれたりする。イエスに対する周囲の無理解を悪魔の形で表現したのかもしれない。しかし、イエスはこれに一つひとつていねいに答えて悪魔を振りきる。

カナの婚礼
Marriage at Cana

カナの婚礼は「ヨハネによる福音書」に出てくるイエスの初の奇蹟。婚礼でワインが足りないことを知らされたイエスは、水を味のよいワインに変えたという。

カナの婚礼を記念して建てられたフランシスコ会の修道院（→P.264）

ティントレット作　『カナの結婚』
サンタ・マリア・デッラ・サルーテ教会（ヴェネツィア）蔵

伝道 *Evangelism*

パンの奇蹟の教会（→P.276）。2匹の魚と5つのパンを祝福して増やし、5000人の群衆のおなかを満たしたという奇蹟が起こったという場所に建てられている。床面のモザイクにも魚とパンが描かれている

主の祈り　幸福なるかな
宣教の舞台となったガリラヤの地

ガリラヤ湖の周辺は、悪魔の試みに打ち勝ったイエスが、その後宣教して回った場所。特に洗礼者ヨハネが捕えられたのをきっかけにカペナウムに移り住んだあとは、より積極的に宣教して回っている。十二使徒のなかでも筆頭格にいたペテロも、もとは湖で漁をしていたが、イエスに「わたしについて来なさい。人間をとる漁師にしよう」（マタイによる福音書4:19）と声をかけられたことがきっかけで、弟とともに弟子となった。イエスは数々の奇蹟を起こし、注目を集める存在になっていく。

「幸福なるかな」から始まる、マタイによる福音書の第5章から7章にわたる長い説教を行ったという場所に建てられた、山上の垂訓教会（→P.277）。周囲は祝福の山と呼ばれている

十二使徒をはじめイエスの弟子には漁師が多くいた。さらにガリラヤ湖が宣教の舞台となったこともあって、この時代の話には湖や魚にまつわるエピソードや説教が多い。セントピーターズフィッシュ（→P.281）も、マタイによる福音書（17:24～27）に登場する魚で、現在でいうナイルティラピア。鯛に似た白身の魚で今でも広く食用とされている。聖書の時代と同じように、塩焼きにした素朴な魚の味を口にしてみるのもいいだろう。

イエスが宣教していた時代に作られたボートが近年引き上げられ、キブツ・ギノサルに展示されている（→P.281）

弟子たちの心を映し出したガリラヤの湖

ガリラヤの湖では、イエスは何度か混乱する弟子を叱っている。ある日、イエスが弟子とガリラヤ湖を渡っているとき突風で舟が揺れた。弟子たちは混乱する。舟が沈みそうになり、慌ててイエスを起こす。イエスは起き上がり、風を鎮めて言った。「あなたがたの信仰はどこにあるのか」（ルカによる福音書8:25）。

「マタイによる福音書」によれば、弟子を先に舟で対岸に渡し、イエスはあとから湖の上を歩いて弟子の舟を追いかけた。暗がりのなか、舟に近づいてきたイエス。弟子たちは腰を抜かす。それがイエスだとわかると、ペテロは湖の上を歩きたいと願い、イエスの言葉に従って歩き始める。しかし風が吹いて怖くなったペテロは溺れそうになった。「主よ、助けてください」と叫ぶ彼に、イエスは手を差し伸べながら「信仰の薄い者よ、なぜ疑ったのか」とため息をつく。ガリラヤの水面は、弟子たちの心を映す、鏡のような存在なのだ。

ペテロ首位権の教会（上、→P.276）。ペテロが首位権を確立するのはイエスの死後のこと。ガリラヤの湖畔を歩くペテロの前にイエスが現れて「私の羊を飼いなさい」と言ったという（ヨハネによる福音書21:17）

31

受難 *the Passion*

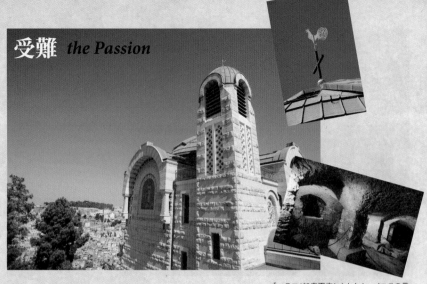

「ペテロが3度否定したとたん、イエスの言葉どおりに鶏の鳴き声が響いた」という話にちなんだ鶏鳴教会。このエピソードはすべての福音書に共通して描かれている。ペテロの否認は弟子たちの裏切りの象徴だった

知らないと3度ペテロが言ったとたん けたたましい鶏の鳴き声が響きわたった

舞台がエルサレムへと移ると、イエスは自らの悲しい運命と弟子たちの裏切りの予感をしばしば口にするようになる。そして過越しの祭の晩餐の場で、弟子のなかに裏切り者がいることを指摘する。そして、ペテロもまた、きっと裏切ってしまうことも……。

「はっきり言っておく。あなたは今夜、鶏が鳴く前に、三度わたしのことを知らないと言うだろう」(マタイによる福音書26:34)。ペテロをはじめ、弟子たちは激しく否定するが、ゲッセマネでイエスは捕えられる。弟子たちは結局みんな逃げてしまった。

イエスの取り調べの最中、ペテロは外で様子をうかがっていた。周囲にいる人に「イエスと一緒にいた」と言われたペテロは、そのつどイエスを知らないと答える。3度目に問われて強く否定したとたん、鶏の鳴き声が響きわたった。イエスの言葉を思い出したペテロは外に出ると激しく泣いた。

今もオリーブの生い茂るゲッセマネの園(左)。過越しの祭の食事が行われた最後の晩餐の部屋(下)。ダ・ヴィンチの絵の雰囲気とはずいぶん異なるアーチが続く空間

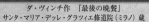

ダ・ヴィンチ作 『最後の晩餐』
サンタ・マリア・デッレ・グラツィエ修道院(ミラノ)蔵

昇天 *the Ascension*

カラヴァッジョ作
『キリスト降架』
ヴァティカン美術館蔵

ヴィア・ドロローサを祈りを唱えながら進むフランシスコ会修道士（上）。ヴィア・ドロローサの第10留から14留までは聖墳墓教会の内部にある（上左）。キリスト教各派が一堂に揃うのはさすが聖地ならでは。派によって少しずつ祈り方が違うのも興味深い

処 刑、復活、そして昇天
イエスの生涯はクライマックスへ

総督ピラトによる尋問も終わり、処刑は決まった。自らが磔になる重い十字架を背負い、死刑が行われる場所へ一歩一歩進んでいくイエス。今、この道は「ヴィア・ドロローサ（悲しみの道、→折込Map裏）」と呼ばれ、巡礼者が唱和しながら歩く道なのだ。

ゴルゴタの丘でイエスは十字架に磔になった。「ユダヤの王」を自称したという罪だった。最後の言葉は「わが神、なぜわたしをお見捨てになったのですか」だったとも「父よ、わたしの霊を御手にゆだねます」だったとも「渇く」だったともいわれている。

ピエロ・デッラ・フランチェスカ作
『キリストの復活』
サンセポルクロ市立美術館蔵

安息日を挟んで3日目の朝、イエスの遺骸は消えていた。イエスはすでに復活していたのだ。弟子の前に現れて教えを説いた後、40日目に昇天した。

園の墓（左上、→P.86）にある墳墓はイエスの墓という説もある。ペテロ首位権の教会（上、→P.276）の祭壇は大きな岩で作られているが、この岩の上で復活後のイエスが弟子たちに食事を与えたと言われている。現在はイスラームの礼拝所になっている昇天教会（左、→P.78）。エルサレム旧市街の近くでは最も天に近いオリーブ山頂にあり、40日間の復活の後、イエスはここから天に昇ったとされている

33

日本人も大活躍！

イスラエル・モダンカルチャーシーン

森山未来さん、皆川まゆむさんなど日本人アーティストが参加した『Wallflower』
©Inbal Pinto and Avshalom Pollak Dance Company/Rotem Mizrahi

コンテンポラリーダンス

イスラエルではコンテンポラリーダンスがとても盛ん。ユダヤ教の伝統があるとはいえ、言語も日常生活もさまざまなバックボーンをもつイスラエルの人々が、まったく新しい「共通言語」として、ダンスという表現に注目したのはある意味当然だったのかもしれない。

そんな自由な身体表現に惹かれ、1990年代以降、日本の若いダンサーが次々と

イスラエルに渡るようになり、ダンスに対する日本人アーティストの果たす役割はとても大きいものになっている。俳優として活躍する森山未来さんも、イスラエルに渡りダンス・カンパニーでダンスを磨いた。

そんなイスラエルのコンテンポラリーダンスに触れるには、ダンスの殿堂であるスザンヌ・デラール・センター（→P.196、198）に行くのがいちばん早い。

バトシェヴァ
Batsheva

イスラエルが誇る世界的な舞踊団で、1964年に設立された。オハッド・ナハリンが振付に携わるようになった1990年以降、その名声は上昇を続け、『デカ・ダンスDeca Dance』などの意欲的な作品を次々と送り出している。

インバル・ピント＆
アヴシャローム・ポラック
Inbal Pinto and Avshalom Pollak

1992年から活動するダンス・カンパニー。2007年に『ヒュドラHydra』、2014年には『ウォールフラワー Wallflower』を日本で公演した。他で見ることのできない斬新な発想から生まれた圧倒的な身体の動きは、世界中のファンを魅了してやまない。

©Batsheva Dance Company - Venezuela by Ohad Naharin (2017)　Photo: Ascaf

©Inbal Pinto & Avshalom Pollak Dance Company - Oyster
Photo: Eyal Landsman

クラシック音楽

イスラエルは建国当初からドイツやイギリスをはじめとするヨーロッパからの移民が多く、クラシック音楽の土壌がすでにでき上がっていた。また、彼らの出身地域の多様さもまたこの国のクラシック音楽に影響を与えている。イスラエルでは、西欧諸国に比べてロシアや東欧の作品が積極的に取り上げられる。その多くはロシアや東欧諸国からやってきた人々がもたらしたものだ。ほかではあまり演奏されないような曲を耳にできるのは、イスラエルでのクラシック鑑賞ならではの楽しみだといえる。

エルサレムを代表するオーケストラとしては、テルアビブのチャールズ・ブロンフマン・オーディトリアム（→P.199）を拠点にするイスラエル・フィルハーモニー管弦楽団が真っ

先に挙げられる。また、エルサレム劇場Jerusalem Theater（MAP P.55C3）を拠点とするエルサレム交響楽団も名門楽団として知られ、2016年には来日公演を行っている。毎年夏にマサダで行われるマサダ・オペラ・フェスティバルや、毎年冬にエイラットで開かれるエイラット・クラシック・フェスティバルはタイミングが合えば行ってみたい。

マサダで繰り広げられる野外オペラ
©2014 Israeli Opera / Masada Dead Sea Festival

美術館

イスラエルは美術の世界でも現代的な作品の人気が高い。多様なバックボーンをもつ人々でありながらも、同じ場所で同じ時代を生きているという共通項もある。2010年代になってテルアビブにオープンしたふたつの美術館からは、イスラエルの人々の現代芸術志向がうかがえる。

ホロン地区にあるデザイン博物館

（→P.202）は、商品などのデザインに光をあてた珍しいタイプの博物館。常設の展示スペースは小さく、メインの展示を企画展で行っており、日本人デザイナーもしばしば特集されている。

テルアビブ美術館（→P.200）新館は、建物の大胆なデザインで知られている。アメリカ人のプレストン・スコット・コーエンによる作品。展示していあるものも現代のイスラエル人アーティストによる思い切りのよい新しい表現のものが多い。またこの新館のオープンにより、展示のみならず、パフォーミングアートも開催できるようになった。美術館は文字通り「アートの殿堂」に近づいている。周囲にはほかにも博物館や舞台などがいくつもあって、このエリアだけで何日も楽しめそうだ。

斬新なデザインのテルアビブ美術館新館

飲み比べてみよう!
イスラエル産クラフトビール

ダンシング・キャメルのハンドポンプ式サーバーと飲み比べセット

リビラの共同オーナーのエリックさん

長らくマカビー Maccabeeとゴールドスター Goldstarの2大銘柄で知られてきたイスラエルビール業界だが、近年のクラフトビールブームで状況は大きく変化。小規模な醸造所による個性あふれるビールが次々と登場している。ここではクラフトビールが飲めるパブのなかでも大都市にあって気軽に立ち寄れるところを厳選。イスラエル産ビールをいろいろ試してみよう!

テルアビブ Tel Aviv
パブ内で造られたビールをその場でいただく

ダンシング・キャメル
Dancing Camel

パブ内にある醸造施設

パブ内で醸造された、できたてビールが飲めるブリュワリー・パブ。ここで造られるビールは季節ものも含めて24種類。

そのなかで常時9種類を飲むことができる。醸造施設の見学はグループのみ可。

MENU
- グラスビール　35NIS
- 6種飲み比べセット　78NIS
- 8種飲み比べセット　85NIS

DATA
Map P.189B3
✉12 Ha Ta'asiya St., Tel Aviv
☎(03) 6242783　URL www.dancingcamel.com
⏰17:00〜翌1:00
(金12:00〜18:00、土19:00〜翌1:00)
休シャバット　CCMV

テルアビブ Tel Aviv
圧倒的品数に自信あり

ビア・バザール
Beer Bazaar

イスラエル産のボトルビールが並ぶ

カルメル市場内にある2階建てのパブ。取り扱うイスラエル産クラフトビールのボトルはなんと100銘柄。自社製の5種類はサーバーで飲むことができる

MENU
- グラスビール小　24NIS
- グラスビール大　29NIS
- テイスティングセット　55NIS 〜

DATA
Map P.190下B
✉36 Yishkon St., Tel Aviv
☎(03) 5049537
URL beerbazaar.co.il
⏰11:00〜24:00
(金11:00〜16:00、土19:00〜24:00)
休シャバット　CCADMV

エルサレム Jerusalem

旧市街近くにあるビールの聖地

シラ
Sira

イスラエル旧市街にほど近いパブで、地元産のシャピロShapiro4種類をサーバーで飲むことができる。また、パレスチナ産ビールのタイベ（→P.127）も出しており、それを目当てに訪れる人も多い。イスラエル産とパレスチナ産

地元エルサレムで造られているシャピロのIPA

両方のビールを出すのは、この場所を政治的立場に関係なく楽しめる場にしたいというオーナーの意思の表れ。16:00～21:00（金・土14:00～20:00）はハッピーアワーで1杯頼むともう1杯無料。

MENU
- グラスビール小　15NIS～
- グラスビール中　23NIS～
- グラスビール大　28NIS～

DATA
折込Map表C2
✉4 Ben Sira St., Jerusalem
☎(02) 6234366
営16:00～翌3:00（金・土14:00～翌2:00）
休無休　CC A M V

エルサレム Jerusalem

ピザとの相性バツグン

バルダク
Bardak

店内は明るく開放的

ハイファ Haifa

できたてビールと質の高い料理

リビラ
LiBira

ハイファ中央駅の南東ハナマル通りは、いくつものバーやレストランが並ぶ繁華街。その一角にあるリビラは、醸造施設をもち、

ハイファ中央駅から徒歩約7分

その場でできたビールを出すブリュワリー・パブ。自社製ビールは5種類。

そのほかゲストビールとして、他社製クラフトビールも数銘柄サーバーで飲める。料理へのこだわりも強く、メニューはビールとの相性を考えて作られている。

MENU
- グラスビール小　19NIS～
- グラスビール大　24NIS～
- 5種テイスティングセット　40NIS～
- サンドイッチ　44～48NIS
- ハンバーガー　58～68NIS
- 前菜4種小　64NIS　●前菜4種大　128NIS
- ソーセージ　58NIS　●ステーキ　78NIS
- ムール貝のマリネ　72NIS　●フィッシュフィレ　72NIS

DATA
Map P.230B1
✉26 Ha Namal St., Haifa
☎(04) 3740251　URLlibira.co.il
営12:00～24:00　休無休　CC A D M V

新市街の南側にあるダイニングパブ。イスラエル産のクラフトビールはシャピロやジェムズJEM'Sなど、常時6銘柄ほどをサーバーで飲むことができ、ネゲヴNegebなどのボトルも置いている。店内で手作りしているピザが人気。

ピザは20種類以上。グルテンフリーのピザもある

MENU
- グラスビール　26NIS
- ピザ小　39NIS～　●ピザ大　75NIS～
- 日替わりスープ　32NIS　●サラダ　41NIS～

DATA →P.107
折込Map表C4

見どころピックアップ｜イスラエル産クラフトビール

音と　で導く
エルサレム4000年の旅

ダビデの塔はエルサレムの町を見守ってきた生き証人。
音と光のショーではその城壁にプロジェクションマッピングで
映像を投影し、この町の壮大な歴史を巡る。
聖都エルサレムの夜を彩る魅力的なアトラクションだ。

ショーでは聖書時代から現在までのエルサレムの歴史を30分ほどの映像で紹介してくれる。解説はほとんどなく、映像と音楽のみなので英語が苦手でも大丈夫。ここで勉強しておこう。

ショーの
座席はココ

1 第1神殿時代
BC.1006 ～ BC.586年

　天地創造のシーンが流れると、ソロモン王による第1神殿の建設、その繁栄が描かれる。神殿が破壊されると、バビロン捕囚のシーンへと続く。

START!

シバの女王の訪問:
シバとは旧約聖書に登場する王国で、女王はソロモン王の智恵を求めてエルサレムを訪れるという場面

2 エルサレム帰還～第2神殿時代
BC.586 ～ AD.131年

　過酷なバビロン捕囚やエルサレム帰還後に行われる第2神殿の建設などが描かれている。ローマによるエルサレム攻囲戦は大迫力!

第2神殿の建設:
ファサエルの塔を含め、城壁を使って堂々たる第2神殿を表現している

3 後期ローマ〜ビザンツ時代
1131 〜 638年

ローマ軍が支配するエルサレム、そして町の中心部にキリスト教会が多く建設されるまでの流れを紹介。城壁一面、黄金に染まるフレスコ画が見どころ。

ビザンツ時代のモザイク:
黄金に輝くモザイクが壁面一面に照らし出される。映像の中でも最も華やかなシーン

4 初期イスラーム〜アイユーヴ、十字軍時代
638 〜 1260年

キリスト教徒の町からイスラム教徒の町へと変化するエルサレム。ムハンマドの昇天や、十字軍の戦いを描いた勇ましい場面が続く。

5 マムルーク朝〜現在
1260年〜

マムルーク朝、オスマン朝、イギリスなど支配者が変わるたびに変化するエルサレムの様子がわかる。最後は平和への祈りが捧げられる。

ムハンマドの昇天:
大天使ジブリール（ガブリエル）とともに、岩のドームの上から昇天するムハンマド

「音と光のショー」の予約

チケットは予約制なので、ダビデの塔の公式ホームページかチケット購入時に予約する。開演30分前には門が開き、席に余裕があれば当日でも購入可能。
→詳細P.65

料理図鑑

　イスラエルの料理は、中近東料理をベースに、各国から帰還した人々が持ち帰った料理がミックスされたもの。コシェル（→P.24）という独特の食習慣もあるが、概してシンプルな味つけが多く、日本人の口に合う。また、世界中の料理が揃うから、オリーブオイルやハーブが苦手という人でも食事に困ることは少ない。ちなみに近年、イスラエルでは空前の「スシ」ブームで、玉石混淆ながら寿司が食べられる。とりわけテルアビブにはスシバーが多い。簡単に済ますなら、イスラエル版ファストフードの「ファラフェル」または「シュワルマ」のサンドイッチを。野菜と一緒にピタ（薄焼きパン）に挟んでくれるから、ピタ半分で栄養もボリュームも満点だ。

サラダとディップ

サラット・イスラエリー
סלט ישראלי
トマト、キュウリ、ピーマンなどの角切りサラダ。レモンと塩でシンプルに

テヒーナ・アル・ハツィリーム
טחינה על חצילים
ナスのタヒーナがけ。タヒーナはゴマのペーストのこと

サラット・バーミヤ
סלט במיה
イスラエルではオクラ（バーミヤ）はポピュラーな食材。煮物にもする

フームス
חומוס
にんにくが効いたひよこ豆のペースト。焼きたてのピタにつけるとウマイ！

ババガヌーシュ
בבגנוש
ナスのペースト。サラダとして食べるほか、こちらもピタの友に

サラット・トルキー
סלט טורקי
トマト入りの辛いペースト、肉料理と合うトルコ風サラダ。ピタで挟もう

キシュイーム・メムライーム
קישואים ממלאים
詰め物をしたズッキーニをトマトソースで煮込む。ほかの野菜でも作る

シャクシューカ
שקשוקה
卵料理の代表的存在。トマトを煮込んだスープの上から卵を入れて作る

マラク・アグバニヨット
מרק עגבניות
トマト味のスパイシーな定番スープ。豆やショートパスタが入ることもある

メインディッシュ

シュワルマ
שווארמה
薄切り肉を重ねて大きな塊にし、外側を
炙り、焼けたところから削いで食べる

クツィツォット・トゥニサイヨット
קציצות תוניסאיות (קופתא)
焼き肉団子。ハーブやスパイスが効
いておいしい。アラビア語ではコフタ

カバーブ
כבב
串に刺して焼く大きなつくね。ジュー
シーなひき肉がたまらない

ファラフェル
פלאפל
ひよこ豆で作るコロッケ。フームスと
合わせればメインディッシュ

シュニッツェル
שניצל
薄く伸ばしたチキンのフライ。カリッ
としたオーストリア生まれの料理

ブレッカス
בורקס
中近東起源のパイの一種。中身はひ
き肉や野菜、チーズなどいろいろ

ツラオット・テレー
צלעות טלה
ラムのあばら肉の炭火焼き。下ごしら
えがしてありほとんど臭みはない

カバーブ・オフ
כבב עוף
鶏肉を使った焼肉。ほとんどのレスト
ランで出す

ムシュト・メトゥガン
מושט מטוגן
セントピーターズフィッシュ。揚げる
か焼くかしてレモンで食べる

カバーブ・シャーミー
כבב שאמי
ひき肉を揚げたカバーブ。これはパン
でふたをしてオーブンで焼いた豪華版

シシュリック
ششליק
肉の串焼き。羊や鳥など種類はいろ
いろ。野菜が挟まることもある

スシ・サンドウィッチ
סושי סנדוויץ
イスラエルで人気のスシはサンドウィッ
チや巻寿司を揚げたテンプラタイプ

スイーツなど

バクラワ
בקלווה
中近東で古くから伝わる焼き菓子。
ピスタチオなどのナッツ入りもある

ベーグル
בייגל
ユダヤの伝統的なパン。何も挟まず
ジャムなどを塗るのが本格派

クナファ
כנפה
糸のように細い麺でチーズを包み込
み、シロップをかけた菓子

41

おみやげカタログ

　エルサレムの旧市街（→P.50）を歩くと、狭い路地の両側にぎっしりとみやげ物屋が並んでいる。新市街に行けば、ベン・イェフダー通り（→P.90）のプロムナードには、おしゃれなカフェや書店に交じって、すてきな雑貨屋さんが多く点在する。

　イスラエルのおみやげは定番なら「聖地巡礼グッズ」。現代アートの技法を取り入れた絵画や工芸品も質の高いものがお手頃価格で手に入る。聖書の場面をモチーフにしたものなら理解もしやすいだろう。どれも旅の思い出にぴったりだ。

聖地巡礼グッズ

　イスラエルの観光名所といえばエルサレムやベツレヘムといった聖書に登場する場所が多いだけに、おみやげも聖地ならではのグッズも手に入る。なかにはインテリアとして利用できるものもあったりするので、市場やスークでは一つひとつ手に取って見てみよう。

ハムサ
掌に魔よけの目がついたお守り
20NIS 〜

ミニ聖書
ヘブライ語と英語で書かれている。大きさは縦8cmほど
30NIS〜

聖書の名場面の模型
これはノアの方舟に動物を乗せている場面
225NIS 〜

聖水
ヨルダン川の洗礼水
15NIS 〜

モザイク模様をプリントした皿
聖地の風景をモザイク風に表現している
75NIS 〜

十字架付き数珠
ナザレで見つけたロザリオ
45NIS 〜

死海 (→P.136) は塩分濃度が高いことで有名だが、その湖水には同時に豊富なミネラルが含まれており、石鹸やバスソルト、スキンケア商品などに利用されている。また、オリーブで作られた石鹸なども評価が高く、滞在中に肌に合った一品を見つけてみてはいかが？

ネゲヴ沙漠の石鹸
ファラン (→P.160) で販売されている無添加石鹸
35NIS 〜

オリーブ石鹸
これはローズマリーの香り付き
29NIS 〜

スイーツ石鹸
ケーキやゼリーなどのスイーツをモチーフとした石鹸
100g17NIS 〜

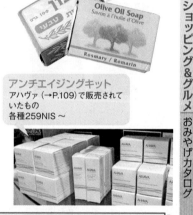

アンチエイジングキット
アハヴァ (→P.109) で販売されていたもの
各種259NIS 〜

死海の塩を使った入浴アイテム
自然の原料と香りにこだわって作られている
ボディスクラブ15.5NIS 〜
ハート型の入浴剤20NIS 〜

ショッピング&グルメ おみやげカタログ

上質！ オリーブ石鹸

イスラエルでは、寒暖差が大きく乾燥した気候から良質のオリーブが栽培されてきた。近年は世界的な自然志向を反映して、ピュアオリーブに自然素材であるハーブや海のミネラルを加えた石鹸、基礎化粧品が注目されている。

ガリラヤ地方のペキイン村に住むガミラという女性が独自の製法で作り上げる「ガミラ・シークレット」(→P.257) も、このところ人気急上昇のブランドだ。ドルーズ派の人々が多く住む村で7歳の頃から働いていたガミラは、ハーブをとおして自然の力を知り、20年ほど前に独学で体に最適なブレンドを見つけ出した。使用するオリーブオイルは、食べてもおいしいエクストラバージンオリーブオイル。強い日差しと雨が少ない大地がオリーブを育み、力強く実に成長させるという。

ガミラ・シークレットは、完成までに3ヵ月から半年もかかる。ハーブの抽出、ブレンド、練り、不純物の除去、固め、乾燥。最後に形を整えて出荷するまで、ガミラのこだわりがあるからだ。

汚れを洗い流すというだけではなく、皮膚の水分と油分のバランスを整える石鹸として、日本でも有名百貨店などで売られている。もし気に入ったなら、ガミラの店に立ち寄って原点に触れてみるのも貴重な体験となるだろう。

大きさを整え表面をなめらかにする。肌触りの決め手となる繊細な作業だ

食べ物・飲み物

　イスラエルの特産品はオリーブやガリラヤ湖畔のデーツ（ナツメヤシの実）。そのほかにもドライフルーツがおいしい。ワインなどアルコール類も広く飲まれており、近年では各地で造られるクラフトビールも人気。レストランで気に入ったものに出合えたら酒屋さんに行ってみよう。

デーツ（ナツメヤシ）
ガリラヤ湖畔で栽培された甘いデーツ
5NIS 〜

デーツのシロップ
ナツメヤシを使ったシロップ
40NIS 〜

アラビックコーヒー
イスラエルのコーヒーは、粉を煮て上澄みを飲む
50g10NIS 〜

ワインスプレッド
ティシビ・ワイナリー（→P.221）製のワインジャム
43NIS 〜

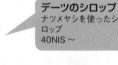

タイベ・ビール
タイベ（→P.127）で造られている地ビール
15NIS 〜

人気急上昇！　ワイン

　ブドウ酒は、聖書にも登場するこの地ゆかりの飲み物だ。ユダヤの伝統では過ぎ越しの祭りに「種なしパン」と「ブドウ酒」が食卓にのぼったが、そのことから最後の晩餐でもワインがあったと考えられている。現代でもキリスト教会の聖餐にワインは欠かせない。

　そんな歴史あるイスラエルワインだが、フランスやイタリアのワインに比べ、残念ながら世界的に有名というわけではなかった。しかし、好みやブランドが多様な時代になり、近年イスラエルワインの評価も上昇してきている。

　醸造所を改装して積極的に観光客を受け入れるところも増えてきた。お気に入りのワインを探しにイスラエル北部の旅で寄ってみてはいかがだろうか。ティシビ・ワイナリー（→P.221）など、ショップを併設したレストランもある。

おみやげにいかが？ イスラエル／パレスチナのワイン

ベツレヘム近郊のクレミザンのワイン

カルメル・ワイナリーの銘柄のひとつセレクテッド

ビンテージワインに定評のあるザウバーマンのメルロー

アンフォラのカベルネ・ソーヴィニオン。カルメルワインの代表的銘柄

ハイファ近郊のキルヤット・ティヴォン産。ふたつの品種をブレンドしている

シリア国境近くのオデム山のワイナリーで造られたシラーズ

44

民芸品

エルサレムやベツレヘムの旧市街にあるスークには絨毯や貴金属類など、アラブ風の民芸品が多く並べられている。ただ、質はピンキリなのでよく確認してから買うようにしよう。イスラエル北部のツファットにあるアーティスト地区では、ユダヤ教関連のグッズも多く手に入る。

ショッピング＆グルメ おみやげカタログ

キャンドル
イスラエルではとても身近な存在のキャンドル。ツファットで購入
30NIS 〜

カバラーブレスレット
ユダヤ人アーティストのハンドメイド。魔よけとしての効果もあるとか
20NIS 〜

ベドウィン風スカーフ
アジア系ファッションアイテムとの相性が抜群
25NIS 〜

テキスタイルのポーチ
パレスチナの女性たちの手作り。
55NIS 〜

エルサレムキャンドル
原料不足や後継者問題により、本物の入手は困難とか。レプリカはたまに見ることも
20NIS 〜（レプリカ）

オリーブ細工
素朴な趣きのあるラクダの置物
25NIS 〜

ご当地グッズ

イスラエルの雰囲気を日本へ持ち帰りたい。町に出てみれば意外なところにイスラエルらしいおみやげがあふれている。何気なく町に売られているものも旅の思い出となること間違いなし。

テルアビブを表現した雑貨
テルアビブ市の家庭用ごみ箱の形をしたペン立て、コースターなど
ペン立て90NIS 〜
コースター（5枚）79NIS 〜

スノーボール
水晶玉の中には町の名所が。たくさん集めて自分だけの「ミニ・イスラエル」を作ろう！
45NIS 〜

国立公園のマスコットキャラ
アイベックスをモチーフにしている。かわいらしい姿が人気
39NIS 〜

おみやげ探しにも便利な
イスラエルの ショッピング・センター

マミラ・モール Mamilla Mall
エルサレム→折込Map表C・D3

エルサレム旧市街からも近いショッピング・モール。旧市街から新市街を繋ぐ通り沿いにあり、ブランド・ショップや死海のコスメグッズ専門店、ミハエル・ネグリンなどが並ぶ。

ファースト・ステーション First Station
エルサレム→Map P.55C3
URL www.firststation.co.il

1998年に閉鎖されたエルサレム駅の敷地に建つモール。旧駅舎にはおしゃれなレストランやショップが並ぶ。地元アーティストの露店が開かれたり、無料のコンサートが行われることもある。

ハタハナ Hatachana
テルアビブ・ネヴェ・ツェデク地区→詳細P.212

19世紀に建設された旧テルアビブ駅やイギリス軍の兵舎を改装し、ショップやカフェに生まれ変わったエリア。

テルアビブ港
Tel Aviv Port
→詳細P.212

テルアビブで最先端アイテムを探すならここといわれるトレンドエリア。青い海がすぐそこなのも高ポイント。カフェでのんびりしたり、遊歩道に並ぶショップをのぞきながらそぞろ歩くのがテルアビブスタイル。

グランド・キャンオン
Grand Canyon
ハイファ
→Map P.227D1
URL www.grandcanyon.co.il

ハイファ郊外に位置する北イスラエル最大規模のショッピングモール。敷地内には220以上のショップやレストランが入っている。ハイファでは買い物ができるスポットが少ないので、おみやげ探しはここがおすすめ。

オリーブ山の展望台からエルサレム旧市街を眺める

エルサレムと
死海リゾート

エルサレムと死海リゾート

エルサレム　エルサレムはユダヤ教徒にとって忘れることができない場所。栄光のソロモン時代、エルサレム神殿はユダヤ教徒のためのものだった。しかし、それは失われ、離散を余儀なくされた人々の心のよりどころとなった。

　約2000年前にイエスが磔刑に処せられて以来、エルサレムはキリスト教徒にとっても特別な場所であり続けた。今もなお、イエスが十字架を背負って歩いたという道は、祈りをともなった行列があとを絶たない。

ベツレヘム　イエス生誕の地とされ、エルサレムと同じく、聖地として崇められている。町にはイエスとその家族ゆかりの建物が多く、イエスが誕生した洞窟の上には聖誕教会が建つ。

ヨルダン川西岸　パレスチナ最大の都市ラーマッラーではイスラエル側とは違ったシティライフを満喫できる。古代からのオアシスであるエリコは世界で最も古い町のひとつ。ユダヤ教やキリスト教、イスラーム、それぞれに関する見どころが多い。

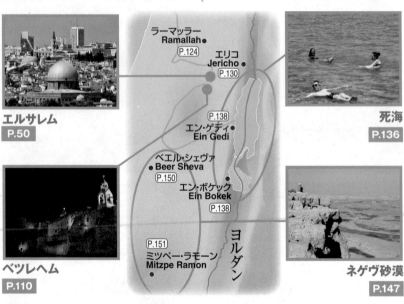

エルサレム
P.50

ラーマッラー
Ramallah ●
P.124

エリコ
Jericho ●
P.130

P.138
エン・ゲディ ●
Ein Gedi

ベエル・シェヴァ
● Beer Sheva
P.150

エン・ボケック
Ein Bokek
P.138

P.151
ミツペー・ラモーン
Mitzpe Ramon

ヨルダン

死海
P.136

ネゲヴ砂漠
P.147

ベツレヘム
P.110

死海　浮遊体験で有名な死海はエルサレムからバスで南東へ1時間30分ほど。標高マイナス420mという世界最低標高地点でもあり、エルサレムからのバスはどんどん下へと向かっていく。昔から「死の海」とされてきたこの湖は、今ではスパやプライベートビーチが併設されたホテルが立ち並ぶ「癒し」の聖地的存在になっている。死海コスメの工場なども見学できる。

ネゲヴ砂漠　エルサレム以南、イスラエルの南半分を占めるほとんどの地域はネゲヴといわれる沙漠。真夏の最高気温は40℃にもなり、雨はほとんど降らない。ネゲヴ沙漠では古代からの地殻変動でできた褶曲模様や7色の地層、深い洞穴など沙漠のさまざまな表情を堪能してほしい。谷間のオアシスに集う動物も必見だ。

　ネゲヴ沙漠北部に点在する砂に埋もれたナバテア人の遺跡は世界遺産に登録されている。

必見　エルサレム旧市街とその周辺

　メインとなる見どころが多く集まるのは旧市街。町の支配者が変わる度に増改築を繰り返してきたダビデの塔（P.64）は歴史博物館となっている。事前に見学しておくと、旧市街巡りがより楽しくなるだろう。聖墳墓教会（P.66）はイエスが磔刑に処されたとされる場所で、キリスト教最大の巡礼地。ユダヤ民族の聖地である嘆きの壁（P.70）、さらにムハンマドが昇天したとされる神殿の丘（P.74）など、各宗教の聖地を巡ることができるのが醍醐味だ。イエスの足跡が多く残るオリーブ山やシオンの丘も旧市街から近いので、中心部だけでもじっくりと見ようと思ったら2〜3日はかかる。

ダビデの塔は歴史博物館になっている

自然　死海とネゲヴ沙漠

4WDツアーで沙漠を巡る

　死海（P.136）のビーチでのんびりとプカプカ浮かぶのがこのエリア最大のハイライト。エルサレムから日帰りでも楽しめる。ネゲヴ沙漠（P.147）では浸食によって造られた独特の景観が堪能できる。ミツペー・ラモーンの町（P.151）からは4WDツアーも多く出ている。

グルメ　地ビール

銘柄も豊富

　地ビールと言えばその代表格がラーマッラー郊外のタイベ村（P.127）で造られているビールだ。他にもネゲヴの地ビールも人気で、エルサレムのレストランやバーでも味わうことができる。

交通ガイド

　見どころ豊富なこのエリアはバス移動が基本。エゲッド・バス社がエルサレムとエイラットを運行している。ベエル・シェヴァからミツペー・ラモーンを経由して紅海へ向かう国道40号線と、死海から南へ延びる国道90号線が、南北を結ぶ大動脈だ。パレスチナではアラブバスが各町を結んでいるが、検問を避けるため遠回りをしたり、検問で時間がかかったりといったことも。余裕のあるスケジュールを組もう。

エルサレムのアラブバス乗り場

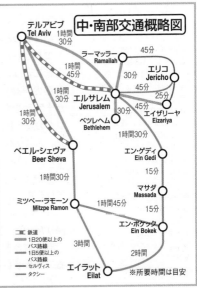

中・南部交通概略図

テルアビブ Tel Aviv
ラーマッラー Ramallah
エリコ Jericho
エルサレム Jerusalem
エイザリーヤ Eizariya
ベツレヘム Bethlehem
ベエル・シェヴァ Beer Sheva
エン・ゲディ Ein Gedi
マサダ Massada
ミツペー・ラモーン Mitzpe Ramon
エン・ボケック Ein Bokek
エイラット Eilat

1時間30分　45分　1時間45分　30分　45分　1時間30分　30分　45分　25分　1時間30分　1時間30分　15分　1時間45分　15分　3時間　2時間

鉄道
1日20便以上のバス路線
1日5便以上のバス路線
セルヴィス
タクシー

※所要時間は目安

エルサレム

エルサレム

ジェルーサレム
Jerusalem
イェルシャライム
ירושלים
アル・クドゥス
القدس

市外局番 02

標高 754m

Maps
中心部 折込表
広域 P.54 〜 55
エン・カレム周辺 P.56
ラトルン P.98
ほか

ゲッセマネの園に隣接して建つ万国民の教会

世界遺産

エルサレム旧市街と城壁
Old City Jerusalem and its Walls
1981年登録（ヨルダンによる申請）

ベト・グヴリンとマレシャの洞窟群
Caves of Maresha and Bet-Guvrin in the Judean Lowlands as a Microcosm of the Land of the Caves
2014年登録 →**P.97**

■エルサレムへの行き方
●ベン・グリオン空港から
🚐シェルートが頻発
所要:約45分　運賃:64NIS
🚌No.485が1時間に1便
所要:約1時間　運賃:16NIS
●テルアビブから
🚆運行:1〜2時間に1便
所要:約1時間45分　運賃:20NIS
🚌No.405→P.303①
●ハイファから
🚌No.940→P.303⑪、
No.947→P.303⑫
●エイラットから
🚌No.444→P.303⑩
●ティベリヤから
🚌No.961→P.303⑰、
No.962→P.303⑱
●ベエル・シェヴァから
🚌No.440→P.303⑦、
No.446→P.303⑧、
No.470→P.303⑨

エルサレムの町が見下ろせるオリーブ山かスコープス山に登ってみよう。薄いベージュのエルサレム石で統一された建物は斜面に沿って建てられており、エルサレムの町がいくつもの丘からなることが実感できる。

朝日が昇る頃、あるいは夕日が落ちる時刻ならなお美しい風景が楽しめる。町が茜色に染まっていくなかで、ひときわ目を引くのが、岩のドームとアル・アクサー寺院だ。さらにその向こうには聖墳墓教会が見える。そして視界には入らないが、神殿の丘の西側には、ユダヤ教徒にとって最も大切なものとされている嘆きの壁がある。

エルサレムはユダヤ教、キリスト教、イスラーム……どの信者にとっても聖地である。ユダヤ教徒は嘆きの壁の前で神殿の再建を願って祈り続ける。キリスト教徒は、イエスが十字架を背負って磔刑に処せられるため歩いた道、ゴルゴタの丘へ続くヴィア・ドロローサをたどる巡行を行う。また、ムスリムにとって安息日である金曜日、イスラーム寺院ではメッカの方角に向かって祈る人々の姿が見られる。

英語でジェルーサレム、ヘブライ語でイェルシャライム、そしてアラビア語でアル・クドゥス（神聖）と呼ばれるエルサレム。4000年の昔から神の名のもとに、あるいは民族の誇りをかけ、数えきれない戦いの舞台となった。

時は流れど、現在でも多くの巡礼者はエルサレムを訪れる。エルサレムを歩くことは、歴史の生き証人と会うことかもしれない。

旅のモデルルート

　キリスト教関係の見どころは日曜が休日。ユダヤ教は金・土曜、イスラームの見どころは金曜が休みになることが多い。計画を立てるときはこのことを念頭においておこう。

1日　3つの宗教の聖地を訪ねる旧市街ハイライト

　1日しかエルサレムにいないけれど、定番の見どころは押さえたい、という人向けのコース。できるだけ朝早く起きて旧市街へ。

午前

ヤッフォ門→嘆きの壁→神殿の丘→聖墳墓教会
`P.62` `P.70` `P.74` `P.66`

　ヤッフォ門から旧市街に入り、そのままダビデ通りを突っ切って嘆きの壁へ向かおう。開いていればここから神殿の丘を見学。神殿の丘から出るなら北側の聖アンナ教会近くの門からが効率的。すぐにヴィア・ドロローサを通って聖墳墓教会へ行ける。聖墳墓教会からダビデ通りに入り、ヤッフォ門近くで昼食を。

午後

ダビデの塔→オリーブ山
`P.64` `P.78`

　歴史に興味がある人はダビデの塔へ。各ポイントをしっかり見たい人はここまでで1日コース。駆け足で回るなら、オリーブ山まで足を延ばせる。ただし治安と交通機関の点から市街へは早めに戻ろう。

ヤッフォ門が起点

旧市街南部に位置する嘆きの壁

オリーブ山は旧市街の隣

1日　イスラエルの過去と現代に触れる新市街コース

午前
イスラエル博物館
`P.88`

午後
バイブルランド博物館 `P.92` →
マハネー・イェフダー市場 `P.95`

夕方
ベン・イェフダー通り
　夕食はヨーロッパの町並みを思わせるベン・イェフダー通りで。
おすすめレストラン
ピッコリーノ（→P.107）
フォカッチャ・バー（→P.107）
リモン（→P.91）

　イスラエル博物館はかなり見ごたえがあるため、それなりの時間をかけて見よう。イスラエル博物館に隣接して、バイブルランド博物館など各種の博物館や公園がある。そのあとバスでマハネー・イェフダー市場へ。シュック（市場）の喧騒を楽しみながら歩こう。

半日　スークとシュック　市場の喧騒を楽しむ

ダビデ通り→ダマスカス門→マハネー・イェフダー市場→ベン・イェフダー通り
`P.62` `P.95`

スークでは交渉を楽しみながら、ゆっくりと回ろう

　宗教的な見どころも博物館もいいけれど、エルサレムはそれだけじゃない。アラブのスーク（市場）とユダヤのシュックを見比べてみよう。まず旧市街、ヤッフォ門を入りダビデ通りのみやげ物屋をひやかしつつ東へ進み、突き当たりを左折する。10分も歩けばダマスカス門に着く。このあたりはみやげ物より日用品が中心。見ているだけでもおもしろい。ここから路面電車LRTでマハネー・イェフダー市場へ。ユダヤのシュックの雰囲気を楽しみながらぶらぶら歩く。最後は華やかなベン・イェフダー通りへ。近くにはショッピングセンターもあるので、そちらで買い物するのも楽しい。

旧市街は３つの宗教の聖地だけあって
宗教関連の見どころが多い

いつも人で賑わっているダマスカス門

歩行者天国のベン・イェフダー通り

エルサレムの歩き方

3つのエリア 城壁に囲まれた**旧市街**と旧市街の西に広がる**新市街**、それにヘロデ門、ダマスカス門の北東に広がる**東エルサレム**と呼ばれる地域に分けられる。東エルサレムに対して、新市街を**西エルサレム**ということもある。また、新市街にはユダヤ教徒が多く、東エルサレムにはムスリムが多く住んでいる。

入り組んでいる旧市街 旧市街は、面積からすると小さいが、スークなど屋根のある道が多いうえ、どの道も細く、また階段も多いためわかりにくい。バスや車も特別なブロックを除いて入れないので、徒歩で移動することになる。

　旧市街は、岩のドームの建つ**神殿の丘**と、**キリスト教徒地区、ムスリム地区、アルメニア人地区、ユダヤ人地区**に分けられているが、その境界は必ずしも明確ではない。

観光客でにぎわう繁華街 新市街のメインストリートは**ヤッフォ通り**Jaffa Rd.。旧市街のヤッフォ門Jaffa Gateから、シオン広場Zion Sq.、マハネー・イェフダー市場、セントラルバスステーションを結んでおり、中央郵便局や市庁舎などの重要な施設はこの通り沿いにある。この通りをシオン広場から西へ入ると**ベン・イェフダー通り**Ben Yehuda St.。ここは歩行者天国になっており、みやげ物屋やカフェが並ぶ。夕方などは大道芸人が出たりと大にぎわいの界隈だ。ただし、新市街はユダヤ教徒が多いために、シャバット（金曜夕方〜土曜夕方）になるとほとんどの店が閉まってしまう。

エルサレム

- LRT路線

N

0 ── 2km

セントラル
バスステーション

東エルサレム

Jaffa St.

新市街
（西エルサレム）

旧市街

エルサレム中心部　折込Map表

ヘルツルの丘

エン・カレム

Hebron St.

エン・カレム周辺P.56

エルサレム広域図P.54〜55

✈ ターミナルから市の中心部へ 🚌

ベン・グリオン空港 エルサレムのセントラルバスステーションまでNo.485のバスがシャバットを除く毎日、24時間運行されている。頻度は1時間に1便で所要約1時間。16NIS。空港前で待機しているシェルート（乗合路線タクシー）はひとり64NISとバスに比べてやや割高だが、ホテルまで行ってくれる。

鉄道駅 エルサレム・マルハ駅→Map P.54A4は町の南側にある。セントラルバスステーションへはエゲット・バスのNo.6とNo.31が運行されており、所要10〜20分。

セントラルバスステーション（エゲッドバス） イスラエルの各都市とエルサレムを結ぶエゲッド・バスの**セントラルバスステーション→Map P.54Bl**は、ヤッフォ通りに面している。中心部へは路面電車LRTが頻発。シオン広場近くのジャッファ・センター駅Jaffa Centerまで約6分。旧市街のヤッフォ門へは、シティ・ホール駅City Hallを下車して徒歩10分ほど。

アラブバスのターミナル アラブバスのターミナルは2ヵ所あり、エイザリーヤなどの南方面へはダマスカス門前にある**スルタン・スライマーン・ターミナル→折込Map表El**から、ラーマッラーなど北方面へはナブルス通りNablus Rdに面した**ナブルス・ロード・ターミナル→折込Map表Dl**からの発着。ベツレヘム行きのバスはダマスカス門近くにバス乗り場がある。

Information
ネシェル社のシェルート
ネシェルNesher社はベン・グリオン空港〜エルサレム路線で、シェルート（乗合タクシー）を運行している。予約制で、シャバット中でもホテルの前まで迎えにきてくれる。
　予約は出発の1日前までに入れておくこと。また、コールセンターはシャバットには休業するので、シャバットの日の予約は必ずシャバットが始まる前に入れておこう。
🌐 www.neshertours.co.il
☎ 072-2646059
運賃：一人64NIS

セントラルバスステーション

ベツレヘム行きのバスはダマスカス門近くのバス乗り場から発着する

● エルサレム

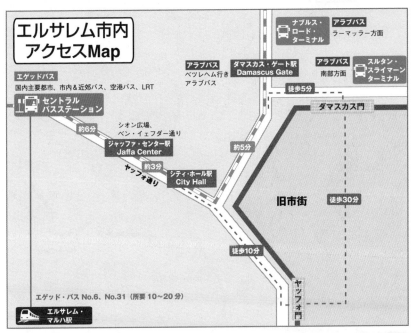

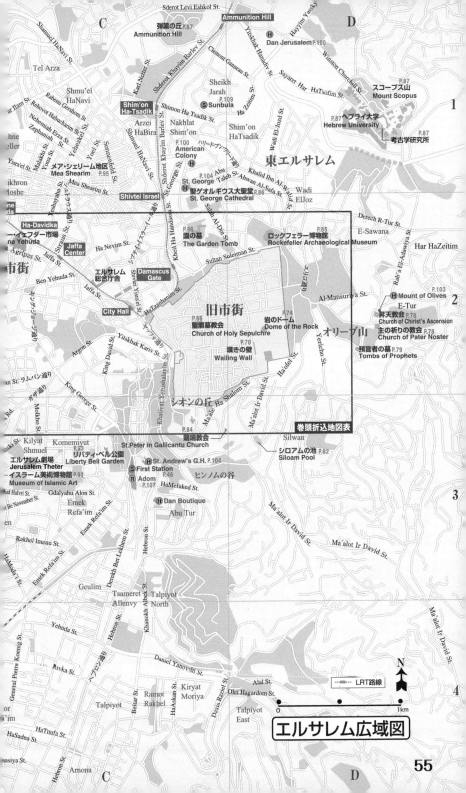

エルサレム広域図

エン・カレム周辺

N

0　　　　　　　　　　　1km

LRT路線

1

Schuna

Shim'on Swisa St.

Shim'on Swisa St.

Moza Ilit

Motsa

Ramat Motsa

Nistan Shrira St.

Giv
Sha

Kanfei Ne

2

Beit Zait

Kfar Sha'ul

Giv'at
Beroshim

Derekh Yosef We

Yefeh N

P.96
ヤド・ヴァシェム
Yad Vashem
Holocaust Memorial

P.95
ヘルツルの丘
Mount Herzl

ヘルツル

入口

ヘルツル博物館

Shvil Hatsukim St.

Mount Herzl

Herzl St.

HaPas

3

P.97
シャガールの窓
Chagall Windows

P.99
洗礼者ヨハネ誕生の教会
Church of St. John

Ein Kerem St.

Ein Kerem St.

Ein Kerem St.

Shmalya Levin St.

Tora VaAvoda St.

P.309
ヘブライ大学附属
ハダッサ病院

エン・カレム

HaMayim St.

HaMayim St.

Ein Kerem St.

P.96
マリア訪問の教会
Church of
the Visitation

Arthur Hantke St.

Kiryat
HaYovel

Bringer St.

Mordot
Bayit VaGan

Kalman Ya'akov Man St.

Kfar Salma

Ramat Denya

Thon St.

Uruguay St.

Kalman Ya'akov Man St.

Henrietta Szold St.

Ir Ganim Alef

Eliyahu Golomb St.

4

Kiryat Menakhem

Bolivia St.

Kiryat HaYovel

Derekh Khayim Kulits St.

Ir Ganim Gimel

56

Ora

Giv'at Masu'a

Derekh Khayim Kulits St.

Reches Lavan

Derekh Sholov St.

A

B

市内と近郊の交通

ラヴ・カヴ まず市内交通を利用する前に知っておきたいのが、ラヴ・カヴ。これはチャージ式のICカード型乗車券で後述のLRTやエゲッド・バスの市内バスと長距離バス、列車

旅行者でも購入できる便利なカード

などで使用可能。乗車する度にチケットを購入する必要がなくなるので、長期滞在するのならこちらが便利。セントラルバスステーションで購入可能。

LRT エルサレムの交通渋滞緩和のために敷設された路面電車。セントラルバスステーションから旧市街まで乗り換えることなく移動できるので大変便利。

エゲッド・バス ユダヤ人地区を中心に広いバス路線網をもつのはエゲッド・バス。新市街を中心にたいていのところへは

エゲッド・バスの路線がある。しかし、中心部には路面電車LRTもあるので、利用する機会は少ないかもしれない。また、シャバット（金曜夕方〜土曜夕方）の間は運休。

中心部から離れた見どころを訪れる際はお世話になる

Information
エルサレムのLRT
ヘルツルの丘からセントラルバスステーション、シオン広場、ダマスカス門などを経由して町の北部まで結んでいる。チケットは駅にある販売機で購入可能。乗車時に車内で打刻をする。ラヴ・カヴ利用する場合は打刻機にタッチする。ラヴ・カヴ利用時のみ90分以内であればエゲットバスの乗り換えが可能。
URL www.citypass.co.il
運行:5:30〜23:52
（シャバットの間は運行されない）
運賃:5.9NIS

Information
エゲッド・バスEgged Bus
前から乗り、運転手に料金を払う。ラヴ・カヴは読み取り機にタッチするだけ。ラヴ・カヴ利用時のみ、90分以内であれば別のエゲッドバスおよびLRTへの乗り換えが可能。路線は50以上ある。
URL www.egged.co.il
運行:5:00〜24:00
（シャバットの間は運行されない）
運賃:5.9NIS

●エルサレム

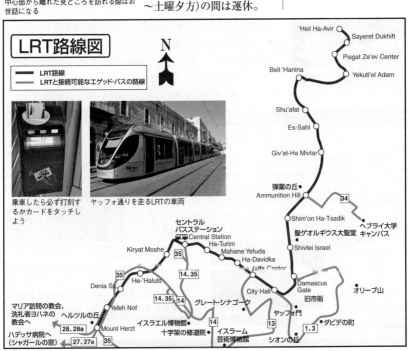

乗車したら必ず打刻するかカードをタッチしよう　　ヤッフォ通りを走るLRTの車両

ラヴ・カヴの購入

ラヴ・カヴは、セントラルバスステーションの3階、エスカレーターを上がって左側、薄暗い通路を50mほど進んだところにある窓口で販売している。発行にはパスポートが必要。顔写真とICチップ入りのカードを無料(デポジットもなし)で発行してくれる。

（兵庫県　つぼぽん　'17春）

ダマスカス門近くで停車しているタクシー

アラブバス　オリーブ山や近郊のベツレヘムなどウェストバンク(ヨルダン川西岸地区)にはアラブバスが走っている。パレスチナ自治区などの往復に利用する機

スルタン・スライマーン・ターミナルにはアラブバスが多く停車する

会があるだろう。アラブバスは、複数の民間会社が運行している。だから、車体の設備やデザインはまちまち。ただし、ほとんどの路線が番号表記されているので、会社名を覚える必要はあまりない。番号はアラビア語が使われ算用数字が大きく書かれていないこともある。

シェルート、セルヴィス　シェルート、セルヴィスはともに乗合路線タクシーのこと。ヘブライ語でシェルート、アラビア語でセルヴィスという。ともに基本的には路線バスと同じルートを同程度の料金で走るため、使い勝手がよい。

アラブバスのターミナルやその周辺から出ているセルヴィスは、情勢などに左右されやすいが、アラブバスが路線をもたないパレスチナ自治区内の町やヨルダン国境などへの便があったりするので、行き先によっては重宝するだろう。ただし、ふっかけてくる運転手もいるので注意しよう。

タクシー　新市街のタクシーはメーター制だが、メーターを倒したがらない運転手が多い。ふっかけてくる人も多いので、まず❶やホテルなどで相場を聞いてみること。旧市街周辺だとタクシーが停車しているのは、ダマスカス門や糞門、オリーブ山の麓など。中には「ベツレヘムに行かない?」など、郊外へ誘いたがるドライバーもいるので注意が必要。

Information
ラヴ・カヴ

チャージ式交通カードのラヴ・カヴはエルサレムの市内交通(アラブバスやシェルート、タクシーは除く)だけではなく、エゲッド・バス社などの長距離バスや鉄道にも利用できる便利なカード。エゲッド・バスの市内バスは90分内は無料で乗り換えができるほか、1日券をカードにチャージできたりと、便利な使い方もできる。

ラヴ・カヴが購入できるのは、エルサレムの場合はセントラルバスステーション。チャ

バスに乗車したら読み取り機にカードを置く

ージの方法はLRT駅のチケット販売機で可能だが、市内バスのドライバーに頼んだ方が確実かもしれない。セントラルバスステーションなどのオフィスでは、クレジットカード払いでのチャージも可能。

LRT駅のチケット販売機でもチャージが可能

エルサレム以外では、テルアビブやハイファなどの市内交通でも利用可能。これらの都市を訪れる予定ならばぜひ1枚購入しておこう。

市内ツアー

ウオーキングツアー　サンデマンズ・ニュー・ヨーロッパ・ツアーズSandemans New Europe Toursは旧市街の無料のウオーキングツアー（英語）を催行している。

セグウェイ・ツアー　ファースト・ステーションのスマート・ツアーではセグウェイで旧市街や新市街を巡るツアーを催行している。スケジュールは日によって異なるので事前に確認しておこう。

市内バスツアー　以前運行していたエルサレムの新市街、旧市街のおもな見どころを巡る乗り降り自由の観光バスは2018年6月現在運休しており、再開の目処も立っていない。新市街、旧市街を含めたバスを利用する1日ツアーは、市内の旅行会社の多くが取り扱っている。

近郊ツアー　市内には旅行会社が点在しているが、旅行者用のツアーを扱っている会社はヤッフォ門に多い。エルサレムから日帰りでベツレヘムや死海などを巡るツアーを主催している。

 # 両替・郵便・電話

両替　新市街には銀行や郵便局があちこちにある。銀行によっては、手数料をかなり取るところもある。旧市街では、スークの中にある私設両替商で両替する。

郵便　中央郵便局はヤッフォ通りの旧市街にほど近い所にある。手紙や小包、EMS発送などの郵便業務のほか、局留め郵便物の取り扱いも行っている。

電話　テレホンカードは郵便局で取り扱っている。公衆電話はほとんどがカード式。

 # 旅の情報収集

　いくつかの案内所があるがホテル予約の業務は行っていない。政府観光局の案内所で情報が充実しているのは、旧市街ならヤッフォ門を入った所にある❶。情報はかなり充実しているが、いつも混雑しているのが難点。❶の周辺には、自称観光案内所のスタッフなどが出没し、法外な価格でツアーを売りつけたりするので注意すること。そのほか、キリスト教徒地区、ユダヤ人地区、オリーブ山にそれぞれ独自の❶がある。

イスラエル観光省が運営しているヤッフォ門の❶

■サンデマンズ・ニュー・ヨーロッパ・ツアーズ
●ヤッフォ門発の無料ツアー
URL www.newjerusalemtours.com
ヤッフォ門発:毎日11:00、14:00
■スマート・ツアー
URL smart-tour.co.il
■市内ツアー、近郊ツアーを主催している旅行会社
●United Tours
URL www.unitedtours.co.il
●Bein Harim
URL www.beinharimtours.com
●City Tour Jerusalem
URL www.citytourjerusalem.com

■中央郵便局　折込Map表C2
✉23 Jaffa St.
🕐8:00〜18:00
（金・祝前日〜12:00）
休土
■東エルサレムの郵便局
折込Map表E1
✉Corner of Salah Al-Din & Sulayman St.
🕐8:00〜18:00（金・祝前日〜12:00）
休土

■エルサレムの❶
●ヤッフォ門
Jaffa Gate Tourist Office
折込Map表D3
✉Jaffa Gate
TEL (02)6271422
🕐8:30〜17:00
（金・祝の前日8:30〜13:30）
休無休
●キリスト教徒地区
Christian Information Office
折込Map表D3
✉Jaffa Gate
TEL (02)6272692
🕐9:00〜17:30（土〜12:30）
休日、キリスト教の祝日
●ユダヤ人地区
jewish Quarter Tourist Information Center
折込Map表E3
✉Hurva Sq.
TEL (02)6265906
🕐9:00〜17:00　休土
●オリーブ山
Mount of Olives Information Center　折込Map表G2
TEL (02)6275050
🕐9:00〜17:00　休金・土

エルサレムの見どころガイド

ユダヤ教、キリスト教、イスラーム……どの宗教にとってもエルサレムは聖地。旧市街にのみならず、エルサレムには各宗教ゆかりの建物が多く点在している。本書では回りやすいようにエリア別に紹介したので、ルート作りに役立ててほしい。

観光の中心
旧市街

エルサレム観光のハイライト

城壁に囲まれた旧市街はエルサレム発祥の地。古来から破壊と再生を繰り返してきたが、現在の城壁は16世紀にオスマン朝のスュレイマン大帝によって建設されたもの。南東部には神殿の丘があるが、それ以外はおもに4つのエリアに分けられている。

キリスト教徒地区　イエスが十字架にかけられたゴルゴタの丘があったとされる聖墳墓教会など、旧市街北西部はイエスゆかりの見どころが多い。

ユダヤ人地区　嘆きの壁の西側に位置するユダヤ人地区には、13世紀からユダヤ教の律法学者らが住み着いていた。1948年の第1次中東戦争でヨルダン軍の支配するところとなったが、1967年の第3次中東戦争によってイスラエルがこの地を取り戻すと、政府はこの地区の再開発を推進。その過程で紀元前7世紀〜紀元後19世紀にいたるさまざまな遺跡を見つけている。

ムスリム地区　おもに旧市街の北東部、ムスリムが多く住んでいるエリア。キリスト教会も並んでおり、ヴィア・ドロローサの一部でもある。みやげ物を売るスークもこのムスリム地区に属している。

エン・カレム

エルサレムの西端に広がる開発が進むエリア。歴史は古く、「ブドウ畑の泉」という意味をもつこの土地は、ルカによる福音書1:39で洗礼者ヨハネの親、ザカリヤとエリザベツが暮らす「ユダの山里」であるといわれている。洗礼者ヨハネが生まれたとされる洞窟の上には教会が建っている。

洗礼者ヨハネの教会

現代の生活シーン
新市街

旧市街に比べると、新市街はモダンで落ち着いた町といえる。新しい建物も薄いベージュのエルサレム石で建築されており、町は調和のある色彩を保っている。ベン・イェフダー通りを中心にショップやレストランなどが多く並んでいる。

ベン・イェフダー通りが新市街で最も賑わうエリア

東エルサレム

ダマスカス門のあたりは、1967年の第3次中東戦争まではヨルダン領だった所。今でもアラブらしいたたずまいを残している所だが、夜遅くなると人どおりがぐっと少なくなるので、できるだけ明るいうちに観光するようにしよう。

ダビデの墓がある
シオンの丘周辺

　旧市街の南西、シオン門から出た所にあるのがこの地域。エルサレム旧市街でも最も標高が高く、第2神殿時代には山の手の町（Upper City）だった場所で、神殿に関係した祭司などの住居も多かった。最後の晩餐の部屋や鶏鳴教会など、イエスに関わりのある名所も点在している。

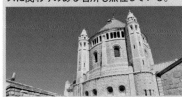

シオンの丘に建つマリア永眠教会

巡礼客で賑わう
オリーブ山周辺

　神殿の丘からケデロンの谷を挟み、東側にあるのが標高825mのオリーブ山。イエスの足跡が数々残され、キリスト教徒にとって神聖な場所となっている。また、ユダヤ教徒にとっても聖地巡礼の最終目的地でオリーブ山から神殿の丘の間のケデロンの谷にはユダヤ人の墓が多い。

オリーブ山にはイエスにまつわる教会が多く点在する

エルサレム旧市街の城壁と門

　エルサレムの旧市街を取り囲む城壁は、現在もここが特別な存在であることを主張するかのように建っている。城壁には8つの門があるが、エルサレムの長い歴史を象徴するかのように、それぞれの門にいくつもの名がつけられ、逸話や伝説もたくさん伝えられている。

ダマスカス門

שער שכם	シャアル・シェケム
باب العامود	バーブ・アル・アームード
Damascus Gate	ダマスカス・ゲート

　8つある城門のなかで、最も美しく、そしてにぎわっている門がこのダマスカス門だ。ヘブライ語ではシェケム門といい、シェケム（現在のナブルス）に続く門であることからつけられた名だ。エルサレムとナブルスを結ぶ街道は、はるかシリアのダマスカスまで続き、一般的にはダマスカス門と呼ばれている。アラビア語では「柱の門」を意味するバーブ・アル・アームードと呼ばれている。

新門

השער החדש	ハ・シャアル・ヘチャダシュ
باب الجديد	バーブ・アル・ジャディード
New Gate	ニュー・ゲート

　第3次中東戦争まではヨルダンとの国境があった。別名アブデュルハミド門といい、8つの門のなかで最も新しい門ということから新門と呼ばれている。

ヤッフォ門

שער יפו	シャアル・ヤフォ
باب الخليل	バーブ・アル・ハリール
Jaffa Gate	ジャッファ・ゲート

　城壁が現在の形になったのは1537〜41年のことだが、それ以来、ヤッフォから送られた荷物を運び入れる門として活躍した。ヘブロンに通じているためアラビア語では、バーブ・アル・ハリールと呼ばれる。1898年に車が通れる広さに拡張されて現在にいたっている。

シオン門

שער ציון	シャアル・ツィヨン
باب النبى داود	バーブ・アンナビー・ダーウード
Zion Gate	ザイオン・ゲート

　シオンの丘に通じる道があるのでこの名がついているが、シオンの丘にはダビデの墓があるため、アラブ人たちは、『預言者ダビデの門』と呼ぶ。アルメニア人地区へ行くのに便利な門だ。

聖墳墓教会
P.66

START!

ダビデの塔
P.64

ヘロデ門

שער הפרחים	シャアル・ハ・ペラチム
باب الساهرة	バーブ・アル・サーヘラ
Herod's Gate	ヘロズゲート

　洗礼者ヨハネの首をはねたヘロデ・アンティパスの家がこの門の近くにあったと信じられたためにヘロデ門と呼ばれている。アラブ人は「花の門」と呼んでいる。

聖ステパノ門 (ライオン門)

שער האריות	シャアル・ハ・アラヨット
باب الأسباط	バーブ・アル・アスバート
St. Stephens Gate	セント・スティーブンズ・ゲート

　聖ステパノがこの門のそばで石打ちの刑に処せられた故事からこの名がつけられている。
　また、一対のライオンのレリーフが刻まれていることからアラビア語、ヘブライ語では「ライオン門」と呼ばれているが、このレリーフは13世紀に取り付けられたもの。だが伝説では、16世紀に怒れるライオンがスュレイマン大帝の夢に出てきて「オスマン朝がエルサレムを征服して以来、この聖なる都と民を守る城壁は造られていない」と問いつめ、これを聞いたスュレイマンはエルサレムの城壁を再建し、この門にライオンのレリーフを刻ませたという。

黄金門

שער הרחמים	シャアル・ハ・ラチャミム
باب الرحمة	バーブ・アル・ラフマト
Golden Gate	ゴールデン・ゲート

　エルサレムの東に面する門だが、唯一閉ざされている。神殿の丘に接し、最も重要な宗教的意味をもつ門だ。ユダヤ教、キリスト教、イスラームともに、救世主がここからエルサレムに入ってくるとしている。ユダヤ教では、終末の日、神殿の丘とオリーブ山の間に鉄の橋と紙の橋というふたつの橋がかけられ、全人類が審判に臨むとき、神を信じる者は紙の橋を選び、過去に起こったもののみを信じる者は鉄の橋を選ぶ。結局鉄の橋は崩れ落ち、紙の橋は安全に渡ることができる……と伝えられている。

城壁巡り

　ヤッフォ門から城壁の上に登り、城壁の上を歩くことができる。コースはヤッフォ門～聖ステパノ門の北ルート、ヤッフォ門～糞門の南ルートの2種類がある。

圓夏期　9:00～22:00 (金～14:00)
　　冬期　9:00～16:00 (金～14:00)
囲無休
圀18NIS　学生8NIS

糞門

שער האשפות	シャアル・ハアシュポット
باب المغاربة	バーブ・アル・ムガーレバ
Dung Gate	ダン・ゲート

　かつてこの門を通って人々の排泄物を運び出していたため糞門と呼ばれるようになった。アラビア語ではモロッコ門を意味するバーブ・アル・ムガーレバと呼ばれるが、このあたりは伝統的にモロッコからの移住者が多かったことに由来する。なお、糞門に近い神殿の丘の入口も同じ名で呼ばれている。この門は、ヨルダン統治時代に広げられて、唯一大型車が通れるようになっている。

城壁巡りのチケットはヤッフォ門近くにあるオフィスで購入できる

岩のドーム
P.75

見どころ Visual Guide

エルサレムの長い歴史を
ダビデの塔で学ぶ

　ダビデの塔はヤッフォ門を入ってすぐ右側に見える尖塔で、シタデル（Citadel、要塞）とも呼ばれている。現在は歴史博物館として利用されており、第1神殿時代に先行するカナン時代から20世紀のイスラエル建国にいたるエルサレムの歴史を豊富な資料や模型などで紹介している。

　時計回りに回ると時代が新しくなりエルサレムが発展していく様子がよくわかるように工夫されている。夜には音と光のショーも開かれる。

第1神殿時代
BC.1006～586年

　東塔の2階ではダビデの町の建設から第1神殿の破壊までの歴史を解説している。おもに周辺諸国との関わりから物資の輸送など、パネルを使って当時のエルサレムのイメージを再現。

第1神殿時代のダビデの町の模型

エルサレム帰還～
第2神殿時代
BC.586～ AD.131年

　1階ではバビロン捕囚の様子を再現した人形から第2神殿の模型などが置かれている。ローマ占領時代やイエスに関するコーナーもある。

第2神殿の模型

START! ファサエルの塔

　入口の隣にある大きな塔はヘロデ王の兄ファサエルから名が付けられている。その美しい姿は、歴史家のヨセフスをして、全世界で最も壮麗を極めたものだと言わしめたほどだった。ローマ軍が占領した際もこの塔は壊されず、残された。最上階は旧市街を一望できる展望台になっている。

まずは旧市街の眺めを楽しもう

BC.1200年頃
カナン時代

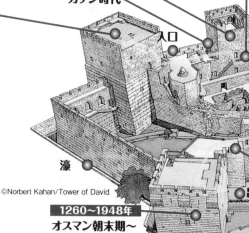

入口

濠

出

©Norbert Kahan/Tower of David

1260～1948年
オスマン朝末期～
イギリス委任統治時代

後期ローマ時代～ビザンツ時代

131～638年

南塔の小さな部屋ではローマ占領時代以降のエルサレムを解説しており、ハドリアヌス帝の胸像などが並ぶ。特にローマ皇帝コンスタンティヌスの母ヘレナが建設した初期の聖墳墓教会の模型は必見。

初期の聖墳墓教会の模型。増築された部分などがよく分かる。

D A T A

ダビデの塔 折込Map表D3

Tower of David タワー・オブ・デイヴィッド

מגדל דוד ミグダール・ダヴィッド

برج داوود ボルジ・ダウッド

✉ Jaffa Gate
☎ (02)6265333
☎ (02)6265310（テープ）
🔗 www.tod.org.il
🕐 9～7月　9:00～16:00（金～14:00）
　　8月　9:00～17:00（金～14:00）
休 無休　料 40NIS　学生30NIS
● 音と光のショー
🕐 1日2～3回（開始時間は季節によって異なる）
休 金・日、冬期の火
料 55～65NIS　学生50～60NIS
ダビデの塔との共通券 料 80NIS　学生55～60NIS

ミナレット

南に位置する優美な塔こそがダビデの塔を象徴する建築物。これは17世紀、オスマン朝時代に建てられたミナレットで、それ以前のミナレットは中庭に建っていた。現在でも基盤だけは残っている。

初期イスラーム時代～アイユーブ朝、十字軍時代

638～1260年

南東の城壁はかつてはモスクとして使用されていた部屋。現在でもミフラーブが残っており、当時の名残を残している。部屋の中央には神殿の丘にある岩のドームのミニチュアが展示されており、こちらも見事。アイユーブ朝の創設者、サラーフッディーンの活躍なども解説している。

岩のドームの模型。内部も忠実に再現している

音と光のショー

ダビデの塔ではプロジェクションマッピングによる音と光のショーが行われている。城壁をスクリーンにして天地創造から現在までのエルサレムの歴史を演出するというもの。城壁に映し出される幻想的な映像はまるでその場からタイプスリップをしたかのように大迫力! 思い出深い一夜になること間違いなし。
→詳細P.38～39

城壁が映像を映し出すスクリーンとなる

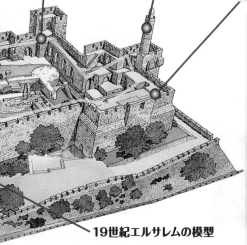

19世紀エルサレムの模型

イエスの墓がある、最も重要な巡礼地
聖墳墓教会

　イエスが十字架にかけられ、磔刑に処せられたのはゴルゴタの丘。ゴルゴタとはしゃれこうべという意味をもち、埋葬された丘の地形が丸い頭蓋骨の形に似ているからとも、人類最初の人間であるアダムの頭蓋骨が埋葬されていたからとも伝えられている。その丘と考えられている所に建つのが、聖墳墓教会である。

　裁判を受けたイエスが十字架を背負って歩き、到着したゴルゴタの丘。聖書にはここに着いてからのさまざまなできごとが詳しく記されている。教会堂の内部は大きく分けて、中央のバシリカ、マルチュリオン (殉教聖堂)とイエスの墓があるアナスタシス (復活聖堂)に分けられる。さらに地下にはヘレナを称えた、聖ヘレナ聖堂がある。

イエスの墓

　イエスの時代には洞穴だったとされているが、現在は大理石の彫刻や美しいビロードの布がろうそくの光に照らし出される幻想的な空間になっている。一説にはアダムの墓もここだともいわれている。各派により共同管理されている。

イエスの墓はいつも人で溢れている

天使の礼拝堂

　イエスの墓に入ると小さな礼拝堂があるが、これは天使の礼拝堂と呼ばれている。部屋の中央部には卵立てを大きくしたような石の盃があるが、これは『天使の石』と呼ばれ、イエスが復活した際に大地震と共に表れた天使が座った石とされている。

　礼拝堂の奥の入口からイエスの墓へと入れるが内部は狭く、2～3人しか入れない。前の人の見学が終わるまで礼拝堂で待機するのが、ここでのマナー。

礼拝堂内部にある石の盃

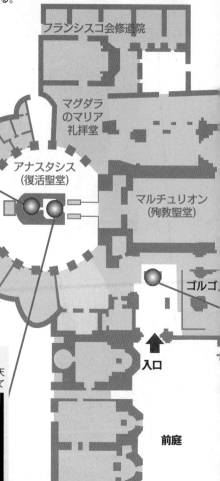

フランシスコ会修道院

マグダラ
のマリア
礼拝堂

アナスタシス
(復活聖堂)

マルチュリオン
(殉教聖堂)

ゴルゴ

入口

前庭

聖ヘレナ聖堂

この地に最初に教会を建てたのは、ローマ皇帝コンスタンティヌスの母ヘレナ。彼女は熱心なキリスト教徒で、326年に聖地を巡礼しベツレヘムの聖誕教会など多くの教会を建てた。336年に完成したこの聖墳墓教会もそのひとつ。

ヘレナの建てた教会は、幾たびかの戦火をくぐりぬけてきた。特に614年にはササン朝ペルシアに、1009年はエジプトのカリフ・ハーキムに破壊され大打撃を受けるが、そのたびによみがえり、十字軍時代の1099年には大幅に増改築されている。今の教会はこのときの建物をベースにしているが、1808年に大破し、後に再建されたものである。

見事なモザイクが残る聖ヘレナ聖堂

宗派ごとの区分け

教会には、聖書上のできごとにちなんだ礼拝堂がたくさんあり、各派がそれぞれ管理している。そのため異なった宗派の法衣や宗教行事、習慣をいっぺんに見ることができ、大変興深い。各派が門の所有権を争っているために、毎朝入口の門を開けるのはムスリムの少年の仕事になっている。

ギリシア正教	ローマ・カトリック	エチオピア正教
アルメニア正教	コプト正教	シリア正教

十字架発見の聖堂

ヘレナが4世紀に十字架を発見したとされる場所。ヘレナはこの場所を発掘することにより、キリストの墓と十字架の破片を見つけたとされている。

現在は小さな祭壇と十字架が置かれている

イエスの十字架

イエスの十字架の建てられた場所は入口の右にある急な階段を上がった所だ。ヴィア・ドロローサのステーション（留）にもなっており、祭壇の下の銀の輪がその地点だとされている。

イエスが処刑された場所とされる

聖ミカエル礼拝堂

香油を注がれた石

ゴルゴタの聖堂北側の階段を下りた所にある、畳ほどの大きさの赤い大理石板は、十字架から降ろされたイエスの聖骸に香油を塗った地点だ。このあたりはいつも巡礼者が列をなして順番を待っている。

少しでもゆかりのものに近づこうとする人で混み合っている

DATA

聖墳墓教会 折込Map表E2 〜 3
Church of the Holy Sepulchre
チャーチ・オブ・ホーリー・セパルカー

כנסיית הקבר クネスィヤット・ハ・ケヴェル
كنيسة القيامة ケニーサト・アル・キヤーマト
☎(02)6267011
⊕夏期5:00〜21:00　冬期4:00〜19:00
㊑無休
㊎無料
🚫イエスの墓のみ不可

■エッケ・ホモ教会
TEL(02)6277292
圏8:00〜17:00
困無休
圏9NIS　学生6NIS

教会内にはローマ時代の遺跡が残されている

■聖アンナ教会
TEL(02)6283285
圏夏期
　8:00〜12:00　14:00〜18:00
　冬期
　8:00〜12:00　14:00〜17:00
困無休
圏10NIS　学生8NIS

白衣神父団創始者ラヴィジュエリー大司教の胸像

Information
ベセスダの池
Bethesda Pool
　聖アンナ教会の庭にある。ヘロデ王が造ったとされ、巡礼者の沐浴や祭礼のときにいけにえの羊をここで洗ったりするのに使われていたようだ。新約聖書には、ここでキリストが、38年間病気に悩んでいる人を癒やしたという記述があり（ヨハネによる福音書5章）、ここを発掘したところ、聖書どおり5つの柱廊が現れた。

聖アンナ教会の敷地内にある

新約聖書に登場するイエスの裁判が行われた場所

🏛 エッケ・ホモ教会
|旧市街
キリスト教徒地区
折込Map表E2|

Ecce Homo Church エッケ・ホモ・チャーチ

קשת אקה הומו
ケシェット・エッケ・ホモ

دير راهبات صهيون
デール・ラーヒバート・ソヒューン

　「エッケ・ホモ」とは、ラテン語で「視（み）よ、この人なり」の意味だ。イエスがローマ総督ピラトの裁判を受けたとき、ピラトがイエスを指して言った言葉からきている。考古学的には、ヘロデ王の建てたアントニアの要塞の中庭から、約2000年前の貯水池跡などが見つかっている。ローマ兵が刻んだといわれるゲームの跡なども見応えがある。

エッケ・ホモ・アーチ

　この教会にあるエッケ・ホモ・アーチは、135年にハドリアヌス帝により、エルサレム征服を記念し建造された、3重の凱旋門の一部が残ったものだ。道路に出ているのが中央アーチ。左側のアーチはなくなったが、右側のアーチは今でもシオンのシスター教会の内陣で見られる。聖ステパノ門から入り、聖アンナ教会からさらに約200m進んだ右側にある。

マリア生誕の地と伝えられる

✝ 聖アンナ教会
|旧市街
キリスト教徒地区
折込Map表F2|

Church of St. Anne チャーチ・オブ・セント・アン

כנסת סנט אנה
クネスィヤット・セント・アン

كنيسة القديسة حنة
ケニーサト・アル・カディーサト・ハナ

　伝えられるところでは、聖母マリアの両親ヨアヒムとアンナはエルサレムの神殿の近くに住んでおり、この教会の敷地内にある洞窟がその住居で、マリアもここで生まれたとされる。教会は5世紀頃に建てられ、後にペルシアによって破壊されたが、12世紀に入り十字軍により再建され、聖アンナ教会と名づけられた。

聖母マリアの母にささげられた教会

　19世紀になると、アルジェリアでの布教に尽力した白衣神父団の管理下におかれ、庭にはその創始者ラヴィジュリー大司教の胸像も飾られている。また聖アンナ教会の庭内にはベテスダの池Bethesda Poolがある。

世界最古のパレスチナの地図にも記載されている繁華街
 ## カルド

旧市街
ユダヤ人地区
折込Map表E3

Cardo	קארדו	كاردو
カルド	カルドー	カルドゥ

現在の地面よりも低い所にある

6世紀に作られたマダバ地図にもその存在が示されていたメインストリートで、かつてはダマスカス門とシオン門とを結んでいた。135年にハドリアヌス帝が廃墟の上に建築したとされ、ビザンツ時代のユスティニアヌス帝のときに完成した。また、十字軍の時代にはこの通りの一部が商店街となっていた。1967年の第3次中東戦争後、完全に破壊されていたこの地区から、ヘブライ大学のアビガド教授が、22.5m幅の舗装道路を発掘。現在は修復され、ショッピングアーケードとなっている。

移住者たちの歴史が垣間見られる
フルヴァ・シナゴーグ

旧市街
ユダヤ人地区
折込Map表E3

Hurva Synagogue フルヴァ・シナゴーグ

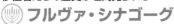

בית כנסת החורבה	كنيس الخراب
ベート・クネセット・ハ・フルヴァ	カニース・アル・ハラーブ

カルドの東側にあるネオ・ビザンツ様式の建物。ポーランドからの移住者のシナゴーグとしてラビのイェフダー・ハシッドらにより1700年に建てられたが、1720年にオスマン朝に破壊された。その後、1856年にアシュケナジーの国立シナゴーグとして再建される。しかし、1948年の第1次中東戦争の際に再び破壊されたが、2010年に現在の形へと再建された。

シナゴーグの集合体
4つのシナゴーグ

旧市街
ユダヤ人地区
折込Map表E3

Four Sephardic Synagogues フォー・セファルディック・シナゴーグズ

ארבעה בתי כנסת ספרדיים	أربعة كنس
アルバア・ベティ・クネセット・スファラディーム	アルバア・カナス

地下に建てられたシナゴーグ

イベリア半島出身のユダヤ人、スファラディームが16世紀に建てた、ラビのヨハナン・ベン・ザカイ、預言者エリヤ、中央、イスタンブールと、それぞれ名付けられた4つのシナゴーグの集合体。周りの建物より高いシナゴーグを建てられず、逆転の発想で地下深く建てられた。現在の建物は1835年に再建されたもの。

■カルド
URLwww.rova-yehudi.org.il
圃随時 困無休 囷無料

カルドは今でもメインストリート

●エルサレム

■フルヴァ・シナゴーグ
⊠Hurva Sq.
TEL(02)6265922
URLwww.rova-yehudi.org.il
圃夏期9:00～18:00（金～13:00）
　冬期9:00～17:00（金～13:00）
囷20NIS

ドームが印象的なシナゴーグ。左は14世、マムルーク朝時代に建てられたイスラム寺院の尖塔

Information
ユダヤ人地区
見どころ共通券
　フルヴァ・シナゴーグ、ウォール考古学博物館、バーント・ハウス、エルサレム考古学博物館とダビッドソンセンターは、共通券が60NISで販売されている。

■4つのシナゴーグ
⊠2 Mishemerot HaKehuna
TEL(02)6280592
圃9:00～17:00（金～13:00）
囷土 囷15NIS
※不定期に閉館することがあるので、事前に要確認。

69

ユダヤ民族の心のふるさと
嘆きの壁

シオン門やヤッフォ門から旧市街へ入り、ずっと坂を上っていく。ほどなくして目の前に嘆きの壁（西の壁Western Wall）とその前の広場が広がるだろう。

ふと顔を上げれば、その向こうにエルサレムを象徴する黄金の屋根「岩のドーム」の丸屋根が輝く。実に印象深い光景だ。

かつての神殿の一部　岩のドームは神殿の丘に建っている。ここはその名のとおり、かつてはユダヤ教の神殿が建っていた所だ。バビロン捕囚より帰還した人々が建て、ヘロデ王が改修した神殿が、ローマのティトス将軍によって破壊されたのは70年。そのときに部分的に

残ったのが神殿を囲む西側の外壁なのだ。これが、嘆きの壁と呼ばれる部分。神殿を中心とした壁のある位置から、西の壁とも呼ばれている。

名前の由来　神殿の崩壊後、ユダヤ人は年に1度許可されている来訪のたび、帰郷の夢を抱きつつここで祈るようになった。特に神殿崩壊の日のアーブの月9日（7月か8月）には、多くのユダヤ人が集まり、神殿の再建とメシアの来臨を断食しながら祈る。壁の石の隙間に詰まっているのは、人々の悲願を記した紙切れ。夜になると石の間にたまった夜露が、壁に生えるヒソプの草を伝って落ちてくる。それが、涙

壁の前で聖書を詠む正統派の男性

ユダヤ人にとって最も大切な祈りの場、嘆きの壁

岩のドーム
P.75

ジェネレーションズ・
センター入口
P.73

を流すユダヤ人の姿を映しているようであり、いつの頃からか嘆きの壁と呼ばれるようになった。また、神の霊が白いハトに姿を変え、祈り続けるユダヤ人とともに嘆いたともいわれている。

達成された悲願　1948年からはヨルダンの管理下になり、ユダヤ人はこの壁に近づくことすらできなかった。しかし、1967年6月7日の第3次中東戦争後は自由に祈ることができるようになり、約1900年間にも及ぶ悲願が達成された。

　現在の壁の高さは21m。下から7段目までは第2神殿時代のもの、その上の4段がローマ時代に付け足された部分。さらにその上にある小さな石はマムルーク朝時代の石だ。地下には第2神殿時代の石が、まだ17段埋まっているという。

D A T A

嘆きの壁　折込Map表F3

Wailing Wall　ウェイリング・ウォール
הכותל המערבי　ハ・コテル・ハ・マアラヴィー
حائط البراق　ハーエト・アル・ブラーク
🕒随時　🚫無休　💰寄付歓迎
🚫 ユダヤ教の安息日である金曜の日没から土曜の夕方までと祝日は不可

入場時の注意　テロ防止のため、壁に通じる通路でイスラエル兵による手荷物検査が行われている。入場は自由。さらにノースリーブや短パンで壁に近づいてはいけない。男性は向かって左側、女性は右側と祈りの場所が分けられている。男子は頭を隠さなくてはならないので、帽子をかぶるか入口で貸してくれるナイロン製のキッパ（小さな帽子）を頭に載せること。

糞門近くにある保安検査場

男性は壁に近づく前にキッパを必ず着用しよう

神殿の丘
P.74

←ウイルソン・アーチ

男性用と女性用スペースに区切られている

男性専用

女性専用

■アリエル・センター
⊠Corner of Bonei HaHomah & Plugat HaKotel St.
℡(02)6286288
⏰9:00〜16:00
休金・土
※要予約。4人以上のグループが望ましい
料20NIS　学生15NIS

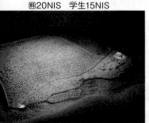
第1神殿時代のエルサレムの町並みの模型

■ウォール考古学博物館
⊠1 Karaim St.
℡(02)6265922
URLwww.rova-yehudi.org.il
⏰9:00〜19:00(金〜13:00)
休土・祝
料20NIS　学生10NIS
(英語、ヘブライ語の無料オーディオガイドあり)

ウォール考古学博物館入口

■バーントハウス
⊠2 Tiferet Israel St.
℡(02)6265906
URLwww.rova-yehudi.org.il
⏰夏期9:00〜19:00(金〜13:00)
　冬期9:00〜17:00(金〜13:00)
休土・祝
料29NIS　学生15NIS

■オールド・イシュヴ・コート博物館
⊠6 Or HaHayim St.
℡(02)6276319
⏰夏期10:00〜17:00(金〜13:00)
　冬期10:00〜15:00(金〜13:00)
休土
料18NIS　学生12NIS

オールド・イシュヴ・コート博物館入口

第1神殿時代の模型がある
🏛 アリエル・センター

Ariel Center アリエル・センター	מרכז אריאל メルカズ・アリエル	مركز اريل マルカズ・アリエル

旧市街 ユダヤ人地区　折込Map表E3

　カルドの東側のブロード・ウォールと呼ばれるヘゼキア王時代の城壁のそばにあり、第1神殿時代の町並みの精巧な模型が展示されている。模型の周囲は円形劇場のような客席になっており、座って説明を聞くことができる。模型はライトアップされたり、扉が開いて内部が露出したりと凝った演出だ。説明が終わると3D映画が上映される。

「ヘロディアンクオーター」の異名をもつ
🏛 ウォール考古学博物館
旧市街 ユダヤ人地区　折込Map表E3

Wohl Archaeological Museum ウォール・アーケオロジカル・ミュージアム

וואהל לארכיאולוגיא מוזיאון ムゼオン・ワォハル・レアルヒオロギヤ	متحف وال الأثري マトハフ・ウオル・アル・アーサリー

　ヘロデ王の時代に使われていた家の跡に第3次中東戦争の後に開館した。元々は裕福な司祭たちの住居として、紀元70年までは使われていた形跡があるそうだ。内部はかなり奥行きがあり、ヘロデ王の時代のフレスコ画、レリーフ、モザイクでできた床面のほか、陶器などが展示されている。

屈辱の歴史を忘れずに展示する
🏛 バーント・ハウス
旧市街 ユダヤ人地区　折込Map表E3

The Burnt House of Kathroso ザ・バーント・ハウス・オブ・カスロソ

הבית השרוף - בית קתרוס ハ・バイト・ハ・サルーフ(ベイト・カトロス)	البيت الحروق アルベイト・アルマフルーク

　1970年に道路から6m下で発掘された第2神殿時代の邸宅跡。ここは、70年にローマ軍のティトス将軍の攻撃を受け、完全に破壊されたが、その後荒らされることがなく、良好な保存状態で残された。玄関ホールに4つの部屋、台所には石のテーブルやかまどもある。出土品のなかには錘石があり、そこにはタルムード(モーゼの口伝律法)にも出てくる、アラム語で「バル・カトロス」という高位の祭司の名も記されていた。

ユダヤ人の生活がわかる
🏛 オールド・イシュヴ・コート博物館
旧市街 ユダヤ人地区　折込Map表E3

Old Yishuv Court Museum オールド・イェシヴ・コート・ミュージアム

מוזיאון חצר הישוב הישן ムゼオン・ハツェル・ハ・イシューヴ・ハ・ヤシャン	متحف حديقة اليشوف القديم マトハフ・ハディーカ・アルイスーフ・アルカディーム

　古いシナゴーグを改築して建てられた博物館。19世紀の半ばから、第1次中東戦争勃発後の1948年に町が破壊されるまでのユダヤ人の生活を展示している。

嘆きの壁の底部を見てみよう

ウエスタン・ウォール・トンネル

Western Wall Tunnel ウエスタン・ウォール・トンネル

מנהרת הכותל
ミンヘレト・ハ・コテル

نفق حائط البراق
ナファク・ハーエト・アル・ブラーク

　現在の嘆きの壁は、第2神殿時代の地面よりもはるか上に位置しており、かつての地面が埋もれている。ウエスタン・ウォール・トンネルは発掘によって、かつての地面を嘆きの壁沿いに掘り起こしたものだ。地下ではヘロデ王の時代の通りや貯水池の跡、ハスモン朝時代の水路などを見ることができる。

ガラスでユダヤの歴史を知る

ジェネレーションズ・センター

Generations Center ジェネレーションズ・センター

מרכז שדשדת הדודות
メルカズ・シャルシュレト・ハ・ドロト

مركز أجيال
マルカズ・アージヤール

民族の団結を表現したオブジェ

　ユダヤ人の歴史をガラスによって表現するというユニークなアトラクションで、オーディオガイドを聞きながら回る。立体映像の映画も上映され、ユダヤ民族の困難と、6日間戦争による聖地奪還の喜びについて語られる。ユダヤ人が自分たちのルーツを実感できることに主眼がおかれているので、外国人にはややなじまないところもある。

Information

ウエスタン・ウォール・プラザ
Western Wall Plaza

嘆きの壁の前にある広場でウエスタン・ウォール・トンネルとジェネレーションズ・センターという人気アトラクションがある。嘆きの壁やユダヤ人の歴史についてより深く知ることができ、どちらも予約必須の時間指定制。ウェブサイトまたは電話で少なくとも数日前、確実に見たい人は2ヵ月以上前から予約が必要。

☎(02)6271333
URL english.thekotel.org

模型を用いて現在と第2神殿時代の神殿の丘の違いを説明してくれる

■ウエスタン・ウォール・トンネル
URL english.thekotel.org
圏7:20～日没
（金・祝の前日～12:00）圏土・祝
圏35NIS　学生19NIS
※見学は予約制のガイドツアーのみ（英、仏、西、露、ヘブライ語）。所要約75分。

■ジェネレーションズ・センター
URL english.thekotel.org
圏9:00～16:00
（金・祝の前日～12:00）
圏土・祝
圏25NIS　学生15NIS
※見学は予約制のガイドツアーのみ

Information
エルサレムの治安

　激しい対立を抱えながらも、異なる文化をもつ人々が共存してきたエルサレム。この町を歩く上で注意したい点がいくつかある。まず、不用意にかばんを放置したりしないこと。公共の場で不審なものが発見されれば、爆発物とみなされることがある。万一爆弾の処理が行われるときは道路が封鎖されたりするが、そのような時は必ず現場の係員の指示に従い、興味本位に近づいたりしないこと。

＊　　　　　＊

　エルサレムは巡礼をはじめ観光客が多いところ。どこの国でも起こりうる観光客狙いの犯罪にも気をつけよう。危険なのは、城壁の周り。ヤッフォ門など、常に人どおりのある所は夜でもそう心配することはないが、ダマスカス門は、特に女性が日が落ちてからひとりで歩くのは絶対に避け

たい。また、城壁巡りはほかの路地などへの逃げ場がないため荷物を強奪されたという事例があるので複数で出かけよう。聖墳墓教会で盗難に遭ったという報告も、いくつか寄せられている。聖墳墓教会は誰にでも出入りが許されるため、管理する人がいない状態。さらに観光客が多いので、どうしても犯罪が起こりやすいので要注意だ。

　オリーブ山では日没を見に来る観光客目当ての窃盗やチカンなど、犯罪が起こりやすい。日没は絶景だが、必ずグループで行くこと。ケデロンの谷も夕方以降は立ち入らないほうがいい。日没を見にオリーブ山へ行く人はタクシーを待たせる配慮を。

　旧市街には、ときにしつこくつきまとう人たちがいるが、単なる好奇心である場合が多い。また、園の墓などの東エルサレムでは、子供たちがからかってくるので、隙を見せずに相手にならないようにしよう。

3つの宗教 それぞれの聖地
神殿の丘（ハラム・シェリーフ）

ユダヤ教の聖地 神殿の丘は、旧市街の南東、嘆きの壁を越えた東側の高台にある。岩のドームのある場所を、アブラハムがわが子のイサクを神にささげようとしたモリヤの丘だとしている。内部の岩は世界が創造された際の「基礎石（エベン・シュティヤ）」といわれ、エルサレムの中心、ひいては世界の中心であるとしている。古くはソロモンの神殿があった場所とされ、ダビデが神の契約の箱を置いた所ともいわれている。現在残っている神殿の土台部分は、ヘロデ王により紀元前20年に建てられたもので、2000年前にはイエスも頻繁に訪れたという。

キリスト教の聖地 新約聖書によれば、イエスが十字架上で絶命したときに、神殿の至聖所の幕が真っぷたつに切り裂かれたという話が残っている。

イスラームの聖地 691年、ウマイヤ朝のカリフ（イスラーム最高指導者）アブドゥル・マリクによってイスラーム寺院が建立されてから、この地はメッカ、メディナに続くイスラーム第3の聖地となった。聖域を意味するハラム・シェリーフと呼ばれてあがめられ、祈りの時間になると大勢の参拝客が訪れる。

赦免門

暗闇門

鉄門

木綿商人の門

鎖門

嘆きの壁
P.70

水場

الكاس　　　　アル・カース

Al-Kas Fountain アル・カース・ファウンテン
礼拝前にムスリムが身体を清める沐浴場。

DATA

神殿の丘（ハラム・シェリーフ）
折込Map表F2～3

Temple Mount/Haram Sherif
テンプル・マウント／ハラム・シェリーフ
הר-הבית　ハル・ハ・バイト
الحرم القدسى الشريف　アル・ハラム・アル・クドスィー・アル・シェリーフ

開 夏期8:30～11:30　13:30～14:30
　　夏期7:30～10:30　12:30～13:30
休 金・土・祝、ラマダーン期間中の午後
料 寄付歓迎　内部不可
　ショートパンツやノースリーブでは入れない。大きな荷物の持ち込みは不可。出入口はたくさんあるが、ムスリム以外の観光客は嘆きの壁近くにあるモロッコ門からのみ入場可。入場時にパスポートなどの身分証明書を求められる可能性がある。

モロッコ門

باب المغاربة　　　　バーブ・アル・ムガーレバ

Moroccans' Gate モロッカンズ・ゲート

　12世紀にこのあたりに移住してきたモロッコ系住民にちなむ。ムスリム以外の観光客は嘆きの壁の南側にある保安検査場からモロッコ門へと入る。

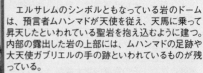

岩のドーム

قبة الصخرة　　　　クッベト・アッサフラ
Dome of the Rock　　ドーム・オブ・ザ・ロック

　エルサレムのシンボルともなっている岩のドーム
は、預言者ムハンマドが天使を従え、天馬に乗って
昇天したといわれている聖岩を抱え込むように建つ。
内部の露出した岩の上部には、ムハンマドの足跡や
大天使ガブリエルの手の跡といわれているものが残
っている。
　岩の下の洞窟はアブラハム、ダビデ、ソロモン、
ムハンマドなどの聖人が祈りをささげた所といわれ、
ムスリムは「魂の井戸」と呼び、最後の審判の日が訪
れたときに、すべての魂がここに集まるとしている。
　ドームの内部にある礼拝堂は638年にアラブ軍が
エルサレムを征服した記念に、691年に建てられた。
幾度かの改築を繰り返し、1522年にはオスマン朝
のスュレイマン大帝により、ペルシアで焼かれたブ
ルーのタイルが加えられ、1964年にはドームが金メ
ッキのアルミ板になった。
※2018年7月現在ムスリム以外の入場は禁止

黄金門 P.63

岩のドーム内部の模型。ダビデ
の塔に展示されている

アル・アクサー寺院

المسجد الاقصى　　アル・マスジド・アル・アクサー
Al-Aqsa Mosque　アル・アクサー・モスク

　アル・マスジド・アル・アクサーとはクルアーン(コーラ
ン)に「遥かなる礼拝堂」と記された言葉。ムハンマド
が神とともに夜空を旅行した地が、アル・アクサー＝
エルサレムだと、ムスリムには解釈されている。
　岩のドームを建てたカリフ、アブドゥル・マリクの息
子ワリード1世が715年に建立した建物だが、その後
地震などによる崩壊と修復を繰り返した。今でも残
っている創建当時のものは、ドームの東側にあるい
くつかの柱のみで、現在の形になったのは1066年
だといわれている。西のドームは「白い寺院」と呼ばれ
ている十字軍時代の建物で、1099年から王宮とな
りソロモンの神殿と呼ばれた。20世紀に入ってから
はヨルダン国王暗殺事件や狂信的キリスト教徒によ
る放火事件なども起こった。
※2018年7月現在ムスリム以外の入場は禁止

イスラームってどんな宗教？

イスラームという言葉は、自分自身を神の意思に委ねることを意味する。

イスラームは、610年にアラビア半島のメッカで、ムハンマド（マホメット）が神の啓示を受けたことに始まる。ムハンマドは神の預言者となり、その言葉の集大成が、クルアーン（コーラン）である。クルアーンは「詠み唱えるもの」という意味だ。

サウジアラビアのメッカは、イスラーム最大の聖地。毎日5回行う祈りもメッカの方角を向くことになっているし、メッカへの巡礼は、イスラームの五行のひとつだ。

旅行者が日常で接するイスラームは、寺院のスピーカーから流れるアザーンではないだろうか。夜明けと同時に大音響のアザーンで叩き起こされた経験のある人も多いだろうし、通りすがりに耳にするアザーンに異国情緒を感じる人もいるだろう。アザーンは1日5回の礼拝を呼びかけるものだ。アラビア語独特の響きは、ときに歌うように朗々と耳に届く。神の言葉をそのまま受け入れるべきと考えるイスラームでは、母国語が何語であろうとも、イスラームの言葉はアラビア語だ。

預言者ムハンマドが昇天したとされる地が岩のドーム

イスラームにとってのアッラーは唯一絶対神だ。これはクルアーンの教えの一番大きな柱となっている。日本人は、とかく豚を食べない宗教だの、断食するだの、聖戦だのというイメージが先行しがちだ。しかしこれらは枝葉のこと。まずは神である。その信仰心は生活のすべてにかかわっている。

クルアーンによると、神が天地創造をしたことが記されている。しかし、それを成し遂げたわけでなく、現在もその作業は続いており、地上のすべてのものが神の力で管理されていると考えられている。

神は世界の終末を引き起こすともされている。地上のすべてのものが崩壊し、死者が復活する。もちろん、どんな終末になるのか、何が復活するのか、すべてを知るのは神だけなのである。

そんな怖いほど強大な神の力だが、優しさもある。有名な断食も、妊婦や子供、旅行中の人などには免除や延期の救済措置があるのだ。もしできなければその年の都合のいい時期にやればいい。この寛大さが、また民衆を引き付ける要因となっているのではないだろうか。

おしゃれをして礼拝に来た母子

慈悲ふかく慈悲あまねきアッラーの御名において
讃えあれ、アッラー、万世の主、
慈悲ふかく慈悲あまねき御神、
審きの日の主宰者。
汝をこそ我らはあがめまつる、汝にこそ救いを求めまつる。
願わくば我らを導いて正しき道を辿らしめ給え、
汝の御怒りを蒙る人々や、踏みまよう人々の道ではなく、
汝の嘉し給う人々の道を歩ましめ給え。

クルアーンの最初に書かれた「開扉」
『コーラン』（井筒俊彦訳　岩波文庫）による

アルメニア正教会の大聖堂

聖ヤコブ大聖堂

旧市街
アルメニア人地区
折込Map表D3～D4

St. James Cathedral セント・ジェイムス・キャスィードロル

כנסיית סנט ג'יימס
クネスィヤット・セント・ジェームズ

كاتيدرائيا القديس يعقوب
キャテドライヤット・アル・クッディース・ヤアコーブ

エルサレムで最も美しい宗教建築物と言われている

イエスの12使徒のひとり、ゼベダイの子ヤコブが殉教したとされる場所に11世紀に建てられた。ゼベダイの子ヤコブのほかに、イエスの死後、教団に加わったイエスの弟（異母兄とも従兄弟とも）のヤコブも祀られている。彼は原始キリスト教会をまとめ、エルサレム教会を率いたが、後に殉教したとされる。

アルメニア人の歴史をたどる

🏛 アルメニア博物館

旧市街
アルメニア人地区
折込Map表D4

Armenian Museum アルメニアン・ミュージアム

המוזיאון הארמני
ハ・ムゼオン・ハ・アルメニ

المتحف الأرمني
アル・マトウハフ・アラルマニー

1968年にイスラエル博物館とアルメニア正教会の協力によりアルメニア聖職者の宿舎跡に開館した。46年のアルメニア人のキリスト教化から、20世紀初頭に起こった、いわゆる150万のアルメニア人大虐殺後のエルサレムでの定住までの歴史をたどれる貴重な博物館だ。

福音書を記したマルコの家と伝えられる

聖マルコ教会

旧市街
アルメニア人地区
折込Map表E3

St. Mark's Church & Monastry セント・マークス・チャーチ＆モナストリー

כנסיית סנט מרק
クネスィヤット・セント・マルク

كنيسة القديس مرقس
ケニーサト・アル・カディース・マルクス

シリア正教会の主祭壇

福音書の著者マルコの家だと伝えられている場所に建てられ、シリア正教会によって管理されている。70年にローマ帝国に破壊されたあとも、エジプトのファーティマ朝のカリフ、ハーキムから弾圧を受けるが、そのたびに修復された。シリア正教会によると、ここはイエスが最後の晩餐を行ったり、弟子の足を洗った場所とされ、また、教会内にある聖母子のイコンは福音書の著者ルカが描いたものと伝えられている。

■聖ヤコブ大聖堂
ヤッフォ門からアルメニア人地区に入り、真っすぐ行った左側。
⊠Armenian Orthodox
Patrichate Rd.
☎(02)6284549
🕙15:00～15:30
休日、不定休　料無料
📷小型カメラでのみ撮影可

聖ヤコブ大聖堂の入口

■アルメニア博物館
⊠Armenian Patrichate
※2018年4月現在閉館中。再開時期は未定。

アルメニア博物館入口

■聖マルコ教会
⊠Ararat St.
☎(02)6283304
🕙10:00～16:00
休不定休
料寄付歓迎　📷不可

教会は旧市街の一角にあり、入口は大変わかりにくい

History
シリア正教

現代のパレスチナをはじめ、トルコからシリア、イラクなど各地にいたアラム人を母胎とする人々が進んだ教会で、ヤコブ派教会と呼ばれることもある。イエスが話した言葉もアラム語だったといわれている。もちろん長い歴史をもっているため変遷を経ているが、現在彼らが話すシリア語も、アラム語の現代化された形の言葉だ。

昇天教会

■昇天教会
TEL 052-7900769（携帯）
■8:00～17:00
休無休　料5NIS

昇天教会の内部にはイエスの足跡が残されている

■主の祈りの教会
TEL (02)6264904
■8:00～12:00 14:00～17:00
休日
料10NIS　学生8NIS

教会内はいたるところに各国語の祈りの言葉が書かれている

■主の泣かれた教会
TEL (02)6266450
■8:00～11:45 14:30～17:00
休無休　料寄付歓迎

ユニークな形をした教会

イエス昇天の場所

昇天教会

Map P.55D2

Chapel of Christ's Ascension チャペル・オブ・クライスツ・アセンション

כנסיית העלייה
クネスィヤット・ハ・アリヤー

كنيسة الصعود
ケニーサト・アッサアウド

現在は、イスラームの礼拝所として使われている昇天教会

復活したイエスは神の国のことなどを弟子たちに伝え、40日目に彼らの目の前でオリーブ山から昇天した（使徒言行録1:9）。このできごとを記念して4世紀に建てられたのが、昇天教会だ。教会内部にある岩には、昇天する際にイエスがつけたといわれる足跡がいまだに残されている。この教会は十字軍時代に8角形の礼拝堂となり、1835年に修復された。

各国語の祈りが記されている教会
主の祈りの教会

オリーブ山周辺
Map P.55D2

Church of the Pater Noster チャーチ・オブ・ザ・ペイテル・ノスター

כנסיית פאטר נוסטר
クネスィヤット・パテル・ノステル

كنيسة ابانا الذي
ケニーサト・アバーナー・アッラディ

ルカによる福音書11:1～4に記されているとおり、イエスが弟子に請われて、主の祈りを教えたといわれる教会。内部の壁面のタイルには、日本語を含む数多くの言語で主の祈りの言葉が記されている。

この教会は4世紀、ローマ皇帝コンスタンティヌスの母ヘレナが、巡礼をした際に聖地が荒れていることに心を痛め建てたもので、当初はギリシア語でオリーブ山を表す「エレオナ」という名で呼ばれていた。現在の建物は1874年に再建されたもの。

涙の形をかたどった教会
主の泣かれた教会

折込Map表G3

Sanctuary of Dominus Flevit サンクチュアリ・オブ・ドミヌス・フレヴィット

דומינוס פלוויט
ドミヌス・フレヴィット

كنيسة الدمعة
ケニーサト・アッダムア

イエスはオリーブ山からの帰途、エルサレムを眺め、その滅亡を予言し涙したといわれる（ルカによる福音書19:41～44）。そんな記述に基づき1955年に建てられた教会。教会のドームは涙の粒をかたどってあり、祭壇の後ろにある大きな窓からはエルサレム市街を一望できる。

古い岩窟が並ぶ
預言者の墓

オリーブ山周辺
Map P.55D2

Tombs of Prophets トゥーム・オブ・プロフェット

קברי הנביאים
キヴレイ・ハ・ネヴィイーム

قبور الأنبياء
カブール・アランビヤー

■預言者の墓
圖9:00〜15:00
囷金〜日
圀寄付歓迎

洞窟の中は非常に暗い。入口には懐中電灯が置かれている

オリーブ山とダビデの町の間にあるケデロンの谷（→P.81）には、26の棺室が設けられた洞窟の墓地がある。考古学者クレルモン・ガノーによれば、4〜5世紀にヨルダン川を渡ってやってきたキリスト教徒の墓とされるが、ユダヤ人の伝説では旧約聖書にある預言者ハガイ、ゼカリヤ、マラキの墓とされている。

祭司ヨヤダの息子ゼカリヤは、ユダの高官たちに石で打ち殺された預言者だ（歴代誌下24:20〜22）。アブサロムの塔の近くに建っている塔が、このゼカリヤの墓といわれる。昔は、神殿崩壊の記念日ごとにユダヤ人がこの墓に参り、ユダヤの悲劇を胸に刻んだ。しかし、実際の建設年代は4〜5世紀と考えられている。また、キリスト教徒の間では、洗礼者ヨハネの父ゼカリヤのものともされている。

ゼカリヤの墓の隣にある岩の中に造られた墓は、ヘロデ王の時代の祭司ヘジル家のもの。2本の柱の奥からヘブライ語碑文が発見され、これが証明された。また、旧約聖書列王記下15:5にある、ユダ王アザルヤが重い皮膚病で隔離された家が、ここにあったともいわれる。さらにキリスト教徒には、イエスの弟のヤコブの墓と信じられている。

預言者の墓の入口

 オリーブ山でスリ

オリーブ山頂から下ろうとしていたとき、主の祈りの教会あたりで若い男がオリーブの枝を1NISで買わないかと近づき後をつけてきた。やっと振切ったと思いふと背中の荷物を降ろすとポケットが半開きでカード入れがなくなっていた。あわてて戻るとその犯人と思われる男が、道端を指し知らない男が捨てて行ったと言う。見ると私のカード入れがあった。現金が入ってなかったのであきらめたのか？
（千葉県　中川敏彦　'15年1月〜春）

ドームの印象的なロシア正教の教会
マグダラのマリア教会

オリーブ山周辺
折込Map表G2

Church of Mary Magdalene チャーチ・オブ・メアリー・マグダレーヌ

כנסיית מריה מגדלה
クネスィヤット・マリヤ・マグダレーナ

كنيسة مريم المجدلية
ケニーサト・マルヤム・アルマジュダリーヤ

■マグダラのマリア教会
Ⅲ(02)6284371
圖火・木10:00〜12:00
囷日・月・水・金・土　圀寄付歓迎
◘内部不可

金色のタマネギを載せたような7つの円屋根をもつロシア正教の教会。1885〜88年、ロシア皇帝アレクサンドル3世がふたりのマリアを記念し、17世紀のモスクワ様式を模して築いた。ひとりは、ヨハネによる福音書19:25に出てくるマグダラのマリア。彼女は復活後のイエスに最初に会ったばかりでなく（ヨハネによる福音書20章）、ローマ総督ピラトによるイエスの裁判が不当であったと、時のローマ皇帝ティベリウスに訴え、ピラトを追放させたとの説もある。教会堂には、伝説を再現した絵もかけられている。また、もうひとりのマリアはロシア皇帝アレクサンドル3世の母后マリア。地下聖堂には彼女の遺体が眠っている。夜のライトアップされた教会も美しい。

マグダラのマリア教会は金色のドームが美しいロシア正教の教会

●エルサレム

■ゲッセマネの園

TEL (02)6266444
夏期8:00～18:00
冬期8:00～17:00
無休 寄付歓迎

園内にはオリーブの木が並ぶ

■万国民の教会

TEL (02)6266444
夏期8:00～18:00
冬期8:00～17:00
無休 寄付歓迎
※教会へはゲッセマネの園の敷地内から入る

モザイクのファサードが特徴的な万国民の教会

■マリアの墓の教会

夏期
　5:00～12:00　14:30～17:30
冬期
　6:00～12:00　14:30～17:30
無休　寄付歓迎

美しい装飾がなされたマリアの墓

イエスが祈り、捕らえられた場所

ゲッセマネの園

オリーブ山周辺
折込Map表G2

Garden of Gethsemane ガーデン・オブ・ゲッセマニ

גת שמנים
ガット・シュマニーム

بستان جشسيماني
ボスターン・ジスマーニー

オリーブ山の麓にあるイエスゆかりの庭園。ゲッセマネとはヘブライ語で油搾りを意味する。かつてこのあたりは一面のオリーブ林で、オリーブの精製が盛んに行われていた。現在、庭園内に残る8本のオリーブの木は、はるか昔から受け継がれてきたもの。破壊されるたびによみがえるエルサレムを、このオリーブにたとえる人もいる。

ここはイエスが祈りのため、頻繁に訪れていた場所。ルカによる福音書22章では、弟子たちとの最後の晩餐を終えたイエスが、このゲッセマネの園に入り、このあとに起こるできごとを予感しながら、血のような汗を流し、父なる神に祈り続ける姿が描かれている。

福音書を記したマルコの家と伝えられる

万国民の教会

オリーブ山周辺
折込Map表G2

Church of All Nations チャーチ・オブ・オール・ネイションズ

כנסיית גת שמנים
クネスィヤット・ガット・シュマニーム

كنيسة كل الأمم
ケニーサト・クッル・アルウマン

イエスが最後の夜を、苦悶しつつ祈って過ごしたゲッセマネにある教会。別名苦悶の教会ともいわれる。4世紀に建てられた当時のバジリカの形を残し、1919年、さまざまな国からの献

20世紀初頭に造られた比較的新しい教会

金により再建された。祭壇の前に、イエスがそこで祈ったという岩の一部が置かれている。また、入口の壁の上方の美しいモザイク、内部の「苦悶のキリスト」、「ユダの接吻」、「イエスの逮捕」などのモザイクはビザンツ様式によるものだ。

聖母が埋葬された場所と伝わる

マリアの墓の教会

オリーブ山周辺
折込Map表G2

The Church of the Sepulchre of Mary ザ・チャーチ・オブ・ザ・セプルカー・オブ・メアリー

כנסיית קבר מרים
クネスィヤット・ケヴェル・ミリヤム

كنيسة قبر مريم
ケニーサト・カバル・マルヤム

4世紀にテオドシウス1世により建てられ、十字軍時代に改築された教会。マリアの墓は地下の礼拝堂にあり、周囲はイコンやランプなどで飾られ、墓石に開いた3個の穴から墓の内側に触れることができる。地下に下りていく途中には、マリアの両親ヨアヒムとアンナ、夫のヨセフの墓もある。

古い岩窟が並ぶ
ケデロンの谷

オリーブ山周辺
折込Map表G3

Kidron Valley キドロン・ヴァレー

נחל קדרון
ナハル・キドローン

وادي الجوز
ワーディ・アル・ジョーズ

オリーブ山とダビデの町の間にある荒涼とした集落はケデロンの谷と呼ばれている。オリーブの木々の隙間からは、いくつかの岩の墓が顔をのぞかせる。ここはダビデ王の時代から続く墓地で、最後の審判の日にはここで死者がよみがえると信じられている。また、神殿からオリーブの山へと続く糸の上を死者が渡り、善人の魂は彼岸に、罪人の魂は奈落に落ちると考えられている。

エルサレムはモリヤ（神殿）、アクラ、ベゼタ、シオンの4つの丘（シオンの丘以外は旧市街）と3つの谷からなっている。3つのうち残るふたつの谷はシオンの丘の南にあるヒンノムと、シオンの丘とモリヤ（神殿）の丘の間のティロピヨンだ。

とんがり帽子は嫌われモノ?
アブサロムの塔

オリーブ山周辺
折込Map表G3

The Pillar of Absalom ザ・ピラー・オブ・アブサロム

יד אבשלום
ヤッド・アヴシャローム

عمود ابسالوم
アムード・アル・アブサローム

ケデロンの谷でひときわ目を引くとんがり屋根の塔は、サムエル記下にも明記されているアブサロムの塔で、その形から「ファラオの冠」とも呼ばれている。

ダビデ王の息子アブサロムは、父の愛情を受けながらも反逆し続けたといわれ、わがままな子供の代名詞にもなっている。今でも子供がわがままを言うと親は、この墓に連れてきて、これがわがままな人の末路だと言って諭すのだという。

エルサレムはここから始まった
ダビデの町

オリーブ山周辺
折込Map表F3～4

The City of David ザ・シティ・オブ・デイヴィッド

עיר דוד
イール・ダヴィッド

مدينة داود
メティーナト・ダーウード

旧市街の南に、エルサレム発祥の地といわれるダビデの町の遺跡が広がる。紀元前1000年頃、ユダの王ダビデが先住のエブス人を支配して、オフェルの丘にイスラエルの首都エルサレムを建設し（サムエル記下5:9）、33年間イスラエルとユダの全土を統治した。ここには第1神殿時代の建造物の遺跡が多く残り、19世紀後半から発掘作業が進められている。

■ケデロンの谷
開随時 休無休 料無料
※ケデロンの谷は基本的には24時間自由に入れるが、人どおりが少ないので複数で訪れること。遅い時間には行かないほうがよい。

古い墓が並ぶケデロンの谷

■アブサロムの塔
開随時 休無休 料無料
ケデロンの谷でも北方に位置する

ユニークな形状をしたアブサロムの塔。周りには古い時代からの墓石が転がる

■ダビデの町
No.1
TEL(02)6268700
URLwww.cityofdavid.org.il
開夏期8:00～19:00（金～16:00）
　冬期8:00～17:00（金～14:00）
休土
料28NIS　3Dフィルム15NIS
※ヘゼキアのトンネルは中を歩くこともできるが、場所によっては水位が75cmもある。必ずショートパンツにスポーツサンダル、懐中電灯も持参しよう。

考古学公園となっている

ヘゼキアのトンネルは水路なので、かなりぬれる。ぬれては困る人にはカナーンのトンネルがあるが、シロアムの池まで行かない

エルサレムの大事な水源、シロアムの池

■エルサレム考古学公園
🚇No.1
📞(02)6265906
🔗www.rova-yehudi.org.il
🕐8:00〜19:00
　（金・祝日の前日〜14:00）
休土
💰29NIS　学生15NIS

広い敷地には、さまざまな時代にまたがる遺跡が残っている

敷地内は広大で、数多くの発掘物が見学できる。特に「G地区」と呼ばれるエリアからは多数の遺跡が出現し、カナン人の時代の町の姿も明らかになっている。また、チケット売り場の北、階段を上った所では、ダビデの町の歴史を紹介した3Dフィルムも上映している。

ウォーレンの縦穴Warren's Shaft

発掘が続けられるダビデの町で、最も新しく発掘された「G地区」の近くにあるのが、ウォーレンの縦穴の入口だ。発見した考古学者チャールズ・ウォーレンの名から、この名で呼ばれている。

サムエル記下5:8によれば、ダビデ王がエブス人の住むエルサレムを襲撃した際に、この穴から兵を送り込み、背後からエブス人を攻撃したとされている。全長39mの縦穴は、古代に城壁内でギホンの泉の水を汲み上げる目的で造られたようで、画期的なシステムだ。

シロアムの池Pool of Siloam
ダビデの町の南端にあるシロアムの池は旧約聖書イザヤ書22:9では「下の池」と紹介されており、新約聖書ではイエスが盲人の目を治した池としてヨハネによる福音書9章に登場する。

ギホンの泉Gihon Spring
聖書の時代からのエルサレムの水源、ギホンの泉は列王記上1:38〜40で、ダビデ王の命を受けた祭司ツァドクがソロモンに油をかけ、ソロモンが王として立った場所とされる。

ヘゼキアのトンネルHezekiah's Tunnel
ギホンの泉からシロアムの池に通じる全長533mのトンネル。紀元前700年頃、アッシリア帝国の脅威にさらされていたユダ王のヘゼキアは、岩盤をくり抜いてこのトンネルを掘り、城内の水を確保したといわれている（列王記下20:20、歴代誌下32:30）。1880年、トンネルの建設当時の様子を記した「シロアム碑文」が発見された（現在イスタンブール考古学博物館が収蔵）。当時の高度な建築技術は世界的にも高く評価されている。

神殿の丘への理解を深める

オリーブ山周辺

🏛 エルサレム考古学公園

折込Map表F3

Jerusalem Archaeological Park　ジェルーサレム・アーケロジカル・パーク
جن העופל הארכיאולוגי　الحديقة الأثرية القدس
ガン・ハ・アルケオロジー　アルハディーカト・アルアーサリーヤ・アルクドゥス

神殿の丘の南側の壁はそのままオフェルの丘につながっており、考古学公園になっている。南の壁はヘロデ王の時代に神殿に通じる「フルダ門」があった所。紀元前1000年頃からビザンツ時代、ウマイヤ朝時代までのモザイクなどの遺物や神殿の丘の下を通るトンネルも発見されている。南壁の下

側には神殿の参詣者に使われた階段の跡があり、沐浴の水槽なども発掘された。アメリカの聖書歴史地理学者エドワード・ロビンソンは、西の壁と南の壁の交差地点にある突起を、イエスの時代の神殿と山の手の町（Upper City）を結ぶ橋の跡と推定。その後の調査で、この橋は神殿とティロピョンの谷を結んだものと判明したが、発見者にちなみロビンソン・アーチと呼ばれている。

入口のそば、ウマイヤ朝時代の宮殿跡を利用した建物はデビッドソン・センター。神殿の丘に関する展示が行われ、第2神殿時代の神殿の丘をバーチャルリアリティで再現している。

入口は糞門近くにある

■ダビデ王の墓
🚌No.1
☎(02)6719767
🕐夏期8:00〜21:00
　（金・祝日の前日〜16:00）
　冬期8:00〜17:00
　（金・祝日の前日〜13:00）
🈚無休　🈁寄付歓迎
⊘シャバット中は不可

五旬節の時期には多くの巡礼者を集める

🕎 ダビデ王の墓

シオンの丘周辺
折込Map表D〜E4

Tomb of King David トゥーム・オブ・キング・デイヴィッド

קבר דוד המלך
ケヴェル・ダヴィッド・ハ・メレフ

قبر الملك داوود
カブル・アルマレク・ダウード

シオン門から南へ徒歩で3分ほど行った所にある。シナゴーグになっているホールを抜けて右へ進むと、鉄柵で仕切られた墓石のある部屋にたどり着く。石棺はダビデの星が刺繍されたビロード布に覆われ、ダビデの継承者である22人の王を表す、22のシルバーの聖書を収めた経筒で装飾されている。

ダビデ王の墓の入口にあるダビデ王の像

列王記上2:10「かくてダビデはその先祖とともに眠りて、ダビデの町に葬らる」、使徒言行録2:29「先祖ダビデは死にて葬られ、その墓は今日に至るまで我らのうちにあり」と、聖書にもダビデの墓の存在が明記されている。しかし、墓の入口の壁にある輪が馬をつなぐものに似ているなどの根拠から、ここは旅籠だったという人もいる。異論はあるものの、ダビデ王の亡くなった時であるとされる五旬節の時期には特に多くの人が訪れる。

土曜になると多くの人が墓の前に祈りに来る

イエスと弟子とが過越しの祭の食事をした

🏠 最後の晩餐の部屋

シオンの丘周辺
折込Map表D〜E4

Coenaculum ケナクルム

חדר הסעודה האחרונה
ハダル・ハ・セウダー・ハ・アハロナー

غرفة العشاء الأخير
グルファト・アルアシャーアン・アル・アーヒール

■最後の晩餐の部屋
🚌No.1
🕐8:00〜18:00
🈚無休　🈁無料

ダビデ王の墓のある建物を出て、裏の階段を上った2階には、イエスが処刑の前の晩に弟子たちを集めて最後の晩餐を行ったといわれる部屋がある。中は非常に殺風景で、レオナルド・ダ・ヴィンチの名作に描かれた場所とは似ても似つかないが、十字架を前に最後の訓話をしたとされる所だ。

83

■マリア永眠教会
No.1
(02)5655330
9:00～12:00 12:45～17:00
（日13:00～17:00）
無休　無料

巨大な尖塔が目印

永眠するマリアの像

■鶏鳴教会
No.1
8:30～17:00
日
10NIS　学生5NIS

シオンの丘に建つモダンな建物

手前にある部屋は、イエスが弟子の足を洗った場所とも伝えられている。この部屋は「ペンテコステ（五旬節）の部屋」とも呼ばれ、イエスが死んで50日目の日に弟子たちに聖霊が降りた所ともされている（使徒言行録2章）。

十字軍によって建てられたゴシック様式の建物

　現在の建物は十字軍が建てたもの。入口の柱には印章が刻まれている。また、15世紀のオスマン朝時代にはイスラーム寺院として使われた。ムスリムにとってもイエスは聖人であり、預言者でもある。

ひときわ目立つ大きな教会
マリア永眠教会　シオンの丘周辺

折込Map表D4

Basilica of the Dormition Abbey バジリカ・オブ・ドーミッション・アビー

דורמיציון كنيسة النياحة
ドルミツィオーン　ケニーサト・アニーヤハ

　シオン門のすぐ南、ベージュの美しい尖塔がそびえ建つ建物は、イエスの母マリアを祀って建てられたエルサレム最大の教会。1910年に10年がかりで完成した。

　地下聖堂に下りると桜の木と象牙で作られた永眠するマリアの像が横たわっている。またここのモザイクは、三位一体や12使徒、12宮などを描いた見事なものだ。聖堂は音響効果抜群で、ときおりバロック音楽などのコンサートも開催される。

ペテロがイエスを知らないと言った
鶏鳴教会　シオンの丘周辺

折込Map表E4

St. Peter in Gallicantu Church セント・ピーター・イン・ガリッカントゥ・チャーチ

كنيسة القديس بطرس מנזר סנט פטר בכנסיית גליקנטו
ミンザル・セント・ペテル・ベ・クネスィヤット・グリッカント　ケニーサト・アルギディース・ボトロス

　シオン門の東の松林に囲まれた丘の上にある教会。ここからはダビデの町やヒンノムの谷などを見渡せる。鶏鳴教会は祭司カヤパの屋敷跡。ゲッセマネで捕らえられたイエスが石段を通ってここに連行され、地下の牢獄に留置されながら最後のひと晩を過ごした場所だ。教会の地下にある小さ

天井のステンドグラスも印象的

な牢獄に投獄されたイエスは、ここから総督ピラトのところに連れていかれ、裁判を受けたのである。また、弟子のペテロが自分に罪が及ぶのを恐れ、イエスの予言どおり、鶏が鳴く前に3度「イエスのことを知らない」とうそをついたのもここの庭だ（ルカによる福音書22:54〜62）。

考古学の雄

🏛 ロックフェラー博物館

東エルサレム
折込Map表F1

Rockefeller Archaeological Museum ロックフェラー・アーケオロジカル・ミュージアム

מוזיאון רוקפלר
ムゼオン・ロクフェレル

متحف روكفلر
マトゥハフ・ロクフェラル

館内には秀逸なコレクションが並ぶ

ヘロデ門の近くにある。1930〜38年にかけてかの有名なアメリカの大富豪、ジョン・D・ロックフェラーの資金援助を受けて、イギリス委任統治政府が建設した考古学博物館。ハイファ近くのカルメル山（→P.237）で発見された9万年以上前の古器を含む、先史時代の遺物やヒシャーム宮殿（→P.134）の美しい彫刻装飾品などが、広々とした美しい建物の中に陳列されている。また、八角形の塔をもつ薄いベージュの博物館の建物自体もすばらしい。1967年の第3次中東戦争まではヨルダンにより統治されており、第3次中東戦争時にはこの美しい中庭が兵士たちの死体で埋まったという。

ぽっかり開いた不思議な空間

🏛 ゼデキアの洞窟

東エルサレム
折込Map表E1

Zedekiah's Cave ゼデキアズ・ケイヴ

מערת צדקיהו
メアラット・ツデキヤフー

كهف صدقيا
カハフ・サドキヤー

洞窟内は照明によって照らされている

ダマスカス門とヘロデ門の間の城壁の下にある、面積約900㎡の大きな洞窟。昔はここで神殿を建てるための石を切っていた。列王記下25:4〜5によれば、ユダ王ゼデキアが、兵糧戦に持ち込まれて戦いに敗れ、バビロン王ネブカドネツァルの追っ手から逃れる際に、この洞窟からエリコへ渡ったとされる。その後ゼデキアはつかまり、バビロン捕囚が始まった（列王記下25:21）。

イエスが歩いたであろう石段

■ロックフェラー博物館
🚌No.1
✉Sultan Suleiman St.
☎(02)6282251
🕐10:00〜15:00（土〜14:00）
🚫火・金
💰無料

博物館の中庭

✉ **ロックフェラー博物館はおすすめ**

ロックフェラー博物館は展示が中々充実していて更に入場無料なのでぜひおすすめです
（東京都　アリフマクスーラ '18春）

■ゼデキアの洞窟
☎(02)6277550
🕐夏期
　9:00〜17:00（祝前〜14:00）
　冬期
　9:00〜16:00（祝前〜14:00）
🚫金　💰16NIS　学生10NIS

ゼデキアの洞窟の入口

●エルサレム

■園の墓
🚈 LRTのDamascus Gate駅下車
☎ (02)6272745
🌐 www.gardentomb.com
🕐 8:00〜20:00
🚫 日　💰 無料

緑豊かな公園の中にある園の墓

園の墓にある墳墓はイエスの時代より
もはるか前に造られた可能性が高い

🏛 園の墓

The Garden Tomb ザ・ガーデン・トゥーム

גן הקבר
ガン・ハ・ケヴェル

حديقة القبر
ハディーカト・アル・カブル

　ダマスカス門から北へ歩いて5分ほどの小高い丘に、本当のゴルゴタの丘ではないかといわれる園の墓がある。一般にイエスの墓とされるゴルゴタの丘は、聖墳墓教会の中にあるとされている。しかしゴルゴタの意味がしゃれこうべということから、ここにあるしゃれこうべ形の丘が注目され、1860年にオットー・テニウスがこの説を唱えはじめた。さらに第1次世界大戦中、イギリス軍人C・H・ゴードンが同調したためこの説が広まり、「ゴード

ダマスカス門の北にある謎の人面岩にイエスの墓を見た

ンのカルバリ（ラテン語でゴルゴタの意）」とも呼ばれるようになった。確かに目、鼻にあたる部分が空洞になっていて、しゃれこうべに見える。

　「園の墓」という名は、ヨハネによる福音書19:41の「イエスが十字架にかけられた所には園があり、そこには、誰もまだ葬られたことのない新しい墓があった」という箇所からつけられた。現在はイギリスのプロテスタント系の教会が管理するこぎれいな公園となっているが、近年ではこの丘は第1神殿時代（紀元前7世紀）のものだという説が有力になっている。

■聖ゲオルギウス大聖堂
🚈 LRTのShivti Israel駅下車
✉ 20 Nablus Rd.
☎ (02)6271670
🕐 7:00〜19:00
🚫 不定期　💰 無料

大きな塔が大聖堂の目印

英国国教会の拠点

🏛 聖ゲオルギウス大聖堂

東エルサレム
Map P.55C1

St George Cathedral セント・ジョージ・カスィードロル

קתדרלת סנט ג'ורג'
カテドララット・セント・ジョルジー

كاتدرائية مار جرجس
カテドラリーヤ・マル・ジルジス

　1910年に建てられた英国国教会の大聖堂で、中東における中心的な役割を担っている。イングランドの守護聖人で、竜退治でも知られる聖ゲオルギウス（英語名は聖ジョージ）の名を冠している。敷地内は緑にあふれる静かな環境。第1次世界大戦では、オスマン朝軍に接収され、司令部として使われた。敷地内にはホスピス（→P.104）もある。

眺望抜群！　ユダの荒野が見渡せる

スコープス山

スコープス山周辺
Map P.55D1

הר הצופים	**Mount Scopus**
ハル・ハ・ツォフィーム	マウント・スコープス

　旧市街の北東にあるスコープス山は、標高830mの山。山頂の展望台からはエルサレムの町が一望できるだけでなく、東を見ればユダの砂漠やヨルダン渓谷が見渡せる。スコープス山の大部分はヘブライ大学の敷地となっており、バスの便も夜まである。夕景や夜景を楽しむならこちらへ。

スコープス山からの眺望

イスラエルの最高学府

ヘブライ大学

スコープス山周辺
Map P.55D1

האוניברסיטה העברית	**Hebrew University**
ハ・ウニヴェルスィタ・ハ・イヴリート	ヒブリュー・ウニヴァーシティ

　スコープス山には、ヘブライ大学の人文系学部があるスコープス・キャンパスがある。イスラエルの大学建設は1913年のシオニスト会議で承認された後、1920年代に設立された。現在は自然科学系のギヴァット・ラム・キャンパスも有している。完成した大学で初めて教壇に立ったのは、アルベルト・アインシュタイン。ヘブライ語による相対性理論の講義は、今でも歴史に残っている。ちなみにヘブライ大学にはアインシュタインに関係するさまざまな資料が保存されている。広島、長崎の原爆投下に衝撃を受けたアインシュタインは、その後平和運動に身を投じるようになったが、日本からの励ましの贈り物などもきちんと残されている。大学内の学食や生協は自由に入れるので利用してみよう。

第3次中東戦争の重要拠点

 弾薬の丘

スコープス山周辺
Map P.55C1

גבעת התחמושת	**Ammunition Hill**
ギヴァット・ハ・タハモシェット	アムニション・ヒル

　1967年に起こった第3次中東戦争の激戦地。この丘には戦争前までヨルダンの要塞がおかれ、イスラエル軍のエルサレム攻略にとって重要な場所だった。イスラエルが勝利した後、戦死した多くのイスラエル兵を悼んで記念館が造られ、戦いの様子などを展示している。

敷地内には戦車も置かれている

■スコープス山
🚌No.9、34、48、201

ヘブライ大学のキャンパス

■ヘブライ大学
🚌No.9、34、48、201
🌐new.huji.ac.il

Information

ヘブライ大学考古学研究所
The Institue of Archaeology

考古学研究所には小さな展示室があり、季節ごとにテーマに沿った展示が行われている。

研究所は入口からは少し遠い

☎(02)5882418
🌐archaeology.huji.ac.il
🕘9:00～16:00
休金・土　料無料

■弾薬の丘
🚈LRTのアムニッション・ヒル Ammunition Hill駅下車
🚌No.25、45など
✉Eshkol St.
☎(02)5829393
🌐www.g-h.org.il
🕘9:00～17:00
　（金～13:00、祝～12:00）
休土
料10NIS　ショートフィルム5NIS
　博物館35NIS

●エルサレム

死海文書で有名な国立博物館
イスラエル博物館

イスラエル博物館は、国の文化的財産の宝庫ともいうべき見応えのある博物館。建国前からユダヤ民族美術の収集で知られていたベツァレル民族美術館を1965年、総工費約14億円をかけて改装し、国立博物館としてオープンした。

死海写本館内では死海写本をはじめ、さまざまな貴重な文献を展示している

死海写本館

Shrine of the Book　シュライン・オブ・ザ・ブック

死海写本は1947年夏の第1次中東戦争が始まる直前、死海西北のクムランで、迷子になった羊を探していたベドウィンの少年によって、洞窟の中で偶然に見つけられた。紀元前3〜紀元後1世紀に筆写された、今日発見されている聖典のなかでも世界最古のヘブライ語聖典。イザヤ書や詩篇など600を超える巻物がほぼ完全な形で残っており、世界の聖書学会に大センセーションを巻き起こした20世紀最大の発見ともいわれている。

独特のタマネギを載せたような建物は、発見当時、写本が入っていた壺のふたの形をもとに、アメリカの建築家キースラーとバルトスがデザインしたもの。照明を落とした内部は洞窟をイメージしている。

第2神殿時代の模型

Second Temple Period Model
セカンド・テンプル・ピアリオド・モデル

実際の50分の1の大きさに縮小された第2神殿時代（紀元前538年〜紀元後70年）のエルサレム精巧な模型。考古学者の故アビ・ヨナ教授は、専門分野の第2神殿時代に自分が生きている夢を見て、2000年前のエルサレムを再現してみたいと模型を考えついたという。そこで、『ユダヤ戦記』(ヨセフス著)をもとに、自身の推測や発掘成果も反映させて完成した。

ビリー・ローズ・アート・ガーデン
Billy Rose Art Garden

庭園を設計したイサム・ノグチの彫刻作品、ヘンリー・ムーアやピカソなどの彫刻も置かれている。

イスラエル博物館 Map P.54B3

Israel Museum イスラエル・ミュージアム

מוזיאון ישראל ムゼオン・イスラエル

🚌No.7、9、14、、35、66

☎(02)6708811 🔗www.imj.org.il/en

🕐10:00～17:00（金・祝日の前日10:00～14:00、火16:00～21:00）

無休 料54NIS 学生39NIS ※料金にはオーディオガイド（英、仏、西、露、ヘブライ語、アラビア語）が含まれている

■一部不可 ▨内部不可

2012年に新装オープンしたので設備も新しい

敷地内にあるオブジェ

入口
⬇

青年棟

Youth Wing for Art Education ユース・ウィング・フォー・アート・エデュケーション

おもに子供に美術や文化を親しんでもらうことを目的とした体験学習センター。非常設の展示スペースもある。

考古学棟

Archaeology Wing アーケオロジー・ウイング

有史以前からオスマン朝までの膨大な出土品が集められており、年代順に展示されている。

おもにイスラエル考古学会が収集したもので、20万年前の象牙、ヘブル人のヘブライ語の碑、カナン人の土器、武器、銅石器時代の納骨堂などの貴重なコレクションがある。

ユダヤ芸術&生活棟

Jewish Art & Life Wing
ジューイッシュ・アート・アンド・ライフ・ウィング

ユダヤ教に関連する物と、ユダヤ人の日常生活に関する物を展示している。展示品はさまざまな国と地域から集められているため、非常にバラエティ豊かなものになっている。イタリアやドイツ、インド、スリナムからそれぞれ運ばれてきたシナゴーグの内装も再現されている。

美術棟

Fine Art Wing ファイン・アート・ウィング

モダンアートが中心となった美術館。印象派や後期印象派の作品が並ぶ。代表的なものはレンブラントやマルク・シャガール、カミーユ・ピサロなど。バラエティに富んだテーマの企画展も行われている。

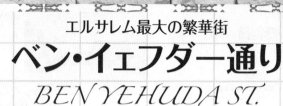

エルサレム最大の繁華街
ベン・イェフダー通り
BEN YEHUDA ST.

エルサレムの夕暮れ……。今日の仕事を終えた人々はバーに集まり、ビールやワインを飲みながらくつろぐ。そして、観光を終えた旅行者はイスラエルらしいおみやげを求めてショッピング。ベン・イェフダー通りはいつも大賑わい。

個性的なデザインのキッパを販売する店が多い

大人気のファラフェル・サンドイッチ店『モシコ Moshiko』。地元っ子もおすすめの店だ

地元っ子に大人気の
アイスクリーム
『Katzefet』

マドンナも愛用している
コスメブランド
『Laline』

① イスラエルの
スターバックス的存在
『Hillel』

死海コスメ
『Dead Sea Shop』

イスラエルの
ハンバーガーチェーン
『Bargersbar』

② ソロモン通り

③

ヤッフォ通り

キング・ジョージ通り

ベン・イェフダー通り

ヒレル通り

『バ・ベイトBa Beit』でコーヒーを飲みながら、ワッフルを頂こう。休憩にもピッタリ！

① テラス席でのんびり
リモン
Rimon

ベン・イェフダー通りでも人気のカフェ・レストラン。軽食中心のカフェ部門とビストロ部門に分かれている。メインはグリル類が中心で59〜124NIS。風が通り抜けるテラス席は広く、いつも満席。

折込Map表B2
✉4 Luntz St.　☎1599-501030
🔗www.caferimon.co.il
🕐7:00〜24:00
🚫シャバット　💳ADMV

② ユダヤ人の音楽を知る
ヘブライ音楽博物館
Hebrew Music Museum

世界中に散ったユダヤ人が各地でどのような音楽を発展させていったかがわかる博物館。展示は地域ごとに行われており、その地域で使われる楽器が展示されているほか、試聴もできる。

折込Map表B2
✉10 Yoel Moshe Salomon St.
☎(02)5406505
🔗hebrewmusicmuseum.com
🕐9:30〜20:00（金〜13:30）
🚫土　💰50NIS 学生35NIS

③ 陶磁器を買うならココ！
ギルダ
Gilda

イスラエル国内の陶芸家20人の作品が並ぶギャラリー。各アーティストごとに作品のテーマは異なるが、おもに置物や食器、オカリナなどが多い。スタッフに相談しながらお気に入りのアイテムを発見しよう。

折込Map表B2
✉27 Solomon St.
☎(02)6244065
🕐9:30〜20:30（金9:30〜15:00）
🚫土　💳ADMV

■バイブルランド博物館

🚌No.7、9、14、35、66
✉21 Shmuel Stefan Wise St.
☎(02)5611066
🔗www.blmj.org
🕐月・火・木・日9:30～17:30
　水9:30～21:30
　金・土10:00～14:00
🚫祝　💰44NIS　学生22NIS
🚫不可

紀元前7世紀の象牙製のレリーフ。シリアで発掘されたもので、椅子の飾りとして使われていた

■ クネセット（国会議事堂）

🚌No.7、7a、14、35
✉Knesset, HaKiryah
☎(02)6753337
🔗www.knesset.gov.il
🕐木・日8:30～14:00
（ガイドツアーでのみ見学可、要予約、パスポート必携）
🚫月～水・金・土　💰無料

イスラエルの国会議事堂、クネセット

■十字架の修道院

🚌No.14、17、15、19、32、32a
✉Haim Hazaz Blvd.
☎054-5202281（携帯）
🕐夏期10:00～18:00
　冬期10:00～16:00
🚫日　💰18NIS　学生17NIS

この場所に植えられていた木で十字架が作られたと伝えられている

聖書の世界を多彩な展示で紹介

🏛 バイブルランド博物館

新市街
Map P.54B2

מוזיאון ארצות המקרא
ムゼオン・アルツォット・ハ・ミクラ

Bible Lands Museum
バイブル・ランズ・ミュージアム

展示は中近東全域をカバーしている

　カナダの美術収集家で聖書研究者エリエ・ボロフスキー Elie Borowski博士のプライベートコレクションを展示している。「目で見てたどる聖書の世界」をテーマに、古代イスラエルをはじめ、エジプト、メソポタミアなどから集めた品々を展示している。紀元前6000年から紀元後600年にかけてのできごとを時代に沿ってわかりやすく紹介している。

　厳選された展示品からは、古代ローマ帝国におけるユダヤ人の存在、キリスト教世界において聖都エルサレムが果たしてきた役割など聖書の世界観がよくわかる。

政治の中心

🏛 クネセット（国会議事堂）

新市街
Map P.54B2

הכנסת
ハ・クネセット

The Knesset
ザ・クネセット

　議会制民主主義のイスラエルでは、4年ごとの改選による定員120名の一院制議会が国の最高議決機関。この議会がおかれているクネセットが公開されている。

　大富豪として知られるロスチャイルドの寄付により、1966年に見事な議事堂が完成した。広い中庭を通ってシャガールのタペストリーのある建物に入り、2階に上がるとそこが傍聴席。審議はヘブライ語で行われるが、ガイドや見学に来ている学生たちが解説してくれる。ほかに5万冊の蔵書を誇る図書館やレストランも併設している。入口に建つ、イギリス政府から贈られたブロンズ製のメノラー（燭台）には、イスラエル史に残る29の挿話が彫刻されている。

磔の十字架の材料はオリーブの木

🏠 十字架の修道院

新市街
Map P.54B3

מנזר המצלבה
ミンザル・ハ・マツレヴァー

Monastery of the Cross
モナストリー・オブ・ザ・クロス

　イスラエル博物館の東側、レハビアの谷にある修道院。オリーブ畑に囲まれ、高い壁がそびえ建つ。ローマ時代の4世紀に建てられ、11世紀に城塞となり、幾たびもの改築を経て現在の姿となっている。ここにあった木が磔刑の十字架に使われたという伝説が残っている。

高い壁で周囲を取り囲む。要塞でもあった十字架の修道院

　アダムが命の木の枝を口にくわえたまま亡くなった際、そのままの状態でこの谷に埋葬されたため、やがてこの木が成長し十字架に用いられたともいわれている。現在もなお、木があったとされる中央祭壇の裏には銀の円盤でその場所が分かりやすく示されている。

イスラーム美術をのぞいてみよう
🏛 イスラーム美術博物館

新市街

Map P.55C3

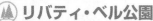
מוזיאון לאמנות האסלאם　**Islamic Museum**
ムゼオン・レ・オマヌート・ハ・イスラーム　イスラミック・ミュージアム

　色彩豊かな細密画をはじめ、アラビア文字芸術のカリグラフィ、きらびやかな金属製品、陶器、宝石、タイルなどイスラーム諸国から集めた秀逸なコレクションが揃う。イスラーム圏とヨーロッパとの文化交流も解説しており、時計やオルゴールなどのコレクションもすばらしい。

■イスラーム美術博物館
🚌No.13
✉2 Hapalmah St.
☎(02)5661291
🌐www.islamicart.co.il
🕐10:00〜15:00
　(木〜19:00、金・土〜14:00)
休日　料40NIS　学生30NIS
カード不可

イスラーム美術博物館

休日は人でいっぱい
⛵ リバティ・ベル公園

新市街

Map P.55C3

גן הפעמון　**Liberty Bell Garden**
ガン・ハ・パアモーン　リバティ・ベル・ガーデン

　リバティ・ベル公園は、エルサレムで最初に造られた公園。アメリカのフィラデルフィアにある自由の鐘の模型やヘンリー・ムーアの彫刻のある広々とした公園で、野外劇場ではコンサートも開かれる。

■リバティ・ベル公園
🚌No.18

リバティ・ベル公園内の自由の鐘の模型

帰還のシンボル
🏢 イェミン・モシェー

新市街

折込Map表C〜D4

ימין משה　**Yemin Moshe**
イェミン・モシェー　イェミン・モシェー

　1860年代にイギリスのユダヤ人モーセ・モンテフィオル卿が建設した最初の住宅地で「モーセの右手」の意味をもつ。彼はユダヤ人に仕事の機会を与える目的で、現在エルサレムのランドマークにもなっている風車を造り、城壁内に住んでいたユダヤ人にもこの近くに住むようすすめた。そのため城壁外で最初にユダヤ人が住む場所となった。風車の中にはモンテフィオルをたたえた小さな博物館がある。

　この地区は今では芸術家の町。ウィンドミル音楽センターはすてきなコンサート会場だ。おしゃれなレストランも点在している。

■イェミン・モシェーの風車
🚌No.18

イェミン・モシェーの風車

●エルサレム

左カラム

■ヘロデ家の墓
🚌No.18
✉Off King David St.

ヘロデ家の墓

■グレート・シナゴーグ
🚌No.7、13、38
✉56 King George St.
☎(02)6230628
🕐9:00～13:00（金～10:30)
㊡不定期　㊍無料

■ウルフソン博物館
折込Map表B3
✉Hachal Sholomo Bld., 58 King George St.
☎(02)5889010
🕐10:00～16:00（火～18:00)
㊡金・土
㊍20NIS　学生15NIS
🚫内部不可

博物館の展示は建物の3階

■タイム・エレベーター
✉Mamilla Av.
☎(02)6248381
🌐www.time-elevator-jerusalem.co.il
🕐10:00～17:20
※夏期は開館時間が延長される。夏期や祝祭日は非常に混み合うので、予約したほうがよい
㊡金・土
㊍54NIS　学生46NIS
🚫不可

洗練されたショッピングストリート、マミラ・モール内にある

右カラム

冷酷な支配者一族として有名
🏛 ヘロデ家の墓

新市街
折込Map表C4

| אחוזת קבר משפחת הורדוס | Herod's Family Tomb |
| アフザット・ケヴェル・ミシュパハット・ホルドゥス | ヘロッズ・ファミリー・トゥーム |

　キング・デーヴィッド・ホテルの南側、公園内にある洞窟。ここは、ローマ時代、最高権力者にうまく取り入って支配者にのし上がったヘロデ一族の墓とみなされている。しかし、ヘロデ一族はここに眠るが、ヘロデ王の墓はベツレヘム近郊のヘロデオンにあり、また洗礼者ヨハネ、イエスが処刑されたときの領主ヘロデ・アンティパスは、その後追放され、追放先で死去しているので、いずれもここには埋葬されていない。

エルサレムのユダヤ教の総本山
🕎 グレート・シナゴーグ

新市街
折込Map表B3

| בית הכנסת הגדול | Great Synagogue |
| ベイト・ハ・クネセット・ハ・ガドール | グレート・シナゴーグ |

　イスラエル最大のシナゴーグ。エルサレムに470あるシナゴーグの総本山だ。17世紀にイタリアのパドヴァで発見された聖櫃を展示してある。ユダヤ教では偶像崇拝を禁止しているため、小さなシナゴーグだと目印になるようなものもなく、公民館のような建物の場合もある。

近代的な要素と伝統的な要素が融合したグレート・シナゴーグ

しかしそんな小さなシナゴーグでも、シャバット（安息日）ともなれば、近所のおばさんから、黒ずくめの正統派ユダヤ教徒までが集まる。

　グレート・シナゴーグでも金曜日の夜の礼拝にはトーラーの朗詠とコーラスがあり、肌を露出しない服装ならばユダヤ教徒以外でも入ることができる（男性は1階、女性は2階）。

タイムマシンを疑似体験！
🏛 タイム・エレベーター

新市街
折込Map表D3

| מעלית זמן | Time Elevator |
| マアリート・ズマン | タイム・エレヴェイター |

　エルサレムの歴史をたどるタイムスリップを、バーチャルリアリティ体験できるアトラクション。映像に合わせて座席が動き、家族連れに人気。ダビデ、ソロモンの伝説的な黄金時代から、イスラエル建国と第3次中東戦争にいたるまで、長い歴史を40分で眺めることができる。ヘブライ語、英語など8ヵ国語（日本語はない）による解説がフォローされている。

敬虔なユダヤ人の町
メア・シェアリーム

新市街 Map P.55C1

מאה שערים
メア・シェアリーム

Mea Shearim
メア・シェアリーム

　新市街の北東にある、正統派ユダヤ人だけが住んでいる地域。ここには宗教用品や骨董の店など見どころも多い。1874年につくられたこの町の名は、創世記26:12に出てくる「百倍の収穫をもたらす土地」という意味からつけれられた。

　この地域に足を踏み入れると、独特の雰囲気に気づくはず。道行く人々は、男性なら長いもみあげに山高帽、フロックコートは黒ずくめ、女性はくるぶしまであるスカートで、既婚者なら頭を毛糸の帽子で覆っている。住民は聖書の律法を忠実に守って暮らし、聖なる言葉のヘブライ語は礼拝時のみ、普段はドイツ語混じりのイディッシュ語で会話している。

活気あるエルサレムの台所
マハネー・イェフダー市場

新市街 折込Map表A1

שוק מחנה יהודה
シュック・マハネー・イェフダー

Makhane Yehuda Market
マハネー・イェフダー・マーケット

エルサレムの日常を垣間見ることができる

　ヤッフォ通りとアグリパス通りの間に広がっているのが活気にあふれるマハネー・イェフダー市場。取れたての色とりどりの野菜や果物が陽光を受けてぴかぴか光り、首をはねられたばかりの羊や牛が軒先に下がっている。色とりどりの香辛料や、蜂蜜のたっぷりかかったバクラワ（菓子）の屋台など、歩いているだけで時間がたってしまうことだろう。

建国の父が眠る
ヘルツルの丘

エン・カレム Map P.54A2

הר הרצל
ハル・ヘルツル

Mount Herzl
マウント・ヘルツル

　建国の父テオドール・ヘルツルが眠る墓地。ヘルツルは1897年、スイスのバーゼルで開かれた第1回シオニスト会議の提唱者で、国際的に活躍したジャーナリスト。エルサレムの別名であるシオンの丘に戻り、自分たちの国を造ろうと世界に散らばるユダヤ人に呼びかけた。この墓地には、シオニストのリーダーのゼエブ・ジャボティンスキーや第3次中東戦争時の首相レビ・エシュコル、1993年にオスロ合意を成立させたイツハク・ラビンなど、国を率いた指導者も眠っている。毎年イスラエルの独立記念式典が開かれるのもここだ。

■メア・シェアリーム
🚌No.1
※観光客であってもノースリーブやショートパンツは厳禁。偶像崇拝を禁止しているため、写真に撮られることさえ嫌う住民も多いので節度をもって出かけよう。

メア・シェアリームには、剃髪している敬虔なユダヤ教徒のためのスカーフやかつらが売られている

■マハネー・イェフダー市場
🚈LRTのMahane Yehuda駅下車
🕐店ごとに異なるが目安は平日は早朝～20:00、金曜～15:00、土曜18:00～20:00

市場の入口で演奏するアーティスト

■ヘルツルの丘
🚈LRTのMount Herzl駅下車
🚌No.20、27、27a、150
✉Mt. Herzl, Herzl Blvd.
☎(02)6321515
🌐www.herzl.org.il
●公園
🕐夏期8:00～18:45（金～13:00）
　冬期8:00～16:45（金～13:00）
㊡祝　㊅無料
●博物館
ヘルツルに関する資料を展示している
　8:30～18:00（金～13:30）
㊡土・祝前
㊅30NIS　学生24NIS
📷内部不可

テオドール・ヘルツルの墓

●エルサレム

95

■ヤド・ヴァシェム
🚃🚎LRTのヘルツル駅近くから無料のシャトルバスが20分に1便の運行
🚌10、16、20、23、24、25、26、26a、27、27a、28、28a、29、33、39、150
✉Mt. Herzl
☎(02)6443400
🌐www.yadvashem.org
🕐9:00～17:00
（木～20:00、金・祝前日～14:00）
※10歳未満の入場不可。最終入場は閉館の1時間前。
🚫土・祝　💰無料
オーディオガイド（英、仏、独、西、露、アラビア語）25NIS
📷内部不可

ホロコーストの犠牲者をしのぶホールオブ・ネームズ

■洗礼者ヨハネ誕生の教会
🚌No.28、28a
☎(02)6323000
🕐夏期
　8:00～12:00　14:30～17:45
　冬期
　8:00～12:00　14:30～16:45
🚫無休　💰無料

洗礼者ヨハネ誕生の教会の祭壇

マリア訪問の教会
🚌No.28、28a
☎(02)6417291
🕐夏期
　8:00～11:45　14:30～18:00
　冬期
　8:00～11:45　14:30～17:00
🚫日　💰無料

虐殺の歴史を語る

🏛 ヤド・ヴァシェム

エン・カレム

Map P.54A2

יד ושם
ヤド・ヴァシェム

Yad Vashem Holocaust Memorial
ヤド・ヴァシェム・ホロコースト・メモリアル

　第2次世界大戦中、ナチス・ドイツによって虐殺された約600万人のユダヤ人を慰霊する目的で建てられた博物館。イザヤ書56:5に出てくる「我が家、我が城壁に刻む、決して消しさられることがない記念と記憶」というヘブライ語のヤド・ヴァシェム（＝記念と記憶）にちなみ、その名がつけられた。建物正面にある高さ30mに及ぶ円柱には、「忘れるな」という意味のヘブライ語が刻まれている。

　ホロコースト歴史博物館ではホロコースト（虐殺）に関する写真や切り抜き、遺品などが、悲惨な当時の様子をダイレクトに伝えている。博物館の最後には、ホール・オブ・ネームズ The Hall of Namesという部屋がある。円形の部屋の外壁にホロコーストの被害者約600万人のうち、200万人以上の個人名とその人の生涯に関する記録が収められている。また、天井のドームには犠牲者600人の写真が張られている。庭園にはユダヤ人をナチスから救った異邦の義人を記念して植樹された木があり、日本のシンドラーともいわれる杉原千畝さんのものもある。

ひときわ目立つ時計塔があるヨハネ誕生の地

🏠 洗礼者ヨハネ誕生の教会

エン・カレム

Map P.56A3

כנסיית יוחנן המטביל
クネスイヤット・ヨハナーン・ハ・マトヴィール

Church of St. John
チャーチ・オブ・セント・ジョン

　そびえ建つ時計塔が目印のこの教会は、イエスに洗礼を施したといわれる洗礼者ヨハネが生まれた洞窟の上に建っている。ヨハネは、イエスがまだ少年だった時代に、神の審判と悔い改めを訴えたという。地下にある祝福の洞窟の入口にはラテン語で、ルカによる福音書1:68「主なるイスラエルの神は、ほむべきかな。神はその民を顧みてこれをあがない」と記され、床にも「ここで主の先駆者は生まれた」と書かれている。現在の建物はビザンツ、十字軍時代の教会の跡に1855年に建築されたもので、フランシスコ修道会が管理している。

50か国語でマリア賛歌が記された

🏠 マリア訪問の教会

エン・カレム

Map P.56A3

כנסיית ביקור
クネスイート・ビクール

Church of the Visitation
チャーチ・オブ・ザ・ヴィジテーション

　現在の建物は、1955年に十字軍時代の教会跡に建設された。この場所は、洗礼者ヨハネの父ザカリアの別荘があ

ったところとされ、聖母マリアがヨハネの母エリザベツを訪ねたことを記念して建てられたもの。

ルカ伝1:39～56で伝えられるとおり、その頃天使からイエス受胎のお告げを受けたマリアが、エリザベツに挨拶したとき、胎児がおなかの中で踊ったといわれる。このときマリアの歌った「マリア賛歌」が約50ヵ国語に訳され、壁に刻まれている。

マリア訪問の教会にあるマリアとエリザベツの像

ステンドグラスが美しい
🕎 シャガールの窓 エン・カレム
Map P.56A3

חלונות שאגאל Chagall Windows
ハロノット・シャガール　　　シャガール・ウィンドウズ

ヘブライ大学付属のハダッサ病院Hadassah Medical Centerにあるシナゴーグには、ユダヤ系フランス人画家シャガールによるステンドグラスが収められている。12枚のガラスに描かれているのは、創世記、申命記に基づいたイスラエル12部族の物語。病院に寄贈されたのは1962年だが、その5年後の第3次中東戦争で4枚が爆撃を受けた。この知らせを聞いたシャガールは「ステンドグラスのことは気にしないでください」と語り、後に新しく、より美しいステンドグラスを寄贈したという。

近郊の旅　ベト・グヴリン
בית גברין
Beit Guvrin

エルサレムから南西約50kmに位置するベト・グヴリンは古代イスラエルではマレシャ Mareshaと呼ばれた都市だった。マレシャはローマ時代やビザンツ時代に大いに栄えた町。

現在のレバノン領であるシドンから移り住んだ人々が作り上げた洞窟墓は色彩も鮮やかで保存状態もいい。敷地内には800以上の鐘形の洞窟が作られ、一部は地下で繋がっている。他にもローマ時代の円形劇場やビザンツ教会の跡なども残っている。2014年、ユネスコの世界文化遺産に登録された。

近郊の旅　ラトルン
לטרון
Latrun

ラトルンは、かつて中東戦争の激戦地となった要衝。第1次中東戦争ではアラブ側がこの地を死守。パレスチナ自治区（C地区）だが、第3次中東戦争でイスラエル軍が奪取した。

●ー●ー●　ミニ・イスラエル Mini Israel　●ー●ー●

嘆きの壁＆岩のドーム、ヤッフォの旧市街やテルアビブの海岸など、さまざまなミニチュアがある。空港から近いこともあり、イスラエルに着いた際の予習、あるいは離れる前に旅を振り返る目的で立ち寄るツアーも多い。

■シャガールの窓
🚌No.12、19、19a、27、27a
✉Hadassah Medical Center
Ein Kerem
URLwww.hadassah-med.com
TEL(02)6776271
🕗8:30～15:30
休金・土　料15NIS　📷不可

■ベト・グヴリンへの行き方
直通のバスはなく、ベイト・シェムシュ Beit Shemeshかキルヤット・ガットKiryat Gatまで行き、タクシーをチャーターするしかない。
●エルサレムから
　キルヤット・ガットへ
🚌No.446が1～2時間に1便
所要：約1時間10分
運賃：21.5NIS
■ベト・グヴリン＆マレシャ国立公園
Map P.11A4
TEL(08)6811020
URLen.parks.org.il
🕗夏期8:00～17:00（金～14:00）
　冬期8:00～16:00（金～14:00）
休無休　料28NIS　学生24NIS

洞窟が多く作られたのは石灰石を採掘するためだったとされている

■ラトルンへの行き方
●エルサレムから
🚌セントラルバスステーション発
No.404、433、434
所要：約25分　運賃：16NIS
●テルアビブから
🚌直通のバスはなく、ベイト・ダガンBeit Daganなどでエルサレム行きに乗り換え
■ミニ・イスラエル
Map P.98
URLwww.minisrael.co.il
🕗7・8月　17:00～22:00
　　（金～14:00）
　9～6月　10:00～17:00
　　（金～14:00）　休無休
料69NIS　学生59NIS

■ヤド・ラ・シリヨン
Map P.98
℡(08)9255268
URL www.yadlashiryon.com
⏰8:30〜16:00
　（金〜12:00、土9:30〜15:30）
休無休　料30NIS　学生20NIS

■ラトルン修道院
Map P.98
℡(08)9220065
⏰夏期
　8:30〜11:30　15:30〜17:00
　冬期
　8:30〜11:00　14:30〜16:00
休日　料無料

ラトルンのトラピスト修道院

■エマオ
Map P.98
℡052-3562071（携帯）
⏰夏期
　8:30〜12:00　14:30〜17:30
　（土8:30〜17:30）
　冬期
　8:30〜12:00　14:30〜17:00
　（土8:30〜17:00）
休日　料5NIS
■一部不可　■一部不可

ヤド・ラ・シリヨン Yad La'shiryon

　現在の軍事博物館The
Armored Corps Memorial
Site and Museumは第1次
中東戦争時に要塞として使
用されていたもの。たくさん
の戦車がずらりと並ぶ屋外
博物館となっており、一般
的にはヤド・ラ・シリヨンと呼
ばれている。

ラトルン要塞を見据える戦車

ラトルン修道院 Latrun Monastery

　トラピスト会のラトルン修道院はジャンクションを挟んだ反
対側の丘にある。ワイン造りでよく知られており、おみやげ
にもいい。

エマオ Emmaus

　ラトルン修道院近くにあ
る。復活したイエスが姿を
現した（ルカによる福音書
24:13）集落跡があり、巡礼
のためキリスト教徒が絶え
間なく訪れている。敷地内
にはビザンツ教会やローマ
式浴場などが残っている。

エマオに残る集落跡

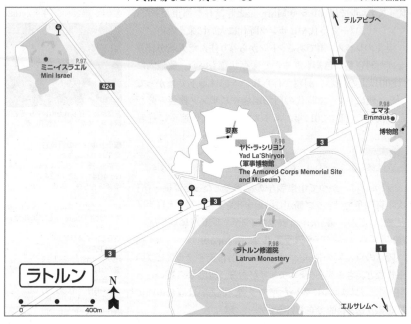

HOTEL ホテル

エルサレムは巡礼で来る人を含めてイスラエルで最も観光客を集めるところ。安いホステルから最高級ホテルまでいろいろなタイプの宿が揃っている。イースターやクリスマス前後は予約でいっぱいになるので、事前に予約しておこう。

	安いホステルが多い **旧市街と周辺** 3000～5000円 （ドミトリーの1泊の目安）	大型高級ホテル **新市街と西部** 1万5000～6万円 （高級ホテルのシングル1泊の目安）	中級ホテルが点在 **東エルサレムとスコープス山** 1万5000～2万円 （中級ホテルのシングル1泊の目安）
ホテルの種類	旧市街はドミトリーがあるような安い宿がほとんど。**どこも老朽化が激しいので、宿選びは慎重にしよう。**教会団体が運営するホスピスは割と清潔だが設備の面ではいまいち。	新市街はドミトリーのあるような宿は少ないが、中級ホテルならベン・イェフダー通りややッフォ通りにいくつかある。高級ホテルの数は充実しており、設備の面でも申し分ない。	ダマスカス門周辺にはアラブ系の中級ホテルが並ぶ。**ただ夜間は人通りが少ないので要注意。**スコープス山周辺は宿泊施設はあまり多くないが、高級ホテルがいくつか点在する。
交通アクセス	見どころは旧市街に集中しているので便利。しかし、**旧市街のほとんどは車両通行禁止**なので、市内交通を利用する際はダマスカス門やヤッフォ門まで移動しなければならない。	LRTがセントラルバスステーションから旧市街のダマスカス門までを結んでおり、市内バスの路線も多い。ただし、**シャバット中はLRTと市内バスは運休する**ので要注意。	移動の中心はLRTか市内バス。旧市街や新市街までは距離はあるが不便ではない。ただし、流しのタクシーは少ないので、ホテルで呼んでもらったほうが早いだろう。
レストラン事情	シャワルマ・スタンドなど、ファストフード店はスークなどに多いが、旧市街でテーブル席があるようなレストランは少ない。ヤッフォ門の近くには雰囲気のいいカフェなどが集まる。	ベン・イェフダー通りを中心に高級レストランからファストフード店、カフェなどバリエーションも豊富で食事には困らない。だが、**シャバット中はほとんどの店は閉まってしまう。**	東エルサレム内にはシャワルマ・スタンドや軽食を出す店が多いが、**レストランは少ない。**スコープス山周辺もレストランが少ないので、食事をするのなら新市街へ移動したほうがよい。

●エルサレム

PICK UP HOTEL

旧市街を眺めながら滞在できる

デーヴィッド・シタデル
David Citadel

最高級
420室
折込Map 表C3
新市街

旧市街のすぐそばに位置するエルサレム屈指の高級ホテル。ローマの水道橋をイメージしたようなアーチ状の大きな入口は特徴的。ロビーをはじめ、空間を広く扱うように意識しており、心も身体もくつろげる造りになっている。

ゆったりとしたスペースの客室

客室 スタッフのおすすめは旧市街を一望できるバルコニーで、夜はライトアップも楽しめる。ぜひ旧市街側の部屋に宿泊してみよう。アメニティは南仏のコスメメーカー、ロクシタンのものを使用。

レストラン 館内にはフランス料理レストラン、グリル・バーなどが入っている。

館内設備 スイミングプールの他に、大型スパ施設やフィットネス・クラブなどもある。

アーチ状のエントランス

旧市街が眺められるスイミングプール

📺 🔌 📻 📶 Wi-Fi
全室 全室 全室 全室 全室 全館無料

✉7 King David St.
🔗www.thedavidcitadel.com
☎(02)6211111
📠(02)6211000
ⓈⓌⒶⒸ500US$
💲US$ € NIS
ⒸⒸ ⒶⒹⓂⓋ

キング・デーヴィッド
King David

最高級	折込Map表C3〜4
233室	新市街

⊠23 King David St.
URL www.danhotels.com
TEL(02)6208888
FAX(02)6208882
⑤AC📶🚪🍴📺520US$〜
Ⓦ AC📶🚪🍴📺550US$〜
🏧US$ € NIS
CC A D M V

ダン・ホテルズ系列で、エルサレム随一の伝統と格式を誇る。1階の廊下には宿泊した各国要人のサインが埋め込まれている。客室は新市街側のニュー・シティと旧市街側のオールド・シティの2つに分かれている。

ダン・エルサレム
Dan Jerusalem

高級	Map P.55D1
505室	スコープス山周辺

⊠32 Lehi St.
URL www.danhotels.com
TEL(02)5331234
FAX(02)5815947
⑤AC📶🚪📺200US$〜
Ⓦ AC📶🚪📺210US$〜
🏧US$ € NIS　CC A D M V

スコープス山の麓にあるエルサレム最大級のホテル。ロビー階のベランダから眺めるエルサレムの風景がすばらしい。

🗣 ホテルが山の上なので、ロビーのベランダから眺める町はきれい。広いプールやベランダもある。
（東京都　眞喜子　'14年12月〜'15年1月）

アメリカン・コロニー
American Colony Hotel

高級	Map P.55C1
96室	東エルサレム

⊠160 Nablus Rd.
URL www.americancolony.com
TEL(02)6279777
FAX(02)6279779
⑤Ⓦ AC📶🚪🍴📺350〜955US$
🏧US$ € NIS
CC A D M V

1860年に遡るオスマン朝時代のパシャ（高官）の邸宅を利用したホテル。部屋のタイプは6種類あり、それぞれ内装や設備が異なる。バスローブなどアメニティグッズも充実している。

レオナルド・プラザ・エルサレム
Leonardo Plaza Jerusalem

高級	253室
折込Map表B3	
新市街	

22階建ての高層ホテル。旧市街やヤッフォ通りも近く、立地がよい。客室からの眺めも抜群。屋外プールあり。

⊠47 King George St.
URL www.leonardo-hotels.com
TEL(02)6298666
FAX(02)6231667
⑤AC📶🚪🍴📺261US$〜
Ⓦ AC📶🚪🍴📺280US$〜
🏧US$ € NIS　CC A D M V

インバル
Inbal Jerusalem Hotel

高級	289室
折込Map表C4	
新市街	

リバティ・ベル公園の隣にある斬新なデザインの建物。マッサージやスイミングプールなど、設備では定評がある。

⊠3 Jabotinsky St.
URL www.inbalhotel.com
TEL(02)6756666
FAX(02)6756777
⑤AC📶🚪📺330US$〜
Ⓦ AC📶🚪📺350US$〜
🏧US$ € NIS

キング・ソロモン
King Solomon Hotel Jerusalem

中級	148室
折込Map表C4	
新市街	

キング・デーヴィッド通り沿い、イェミン・モシェーの近くにある。エルサレムではよく知られた老舗ホテル。

⊠32 King David St.
URL www.kingsolomonjer.com
TEL(02)5695555
FAX(02)6241774
⑤AC📶🚪📺110US$〜
Ⓦ AC📶🚪📺120US$〜
🏧US$ € NIS　CC A D M V

YMCAスリー・アーチズ
Jerusalem International Three Arches

中級	56室
折込Map表C4	
新市街	

高いタワーが特徴で周囲は緑多い環境。客室は多くないが、そのぶん館内設備が充実している。

⊠26 King David St.
URL www.ymca3arches.com
TEL(02)5692692
FAX(02)6235192
⑤AC📶🚪📺145〜180US$
Ⓦ AC📶🚪📺170〜205US$
🏧US$ € NIS　CC A D M V

古き良き時代のエルサレムを表現した

アーサー
Arthur Hotel

高級	
58室	
折込Map表B1	
新市街	

ベン・イェフダー通りから少し入った所にある立地抜群のホテル。アーサーという名はバルフォア宣言で有名な初代バルフォア伯爵から。館内の装飾は20世紀初頭のエルサレムの町をイメージしたもの。ノスタルジックな雰囲気がホテル全体に醸し出されている。

暖かみのある客室

客室 機能的な造りだが、心安らぐクラシカルな内装。客室内には20世紀初期のエルサレムの写真が部屋中に飾られている。
レストラン 館内には朝食用のダイニングルームがあり、奥にはテラス席もある。スイーツにはバクラワなど、メニューも豊富に揃えている。
館内設備 ロビーにPCが置かれており、宿泊客は無料でインターネットが利用可能。

●エルサレム

新市街の中心部に位置する

ラウンジ兼ダイニングルーム

全室 全室 全室 全室 全室 全館無料 🛜Wi-Fi

✉13 Dorot Rishonim St.
URLwww.atlas.co.il
TEL(02)6239999
FAX(02)6239998
⑤AC🚿🚽📺175US$ ～
⑩AC🚿🚽📺181US$ ～
💳US$ € NIS ⊙ADMV

ゴールデン・ウォールズ
Golden Walls Hotel

中級	折込Map表E1
120室	東エルサレム

✉Sultan Suleiman St.
URLwww.goldenwalls.com
TEL(02)6272416
FAX(02)6264658
⑤AC🚿🚽📺120～250US$
⑩AC🚿🚽📺140～300US$
💳US$ € NIS
⊙ADMV

全室 全室 全室 全館無料 🛜Wi-Fi

スルタン・スライマーン・ターミナルの横にあるホテル。レセプションは上階にある。客室は新しく、清潔感にあふれている。屋上にある緑豊かなテラスが自慢。

グロリア
Gloria Hotel

中級	折込Map表D3
100室	旧市街

✉33 Latin Patriarchate St.
URLwww.gloria-hotel.com
TEL(02)6282431
FAX(02)6282401
⑤AC🚿🚽📺120～180US$
⑩AC🚿🚽📺180～250US$
💳US$ € NIS
⊙AMV

全室 全室 一部 全室 全館無料 🛜Wi-Fi

安宿が多い旧市街では最も高級な部類に入る。ヤッフォ門から旧市街に入り、すぐに左折すると右側にある。少し分かりづらいが、館内は広くてきれい。大型レストランも併設。

ニュー・インペリアル
New Imperial Hotel

中級	折込Map表D3
45室	旧市街

✉Jaffa Gate
📧info@newimperial.com
TEL(02)6282261
FAX(02)6271530
⑤AC🚿🚽90～115US$
⑩AC🚿🚽110～160US$
💳US$ € NIS
⊙MV

全室 全室 全室 全室 全室 全館無料 🛜Wi-Fi

ヤッフォ門のそば。100年以上も前に建てられたエルサレムで最も古いホテルのひとつ。ドイツ皇帝ヴィルヘルム2世が宿泊したという記録も残っている。屋上からの眺めも自慢。

エルサレム・タワー
Jerusalem Tower Hotel

中級	折込Map 表B2
120室	新市街

✉23 Hillel St.
URL www.jerusalemtowerhotel.com
TEL(02)6209209
FAX(02)6252167
S AC ■■■■□100〜160US$
W AC ■■■■□120〜280US$
CC A D M V

全室 全室 全室 全館無料

　新市街で夜遊びするのに抜群なロケーション。建物は目立つ外観なのですぐわかる。外観は老朽化が進んでいるような印象を受けるが、客室は全室改装済できれい。窓からの眺めが自慢。

ヒレル11
Hillel 11 AprtHotel

中級	折込Map 表B2
43室	新市街

✉11 Hillel St.
URL www.Hillel11.co.il
TEL(02)5402225
FAX(02)5402226
S W AC ■□■□120〜160US$
CC M V

全室 全室 全室 全館無料

　新市街の中心部にあり、ベン・イェフダー通りへ徒歩約5分。全室に流し台、冷蔵庫、電気ポットを備えた、簡易キッチンがあるアパートメント・タイプで、長期滞在者にもおすすめ。

アヴィタル
Avital Hotel

中級	Map P.54B2
18室	新市街

✉141 Jaffa St.
URL www.avitalhotel.co.il
TEL(02)6243706
FAX(02)6233730
S AC ■□■□400NIS
W AC ■□■□495NIS
CC A D M V

全室 全室 全室 全室 全室 全館無料

　マハネー・イェフダー市場近くにある小規模なホテル。一部の客室はバスタブ付。アパートメントタイプの客室には電子レンジやコンロなどもある。1階にカフェになっている。

PICK UP HOTEL

19世紀の邸宅を改装してホテルにした

ジェルーサレム
Jerusalem Hotel

中級
14室
折込Map 表D1
東エルサレム

　ナブルス・ロード・ターミナルの目の前に位置する。かつてのアラブ人邸宅を改装した家族経営のプチホテル。宿の入口には雰囲気のよいオープンテラスのレストランがあり、世界各地の旅行者たちが談笑しながらのんびりとしている。

客室　アーチ型の窓や高い天井はかつての邸宅の名残り。ベッドや机、椅子など部屋の至る所にハンドメイドのアンティーク家具が施され、バルコニーのある部屋からは旧市街からオリーブ山まで見渡せる。
レストラン　オープンテラスのパレスチナ料理＆地中海料理レストランを併設している。
館内設備　レセプションではツアー会社の紹介を行っている。

窓枠や天井などは当時のまま残されている

レストランの奥がレセプション

緑に囲まれたレストラン

全室 全館無料

✉15 Antara Ben Shadad St.
URL www.jrshotel.com
TEL & FAX(02)6283282
S AC ■□110〜140US$
W AC ■□140〜200US$
CC A D M V

マウント・オブ・オリーブズ
Mount of Olives Hotel Jerusalem

| 中級 | Map P.55D2 |
| 54室 | 東エルサレム |

全室　全室　全室　全館無料

✉97 Mount of Olives Rd.
URL www.mtolives.com
TEL(02)6284877
FAX(02)6264427
SAC■■□80US$ ～
WAC■■□100US$ ～
USS € NIS
CC ADMV

オリーブ山にあり、昇天教会のすぐそば。ゲッセマネの園からだと歩いて15分ほど。このあたりではリーズナブルな料金設定で人気がある。部屋は順次改装中。朝食はビュッフェ式。

ハーシミ
Hashimi Hotel & Hostel

| 中級 | 折込Map表E2 |
| 42室 | 旧市街 |

📺 🛜Wi-Fi
全室　全館無料

✉73 Souk Khan Al-Zeit
URL www.hashimihotel.com
TEL(02)6284410
FAX(02)6284667
SAC■□60～100US$
WAC■□70～120US$
USS € NIS CC MV

旧市街にあるホテルのなかでは比較的きれいなほう。屋上はテラスになっており、旧市街の眺めが自慢。結婚していないカップルは同室での宿泊不可。また、アルコールの持ち込みも禁止。ドミトリーはない。

アレンビー2
Allenby #2 B&B

| B&B | Map P.54B1 |
| 11室 | 新市街 |

📺 🛜Wi-Fi
全室　全館無料

✉2 Allenby Sq. Romema
URL allenby2.com
TEL052-3963160 (携帯)
SAC■□55US$
SAC■□75US$
WAC■□95US$
USS € NIS
CC MV

セントラルバスステーションの近くにあり、LRTで旧市街へのアクセスもよい。朝食時以外はキッチンを利用できる。マハネー・イェフダー広場近くに長期滞在者向けの宿もある。

ベイト・シュムエル
Beit Shmuel

| 国際ユース | 折込Map表C3 |
| 31室 | 新市街 |

📺 🛜Wi-Fi
一部　希望者　一部　全館無料

✉6 Eliyahu Shema St.
URL www.beitshmuel.co.il
TEL(02)6203455
FAX(02)6203467
SAC■□98～224US$
WAC■□106～245US$
USS € NIS
CC ADMV

エルサレムでは数が少ないユース・ホステル。デーヴィッド・シタデル・ホテルを南へ進み、左折した所にある。館内はホテルとゲスト・ハウスの2種類に分かれている。ドミトリーはない。

ステイ・イン
Stay Inn

| ホステル | 折込Map表B2 |
| 80室 | 新市街 |

🛜Wi-Fi
全館無料

✉21 King George St.
URL www.stayinnhostel.com
TEL(03) 5085970
DAC■□20～60US$
WAC■□150US$ ～
USS € NIS
CC ADMV

キング・ジョージ通りにあるビルの2階を利用しているホステル。ドミトリーはベッド数6～14。バーが併設しており、19:00～21:00はハッピーアワー。

エルサレム・ホステル&ゲストハウス
Jerusalem Hostel & G.H.

| ホステル | 折込Map表B2 |
| 50室 | 新市街 |

📺 🛜Wi-Fi
一部　全館無料

✉44 Jaffa St., Zion Sq.
URL www.jerusalem-hostel.com
TEL(02)6236102
FAX(02)6236092
DAC■□70.4NIS ～
SWAC■□300～350NIS
USS € NIS
CC ADMV

シオン広場に面しており、何かと便利だが休前日の夜には騒音で悩まされることも。個室は3つのカテゴリーに分けられ、設備や部屋の広さが異なる。キッチンは7:00～24:00に利用可。

エルサレム

ルーテラン
Lutheran Guest House

ホスピス	折込Map 表E3
35室	旧市街

⌂St. Marks Rd.
URL www.luth-guesthouse-jerusalem.com
TEL(02)6266888
FAX(02)6285107
S🚿/AC▢ 🔒65〜76€
W🚿AC▢ 🔒102〜117€
US$ € NIS
CC A M V

🤵 Wi-Fi 全館無料

聖マルコ教会の近くにある。外観は質素だが、中庭が非常に美しい。とても清潔で、落ち着いた雰囲気。バスタブ付きの部屋もある。人気があるのでシーズン中は予約したい。

オーストリアン
Austrian Hospice

ホスピス	折込Map 表E2
34室	旧市街

⌂37 Via Dolorosa
URL www.austrianhospice.com
TEL(02)6265800
FAX(02)6265816
D🚿▢ 34€
S🔒 🔒102€
W🔒 🔒148€
US$ € NIS CC不可

🤵 全室 全室 🤵 Wi-Fi 全館無料

ヴィア・ドロローサ第3留のすぐそば。立地と屋上からの眺めが自慢の人気ホスピス。客室は広々としており、清潔。予約をすると少し安くなる。ドミトリーは5室あり、1室のベッド数は6〜12。

クライスト・チャーチ
Christ Church Guest House

ホスピス	折込Map 表D3
32室	旧市街

⌂Jaffa Gate
URL www.cmj-israel.org
TEL(02)6277727
FAX(02)6282999
SAC▢ 🔒380〜430NIS
WAC▢ 🔒585〜645NIS
US$ € NIS
CC A M V

🤵 Wi-Fi 全館無料

ダビデの塔の向かいにある美しい建物のホスピス。客室はシンプルかつ機能的な造りだが、とても清潔にされている。ホスピスの隣にはカフェも併設。人気があるので予約が望ましい。

エッケ・ホモ
Ecce Homo Convent

ホスピス	折込Map 表E2
79室	旧市街

⌂41 Via Dolorosa
URL www.eccehomoconvent.org
TEL(02)6277290
FAX(02)6282224
D🚿▢ 37US$
S🚿▢ 🔒67US$
W🚿▢ 🔒110US$
US$ € NIS CC A D M V

🤵 Wi-Fi 無料 ロビー 周辺のみ可

エッケ・ホモ教会が運営。チケット売り場がレセプションも兼ねている。団体客が多く、部屋の数も限られているので予約したい。夕食込みの場合、ひとり当たり13US$追加。

セント・アンドリュー
St. Andrew's G.H.

ホスピス	Map P.55C3
20室	新市街

⌂1 David Remez St.
URL www.scotsguesthouse.com
TEL(02)6732401
FAX(02)6731711
SAC▢ 🔒115〜140US$
WAC▢ 🔒155〜180US$
US$ € NIS
CC A D M V

📺 🤵 🏠 🤵 Wi-Fi 一部 全室 全室 全館無料

リバティ・ベル公園の東にあるスコットランド系の教会に付属したゲストハウス。部屋によっては旧市街を眺められる。スタッフの応対もフレンドリー。館内にはスンブラ（→P.109）の支店もある。

セント・ジョージ
St. George Guest House

ホスピス	Map P.55C1
30室	東エルサレム

⌂65 Nablus Rd.
mail stgeorges.gh@j-diocese.org
TEL(02)6283302
FAX(02)6282253
SAC▢ 🔒115US$〜
WAC▢ 🔒160US$〜
US$ € NIS
CC A D M V

📺 🤵 🔑 🤵 Wi-Fi 全室 希望者 全室 全館無料

聖ゲオルギウス大聖堂内にあるホスピス。旧市街をダマスカス門から出て、ナブルス通りを北上する。客室はれんが造りで設備も充実。東エルサレム地区にあるが、中心部から離れているので周囲も静か。

日本からホテルへの電話（詳しい電話のかけ方はP.6もご参照ください）
国際電話会社の番号 ＋ 010 ＋ 国番号972 ＋ 2（市外局番の最初の0は不要） ＋ 掲載の市外局番を除いた番号

RESTAURANT レストラン

旧市街＆東エルサレム シュワルマやカバーブなどを出す店が多い。レストランは少なく、軽食を出すファストフード店がほとんど。見どころがほとんど閉まる金曜や土曜でも営業しているので、シャバット中はこちらで食事をとるのもいいかも。

新市街＆西エルサレム イスラエル独自の料理を出す店は少ないが、料理の幅は非常に広く、世界中の料理が食べられる。ただし、ほとんどのレストランがコシェル。シャバット中は営業しない店が多いので要注意。

折込Map表D3 旧市街
サマラ
Samara Restaurant

中近東料理

ヤッフォ門を入ってすぐの所にある。地元の家族連れもよく利用している。フームス、カバーブ、バクラワといったスタンダードなメニューが並ぶ。メインは58〜92NIS。店のおすすめはカバーブ69NIS。魚料理やパスタもある。

⊠23 Jaffa Gate
TEL(02)6282050
圏9:00〜20:30 困無休 CC不可

折込Map表D3 旧市街
アルメニアン・タヴァーン
Armenian Tavern

アルメニア料理

ダビデの塔から南へ行った所にある。前菜の盛り合わせや、薄いピザのようなラフマジュン、サラミのようなスジュック、カバーブ類などが人気のメニューになっている。メインは70〜95NIS。

⊠79 Armenian Orthodox Patriarchate Rd.
TEL(02)6273854 FAX(02)6263253
圏12:30〜22:00 困日 CC M V

イチオシ Restaurant

モダン・イスラエル料理に舌鼓を打つ
ユーカリプトゥス
The Eucalyptus

モダン
イスラエル料理
折込Map表D3
新市街

アーティスト・クオーターの一角にある

スタイリッシュな店内

旧市街の北西、アーティスト・クオーターにあるモダン・イスラエル料理を代表するレストラン。季節に応じて変更される料理はどれも繊細で上品な味。盛りつけや器にもこだわっており、見た目も美しい。料理はいずれもコシェル。

テイスティング・メニュー
小皿で提供されるコース・メニューで、様々な料理を一度に楽しみたい人におすすめ。290NIS、350NIS、427NISの3種類がある。出される小皿の数は12〜18。

リスのロースト、タヒーナとザクロ・シロップがけ

⊠14 Hativat Yerushalaim St.
URLwww.the-eucalyptus.com TEL(02)6244331
圏17:00〜23:00（土20:15〜23:00） 困金 CC A D M V

折込Map表C2 新市街 ダルナ
Darna Authentic Moroccan Restaurant

ヤッフォ通りから小道を入った先にある広場に面したレストラン。小さな入口から階段を下りると地下に大きなスペースが広がる。人気メニューはクスクスで95〜125NIS。タジン（壺焼き）もある。

✉3 Horkanos St. URLwww.darna.co.il
TEL(02)6245406 営12:00〜22:00
休シャバット CCADMV

折込Map表B2 新市街 ビレッジ・グリーン
Village Green

1980年開業。エルサレムにおけるベジタリアンレストランの老舗的存在。キッシュやパイ、パスタ、クスクスなどを自ら皿に盛り込むビュッフェ式になっており、皿の大きさに応じてレギュラーが44NIS、大なら59NIS。

✉5 Joel Moshe Salomon TEL(02)6253065
営7:00〜22:00（金〜14:00） 休土
CCADMV

折込Map表C2 新市街 君子堂
Mandarin

60年もの歴史がある本格中華料理店。団体客の利用も多い。ビルの3階にあり、ドアは締め切っているときは、ブザーを鳴らして開けてもらう。メインは45〜85NIS。点心30〜40NISなどメニューの幅も広い。

✉2 Shlomzion Hamalka St. TEL(02)6252890
営12:00〜24:00 休無休
CCADMV

折込Map表C2 新市街 タイランディ
Thailandi

近年ヨーロッパですっかりおなじみになったヌードルバーがエルサレムにも登場。注文はまずベースを卵麺、米麺、白米、野菜炒めの4種類から選び、次にビーフ、チキン、豆腐、野菜などの具材を選ぶ。34〜43NIS。テイクアウェイも可。

✉25 Jaffa St. URLwww.rol.co.il/sites/thailandi-
noodles-bar TEL(02)6251995 営12:00〜23:00（金
〜14:00、土21:00〜23:00） 休無休 CCADMV

折込Map表A1 新市街 ミフモレット
Michmoret

マネー・イェフダー市場内にある、新鮮さが自慢のシーフード・レストラン。鯛やスズキなど、9種類の魚が選べるセットメニューは75〜85NIS。ワインはボトルが85〜140NISで、グラスは30〜36NIS。

✉7 Tut St. TEL(02)5794847
営12:00〜24:00（金〜16:00） 休土
CCADMV

折込Map表A1 新市街 フィッシェンチップス
FishenChips

イギリスを代表するファストフードの専門店。チップスとはイギリス英語でフライドポテトのこと。魚の種類は定番のコッド（タラ）やマグロ、サーモンなどがある。魚のフライとチップスのセットは37〜47NIS。

✉12 HaEgoz St. URLfnc.menu.pics
TEL(02)6249503 営12:00〜23:30（金〜16:00）
休土 CCADMV

イチオシ
Restaurant

アツアツのピザと地ビールの店

バルダク
Bardak

イタリア料理
バー
折込Map 表C4
新市街

涼しくなったらテラス席でビールを!

キング・ソロモン・ホテルの近くにある小さなダイニング・バー。ピザの種類が豊富でチーズにもこだわっているそうだ。イスラエル産の地ビールを多く揃えており、生ビールもある。焼きたてのピザとの組み合わせは抜群!

ピザ サイズによって料金は異なり、小39〜45NIS、大75〜85NIS。オススメはアルフレードソース(チーズクリームソース)を使ったレハビアRehavia(写真左の手前)。
地ビール サーバーで提供している銘柄はジェムズやシャピロなど6種類。国産のボトル・ビールも豊富なので、スタッフにいろいろと聞いてみよう。

店内にはボトル・ビールなどが並ぶ

●エルサレム

12:00〜17:00の間は55NISでピザとサラダ、ドリンクがセットになったビジネスランチを行っている

✉38 Keren Hayesod St. URLwww.habardak.co.il
☎1599-599779 時11:00〜23:00 休シャバット CCAMV

折込Map 表B2
新市街
フォカッチャ・バー
Foccacia Bar

イタリア料理

フォカッチャの種類が豊富なイタリア料理店。オープンテラスが広くて気持ちよい。フォカッチャ32〜68NIS、ピザ48〜76NIS、パスタ45〜84NIS、サラダ42〜62NIS。新市街にあるが、シャバット中でも営業している。

✉4 Rabbi Akiva St. ☎(02)6256428
時10:30〜翌1:00 休無休
CCADMV

折込Map 表B2
新市街
ピッコリーノ
Piccolino

イタリア料理

ソロモン通りから建物を抜けた先にある。奥はテラス席が並ぶ広場なっており、開放的な雰囲気の中で食事を楽しむことができ、音楽の生演奏が行われることも。食事はパスタ54〜68NIS、ピザ56〜68NIS、シーフード110〜115NIS。

✉12 Joel Moshe Salomon
☎(02)6244186 時10:00〜23:00(金10:00〜14:00、日21:00〜23:00) 休無休 CCADMV

Map P.55C3
新市街
アドム
Adom

イタリア料理

ファースト・ステーション内にあるワインが豊富なレストラン。自慢のパスタは58〜98NIS。メインはグリルが充実しており、58〜140NIS。ワインは常時100種類以上用意しているので、料理に合うワインをスタッフに選んでもらおう。

✉4 David Remez ☎(02)6246242
時12:30〜24:00 休無休
CCADMV

107

フレッシュ
Fresh Coffee & Kitchen

折込Map表C3
新市街

カフェ

旧市街から最も近いショッピング・センター、マミラ・モール内にある。料理は軽食から本格的な食事まで幅広く、シャクシューカ64〜68NIS、パスタ54〜63NIS、サンドイッチ49〜62NIS。

✉️Mamila Ave.　📞(02)6244773
🕐8:00〜23:00　休シャバット
💳A D M V

ビトウィーン・ジ・アーチズ
Between the Arches

折込Map表E3
旧市街

カフェ

嘆きの壁を出てすぐ左側にあるカフェレストランで半地下のスペースを使っている。サラダ58NIS、パスタ65NIS、フィッシュ・アンド・チップス89NISなど軽食から本格的な食事まで楽しめる。

✉️174 Hagay St., The Western Wall
📞(02)6288680　🕐9:00〜18:00
休金・土　💳D M V

ティーモール
T'Mol

折込Map表B2
新市街

カフェ

エルサレムの学生や芸術愛好家に人気のカフェレストラン。書店も兼ねており、本を読んで過ごしている人も多い。食事はリゾットやフィッシュなどで、メインは49〜126NIS。ワインをはじめ、酒類の品揃えも豊富。

✉️5 Solomon St.　🔗www.tmol-shilshom.co.il
📞(02)6232758　🕐8:30〜24:00
休シャバット　💳A D M V

カフェ・ヒレル
Café Hillel

折込Map表C2
新市街

カフェ

国内に広くにチェーン展開しているカフェで、イスラエルのスターバックス的存在。エルサレムにも数店舗ある。サンドイッチやサラダなどの軽食も用意しており、店内ではオリジナルのコーヒー豆も販売している。

✉️Jaffa St. 36　📞(02)6256552
🕐7:00〜24:00
休シャバット　💳A M V

アル・アイェド
Al Ayed

折込Map表E1
旧市街

ファストフード
中近東料理

ダマスカス門を出てすぐの所あり、いつも混み合っている。メインはカバーブやシュワルマで35〜60NIS。メインを頼むとフライドポテトかライスが無料で付いてくる。店内に英語メニューあり。

✉️Al Quad Al Mosrarah, Opposite Damascus Gate
📞(02)6282182　🕐10:00〜24:00
休無休　💳不可

ジェイコブズ・ピッツァ
Jacob's Pizza

折込Map表D3
旧市街

ファストフード

常時8〜9種類のカットピザは1枚14〜18NIS。どれもアツアツでチーズたっぷり！ 気軽に食べられる店が少ない旧市街ではありがたい存在。数は少ないが、店内にはテーブル席もある。

✉️Latin Patriarchate St.
📞(02)6275540　🕐11:00〜24:00
休無休　💳M V

SHOP ショップ

旧市街&東エルサレム 観光客用のみやげ物屋が多く、民芸品を販売している。キリスト教グッズやオリーブ細工、ベドウィン風スカーフなどが中心。ただし、値段はあってないようなもの。値段交渉は忘れずに。

新市街&西エルサレム ベン・イェフダー通り周辺のみやげ物屋にはキッパやカバラーブレスレットなどを置いてある。イスラエル内外のブランドショップや有名店をお探しならマミラ・モールMamila Mall(→折込Map表C3)がおすすめ。

折込Map表C3 **アハヴァ**
新市街 AHAVA

コスメ

死海コスメの代表的ブランド。スキンクリームは96NIS〜。アンチエイジング用のクリームは207NIS〜。イスラエル中に支店があり、エルサレムではマミラ・モールのほかにも、ベン・イェフダー通りに2店舗ある。

✉Mamilla Ave. 🔗www.ahava.co.il
☎(02)6243929 🕐10:00〜23:00
休シャバット 💳ⒶⒹⓂⓋ

折込Map表B2 **オレア・エッセンス**
新市街 Olea Essence

コスメ

ガリラヤ湖周辺で生産されたオリーブを使ったナチュラル・コスメ・ブランド。オレアとはラテン語でオリーブのこと。100%天然素材のスキンケア、ヘアケア製品を多数取り揃える。テルアビブやガリラヤ湖畔のエン・ゲヴにも支店がある。

✉5 Ben Yehda 🔗www.oleaessence.com
☎050-2888707 (携帯) 🕐9:00〜22:00 (金〜15:00)
休シャバット 💳ⒶⒹⓂⓋ

折込Map表C3 **ミハエル・ネグリン**
新市街 Michal Negrin

アクセサリー

世界的人気のコスチューム・ジュエリー・ブランドの直営店。エルサレムだけでも取り扱い店は数軒ある。店舗はそれほど広くないものの、ジュエリー類のほか衣類やバッグなどもあり、品揃えは豊富。

✉10 Mamilla Ave. 🔗www.michalnegrin.com
☎(02)6422112 🕐10:30〜22:00
休シャバット 💳ⒶⒹⓂⓋ

Map P.55C1 **スンブラ**
スコープス山周辺 Sunbula

民芸品

パレスチナ女性による手作りの織物や刺繍を主に扱う。伝統的な模様を縫い込んだテーブルクロスや財布、クッションなどを取り揃えている。セント・アンドリュー・ホスピス(→P.104)内にも支店がある。

✉15 Nablus St. 🔗www.sunbula.org
☎&FAX(02)6721707 🕐12:00〜18:00 休金
💳ⒶⓂⓋ

折込Map表B2 **アヴィ・ベン**
新市街 Avi Ben

ワイン

イスラエル産ワインの品揃えが充実しており、ほかにはフランス、カリフォルニア、スペイン産の銘柄も取り扱う。店員さんもフレンドリーなので、気軽に相談してみよう。ワインに合うつまみやビール、チョコレートなども販売している。

✉22 Rivlin St 🔗www.avibenwine.com
☎(02)6259703 🕐9:00〜20:00 (金8:00〜15:00)
休土 💳ⒶⒹⓂⓋ

109

エルサレム
ベツレヘム

パレスチナ
Map P.11B4

ベツレヘム

ベスレヘム
Bethlehem

ベイト・ラヘム
بيت لحم

ベツレヘムのシンボル、聖誕教会

市外局番	02
標高	726m

Maps
中心部　P.116
ベト・サフール　P.117
周辺　P.119
バッティール　P.120
ほか

世界遺産

イエスの生誕地:ベツレヘムの聖誕教会と巡礼路（パレスチナによる申請）
Birthplace of Jesus: Church of the Nativity and the Pilgrimage Route, Bethlehem
2012年登録
→P.114

ワインとオリーブの地 南エルサレム、バッティールの文化的景観（パレスチナによる申請）
Land of Olives and Vines - Cultural Landscape of Southern Jerusalem, Battir
2014年登録
→P.120

ヘブロン通りに停車するNo.231バス

■ベツレヘムへの行き方
●エルサレムから
🚌ダマスカス門近くのバスターミナルからアラブバスNo.231が出ている。ヘブロン通りで停車する。
🚌アラブバスNo.231
所要:約35分　運賃:6.8NIS

エルサレムから南へ約10km、標高726mの小高い丘の上にある聖地ベツレヘム。その名はヘブライ語で「パンの家（ベト・レヘム）」、アラビア語で「肉の家（ベート・ラフム）」という意味。旧約聖書にもしばしば登場する古い町だ。

創世記には、イサクの息子、ヤコブの妻ラケルがベニヤミンを産んだあとに死亡し、ここに葬られたと記され（35:19）、ルツ記にはボアズと異邦の女ルツとのロマンスが記されている。このボアズこそダビデ王の曾祖父。ダビデがこの町の出身であることから、ベツレヘムは「ダビデの町」とも呼ばれている。また、この地から救世主が出現するとも信じられていた（ミカ書5:2）。

そんな由緒正しいベツレヘムで誕生したのが、イエスであった。町には聖誕教会をはじめ、キリスト教各派の教会が並び建つ。エジプトに大勢の信者をもつコプト正教会、エチオピア教会、ルター派、シリアやレバノンに多いマロン派、フランシスコ会など、数多くの派が教会を建てている。クリスマスには世界中から巡礼の人々が集まってくる。

現在のベツレヘムはアラブ人の町である。店の看板もアラビア語。市が立てば、日用品や野菜を買う客でごった返す。この地に住むキリスト教徒もほとんどがアラビア語を母語とする人たちだ。

スークの喧騒に教会からの鐘の音が溶け込む町、ベツレヘム。町は混迷するイスラエルとパレスチナの和平交渉を見守っている。

チェックポイント　イスラエルとパレスチナの間には、チェックポイント（検問所）がある。バスはチェックポイントを通れないので、降りて徒歩で越える。チェックポイントには通常、回転扉が複数設置されており、一度入ったら後戻りができない仕組みになっているが、イスラエルからパレスチナに入る場合は、2018年4月現在、特段の検問は行われていない。

パレスチナ→イスラエル　パレスチナからイスラエルにチェックポイントを越えて入る場合、パスポート検査と手荷物検査が行われる。パレスチナでの滞在理由や、過去の旅行での滞在先について質問されることもある。イスラエル入国の際に渡された滞在許可書（→P.292）を、パスポートといっしょに提示しよう。

荷物の置き忘れに注意　パレスチナの主要都市を結ぶアラブバスや一部のセルヴィス（乗合タクシー、イスラエルでいうシェルート）は通常、チェックポイントを越えない。荷物をトランクに積んだままにしないようにしよう。徒歩でチェックポイントを越えたら、次の町へのセルヴィスが待っている。

意外に使える迂回路　セルヴィスやタクシーは、しばしばチェックポイントを経由しない迂回路を取る。パレスチナからイスラエルへのチェックポイント通過は時間が読めない。A地区から直接C地区やエルサレムへ行かず、遠回りになってもB地区を挟む迂回路をとるのはそのため。路線バスの場合はチェックポイントの周囲が始発・終点であることが多い。

エルサレムの北にあるカランディヤのチェックポイント

パレスチナ自治区の基本情報	
首都	エルサレム Jerusalem（行政機関の多くはラーマッラーにあり、諸外国も在外公館をラーマッラーに設置）
大統領	マフムード・アッバース
公用語	アラビア語
宗教	イスラーム（90％以上）、キリスト教など
地区区分	ヨルダン川西岸地区とガザ地区に分かれている。本書で扱うヨルダン川西岸地区は、イスラエルの関与の度合いにより、以下の3つの区分の地区がある。
A地区	行政権、警察権ともにパレスチナが管理
B地区	行政権はパレスチナ、警察権はイスラエル
C地区	行政権、警察権ともにイスラエルが管理
通貨	イスラエル・シェケル（NIS）が通じるほか、ヨルダン・ディナール（JD）もよく使われ、ATMでも両通貨での引き落としが可能。1NIS＝約31円、1JD＝約157円（2018年9月5日現在）
電話	パレスチナの国番号は970。イスラエルと同じ972でもかけられる。国外からかける場合は国番号のあと市外局番の最初の0を取って相手番号にかける。イスラエルの携帯電話はパレスチナでもそのまま使うことができる。
緊急時の連絡先	警察 **100**　救急 **101**　消防は各都市のページを参照

●ベツレヘム（パレスチナ自治区）

ヨルダン川西岸

- ナザレ
- アフーラー
- ジェニン Jenin
- トゥールカルム Tulkarm
- ナブルス Nablus
- カルキリヤ Qalqiliya
- テルアビブ
- ラーマッラー Ramallah
- タイベ Taybeh
- ラトルン Latrun
- エリコ Jericho
- エルサレム Jerusalem
- アレンビー橋 Allenby Bridge（キング・フセイン橋）
- バッティール Battir
- ベツレヘム Bethlehem
- ヘブロン Hebron
- エン・ゲディ Ein Gedi
- ベエル・シェヴァ

| ----- 分離壁 | | B地区 |
| A地区 | | C地区 |

旅のモデルルート

　ベツレヘムはエルサレムに近い、パレスチナを代表する観光地。宿泊施設も質量ともに充実している。日帰りではなく、ここを起点に見どころを巡るのもおすすめ。

1日　エルサレム発、世界遺産めぐり

　エルサレムから日帰りでベツレヘム、バッティールとふたつの世界遺産を回る。朝早く出るのがポイントだ。近いので忘れがちだが、パスポートは必携。出かける前にもう一度チェックを。

午前

エルサレム→ベツレヘム→バッティールをハイキング
P.120

バッティールのハイキングコース

　アラブバスは朝早くから動いているので、うまく利用してベツレヘムへ。バッティールにはレストランなど食べるところがほとんどないので、宿にお弁当を作ってもらったり、ベツレヘムのスタンドでファラフェルサンドを買って持っていくのもいい。バッティールでは朝のすがすがしい風を浴び、美しい段々畑を見ながら朝食を。しっかりしたハイキングコースもあるので、飲み水を持って歩こう。

午後

ベツレヘム→スーク散策→聖誕教会→エルサレム
P.114

ベツレヘムのスーク

　ベツレヘムに戻ったら、スークをぶらぶら歩こう。パレスチナは概してイスラエルより物価も安い。客引きがどんどん声をかけてくるが、自分のペースでメンジャー広場へ。広場の周囲には雰囲気のよいカフェから庶民的なシュワルマスタンドまで、いろいろ揃っている。ランチをとって休憩したら、そのまま聖誕教会へ。そのあとは夕方にエルサレムに帰るまで、ゆっくり時間を使うことができる。

メンジャー広場に面して建つジャーマ・アル・オマル

ルター派クリスマス教会

ベツレヘムの歩き方

町の中心はメンジャー広場　ベツレヘムの中心は、メンジャー広場Manger Sq.。ここから曲がりくねったメンジャー通りManger St.を北西へ歩けばダビデの井戸や聖ヨセフの家などに、東へ向かえば羊飼いの野があるベト・サフールBeit Sahourに至る。メンジャー広場からスークを北西へ抜けるとパウロ6世通りPaul VI St.だ。

バス停から市の中心部へ

　アラブバスは町の北西、バーブ・アル・ズカークBab Al-Zukakに停まる。ベツレヘムへ入っていく道がパウロ6世通り。坂を上っていくと、左に聖家族教会の建物があり、その先には近郊へのセルヴィスが発着しているサーデ・モールSaadeh Mall、さらに進むと大きな時計塔のあるルター派クリスマス教会がある。ここで道はふたつに分かれ、左側を進むと両側に店が並ぶスーク。これを突っ切るとメンジャー広場だ。

市内と近郊の交通

バス　セントラルバスステーションはメンジャー広場からメンジャー通りを北へ進み、ベイト・サフール通りを右折してすぐ。ただし、実質的にはほとんど使われていない。バスステーション前からはソロモンの池のあるアル・ハデルへのセルヴィスが発着する。また、バッティールへは聖家族教会（Map P.116A1）近くにあるセルヴィス乗り場に発着している。

　エルサレム行きのバスはバーブ・アル・ズカークを少し北に歩いた所から出発する。バス停の標識はないが、レストラン・アル・マディーナ（→P.123）の斜め向かいで、出発前からバスが停まっているのですぐわかる。

タクシー　聖家族教会のそばにタクシー乗り場がある。ヘロデオンなどへはタクシーを利用することになる。

両替・郵便・電話

両替　メンジャー広場にはヨルダン系の銀行がいくつかあり、ATMでシェケル、ヨルダン・ディナール、米ドルのキャッシングが可能。また、町には両替商も多い。替えるなら米ドルの現金が便利。

郵便・電話　メンジャー広場にある市役所の地下が郵便局になっている。テレホンカードはジャーマ・アル・ウマルに隣接するキオスクで販売している。なお、パレスチナとイスラエルのテレホンカードには互換性はない。

旅の情報収集

観光案内所　オフィスはメンジャー広場に面している。スタッフは親切で情報量も多いので、まず最初にここで情報収集するといいだろう。無料の地図も手に入る。

History
ラケル廟

ラケル廟は、旧約聖書に出てくるヤコブの美人妻ラケルを祀った廟。ユダヤ教徒にとって重要な参詣地となっている。また、ここはエルサレムとベツレヘム間のチェックポイントともなっており、エルサレムからのアラブバスNo.234はこの手前が終点。分離壁も廟を囲むように造られている。

聖家族教会近くのセルヴィス乗り場

■消防の電話番号
☎(02)2741123

■郵便局
Map P.116A2
✉Manger Sq.
🕘8:00～15:00　🔒金・土

■ベツレヘムの🛈
Map P.116B2
✉Manger Sq.
☎(02)2754234
🕘9:00～16:00　🔒日・祝

🛈はメンジャー広場に面している

●ベツレヘム（パレスチナ自治区）

　パレスチナではさまざまな体験型プログラムが用意されている。特にベツレヘムはパレスチナ観光の中心地ともなっており、その種類は多い。さまざまな団体が行っているが、パレスチナ体験観光協会ネットワーク（NEPTO）では、情報をまとめて提供している。まずはウェブサイト（URL www.nepto.ps）を訪れてみよう。

●自然探検

　豊かな自然を体験するのにうってつけなのがハイキング。季節によってその大地は表情を変えていく。ガイドに従って歩けば安全だ。マウンテンバイクで疾走するプランもある。

●農業体験

　オリーブを植樹する2月、収穫する10月には、地元の農家といっしょに農業を体験できる。収穫した食材を使った地元の料理を楽しめるプランもある。また、11月上旬には収穫祭も行われている。

●分離壁アート

　イスラエルが築いた分離壁（→P.127）を見る。そこに描かれたアートには有名な作品も多い。

イエスが生まれたとされる聖地
聖誕教会

聖誕教会の身廊。数多くのランプがつり下がっている

イエス生誕の地　イエス生誕の地をこの教会の地下洞窟としたのは、ローマのコンスタンティヌス大帝の母ヘレナ。大帝は325年に教会を建て、その約200年後にはユスティニアヌス帝が改築を行っている。

メンジャー広場

入口はメンジャー広場に面した正面の小さな扉で、「謙虚のドア」といわれている。かがんで入ると薄暗い会堂の中には肌色のなめらかな大理石の太い柱が2列に並び、天井からは金属性のランプがたくさんぶら下がっている。正面右側の祭壇はギリシア正教会が管理しており、階段を下りれば洞窟だ。

会堂の床にはところどころ穴が開けてあり、モザイクが見られるが、それはコンスタンティヌス帝の頃のものとされる。

現在見られる教会の建物は十字軍時代に修復され、外敵の攻撃を防ぐために要塞化されたもので、外形は十字形をしている。

聖誕教会のすぐ北にあるのは聖カテリーナ教会。12月24日のクリスマスイブのミサのテレビ中継が行われるのはここ。教会前の中庭には聖書学者ヒエロニムスの像が立っている。

聖カテリーナ教会
ピースセンター
ジャーマ・アル・オマル
聖ヒエロニムスの像
メンジャー広場　謙虚のドア
アルメニア修道院
聖誕教会
ミルク・グロット通り
ギリシア正教会修道院
コプト修道院

DATA

聖誕教会 Map P.116B2

Nativity Church ネイティヴィティ・チャーチ
كنيسة المهد ケニーサト・アル・マフド
✉Manger Sq.
圏夏期6:30〜19:30　冬期5:30〜17:00
困無休　圍無料
※長期にわたる修復中だが見学可能

イエスの誕生

聖誕の場所に設けられた星の印

誕生のエピソードは新約聖書のマタイによる福音書2章とルカによる福音書2章に詳しく記されている。もっとも、その歴史的根拠は稀薄だ。旧約聖書に「しかしベツレヘム・エフラタよ、あなたはユダの氏族のうちで小さい者だが、イスラエルを治める者があなたのうちから私のために出る」(ミカ書5:2)という言葉があり、これを救世主の誕生を予言したものだととらえたことから、ベツレヘムという地名が浮かんできたらしい。もともとイエスの両親であるヨセフとマリアはガリラヤのナザレに住んでいた。マリアが出生のお告げを受けてから、ベツレヘムに来た理由をルカによる福音書では「人口調査のため」としている。

故郷であるベツレヘムに戻ったヨセフは宿を取ることができないまま、そこでマリアはイエスを産む。イエスは飼葉おけの中で眠っていた。新しいユダヤの王をひとめ見ようとやってきた東方3博士は星に導かれてベツレヘムのイエスと出会う。

さて、その小さな洞窟の中には、イエスが生まれたとされる場所に銀で星の形がはめ込まれた祭壇がある。東方三博士がイエスをひとめ拝もうと、星に導かれてベツレヘムにやってきたというその星をかたどったものだ。星には「ここにてイエス・キリストは生まれたまえり」とラテン語で刻まれている。

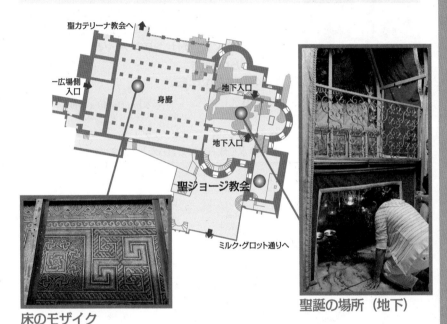

聖カテリーナ教会へ

一広場側入口

身廊

地下入口

地下入口

聖ジョージ教会

ミルク・グロット通りへ

床のモザイク

聖誕の場所（地下）

ヒエロニムスとモーセの角

聖ヒエロニムスがこもっていた洞窟は聖カテリーナ教会内にある

ヒエロニムスは、ヘブライ語の聖書をラテン語に翻訳するために、この教会の洞窟にこもっていた。彼は生涯をラテン語の翻訳に投じた人物。彼の訳した『ブルガタ版ラテン語聖書』はカトリックの公認聖書であり、この偉業でキリスト教が世界中に広まったともいわれている。

ところでミケランジェロ作のモーセ像には角が2本生えている。ところが聖書には角があるという記述はない。実はヒエロニムスがラテン語に翻訳する際にヘブライ語を読み違えてしまったために、こうなってしまったのだ。ヘブライ語は子音だけで表記する言葉である。そのために同じSでもサともシとも読めてしまう。現在の聖書には誤読を防ぐための母音記号がある場合も多いが、当時彼が使っていた原本には母音記号などあるわけがない。ヒエロニムスは、ローマの婦人パウラの協力で翻訳を成し遂げた。パウラの死後、彼は彼女の骨をそばに置き、作業を続けたという。教会の中庭の彼の像の足元にしゃれこうべが置いてあるが、何とも壮絶な話だ。

115

不思議な伝説が残る洞窟

■ミルク・グロット
✉Milk Grotto St.
🕐夏期8:00〜17:45
　冬期8:00〜16:45
　（日曜の11:45〜14:45は閉館）
🚫無休 💰無料

乳白色の美しい教会

かわいらしい伝説の教会

Map P.116B2

🏠 ミルク・グロット

كهف الحليب
カフフ・アル・ハリーブ

Milk Grotto
ミルク・グロット

　聖誕教会から少し東へ行った所にある。5世紀にはすでにもととなる教会が建っていたおり、現在の教会は1892年フランシスコ修道会により築かれた。近所のキリスト教徒やムスリムが伝えてきた伝説は次のとおり。マリアがこの洞窟の中で、生まれたばかりのイエスと一緒にいると、子供をエジプトに逃がさなければならないと、天使から聖ヨセフにお告げがあった。出かける準備をしながら、子供を見守るマリアをせかしたが、そのとき、母乳が何滴か地面にこぼれた。すると赤かった地面が急にミルク色に染まったという。ここを訪れた人々は、競ってこの不思議な白い岩のかけらを自分の町や教会に持ち帰った。

ダビデ王ゆかりの場所

Map P.116B1

🏛 ダビデの井戸

أبار الملك داوود
アーバール・アル・マレク・ダーウード

King David's Well
キング・デイヴィッズ・ウェル

　ペリシテ人と戦っていたダビデ王が、ベツレヘムの門にある井戸の水を飲みたいと言ったとき、すでにベツレヘムにい

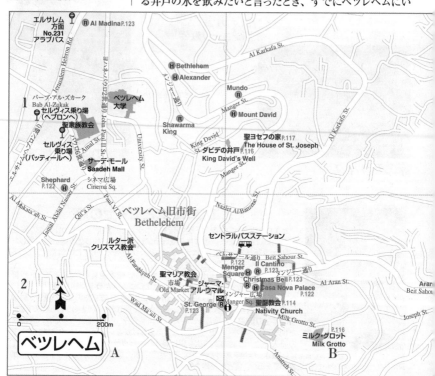

ベツレヘム

た敵の先陣を倒して、3人の勇士が水をくんでダビデのもとに持ってきた。ダビデは、「これは生命をかけてゆきし人の血なり」と言って水を飲まず、主にささげたという(サムエル記23:15〜17)。ビザンツ時

ダビデ王の伝説が残る井戸

代の4〜6世紀頃、ここに教会が建てられた。教会の遺構からは当時のモザイクが発見され、詩編からの引用も見られる。教会の下には修道士の墓も残っている。

ここがイエスの生家?

🏠 聖ヨセフの家

بيت مار يوسف ベイト・マール・ユースフ	**The House of St. Joseph** ザ・ハウス・オブ・セント・ジョセフ

Map P.116B1

イエスの父ヨセフが、生まれたばかりのイエス、マリアとともにエジプトに行く前に住んでいた(マタイによる福音書2:11)とされる家。現在はシリア・カトリック教会所有のホスピス付き教会となっている。がっしりしていながら、なぜか繊細な印象を受ける鐘楼が美しい。

■ダビデの井戸
メンジャー通りを北へ向かい、聖ヨセフの家の先にある坂道を左折。
✉King David St.
☎(02)2743277
🕐8:00〜12:00 14:30〜20:00
休無休 料無料

■聖ヨセフの家
🕐9:00〜12:00
休無休 料無料

シリア・カトリックの聖ヨセフ教会

●ベツレヘム（パレスチナ自治区）

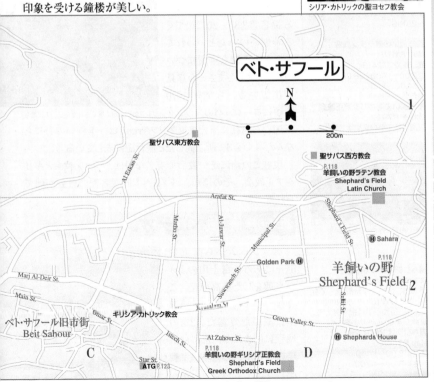

ベト・サフール

N

0 ─────── 200m

1

聖サバス東方教会
Al Eskan St.

聖サバス西方教会
P.118
羊飼いの野ラテン教会
Shephard's Field
Latin Church

Arafat St.

Marho St.
Al-Juwar St.
Municipal St.
Shephard's Field St.

H Sahara

Golden Park H

P.118
羊飼いの野
Shephard's Field

2

Marj Al-Deir St.
Suwwanch St.

Main St.
Jerusalem St.

ギリシア・カトリック教会
Omar St.
Green Valley St.

ベト・サフール旧市街
Beit Sahour

Isteeh St.
Al Zuhour St.

P.118
羊飼いの野ギリシア正教会
Shephard's Field
Greek Orthodox Church

H Shephards House

C

Star St.
ATG P.123

D

■ベツレヘム博物館

- ⊠ Hebron St.
- ☎ (02)2751408
- 🕐 8:00〜18:00
- 休無休 料20NIS

Information
パレスチナ・ヘリテージ・センター
Map P.119B1

メンジャー広場からメンジャー通りを歩いて30分ほど行った所にある。パレスチナの民族衣装や日常生活を再現した展示や、民芸品の販売を行っている。

- URL www.phc.ps
- ☎ 0599-279760（携帯）
- 🕐 10:00〜18:00
- 休日 料無料

■ベイト・サフールへの行き方
🚕 ベツレヘムからタクシーで15〜25NIS

■羊飼いの野ラテン教会
Map P.117D1
- ☎ (02)2772413
- 🕐 8:00〜17:00（日8:00〜11:30、14:00〜17:00)
- 休無休 料無料

■羊飼いの野ギリシア正教会
Map P.117D2
※通常は内部の見学はできない。

羊飼いの野に建つラテン教会

■ヘロデオンへの行き方
🚕 ベツレヘムからのタクシーの相場は、30分〜1時間待ってもらって、往復100〜120NIS。どれくらい待つかで値段が変わる。事前交渉をしっかりすること。

■ヘロデオン国立公園
Map P.119B2
- 🕐 夏期8:00〜17:00
- 冬期8:00〜16:00
- 休無休 料29NIS

ベツレヘムの過去と現在に触れる　　　　Map P.119B1

🏛 ベツレヘム博物館

متحف في بيت لحم
マトゥハフ・ベート・ラフム

Bethlehem Museum
ベスレヘム・ミュージアム

伝統的衣装の展示

おもにベツレヘムに住むアラブ人キリスト教徒にスポットを当てた博物館で、イコンや真珠細工、ガラス製品、伝統的衣装など、さまざまな民芸品の展示を行っている。また、この場所で発掘されたローマ時代にヘブロンとエルサレムをつないでいた水道管も展示されており見応えがある。2階部分はレストランと土産物売り場になっている。

近郊の旅	**羊飼いの野**
	حقل الرعاة ハクル・アッルアーー
	Shephard's Field シェパーズ・フィールド

ベツレヘムの東約2kmにあるベト・サフールBeit Sahurのあたりが、ルカによる福音書2:8〜20に出てくる羊飼いの野だといわれているが、正確な場所については古くからさまざまな意見が出ている。ちなみに670年頃にヨーロッパのフランク

フレスコ画で埋め尽くされたギリシア正教会

王国から巡礼に来たアルクルフArculfは、羊飼いの野にちなんだ教会を3ヵ所訪問したと旅行記に表している。

現在この地に建つ教会で有名なのは、ラテン教会とギリシア正教会。そのほか、ベツレヘム同様各派の教会が建てられている。

近郊の旅	ヘロデオン	هيروديون
		Herodeon

ベツレヘムから南東約5kmにある、富士山のような形態をした小高い丘。ここはヘロデ王が紀元前24年に築いた要塞だ。2重の城壁に囲まれた内部には浴場跡などが残る。『ユダヤ戦記』ではここにヘロデ王が埋

葬されたとされている。長期にわたる発掘にもかかわらず墓は発見されなかったが、2007年5月にヘブライ大学が墓を発見したと発表した。頂上に立つとユダの荒野から死海までの眺めが堪能できる。

小高い丘に築かれた要塞、ヘロデオン

近郊の旅

ソロモンの池

بركة سليمان
ビルケット・スレイマーン

Solomon's Pool
ソロモンズ・プール

　ベツレヘムから南西へ約4kmほど進むと左側に3つの大きなプールがある。これがソロモンの池と呼ばれる貯水池。旧約聖書にソロモン王の言葉として「私は大きな事業をした。（中略）池を造って、木の生い茂る林に、そこから水を注がせた」とあることから命名されたものだ。しかし、実際はヘロデ王が造った給水坑だと考えられている。貯水池は上の池だけでも長さ114m、幅71m、深さ7.5mあり、ここから約24km離れたエルサレムまで送水していたという。山や谷を越え、サイフォンの原理で水を送ったという技術には目を見張るものがある。

■ソロモンの池
Map P.119A2
🚌ベツレヘムのバスターミナル周辺からセルヴィスが出ている
運賃:2NIS
🚕タクシーで20〜25NIS

池は3つあるがそのうちふたつは周囲を壁に囲まれており、壁の外にある池は修復中のため水がない状態だ

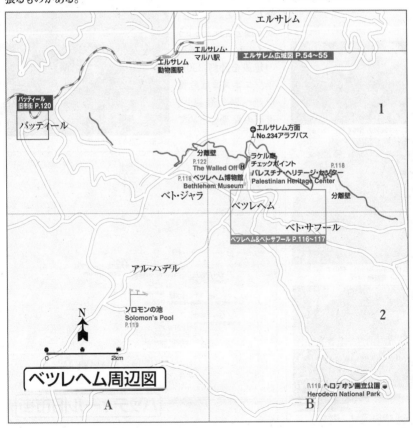

エルサレム

エルサレム・マルハ駅
エルサレム広域図 P.54〜55
エルサレム動物園駅

バッティール旧市街 P.120
バッティール

1

エルサレム方面
No.234アラブバス

分離壁
P.122
The Walled Off
P.118 ベツレヘム博物館
Bethlehem Museum

ラケル廟
チェックポイント
パレスチナ・ヘリテージ・センター
Palestinian Heritage Center
P.118

ベト・ジャラ

ベツレヘム

分離壁

ベト・サフール
ベツレヘム&ベト・サフール P.116〜117

アル・ハデル

2

N

ソロモンの池
Solomon's Pool
P.119

0　　　2km

ベツレヘム周辺図

A

B
P.119 ヘロデオン国立公園
Herodeon National Park

●ベツレヘム（パレスチナ自治区）

■バッティールへの行き方

ベツレヘムからはセルヴィス（乗合タクシー）が出ている。それ以外の町からは、タクシーよりもツアーに申し込むほうが便利。トレッキングをすれば、数時間は歩くことになるからだ。

🚐セルヴィスは聖家族教会近くのセルヴィス乗り場から発着。運行は5:00〜日没頃まで、所要20〜30分、運賃は5.5NIS。

🚕ベツレヘムからのタクシーの相場は、片道60NIS程度。帰りはベツレヘムよりベト・ジャラから呼ぶと早い。

■バッティールの🛈

Map P.120
バッティールのエコミュージアムが観光案内業務を行っている。
✉Battir Landscape Ecomuseum, Al-Ain Main St., Battir
☎(02)2763509
🕐随時（要事前連絡）
🚫無休

ローマ時代の浴場も残っている

長い間水に削られ、壁のようになっている灌漑路

ローマ時代に造られた導水橋

ベツレヘムから7km近く西のバッティールには、旧約聖書の時代にはすでに集落があったとみられ、丘の上にはカナン期の遺構も残っている。ここでは、人々が何千年も前から灌漑システムをつくり、段々畑を整備してきた。いまもローマ時代に造られた導水橋や貯水池などが残り、人々は昔ながらの方法で畑を耕し続けている。貯水池や用水路を管理するのは古くから住む8つの家族。毎日交代で、昔から変わらないやり方で水源管理を行っている。

収穫したばかりのナスを手にするおじさん

地元の人々はエコミュージアムを作って段々畑の歴史を説明したり、ハイキングルートを作ったりしてこの美しい景観を紹介している。しかし、段々畑を横断するようにイスラエルは分離壁の建設を計画。2014年、ユネスコは危機遺産へ緊急登録し、遺産の保護を求めている。

谷に沿って造られた段々畑

段々畑

ローマ水橋
Roman Pool

シェルキン・カッターブ廟
Maqam al Shelkin Khattab

導水橋
Roman Bridge

ローマ浴場
Roman Hamam

Battir St.

Dar Abu Hassan Guest House 🏨

アブー・ザイド廟
Maqam Abu Zeid

エコミュージアム
Ecomuseum

Wadi al Misri

gmish Rd.

バラドの泉
Ein el Balad
(Battir Spring)

N

0　　　　250m

バッティール旧市街

JJ鉄道の足跡を訪ねて

●昔の面影をとどめる路線

　国土の小さなイスラエルはもっぱらバスが発達し、鉄道網はあまり顧みられなかった。しかし、近年は急速なピッチで近代化が進み、時間短縮のため、路線も直線が多いルートに次々と造り替えられている。便利になった反面、情緒が失われているのも世の常。イスラエルの鉄道はオスマン朝時代に敷かれたヒジャーズ鉄道などがもとになっているが、その痕跡は、ハイファ旧東駅の鉄道博物館にわずかにとどめるのみだ。

　しかし、イスラエル鉄道のなかでも昔の面影をよく残している路線がある。それがテルアビブ～エルサレム路線だ。

●JJ鉄道とは？

　この路線のもとになったのは、ヤッフォ・エルサレム鉄道。英語ではヤッフォもエルサレムも頭文字がJであることから、JJ鉄道と呼ばれていた。建設されたのはヒジャーズ鉄道やバグダッド鉄道よりも古く、オスマン朝時代の19世紀末。この頃、ヤッフォはジャッファ・オレンジの輸出港として繁栄を謳歌していた。

　蒸気機関車に引かれ、ヤッフォを発車した列車は、現在はテルアビブの一部となっているネヴェ・ツェデクの周囲を通っていた（ハタハナ→P.46）。1909年にはテルアビブが建設され、急速に発展したため、後に始発はテルアビブ南駅（現在は廃止）、さらにはテルアビブ中央駅へと変更され、JJ鉄道の名は使われなくなった。

●ベト・シェメシュ

　テルアビブを出た列車はエルサレムへとひた走る。現在では蒸気機関車の代わりに、IC3という、デンマークのディーゼル気動車が使われている。

　テルアビブからロッドLodへは、真っすぐな線路が採用されたため、現在ではほとんどのルートで高速道路と並行している。テルアビブ・ハガナー駅からロッドまでは約10分。ロッドはベン・グリオン空港を擁する重要な町。鉄道もここからエ

ルサレム方面、ベエル・シェヴァ方面、アシュケロン方面などの路線に分かれていく。

　ロッドの隣町ラムラを過ぎると、いよいよ列車は農村地帯へと入っていく。あたりは平坦な大地が続き、次の駅ベト・シェメシュBet Shemeshまでの30分ほどの間、ブドウやオリーブやオレンジの畑が森や草原に挟まれるように続いている。

●涸れ川に沿って

　ベト・シェメシュの手前から列車は少しずつ上りはじめ、駅を過ぎるといよいよエルサレムへと向かって高度を上げていく。大地も少しずつ乾き始め、やがてワディ（涸れ川）に沿って路線はうねり始める。最新鋭の気動車、IC3をもってしてもかなりきつい上りのようで、慎重にカーブをひとつずつクリアしていく。昔の蒸気機関車を使った上り坂は本当にたいへんだったろう。

●停戦ラインを走り抜ける

　車窓からの景色が最もすばらしいのが、この区間。谷底から世界遺産バッティールの段々畑を見上げることができる。鉄道ファンでなくてもワクワクしてしまうような光景だが、イスラエル鉄道の列車は、窓も開かないし窓ガラスもお世辞にもきれいとは言いがたい。こんなとき窓が開けられないのが本当に残念だ。

　かつてはバッティールにも駅があり、ここの人々は、採れた農作物を列車に乗せてエルサレムに売りにいっていたという。しかし、第1次中東戦争後はここに停戦ラインとなるグリーンラインが引かれた。バッティール駅も廃止され、ここに住む人々は売りに行くことができなくなってしまった。

　ベト・シェメシュから約50分でエルサレム・マルハ駅に到着。かつてはさらにここからエルサレム市内へと路線が延びていたが1998年に廃止された。かつてのエルサレム駅は、21世紀になってから、ファースト・ステーションFirst Stationというレストランやショップを含む商業施設に生まれ変わった（→P.46）。

●ベツレヘム（パレスチナ自治区）

ヤッフォ
テルアビブ・ハ・ガナー
テルアビブ南

ヤッフォ・エルサレム鉄道

ロッド
ラムラ
ラトルン
N
ナハル・ソレック
エルサレム
ベト・シェメシュ　エルサレム・マルハ
バル・ギオラ
バッティール
0　　　10km

バッティール旧駅周辺を大きくカーブする列車

ベツレヘムはパレスチナきっての観光地だけあって、宿の種類、量ともに豊富。エルサレムからバスで30分ほどなので、日帰りすることも充分可能だが、エルサレムの同レベルの宿と比べて半額程度で宿泊できる。ベト・サフールにもホテルは多い。

メンジャー・スクエア
Manger Square Hotel

高級	MAP P.116B2
220室	

⚪Manger St.
URL www.mangersquarehotel.com
TEL(02)2778888　FAX(02)2778889
S AC ★♨🚿📶 80US$
W AC ★♨🚿📶 130US$
US$ € NIS
CC M V

 Wi-Fi
全室 全室 全室 全館無料

聖誕教会のあるメンジャー広場のすぐそばにあり、たいへん便利な立地にある。スパやプールこそないが、設備は新しく、快適に過ごせる。

カザノヴァ・パレス
Casa Nova Palace

中級	MAP P.116B2
25室	

⚪Manger Square
TEL(02)2742798
FAX(02)2741562
S AC ★♨🚿📶 45US$〜
W AC ★♨🚿📶 60US$〜
US$ € NIS
CC M V

Wi-Fi
全室 全室 全室 全館無料

メンジャー広場に面しており、聖誕教会のすぐ近くにあるフランシスコ会系の宿泊施設。客室はいずれも新しく、掃除も行き届いている。

シェパード
Shepherd Hotel

中級	MAP P.116A1
94室	

⚪Jamal Abd An-Nasser St.
URL www.shepherdbethlehem.com
TEL(02)2740656
FAX(02)2744888
S AC ★♨🚿📶 200〜270NIS
W AC ★♨🚿📶 300〜400NIS
TV US$ € NIS JD CC M V

Wi-Fi
全室 全室 全室 全館無料

バーブ・アル・ズカークからパウロ6世通りを進み、途中の道を右へ入るとある。浅いピンク色の外観が青空に映える。部屋はそれほど新しくはないが清潔で広い。

PICK UP HOTEL

世界一眺めの悪いホテル

ウォールド・オフ
The Walled Off Hotel

高級
9室
Map P.119B1
ベツレヘム

2017年にオープンした覆面芸術家バンクシーが手がけるアートホテル。全室が分離壁に面しており、世界一眺めの悪いホテルと言われる。客室のデザインはバンクシーをはじめとして、サミ・ムサやドミニク・ペトリンなどが担当。館内にはピアノ・バー、博物館を備える。

分離壁のすぐ横に建てられている

ピアノ演奏も行われる

パレスチナ紛争を解説する博物館

客室 各室ユニークなデザインが施されている。スイートルームは1泊965US$。
ピアノ・バー 料理はピザやサラダなどの軽食のみ。アフタヌーンティーもある。
博物館 パレスチナ紛争を解説する。入場料はひとり15NISで、宿泊者は無料。

 Wi-Fi
全室 全室 全室 全館無料

⚪182 Caritas St., Bethlehem
URL walledoffhotel.com
TEL(02)2771322　FAX(02)2771321
D ★♨🚿📶 60US$
S W AC ★♨🚿📶 215〜265US$
US$ € NIS　CC M V

RESTAURANT
レストラン

レストランが多いのは、メンジャー広場やメンジャー通り周辺。カフェやおしゃれなレストランも増えてきている。スークの中には庶民的な食堂や、シュワルマやファラフェルなどファストフードの屋台がある。エルサレムに比べて値段も安く、より庶民的。

Map P.116A1 アラブ料理 ファストフード

アル・マディーナ
Al Madina

バーブ・アル・ズカークからエルサレム方面へ2分ほど歩くと右側にある。地元で人気のシュワルマ専門店。シュワルマは12〜20NIS。テーブルにさまざまなトッピングが並んでおり、自分で好きに入れるスタイル。

✉Bab al-Zukak　☎(02)2777453
🕐8:00〜22:00　休日　💳不可

Map P.116B2 アラブ料理 セルフサービス

クリスマス・ベルズ
Christmas Bells

メンジャー通りとメンジャー広場の両方に面した大型レストラン。料理はビュッフェスタイルのセルフサービスで、ひとり60NIS。ベドウィン・テント風のスペースもある。

✉Manger Square　🌐www.bellsbethlehem.com
☎(02)2776336　🕐11:00〜17:55
休無休　💳Ⓜ Ⓥ

Map P.116B2 カフェ アイスクリーム

イル・カンティコ
Il-Cantico

メンジャー広場の脇、分離壁の向こう側のエルサレムの丘まで見渡せるテラスをもつカフェ。アイスクリームが人気で1カップ4NIS。コーヒーは4NIS〜、ビールは8NIS〜で、パレスチナ産の銘柄シェパーズがサーバーで飲める。

✉Manger St.　☎056-9939979（携帯）
🕐9:00〜22:00　休無休　💳不可

Map P.116A2 アラブ料理 カフェ

セント・ジョージ
St. George Restaurant

メンジャー広場の南西、❶のすぐ近くにあるレストラン。アラブ系キリスト教徒が運営しており、シャシリッキ55NISやシュワルマ40NIS〜といったアラブ料理を出す。英語のメニューあり。ビールは15〜20NIS。サービス料10%別。

✉Manger Sq.　☎(02)2743780
🕐9:00〜18:00　休無休　💳Ⓜ Ⓥ

●ベツレヘム（パレスチナ自治区）

Information

ベツレヘムでホームステイ

パレスチナでは、ホームステイの人気が上昇中。1泊からでも気軽に宿泊でき、リクエストに応じて家族が家庭料理をふるまってくれたり、民族音楽を聞かせてくれたり、伝統文化にふれたりできる。値段も1泊2食付き40US$からと、イスラエルより安いベツレヘムのホテルに比べても、さらに安い。ベツレヘムやベト・サフールでこの事業を展開しているのは、NEPTO（→P.113）に加盟するATG（Altinative Tourism Group）。日本政府もJICAを通じて支援している事業だ。

ホームステイを申し込む際には、電話かEメール（📧info@atg.ps）で人数と宿泊希望の日程を伝える。このときに夕食や朝食のリクエストや、エリアの希望も出しておくといい。リクエストに近い家族を選んでくれる。現地到着後はATGの事務所へ行けば、家まで送り届けてくれる。
■ATG　Map P.117C2
✉74 Star St., P.O. Box 173 Beit Sahour
🌐www.atg.ps
☎(02)2772151　FAX(02)2772211
🕐9:00〜16:00　休日

ラーマッラー

ラーマッラー
Ramallah

ラーム・アッラーフ رام الله

ラーマッラー・
エルサレム

市外局番　02

標高　872m

Maps
中心部　P.125
周辺　P.127

ヤーセル・アラファト廟

■ラーマッラーへの行き方
●エルサレムから
エルサレムからのアラブバスは、カランディヤのチェックポイントまでの場合もあるので、運転手に確認を。カランディヤのチェックポイントからラーマッラー市街まではタクシーで30NISほど。
ナブルス・ロード・ターミナルからアラブバスNo.218
所要:約45分　運賃:7.6NIS
●エリコから
セルヴィスが運行されている
所要:約1時間　運賃:17NIS

■消防の電話番号
TEL(02)2956102

■日本の在外公館
●対パレスチナ日本政府代表事務所　Map P.125A2
✉15 Tokyo St., Abraj House, 8th Floor, Al-Masyoun Area, Ramallah
TEL(02)2983370
FAX(02)2983313
URL www.ps.emb-japan.go.jp

町の中心、マナラ広場

何千年もの歴史をもつパレスチナでは、ラーマッラーは比較的新しい町だ。オスマン朝がこの地の支配を固めた16世紀に村が築かれた。このころからすでにキリスト教徒とムスリムが共に暮らしていたという。19世紀になると、急速に発展を遂げ、いくつもの教会が建てられた。

ラーマッラーが歴史の表舞台に登場したのは、1994年にアラファトPLO議長を中心にパレスチナ自治政府が発足してからのこと。ヨルダン川西岸の行政機能はここに集められ、実質的な首都機能が与えられた。町にはおしゃれなお店も並び、パレスチナの今を象徴する活気にあふれている。

ラーマッラーの歩き方

町の中心はマナラ広場　ラーマッラーは、キリスト教徒が多いラーマッラーと、ムスリムの町アル・ビレAl Birehというふたつの町からなっている。

その中心は、双方の旧市街のちょうど中間あたりにあるマナラ広場Al Manara Sq.。西へ延びるメイン・ストリートMain St.周辺には軽食スタンドやアイスショップなども並ぶ商店街。ヤッフォ通りJaffa St.を歩くとすぐに時計塔のあるヤーセル・アラファト広場Yaser Arafat Sq.に出る。反対にナドハ通りAl Nahdha St.を進むと、バスやセルヴィスが発着する公共交通の中心部。さらにその先にアル・ビレ旧市街がある。町には乗合タクシーが多く、運賃も2.5NISからと安いので、歩き疲れたら利用するといい。

乗合タクシーのセルヴィスは、ふつうのタクシーと見分けがつきにくいが、車の上部にちゃんと表示がある

🚌 ターミナルから市の中心部へ 🚌

　ラーマッラーは方面別にバスターミナルがいくつもあって、ややわかりにくい。ただ、都市間を走る比較的長距離のバスやセルヴィスは、セントラルバスステーションやその周辺に乗り場がある。セントラルバスステーションからは、エルサレムやナブルス方面へのバスやセルヴィスが発着する。エリコ方面へはアル・アダア通りのセルヴィス乗り場を利用する。

　カランディヤのチェックポイントからはタクシーやセルヴィスも運行されている。ラーマッラー中心部までは5km近くあるので、徒歩で移動しないほうがいいだろう。

セントラルバスステーション

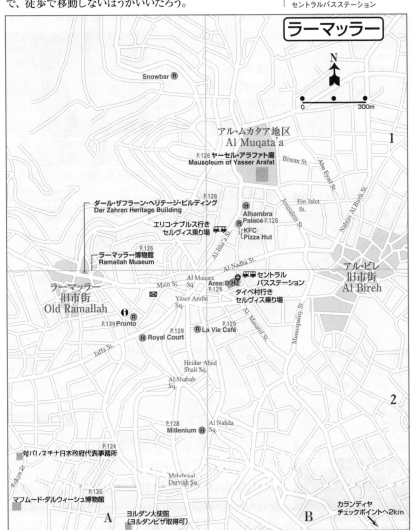

ラーマッラー

アル・ムカタア地区
Al Muqata'a

P.126 ヤーセル・アラファト廟
Mausoleum of Yasser Arafat

ダール・ザフラーン・ヘリテージ・ビルディング
Dar Zahran Heritage Building

エリコ・ナブルス行き
セルヴィス乗り場

Alhambra
Palace P.128
KFC
Pizza Hut

P.126
ラーマッラー博物館
Ramallah Museum

ラーマッラー
旧市街
Old Ramallah

Al Manara
Sq.
Area:B
P.129

セントラル
バスステーション

タイベ村行き
セルヴィス乗り場

アル・ビレ
旧市街
Al Bireh

Main St.

Yaser Arafat
Sq.

P.129 Pronto

P.129
Royal Court

La Vie Café P.129

P.129

Jaffa St.

Heidar Abed
Shali Sq.
Al Shabab
Sq.

P.128
Millenium

Al Nahda
Sq.

P.124
対パレスチナ日本政府代表事務所

Mahmmood
Darvish Sq.

P.126
マフムード・ダルウィーシュ博物館

A

ヨルダン大使館
（ヨルダンビザ取得可）

B

カランディヤ
チェックポイントへ2km

125

■ラーマッラーの🛈
Map P.125A2
✉Issa Ziyada St. Opposite to Ramallah Municipality
☎(02)2963214
🕐9:00～17:00
㊡不定休

ラーマッラーの🛈

■ヤーセル・アラファト廟
✉Al Muqat'a
☎(02)2967770
🌐www.yam.ps
🕐10:00～18:00　㊡月
㊖5NIS(博物館)
📷一部不可　📹不可
※廟、博物館以外の立ち入り、撮影は制限されている。

■マフムード・ダルウィーシュ博物館
✉Tokyo St., Al-Masyoun Area,
☎(02)2952808
🌐www.darwishmuseum.ps
🕐8:00～17:00 (博物館)
　8:00～21:00 (庭園)
㊡無休　㊖10NIS
📹一部不可

■ラーマッラー博物館
✉Al-Harajeh St.
☎(02)2959561
📧info@dach.gov.ps
🕐8:00～15:00
㊡金
㊖無料
📹不可

展示点数はあまり多くない

ラーマッラーの見どころ

パレスチナに生涯を捧げた　　　　　Map P.125B1

🏛 ヤーセル・アラファト廟

ضريح الرئيس الراحل ياسر عرفات　　Tomb of Yasser Arafat
ダリーフ・アル・ライース・アル・ラーヘル・ヤーセル・アラファート　トンブ・オブ・ヤセル・アラファト

　ヤーセル・アラファトは、学生時代からパレスチナ国家樹立を追い求めて活動した。カイロ大学でパレスチナ学生連合の議長として活動し、のちにファタハを結成、PLO (パレスチナ解放機構)の中心となった。アラファトはPLOのトップとして、ゲリラ運動の時代から、ラビン首相と握手を交わした1993年のオスロ合意まで、パレスチナ解放運動の中心であり続けた。

　アラファトが亡くなったのは2004年。非常に多彩な側面があり、その評価はさまざまだったが、パレスチナの英雄であり続けた。2012年に現在の廟が完成し、2016年11月には20世紀のパレスチナの歴史を紹介する博物館が併設された。

明るい光が差し込むヤーセル・アラファト廟

独立宣言の起草者　　　　　　　　　Map P.125A2

🏛 マフムード・ダルウィーシュ博物館

متحف محمود درويش　　Mahmoud Darwish Museum
マトハフ・マフムード・ダルウィーシュ　マフムード・ダルウィーシュ・ミュージアム

　マフムード・ダルウィーシュ (1941～2008年)は、パレスチナを代表する詩人。彼の作品は日本語を含む世界22ヵ国語に翻訳されている。PLO執行委員会のメンバーでもあり、1988年のパレスチナ独立宣言は、マフムード・ダルウィーシュが起草した文章を、アラファトが一字一句間違えずに読み上げた。

　博物館は丘の上に建ち、見晴らしが良く、周囲は公園として整備されている。館内では、彼の私物や、世界各国で受賞した文学賞のメダルや記念品などを展示しているほか、パリにあった書斎が再現されている。

旧市街の中心に建つ　　　　　　　　Map P.125A1

🏛 ラーマッラー博物館

متحف رام الله　　Ramallah Museum
マトハフ・ラーム・アッラーフ　ラーマッラー・ミュージアム

　旧市街にある小規模な博物館。建物は3階建てで、2階部分にガラスや陶片など、先史時代やローマ時代の生活用具を中心とした考古学展示が行われている。

タイベ村

الطيبة
Taybeh

タイベ村は、ヨルダン川西岸地域で唯一のキリスト教徒の村として知られている。パレスチナではキリスト教徒は少数派で、ほかのどの町や村でもムスリムと共に暮らしているが、この村にはイスラーム寺院はなく、カトリックやギリシア正教会などの教会から鐘の音が響きわたる。

のどかな家並みを眺めながら、自由に散策するのがピッタリの村だ。

● タイベビール工房 Taybeh Brewing ●

パレスチナ産初のビールが、この村で作られているタイベビール。家族経営の小さな工房だが、日本のクラフトビールフェスティバルなどにもたびたび出展されており、その本格的な味にファンも多い。

工房には日本語で書かれたのぼりも

ビール工房ではツアーも行われており、作業工程を見学できる。

村が最も盛り上がるというタイベ・オクトーバーフェストは、毎年秋に開催。アーティストも集結しライブイベントも盛りだくさんだ。

ていねいに説明してくれる

ギリシア・カトリック教会。このほかに村にはふたつ教会がある

■タイベ村への行き方
🚌セントラルバスステーション斜め向かいのビルにあるP1の駐車場からセルヴィスが7:00～17:00頃に15分に1便程度運行している。所要約40分、運賃は7NIS。

■タイベビール工房
Map P.127
✉Taybeh, Ramallah District
☎(02)2898868
🔗www.taybehbeer.com
🕐8:00～16:00
　（ツアーは9:00～14:30）
休日
料無料

Information
分離壁アート

2002年に建設が始まった分離壁は、イスラエルにおけるテロ事件を大幅に減らす一方で、グリーンライン（第3次中東戦争までの停戦ライン）を越えて設置される場所も少なくなく、土地を奪われたり、移動ができないなどパレスチナ人に大きな犠牲を強いている。そんな状況下、分離壁には人々の思いを代弁するかのように、さまざまな絵が描かれるようになっていった。イギリスのアーティスト、バンクシーの作品群のように、有名なものもある。ラーマッラーやベツレヘムでは分離壁へ行くツアーもあり、安全に配慮しながら案内してくれる。

ベツレヘム周辺の分離壁

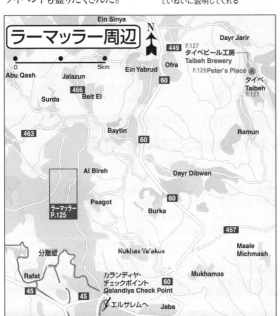
ラーマッラー周辺
N
Ein Sinya
Dayr Jarir
449 P.127 タイベビール工房
Taibeh Brewery
Ofra　P.129 Peter's Place Ⓡ
Ein Yabrud
タイベ
Taibeh
P.127
Abu Qash　Jalazun
0　　5km
466 Beit El
Surda
60
463
Baytin
60
Ramun
Al Bireh
Dayr Dibwan
Psagot
60
Burka
457
分離壁
Kokhav Ya'akov
Maale Michmash
Rafat
45
カランディヤ・
チェックポイント
Qalandiya Check Point
60
Mukhamas
45
エルサレムへ
Jaba
ラーマッラー
P.125

●ラーマッラー（パレスチナ自治区）

HOTEL
ホテル

ラーマッラーはパレスチナ行政の中心となっている場所だけあって宿泊施設の種類、数ともに豊富。ラーマッラーとアル・ビレに挟まれたエリアに多い。

タイベ村にもホスピスがあり、宿泊は可能。ホテルも建設中だ。

PICK UP HOTEL

町いちばんの高級ホテル

ミレニアム
Millenium Palestine Ramallah

最高級
171室
Map P.125A2
ラーマッラー市街

国際会議やイベントなども頻繁に開かれる大手チェーンホテル。以前はモーヴェンピックの系列だった。市街のやや南にあり、マナラ広場からは徒歩15分ほど。

広々とした屋外プール

レストラン 朝食にも使われるメインのレストランのほか、地中海料理レストランもあり、こちらの評判も上々。
プール 屋外プールにはバーベキューバーも併設されている。
フィットネスセンター スポーツジムの機材も充実している。
客室 クラシックとプレミアムの2種類があるほか、スイートも3種類。

1階にあるバー

落ち着いた客室

🛗 📺 🍴 📞 🖥 🛜 Wi-Fi
全室 全室 全室 全室 全室 全館無料

✉ Emir Habib St. Almasyoun
🌐 www.millenniumhotels.com
☎ (02)2985888
S W AC 198US$ 〜
💳 US$ € NIS JD 🆑 Ⓜ Ⓥ

アルハンブラ・パレス
Alhambra Palace

中級	Map P.125B1
10室	ラーマッラー市街

✉ 37 Irsal St.
🌐 www.alhambra-palace-hotel.com
☎ (02)2956226
FAX (02)2950032
S AC 100US$
W AC 130US$
💳 US$ € NIS JD 🆑 Ⓜ Ⓥ

📺 🍴 📞 🖥 🛜 Wi-Fi
全室 全室 全室 全室 全館無料

町のやや北にあり、ヤーセル・アラファト廟は歩いてすぐ。部屋にキッチンや冷蔵庫がついたアパートメントタイプの宿。朝食は、頼めば部屋まで持ってきてくれる。

Information
パレスチナの歴史と今に触れる

　ラーマッラー博物館のすぐ近くにあるダール・ザフラーン・ヘリテージ・ビルディングは、約250年前に建てられたパレスチナの伝統的な建物。家主のザフラーンさんが、若い芸術家や旅行者たちの情報交換の場にする目的でオープンしたもので、実際にこの地に住んでいる人たちと交流するには最適の場所。

　館内には3つの部屋があるが、これはもともと3つの独立した家だったもの。各部屋にはこの地の古い写真が飾られているほか、地元の芸術家たちによる作品の展示ならびに販売なども行われている。ザフラーンさんはアラビック・コーヒーを淹れる名人。近い将来建物内にコーヒーショップもオープンする予定。

■ダール・ザフラーン・ヘリテージ・ビルディング
Dar Zahran Heritage Building
Map P125A2
✉ Ramallah Old CIty, opposite Arab Bank, The Historical Building to the left side of Ramallah Museum
☎ (02) 2963470 🌐 www.darzahran.org
🕐 11:00 〜 19:00 🈺日 🆑不可

ロイヤル・コート
Royal Court Hotel

⊠24 Jaffa St.
URLwww.rcshotel.com
TEL(02)2964040
FAX(02)2964047
ⓈⒶⒸ🔲➡🔲79US$〜
ⓌⒶⒸ🔲➡🔲95US$〜
💳US$ € NIS JD
CC Ⓜ Ⓥ

全室 全室 全室 全室 全室 全館無料

町のほぼ中心にある設備の調ったホテル。それほど新しくはないが改装済みで清潔。キッチン付きの部屋も多いので、自炊派は予約するときに確認を。レストランも併設しており、金曜以外は寿司を出す。

エリア・ディー
Area: D

⊠Maliki Building(between main
bus station and mosque)
URLramallahhostel.com
TEL056-9349042(携帯)
Ⓓ Ⓐ Ⓒ🔲🔲🔲70NIS
ⓈⓌ ⒶⒸ🔲🔲🔲200NIS〜
ⓈⓌ ⒶⒸ🔲➡🔲250NIS〜
💳US$ € NIS JD
CC Ⓜ Ⓥ

Wi-Fi
全館無料

バスステーションの斜め向かいに建つビルの5階を利用している。自転車のレンタルやエリコやベツレヘムなどへのツアーも行っており、パレスチナ自治区の起点とし申し分ない。キッチンは無料で利用でき、ランドリー利用は10NIS。

RESTAURANT
レストラン

ラーマッラーは、カフェの町といっていいほどパレスチナでは珍しくカフェが多い。またメインストリート周辺にはフライドチキンやファラフェル、アイスクリームなどの小さな店が軒を連ねており、選択肢はパレスチナいち。

Map P.125A2 プロント
Pronto RestoCafe

イタリア料理
カフェ

開放的な雰囲気のなかでのんびりと食事をとるにはピッタリのカフェ。パスタ45〜55NISはきちんとアルデンテになっていて味もいい。肉料理は30〜95NIS。サフレブという甘いホットドリンクなど、珍しい飲みものもある。

⊠Dr. Issa Ziadeh St.
emailbasemwkhoury04@yahoo.com
TEL(02)2987312 🕐7:00〜24:00
休無休 CC Ⓜ Ⓥ

Map P.125A2 ラ・ヴィ
La Vie Café

カフェ

ヤーセル・アラファト広場のほど近くにある、在留外国人にも人気のカフェ。パレスチナ産のワインも楽しめる。食事はサンドイッチなどの軽食が中心。オーナーは親日家で、店内のテレビはNHKの番組を流していることが多い。

⊠5 Qastal St.
TEL(02)2964115
🕐11:00（金16:00）〜24:00
休無休 CC Ⓜ Ⓥ

Map P.127 ピーターズ・プレイス
Peter's Place

アラブ料理

タイベ村にあるレストラン。もちろん生ビールはタイベビールでサイズにより15〜20NIS。地元のワイン（グラス25NIS）も楽しめる。料理は日替わりのメニューで、1人前40NIS。村を歩いてちょっと休憩するのにピッタリ。

⊠Old City, Taybeh
URLhoshbutros.webs.com TEL059-4193644 (携帯)
🕐夏期12:00〜20:00 冬期11:00〜18:00
休日〜水 CC Ⓜ Ⓥ

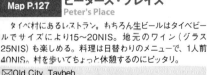

●ラーマッラー（パレスチナ自治区）

エリコ
エルサレム

パレスチナ
Map P.11B3

エリコ

ジェリコ
Jericho

アリーハー
أريحا

市外局番 **02**

標高 **-260m**

Maps
中心部　P.131
近郊　P.132

ヒシャーム宮殿のモザイク「生命の樹」

■**エリコへの行き方**
●エルサレムから
🚌エイザリーヤEizariya乗り換え。エルサレムからエイザリーヤへはスルタン・スライマーン・ターミナルからバスNo.263、所要約45分、8NIS。そこでセルヴィスに乗り換えて約25分、12NIS。
●ラーマッラーから
🚌アル・アダア通りのセルヴィス乗り場出発。所要約1時間、12NIS。

バスの運転手にエリコに行きたいことを伝えておくと、エイザリーヤのセルヴィス乗り場で降ろしてくれる

■**消防の電話番号**
📞(02)2322658

■**エリコの🛈**
Map P.131
町の中心となっている公共広場Public Sq.にある小さなブース。セルヴィスなどもすべてこの周辺から発着する。
📞(02)2312607
🕐夏期　8:00～17:00
　　　　（土・日8:00～14:00)
　　冬期　8:00～16:00
　　　　（土・日8:00～14:00)
🈵無休

エリコは古代からオアシスの町であった。海抜下260mと世界で最も低地にある町のひとつで、その豊かな水と暖かい気候のため、さまざまな果樹が植えられている。地名の由来も、果物の香り「レアフ（＝芳香）」ではないかといわれたり、「ヤレアフ（＝月）」が語源で、昔からこの地で行われていた月神礼拝にちなむものともいわれる。

紀元前1万年ほど前から人間が住んでいた跡があり、町の城壁跡も残っているため、ここは要塞化された世界最古の町といわれている。聖書の時代のエリコは現在の所から北西へ約2km離れた、現在のテル・アッスルターンの考古学地区にあたったとされる。旧約聖書時代には「シュロの町」とも呼ばれていた。今から3000年の昔、モーセに率いられてエジプトを出たイスラエルの民は40年間シナイの砂漠をさまよった後、モーセの後継者であるヨシュアの指揮下、待望のカナンの地に入った。そこで最初に攻め込んだ町がエリコである。町の城壁の周りを7回ラッパを吹き鳴らしつつ回ると、城壁が崩れ落ちたという有名な「エリコ」の戦いの舞台となった（ヨシュア記6章）。

新約聖書には、イエスがバルティマイという盲人の目を見えるようにし（マルコによる福音書10:46～52）、町の人々から罪深いと思われていた徴税人ザアカイの家で救いを行った（ルカによる福音書19:1～10）ことが記されている。また、シナゴーグの跡から、ユダヤ人社会があったことがわかっている。

エリコの歩き方

　町の規模は、大きくはない。ただし、見どころは周辺に散らばっているので、長期滞在する人以外は、タクシーを使ったほうがいいだろう。東にヨルダン川、南にクムラン、西にワディ・ケルト、北にヒシャーム宮殿、ということになる。

市内と近郊の交通

　近郊の遺跡へはタクシーかレンタカーを利用しよう。タクシーは中心部にあるタクシー乗り場でひろうことができる。レンタサイクルも便利だが、なんといっても世界最低標高の地のひとつ。気温も高く、水分補給は十分に。特に夏は注意。

タクシー　イスラエル側にも行きたい人は事前に許可証をもっているか運転手に確認したほうがよい。

エリコの見どころ

長い時代を経て何層にも積み重なった　　　**Map P.131**

🏛 テル・アッスルターン

تل السلطان
テル・アッスルターン

Tel As-Sultan
テル・アッスルターン

　町の中心から北西へ2kmほど行くと、道の左側にフェンスで囲った小さな丘が見える。ここでは今から約1万年も前の住居跡や、石を積み上げた塔、約4000年前の城壁の跡などを見ることができる。

　掘り下げられた土の壁をよく見ると茶色の横縞が何本も入っている。この縞は町が焼けた層を示してあり、縞の数だけ町が滅ぼされ、またその跡に再建されたことを物語る。1930年からこの地の発掘を始めたイギリス人のガーズタングは、紀元前3000〜前2000年に造られた城壁の跡を発見。その後この地を発掘したケニヨンは紀元前7800年頃のものとされる円形塔を発見した。

遺跡の風化が近年大きな問題になっている

Information
タクシーで訪れる時の注意
　通常のイスラエル・ナンバーのタクシーではエリコの町には入れず、チェックポイントで乗り換えなくてはならない。しかし、東エルサレムの車両なら、乗り換えなしでエリコの町まで行くことができる。

エリコはパレスチナのなかでも、観光事業などを中心に、JICAなどを通して日本が重点的に支援している都市。そのためこのような看板を見かけることもしばしばだ

■レンタサイクル
●Abu Sam'an
Map P.131
☎059-8411537（携帯）
🕐7:30〜21:00　㊡無休
🎫1時間5NIS　1日20NIS

■テル・アッスルターン
🕐夏期8:00〜18:00
　冬期8:00〜17:00
㊡無休　🎫7NIS
ビデオルームがあり、遺跡の詳しい説明を見ることができる。

●エリコ（パレスチナ自治区）

テル・アッスルターン P.131
Tel As-Sultan
アイン・アッスルターン
'Ain as-Sultan　P.132
ロープウエイ乗り場
誘惑の山へ P.132
レストラン＆みやげ物屋
タワヒーン・アル・スッカル
Tawaheen Al-Sukar
P.134 ヒシャーム宮殿へ
🅷 Jericho Resort Villageへ
エリコ
N
0　　500m
Ein As-Sultan St.
Qasr Hisham St.
P.133 ザアカイの木
Tree of Zaccaheus
P.135 Ayyam Cafe
アレンビー橋へ
セルヴィス乗り場
公共広場 Public Sq.
ヘロデの冬の宮殿へ P.133
ワディ・ケルト（涸れ川）
Jerusalem St.
New Jericho
P.133
P.131 Abu Sam'an
P.135 Al Essawi
聖ギオルギウス修道院へ P.133

131

アイン・アッスルターン

■ロープウエイ　Map P.131
℡(02)2321590
URLjericho-cablecar.com
開8:00~19:00(金~22:00、
　祝~24:00)
困無休
料往復60NIS　学生50NIS

ロープウエイはテル・アッスルターン
の上を通過する

■悪魔に試みられた誘惑の山
●デール・クルントゥル
Map P.132
開8:00~16:00
　(土・日8:00~14:00)
困無休　料無料

切り立つ崖に建てられたデール・クル
ントゥル

また、テル・アッスルターンの向かい側、道路を渡るとアイン・アッスルターン'Ain as-Sultanと呼ばれる泉がある。預言者エリシャが悪い水を塩で清めてよい水にしたと伝えられ、エリシャの泉とも呼ばれている。

遺跡の北西へ道路を少し行くと、タワヒーン・アル・スッカルTawaheen Al-Sukarという中世の砂糖工場跡がある。2000年以降に本格的な発掘が始まった遺跡で、誘惑の山南東麓にある泉から水路を使って水を引き、水車の力で砂糖を作っていたと考えられている。

遺跡前から誘惑の山まではロープウエイが運行されている。このあたりは海抜下の土地で、世界で最も低い場所にあるロープウエイとして、ギネスブックにも載っている。ロープウエイは遺跡の上を通るので、遺跡を見下ろすこともできる。

切り立った崖に建つ修道院　**Map P.132**

悪魔に試みられた誘惑の山

جبل الأربعين
ジャバル・アル・アルバイーン

Mount of Temptation
マウント・オブ・テンプテーション

マタイによる福音書第4章などに記されている、イエスが荒野で40日間断食をし、悪魔に誘惑を受けたとされる場所がここ。現在はギリシア正教会の修道院があり、「40日の修道院」を意味する「デール・クルントゥル」と呼ばれている。かつてこの山にはたくさんの修道士が穴を掘って住み着き、イエスの苦行を追体験していたという。

死海の水が蒸発すると山上からの視界が悪くなるので、

エリコ近郊

美しいパノラマを見たいという人は、午前中に訪れたほうがいいだろう。

メノラー（燭台）が描かれたモザイクが残る
Map P.132

🕎 シャフワーンの家

بيت شهوان	Shahwan House
ベイト・シャフワーン	シャフワーン・ハウス

　テル・アッスルターンの北で見つかった、5～6世紀に建てられたとされるシナゴーグの跡。この建物の床にはモザイクが残されており、その中央には契約の箱が描かれ、その下にイスラエルの象徴ともいえるメノラーが描かれている。さらにメノラーの下にはイスラエルに平和あれという意味の「Shalom al Yisrael」と読める文が入っている。

徴税人ザアカイが登ったといわれる
Map P.131

🏔 ザアカイの木

شجرة زكا	Tree of Zacchaeus
シャジャラ・ザカー	トゥリー・オブ・ザッケアス

　アイン・アッスルターン通り沿いの南端、通りがふたつに分かれる場所に植わっているイチジク桑の木は、ザアカイの木と呼ばれている。ザアカイとは、ルカによる福音書19:1～10に出てくる徴税人。背の低いザアカイはイエスを見るためにこの木に登っていたところを、イエスから声をかけられた。

ヘロデ王の栄華をしのぶ
Map P.132

🏛 ヘロデの冬の宮殿

قصر الشتاء هيرودس	Herod's Winter Palace
カスル・アッシターアン・ヒーロズ	ヘロッズ・ウィンター・パレス

ヘロデの冬の宮殿といわれる遺構

　エリコの町の中心から2kmほど西へ行くと、ヘロデ王の時代のエリコの跡が掘り起こされている。アラビア語でトゥルル・アブー・アル・アライクといわれる遺跡は、目印や説明がないのでわかりにくいが、ヘロデの冬の宮殿跡だといわれている。

足を延ばして昔の街道跡を歩こう
Map P.132

🏛 ワディ・ケルト

وادى القلط	Wadi Kelt
ワーディ・アル・クルト	ワディ・ケルト

　ワディ・ケルトはエルサレムからエリコへ続く渓谷沿いの街道跡。ここを歩くハイキングが人気を集めているが、そのハイライトは5世紀に建てられた聖ゲオルギウス修道院。岩に

■シャフワーンの家
※2018年4月現在閉鎖中。

■ザアカイの木
自由に見学が可能

ザアカイの木

■ヘロデの冬の宮殿
🚕公共交通機関はないのでタクシーを利用しよう。15NISほど。
🕐随時　🈳無休　🈳無料

■ワディ・ケルト
🚕公共交通機関はないのでタクシーを利用しよう。25NISほど。
●聖ゲオルギウス修道院
Map P.132
☎054-7306557（携帯）
🕐9:00～12:30
🈳日　🈳無料

聖ゲオルギウス修道院のイコノスタス（至聖所と会堂を隔てる装飾）

133

へばりつくように建てられた僧院で、駐車場から修道院までは徒歩約20分。内部には6世紀に作られたビザンツ時代のモザイクや数々の聖遺物などがある。

断崖に建てられた聖ゲオルギウス修道院

ムスリムが信じる、モーセの墓　Map P.132

⊙ ナビー・ムーサ

النبي موسى
アン・ナビー・ムーサ

Nabi Musa
ナビー・ムーサ

ムーサとはアラビア語でモーセのこと。モーセはイスラームでも重要な預言者のひとりとされている。聖書にはモーセはモアブの地にある谷に葬られたが、今日にいたるまで彼が葬られた場所は誰も知らない（申命記

モーセの墓があるイスラーム寺院

34:6）とあるが、この地のムスリムは、ここがモーセの葬られた地とし、13世紀にイスラーム寺院を建立した。寺院の中にはイスラーム様式のモーセの墓がある。

鮮やかなモザイクが美しい　Map P.132

⚏ ヒシャーム宮殿

قصر هشام
カスル・ヒシャーム

Hisham's Palace
ヒシャームズ・パラス

8世紀に建てられた宮殿跡。ウマイヤ朝のカリフ、アブゥドゥル・マリクの冬の宮殿として建造されて間もなく、地震で埋まったため、非常に保存状態のよいモザイク「生命の樹Tree of Life」を見ることができる。

宮殿跡は、イスラームを受け入れたばかりの時代の建築様式や、サウナ風呂の構造などがわかる、資料としても第1級の貴重な遺跡。

ローマ時代やビザンツ時代以来の建築をほとんど引き継ぎながら、イスラーム的な要素がちりばめられている。鮮やかなモザイクに目を奪われがちだが、レリーフなどの装飾の細やかさも必見だ。

色彩も鮮やかなモザイク

■ナビー・ムーサ
🚗公共交通機関はないのでタクシーを利用しよう。40〜50NIS。
🕌イスラームの1日5回の礼拝の前後
⊗無休　🎫無料

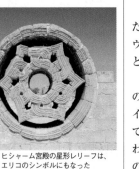
モーセのものと伝えられる棺

■ヒシャーム宮殿
🚗公共交通機関はないのでタクシーを利用しよう。15NISほど。
☎(02)2322522
🕐8:00〜17:00
⊗無休
🎫10NIS
ビデオルームがあり、遺跡の詳しい説明を見ることができる。

ヒシャーム宮殿の星形レリーフは、エリコのシンボルにもなった

HOTEL ホテル / RESTAURANT レストラン

エリコはその観光地ぶりに比べると、ホテルの数は比較的少ない。ラーマッラーなどからの日帰りも検討しよう。

レストランも数はそれほど多くはない。チキンの丸焼きやファラフェルなどの店が公共広場のまわりにいくつかある。

オアシス
Oasis Hotel

最高級 181室　Map P.132

✉Jerusalem St.
TEL(02)2311200
FAX(02)2311222
S AC ⇒ 500NIS～
W AC ⇒ 600NIS～
💲US$ € NIS JD
CC M V

屋内・外　全室　全室　全室　全館無料　🛜Wi-Fi

旧インターコンチネンタルホテル。2014年7月に経営が変わったが、行き届いたサービスや、3つのプールやハマム、スパなど設備は以前のまま。

サーミー
Sami Youth Hostel

経済的 22室　Map P.132

✉Jerusalem St., 300m from Oasis Hotel
URLsamihostel.com
TEL & FAX(02)2324220
S W AC ⇒ 120NIS
💲US$ € NIS JD
CC 不可

🛜Wi-Fi
無料　ロビー
周辺のみ可

エルサレム通りから難民キャンプを西へ入り、進んで行くとある。中心部からセルヴィスが頻発している。ドミトリーはなく、すべて個室。

アル・エッサウィ
Al-Essawi Restaurant

Map P.131

アラブ料理
カバーブ

いつも多くの人でにぎわう軒先では、ファラフェルやシュワルマ、チキンの丸焼きなどが並び、おいしそうな香りが漂う。ファラフェルサンド7NIS、肉料理はひと皿35NIS～。

✉Public Sq.　TEL(02)2322160
🕐5:00～24:00　🈳無休
CC 不可

アイヤム・カフェ
Ayyam Cafe

Map P.131

カフェ
アラブ料理

エリコではおしゃれなカフェ。食事は、サンドイッチ18～28NISを中心に、サラダ8～28NIS、ピザ40～48NISなど。タイベビールなどアルコールもある。奥には中庭がある。

✉Downtown　TEL(02)2322288
🕐10:00～24:00
🈳無休　CC 不可

History

聖書ゆかりの地、エイザリーヤ

●乗り継ぐだけにはもったいない町

エルサレムからエリコに行く途中にある町エイザリーヤ。アラブバスでオリーブ山を回り込んだ向こうの山麓にある。ここからエリコへのセルヴィスに乗り継げるが、古くはベタニヤと呼ばれたこの町を、少し歩いてみよう。

●ラザロとその姉妹の町

『ルカによる福音書』の第10章で、イエスはマルタとマリアという姉妹が住む村を訪れているが、それがベタニヤだという。彼らにはラザロという

弟もおり、イエスとは親しかったようだ。『ヨハネによる福音書』の第11章では、死んだラザロを悲しんだイエスが「出てきなさい」というと、ラザロが復活したという話が描かれている。

●ラザロの墓がある

現在のエイザリーヤはキリスト教徒とムスリムが共に暮らす町。ラザロはキリスト教徒のみならず、ムスリムからも敬愛されたため、そのそばには並ぶように、カトリック教会とイスラーム寺院が建てられている。

エルサレム●
死海●

市外局番 08

標高 -428m

Maps
死海 P.137
エン・ボケック
P.137
エン・ゲディ国立公園
P.137

Map P.11B4 ~ 12B1

死海地方

デッド・シー
Dead Sea

ヤム・ハ・メラフ
ים המלח

イスラエルを代表するリゾート地、死海

世界遺産

マサダ *Masada*
2001年登録→**P.140**

■死海地方への行き方
いずれも1日数便と少ないので事前にチェックしておこう。
■エン・ゲディの行き方
●エルサレムから
No.444→P.303②、No.486→P.303③、No.487→P.303④
●エイラットから
No.444→P.303⑲
■エン・ボケックの行き方
●エルサレムから
No.444→P.303⑤、No.486→P.303⑥
●エイラットから
No.444→P.303⑳

死海でぷかぷかと浮遊体験

海面下約420mと世界で最も低地にある塩水湖、死海。細長い形をした湖はヨルダンとの国境に位置している。塩分含有量が通常の10倍の約33パーセントもあるため、浮かびながら新聞が読めるという不思議な塩湖だ。ヘブライ語では「ヤム・ハ・メラフ（＝塩の海）」、聖書では「アラバの海（ヨシュア記3:16）」などとも呼ばれているが、「死海」という名は濃い塩分のため魚などが住めないところであることに由来する。しかし、実際には泉の湧き出る沿岸の塩分濃度は薄く、生物がまったく生息していないわけではない。

死海の塩分濃度が高いのは、ヨルダン川から流入する水の出口がなく、たまった水が強烈な太陽光線でどんどん蒸発してしまい、水中の塩分が濃縮されてしまうからだ。

死海の沿岸には強い太陽光線を利用した設備や、豊富なミネラルを含んだ死海の水を利用するための工場が建っている。死海の水は健康や美容にも効果があるとされ、皮膚病やリュウマチの治療や、エステを受けに訪れる人々も多い。ここで造られた美容製品は本場フランスのエステティックサロンなどでも利用され、高い評価を得ている。ただ、近年は開発により、年々劇的に死海の水位が下がっているという。

136

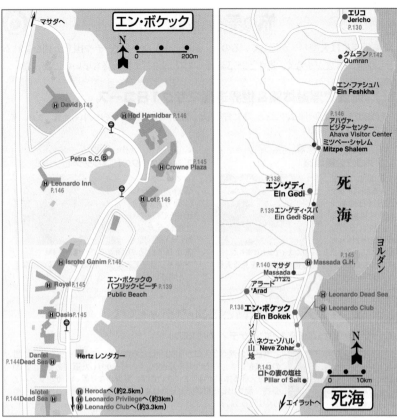

エン・ボケック

N
0 ─── 200m

マサダへ

H David P.145
H Hod Hamidbar P.146
Petra S.C. S
H Crowne Plaza P.145
H Leonardo Inn P.146
H Lot P.146
H Isrotel Ganim P.145
H Royal P.145
エン・ボケックの
パブリック・ビーチ P.139
Public Beach
H Oasis P.145
Daniel P.144 Dead Sea
Hertz レンタカー
Islotel P.144 Dead Sea H
H Herodsへ(約2.5km)
H Leonardo Privilegeへ(約3km)
H Leonardo Clubへ(約3.3km)

死海

エリコ Jericho P.130
クムラン Qumran P.142
エン・ファシュハ Ein Feshkha
P.146 アハヴァ・ビジターセンター Ahava Visitor Center
ミツペー・シャレム Mitzpe Shalem
P.138 エン・ゲディ Ein Gedi
P.139 エン・ゲディ・スパ Ein Gedi Spa
死海
ヨルダン
P.140 マサダ Massada H Massada G.H. P.145
アラード 'Arad
H Leonardo Dead Sea
H Leonardo Club
P.138 エン・ボケック Ein Bokek
ソドム山地 ネウェ・ゾハル Neve Zohar
P.143 ロトの妻の塩柱 Pillar of Salt

N
0 ─── 10km

エイラットへ

死海地方

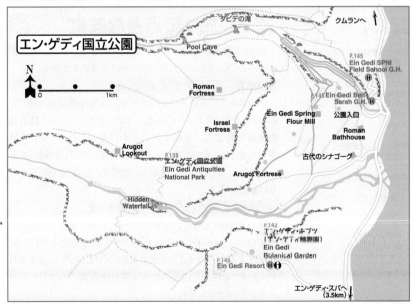

エン・ゲディ国立公園

N
0 ─── 1km

ダビデの滝
クムランへ
Pool Cave
P.145 Ein Gedi SPNI Field School G.H.
Roman Fortress
P.145 Ein Gedi Beit Sarah G.H. H
Ein Gedi Spring
Flour Mill
公園入口
Israel Fortress
Roman Bathhouse
Arugot Lookout
古代のシナゴーグ
P.139 エン・ゲディ国立公園 Ein Gedi Antiquities National Park
Arugot Fortress
Hidden Waterfall
P.142 エン・ゲディ・キブツ (エン・ゲディ植物園) Ein Gedi Botanical Garden
P.145 Ein Gedi Resort H
エン・ゲディ・スパへ (3.5km)

137

死海沿岸には大型バスが通っているので、途中下車しながらビーチや国立公園を訪れることも可能。本数が少なく、逃すと2〜3時間のロスになり、また最終も早いので要注意。

1日 死海で浮遊体験＆世界遺産マサダ1日コース

その日のうちにエルサレムやエイラットに行く人は、最終バスの時間にはくれぐれも注意。また、充分な水を持っていくこと。

午前	午後

マサダ国立公園 P.140

ロープウエイで登れば楽ちん

訪問する季節によるが、マサダ要塞は日陰も少なく、気温も高い。訪れるのなら午前中がいい。麓にはユース・ホステルもあるので、光と音のショーを見る人はこちらで一泊しよう。

エン・ボケックのパブリック・ビーチ P.139

死海のビーチで浮遊体験

マサダからエイラット方面のバスに乗り約20分。ビーチでのんびりと水に浮かぶのもいいが、泥も置かれているので全身に塗ってみよう。お肌もスベスベになること間違いなし。

半日 エン・ゲディ国立公園とエン・ゲディ・スパ

エン・ゲディ国立公園 P.139 → エン・ゲディ・スパ P.139

ダビデの滝で水遊び

ダビデの滝へは入口から30分ほどの道のり。エン・ゲディ国立公園の入口を過ぎ、岩山の間を登っていく。しっかりした道があるが、日差しをさえぎる木陰がまったくないので、夏はかなり暑い。サングラスは必携、肩を出した服装だと日焼けをしてしまう。休憩をはさみながらゆっくり登ろう。

■エン・ゲディの❶
Map P.137下
エン・ゲディ・リゾートの門を入ってすぐ。植物園のチケット売り場を兼ねる。
✉Ein Gedi Resort
☎(08)6594726
URLwww.ein-gedi.co.il
⏰8:00〜16:00
　（金8:00〜14:00)
休無休

■Hertz（レンタカー）
Map P.137左上
☎(08)9772444
URLwww.hertz.com
⏰8:30〜17:00
　（金・祝の前日〜14:00)　休土

旅の起点となる町

宿泊施設がある沿岸の町は**エン・ボケック**と**エン・ゲディ**のふたつ。また、マサダにはユースホステルがある。

起点の町　エン・ゲディ Ein Gedi

ユースホステルやキブツのホテル、自然保護協会（SPNI）のフィールド・スクールがある。エン・ゲディへのバスは各施設の前で停まる。運転手に声をかけないとそのまま行き過ぎてしまうこともあるので、自分が停まってほしい場所をあらかじめ言っておいたほうがよいだろう。各施設の間はかなりの距離がある。

起点の町　エン・ボケック Ein Bokek

スパ施設が充実し、プライベート・ビーチをもつ高級ホテルが多い。バスはそれぞれのホテルの前で停まってくれる。南にはずれたヘロッズ、レオナルド・プリビレッジ、レオナルド・クラブを除き、ほかのホテル間や売店間、パブリック・ビーチなどへは歩いて行ける。

死海地方の見どころ

憧れの浮遊体験
🏖 死海のビーチ

חוף ים המלח ホーフ・オム・ハ・メラフ	Dead Sea Beaches デッド・シー・ビーチズ

　死海のビーチで旅行者が利用しやすいのが、エン・ボケックのパブリックビーチ。

エン・ゲディ・スパ　専用ビーチがあり、泥が置かれている。その他、療養プールやマッサージルーム、プールもあり、施設はさすがの充実ぶり。泥んこになっては湖に入り、温泉に浸かってはプールで泳ぐ、と観光客も大忙し。

エン・ボケックのパブリックビーチ　2018年4月現在、パ

日よけも近年設置された

ブリックビーチの施設は改良工事が進められており、以前にはなかったトイレや更衣室などが設置された。周囲にはレストランやショップも多い。ただし、荷物用のロッカーはないので、荷物の管理には気をつけよう。エン・ボケックでは敷地内に専用ビーチがあるホテルも多いので、宿泊者は利用する機会はないかもしれない。

死海のほとりに緑があふれる
⛵ エン・ゲディ国立公園

גן לאומי עין-גדי ガン・レウミ・エン・ゲディ	Ein Gedi Antiquities National Park エン・ゲディ・アンティクイティズ・ナショナル・パーク

ダビデの滝

　古来オアシスの町として有名であり、ダビデがサウルの手を逃れて身を隠した場所として詳しく記されている(サムエル記上24章)。ここにあるダビデの滝の水が流れ落ちる様子が、岩を跳んで歩くヤギの姿に似ていることから、仔ヤギの泉＝エン・ゲディという名が付けられた。紀元前3300年頃の聖所跡が見つかるなど、見事な滝とその下の泉は周りの土を豊かにし、古代は栄えた町だった。またアルゴット川近くのテル・ゴレンの遺跡では、紀元前7世紀のバルサムの香料生産地跡も見つかっている。

　国立公園の中には、滝や泉が多く、ハイキングにもうってつけ。なかでも美しいモザイクの床をもった古代のシナゴーグはぜひ訪ねてみたいところだ。

■エン・ゲディ・スパ
Map P.137右上
エン・ゲディ・リゾート(→P.145)から無料送迎がある
☎(08)6594813
URL en.eingediseaofspa.co.il
🕐夏期
　8:00～18:00 (金～17:00)
　冬期
　8:30～17:00 (金～16:30)
🚫ヨーム・キプール前日、
　ヨーム・キプール
💰96NIS

エン・ゲディ・スパには泥がある

■エン・ボケックのパブリックビーチ
Map P.137右上
🕐夏期　8:00～17:30
　冬期　8:00～16:00
💰入場無料

■エン・ゲディ国立公園
Map P.137下
☎(08)6584285
🕐夏期　8:00～17:00
　　(金・祝の前日～16:00)
　冬期　8:00～16:00
　　(金・祝の前日～15:00)
💰29NIS　学生25NIS
●古代のシナゴーグ
💰15NIS　学生13NIS

木の葉を食むガゼル

●死海地方

139

ユダヤ民族結束の象徴

マサダ国立公園

天然の要塞 死海のほとり、一面赤茶けた丘陵のワディ（涸れ川）の間をバスで走ると、突如として大きな岩山が現れる。高い山のてっぺんをスパッと切ったような菱形の大地は、まさに自然の要塞。高さ400mの山頂に広がる、これがマサダの遺跡だ。マサダとは、アラム語でまさに要塞という意味を表している。

マサダは紀元前100年頃に、大祭司イェホナターン（ハスモン朝第7代王アレキサンドロ

ス・ヤンナイオスではないかとも）が、この地形を利用して造った要塞。その後ヘロデ王が元の建物を補強増築し、豪華な冬の宮殿を建てた。

巨大な貯水槽、食糧庫、サウナ設備、西の宮殿、山の北面にぶら下がるようにして建てられた北の宮殿などは当時の建物跡。残されたモザイクや壁画が色彩豊かに当時の栄華を語りかける。

ユダヤ戦争と決死の籠城戦

70年、ローマ軍はエルサレム攻撃を開始し、4ヵ月後の9月26日には全市がローマの手中に落ちた。ティトス将軍がローマに凱旋したときの様子が、エルサレムから持ち去ったメノラーとパンの卓のレリーフとともに、今でもローマのティトス凱旋門に残っている。この時をもって、事実上のユダヤ戦争は終わり、ユダヤ人の2000年近くにわたる離散の歴史が始まることになる。

このユダヤ戦争で、エリエゼル・ベン・ヤイールに率いられた967人の熱心党員は最後まで戦い続け、彼らが立てこもった所がマサダである。この要塞を取り囲んだローマ軍の兵士の数は1万人といわれるが、抵抗は2年以上も続いた。そして異教徒に捕虜の辱めを受けることをよしとしなかった抵抗者は7人の女子供を除き、全員自決してしまう。

この歴史的事件は、大切な歴史書ともいえるヨセフスの『ユダヤ戦記』に詳しく記されている。マサダを発掘するきっかけとなったのもこの本の記述によるところが大きい。ユダヤ人は全滅を再び繰り返さないという決意をもって「ノー・モア・マサダ」というスローガンを語り継いできたのだ。現在はここで、イスラエル軍の入隊宣誓式が行われ、式の最後は「マサダは2度と陥落させない」という言葉で締めくくられるのも興味深い。

西の宮殿
The Western Palace

おもにヘロデ王の来賓客用に使用していた宮殿。かつては緻密なモザイクが施された豪華な建物だった。

DATA

マサダ国立公園 Map P.137右上

Massada National Park マサダ・ナショナルパーク

גן לאומי מצדה ガン・レウミ・マツァダ

エルサレムのセントラルバスステーションからエン・ゲディ経由エイラット行きのバスが停車する。クムランからエン・ゲディはエイラット行き、エン・ボケックからはエルサレム行きに乗る。マサダの頂上へは、ロープウエイと登山道を上る徒歩の2種類の行き方がある。登山道は上りに1時間〜1時間30分、下りに30〜40分かかる。

TEL(08)6584207　URLen.parks.org.il
夏期　8:00〜17:00（金・祝の前日〜16:00）
冬期　8:00〜16:00（金・祝の前日〜15:00）　無休
28NIS　学生24NIS　ロープウエイ片道28NIS　往復47NIS　博物館20NIS

大浴場
The Large Bathhouse

建物内には小さな柱がいくつも残っているが、これは古代ローマのセントラル・ヒーリング・システムであるハイポコーストの名残。柱の上に床を置き、蒸気で浴室全体を温めるという仕組みだった。

音と光のショー

マサダの西側に設置された野外劇場では、夏期に音&光のショーが開催される。開催日時については要確認のこと。

TEL(08) 9959333
営 不定期
料 45NIS
（英仏独語などオーディオガイドあり）

北の宮殿
The Northern Palace

宮殿の中心部分であり、ヘロデ王の私邸であった場所。斜面に沿ってテラスが3つ造られている。上部のテラス周辺がヘロデ王の住まいで、下部の2つのテラス周辺がヘロデ王が客をもてなすために部屋だったとされている。要塞内でも最も眺めがよい場所で死海が一望できる。

蛇門
The Snake Path Gate

ここが麓からのロープウエイが到着する場所。門から続く遊歩道はビジターセンターへと繋がっている

ビジターセンター
Visitor Center

チケット売り場でもあり、マサダ要塞の模型や発掘品を展示した博物館などがある

サイドバー（左列）

■エン・ゲディ植物園
⊠Ein Gedi Resort
URLwww.ein-gedi.co.il
圖8:30～16:00（金～14:00)
困無休 圏20NIS
キブツに併設されたエンゲディ・リゾートの宿泊者は入場無料。宿泊者以外は、エン・ゲディ・キブツの門を入ってすぐの所にある❶でチケットを購入する。チケット購入の際にもらえるキブツの地図には、おすすめの順路や、どこでどのような植物が見られるかが記されている。

■クムラン
🚌エルサレムのセントラルバスステーション発No.486、487
TEL(02)9942235
URLen.parks.org.il
圖夏期8:00～17:00
　（金・祝の前日～16:00)
　冬期8:00～16:00
　（金・祝の前日～15:00)
困無休 圏29NIS 学生25NIS

教団は水を神聖視していたという

メインコンテンツ

死海のほとりに緑があふれる
⛵ エン・ゲディ植物園　Map P.137下

הגן הבוטני עין גדי
ハ・ガン・ハ・ボタニ・エイン・ゲディ

Ein Gedi Botanical Garden
エン・ゲディ・ボタニカル・ガーデン

　エン・ゲディ・キブツ内にあるエン・ゲディ植物園は、世界中から集められた約1000種類の植物が植えられており、特に熱帯地方や沙漠地方の植物が充実している。また、聖書の舞台にもなっ

キブツ全体が植物園となっており、さまざまな植物が植えられている

ているエン・ゲディらしく、聖書に登場する植物類も多数植えられている。数々の受賞歴もあり、世界的にも知名度が高い植物園だ。

死海写本が見つかった
🏛 クムラン　Map P.137右上

קומראן
クムラーン

Qumran
クムラン

　死海の西北部の岸から約1km。クムランに人が住みはじめたのは紀元前8世紀頃だといわれている。紀元前2世紀の終わりには、クムラン教団（エッセネ派）と呼ばれるユダヤ教徒の一派が共同生活を始めた。彼らは禁欲的な宗教団体で、ユダヤ教の伝統や習慣を重んじた修道的生活をしていたという。

　この遺跡を有名にしたのは1947年に発見された『死海写本』。現在この巻物はエルサレムのイスラエル博物館にある死海写本館（→P.88）に展示されており、遺跡入口の博物館では発見当時の様子を再現している。

　博物館では、まず最初に7分ほどの映画を見て、次に展示を見ていくようになっている。展示では、発掘物のほかに、遺跡にある施設を復元したものなども置いてあり、教団での生活がよくわかるように工夫されている。

クムラン

プール
倉庫
貯水池
塔
厨房
写字室
貯水池
厨房
食物倉庫
陶器工房
N
0　　　　　20m

　人々は人里離れたこの地で、禁欲生活を送った

自然の生み出した芸術品
ロトの妻の塩柱

ネツィーブ・ハ・メラハ

Pillar of Salt
ピラー・オブ・ソルト

■ロトの妻の塩柱
🚌エン・ボケックから国道90号線をエイラット方向へ車で南下すると右側に見える。所要約10分。ソドム山地にある。このあたりをトレッキングするなら、必ずガイドを付けること。

エン・ボケックから南へ進むと、岩塩でできたソドム山がある。この山の中腹にある塩柱は、民族衣装を身に着けた女性の姿に見えることから、創世記の話になぞらえこのような名で呼ばれている。主の意向を受け、ソドムの町を滅ぼそうとやってきた神の御使いふたりを、ロトという人物がかくまった。ロトを憐れんだ主が、ロトの家族だけは助けようと「命がけで逃れよ。後ろを振り返ってはいけない」とロトに告げ、家族は逃れることとなった。しかし、途中で滅ぼされた町を振り返ってしまったロトの妻は塩の柱になってしまった（創世記19章）。その柱がこの塩柱といわれている。また、このときソドムとともに滅ぼされたゴモラの町は、場所が特定されておらず、死海に沈んだとも伝えられている。ソドムの山ではほかにも、マーロット・アルボタイム（＝煙突の穴）と呼ばれる大きな岩塩の穴を見ることができる。

ロトの妻の塩柱

●死海地方

Information
死海写本の発見とクムラン教団

クムランがその名を世界にとどろかせたのは、何といっても『死海写本』の発見による。1947年、近くを歩いていたベドウィンの少年が、クムランの洞穴で土器に入った巻物を発見。壺に納められた600を超えるその巻物には、イザヤ書全巻や詩編を含む旧約聖書や創世記外典などの外典文書、ユダヤ経典のテキストなどが記されていた。古ヘブライ語とギリシア語、アラム語で書かれた写本は、それまで最も古いとされていた写本よりさらに1000年も昔の、紀元前2世紀のものと考えられ、20世紀最大の考古学的発見と、世界の聖書学会にセンセーションを巻き起こした。

『死海写本』発見の様子が再現された部屋

この世紀の大発見で、クムランは遺跡として整備された。また、写本と同時に発見された教団規約などにより、エッセネ派の人々が自給自足の生活をしながら、共有財産制により統率されていたことも判明している。彼らの生活との共通点から、イエスの洗礼者ヨハネもこの教団と何らかの関わりがあったとみる説もある。

死海側に残っている遺跡は集会所というべきもので、普段は周りの山にある洞穴で暮らしていたらしい。最盛期の紀元前130年頃には数100人いた人々も、ローマ軍とのユダヤ戦争（紀元後70年頃）の時代に滅び、逃亡のために隠された巻物だけが日の目を見るその日まで残された。

クムランの博物館では当時の暮らしを解説している

HOTEL
ホテル

高級ホテルが建ち並ぶエン・ボケックはイスラエル有数のリゾートエリア。ほとんどのホテルはスパを併設しており、死海泥パックをはじめ、各種トリートメントを受けられる。エン・ボケック以外のエリアはユースホステルが多く、スパを併設したホテルはない。

PICK UP HOTEL

死海スパを楽しむのならここ！
ダニエル・デッド・シー
Daniel Dead Sea

高級
300室
Map P.137左上
エン・ボケック

エン・ボケックの中でも1、2を争う高級スパ・ホテル。充実したスパ施設を誇る。

客室 デザイン性が高い客室が特徴的。客室内にはセラミックタイルが施されており、夏でも過ごしやすいように工夫されている。
館内設備 スポーツジム、トルコ式サウナ、フィンランド式サウナ、ジャクージを備え、プールも死海の水、冷水、温水がある。ビール好きにはスコティッシュ・パブもおすすめ。
スパ シゼン・スパShizen Spaでは、死海泥パックをはじめとするう各種トリートメントも行っている。

広大なスイミングプールが自慢

📶 Wi-Fi
全室 全室 全室 全室 全館無料
✉ Ein Bokek
URL www.tamareshotels.com
TEL(08)6689999　FAX(08)6689900
S AC 237US$〜
W AC 262US$〜
US$ € JPY NIS CC ADMV

ファブリックの柄も可愛らしい

PICK UP HOTEL

真っ白な外観が青空に映える
イスロテル・デッド・シー
Isrotel Dead Sea Spa & Resort

高級
296室
Map P.137左上
エン・ボケック

イスラエルを代表するホテル・グループのイスロテルが経営するスパ施設が充実したホテル。

客室 白を基調としたシンプルなデザインだが設備は充実。客室のタイプが多く、スタジオ・ルームを選択すると料金は少し上がるがスペースも広がる。すべての客室にはバルコニーが設置されている。
館内設備 メインレストランであるゼル・ハザハヴZer Hazahavのほか、プールサイドに軽食を出すレストランがある。
スパ 自慢のエスプリ・スパEsprit Spaはプール、サウナ、マッサージなどを複数備えたスパ施設。

エスプリ・スパ内のジャクージ

📶 Wi-Fi
一部 全室 全室 全室 全室 全館無料
✉ Ein Bokek
URL www.isrotel.com
TEL(08)6689666
FAX(08)6520303
S W AC 144US$〜
US$ € NIS CC ADMV

客室はスタイリッシュなデザイン

マサダG.H.
Massada Guest House

国際ユース 89室
Map P.137右上
マサダ

歴史あるユースホステルだが、改装を重ねているからか、設備はそう古い感じはしない。夏期は要予約。

⊠Massada, D.N. Yam Hamelah
URL www.iyha.org.il
TEL(02)5945622
Ⓓ AC 🚿📶 🍴🖥145NIS
Ⓢ AC 🚿📶 🍴🖥342NIS
Ⓦ AC 🚿📶 🍴🖥453NIS
💳US$ € NIS 🆑 Ⓐ Ⓓ Ⓜ Ⓥ

エン・ゲディ・ベト・サラG.H.
Ein Gedi Beit Sarah Guest House

国際ユース 66室
Map P.137下
エン・ゲディ

死海周辺の風景が目に入るロケーション。レストランが併設されているので、夕食もここでとることができる。

⊠Ein Gedi, "Beit Sarah", D.N. Dead Sea
URL www.iyha.org.il
TEL(02)5945600
Ⓓ AC 🚿📶 🍴🖥132NIS～
Ⓢ AC 🚿📶 🍴🖥321NIS～
Ⓦ AC 🚿📶 🍴🖥410NIS～
💳US$ € NIS 🆑 Ⓐ Ⓓ Ⓜ Ⓥ

デーヴィッド
David Dead Sea

高級 370室
Map P.137右上
エン・ボケック

建物の内外に樹木があしらわれ、リゾートムードにあふれている。スパ施設は2種類ある。

⊠Ein Bokek
URL www.david-deadsea.com
TEL(08)6591234
FAX(03)5468067
Ⓢ Ⓦ AC 🚿📶 🍴🖥153US$～
💳US$ € NIS
🆑 Ⓐ Ⓓ Ⓜ Ⓥ

ロイヤル
Royal Dead Sea Hotel

高級 400室
Map P.137左上
エン・ボケック

エン・ボケックでも規模の大きなホテルのひとつ。併設のスパは死海地方最大級。

⊠Ein Bokek
URL royal deadseahotel.co.il
TEL(08)6688555
FAX(08)6688525
Ⓢ AC 🚿📶 🍴🖥161US$～
Ⓦ AC 🚿📶 🍴🖥189US$～
💳US$ € NIS 🆑 Ⓐ Ⓓ Ⓜ Ⓥ

エン・ゲディ・リゾート
Ein Gedi Resort

高級 166室
Map P.137下
エン・ゲディ

エン・ゲディ・キブツが経営しており、荒々しい山並みをバックに、連棟式のコテージが建ち並ぶ。

⊠Kibbutz Ein Gedi
URL www.ein-gedi.co.il
TEL(08)6594222
FAX(08)6520152
Ⓢ AC 🚿📶 🍴🖥192US$～
Ⓦ AC 🚿📶 🍴🖥220US$～
💳US$ € NIS 🆑 Ⓐ Ⓓ Ⓜ Ⓥ

エン・ゲディ SPNIフィールド・スクール
Ein Gedi SPNI Field School

経済的 ベッド数200
Map P.137下
エン・ゲディ

イスラエル自然保護協会が経営する宿泊施設。敷地内には博物館もある。自然を楽しみたい人におすすめ。

⊠Ein Gedi
URL www.natureisrael.org/aspni
TEL(08)6584288
Ⓓ AC 🚿📶 🍴🖥132NIS
Ⓢ Ⓦ AC 🚿📶 🍴🖥377NIS～
💳US$ € NIS
🆑 Ⓐ Ⓓ Ⓜ Ⓥ

クラウン・プラザ
Crowne Plaza Hotel Resort Dead Sea

高級 314室
Map P.137左上
エン・ボケック

充実した設備が自慢の高級ホテル。併設のスパは死海の水のプールとふたつのジャクージをもつ。

⊠Ein Bokek
URL www.ihg.com
TEL(08)6591919
FAX(08)6591911
Ⓢ Ⓦ AC 🚿📶 🍴🖥126US$～
💳US$ € NIS
🆑 Ⓐ Ⓓ Ⓜ Ⓥ

オアシス
Oasis Dead Sea

高級 135室
Map P.137左上
エン・ボケック

併設するスパはモロッコ風の装飾が特徴的。敷地内にはスパ・クラブという同系列のホテルがある。

⊠Ein Bokek
URL www.prima.co.il
TEL(08)6000000
FAX(03)6584503
Ⓢ Ⓦ AC 🚿📶 🍴🖥134US$～
Ⓦ AC 🚿📶 🍴🖥143US$～
💳US$ € NIS 🆑 Ⓐ Ⓓ Ⓜ Ⓥ

ホド・ハミドバル
Hod Hamidbar Hotel
高級　213室
Map P.137左上
エン・ボケック

ホテルは死海に面しており、客室棟のすぐ裏がプライベートビーチ。日没時にテラスから眺める死海がすばらしい。

✉Ein Bokek
URL www.hodhotel.co.il
TEL (08)6688222
FAX (08)6584606
⑤ AC 216US$〜
W AC 240US$〜
US$ € NIS CC A D M V

ロト
Lot Spa Hotel
高級　200室
Map P.137左上
エン・ボケック

全体的に落ち着いた雰囲気があるホテルで、客室は全室バルコニー付き。2018年中に新館オープン予定。

✉Ein Bokek
URL www.lothotel.co.il
TEL (08)6689200
FAX (08)6584623
⑤ AC 120US$〜
W AC 133US$〜
US$ € NIS CC A D M V

イスロテル・ガニム
Isrotel Ganim
高級　203室
Map P.137左上
エン・ボケック

全室死海ビューの4つ星ホテル。スパにはふたつのプールを備えている。

✉Ein Bokek
URL www.isrotel.com
TEL (08)6689090
FAX (08)6584383
⑤ AC 128US$〜
W AC 139US$〜
US$ € NIS CC A D M V

レオナルド・イン
Leonard Inn
中級　96室
Map P.137左上
エン・ボケック

エン・ボケックのホテルとしては例外的にスパを備えていないが、レオナルド・クラブのスパを無料で利用できる。

✉Ein Bokek
URL www.leonardo-hotels.com
TEL (08)6684666
FAX (08)6684666
⑤ AC 132US$〜
W AC 148US$〜
US$ € NIS CC A D M V

RESTAURANT レストラン

レストランはエン・ボケックに集中しているが、数はそれほど多くない。エン・ゲディやマサダに滞在している場合、食事は滞在ホテルで取るのが一般的。リゾートホテルは朝食・夕食付きのハーフボード、3食付きのフルボードの料金プランも用意されている。

Information
アハヴァ・ビジターセンター

イスラエルのおみやげで人気なのが死海のエステグッズ。なかでも、死海の泥を使った製品で世界的に有名なのがアハヴァ社だ。ここでは製品が造られる行程を、ガラス越しに見学することができる。直売店も兼ねており、ほかでは手に入りにくい品もたくさん扱っている。スタッフに頼めば、アハヴァを紹介する日本語のビデオを見ることができる。エン・ボケックやマサダにも店舗がある。

■アハヴァ・ビジターセンター
Map P.137右上
🚕エン・ボケックからタクシーで往復400NISほど。
🚌 No.421などでミツベー・シャレム下車。幹線道路から徒歩約15分。
✉Kibbutz Mitzpe Shalem
TEL (02)9945123
URL www.ahava.co.il
⊙8:00〜17:00（金〜16:00）
⊛無休（金・土は工場の作業は休み）　⊕無料

豊富な品揃えの直売店

工場に併設されたビジターセンター

ネゲヴ沙漠

ネゲヴ　　　　　　　　　　　ハ・ネゲヴ
Negev　　　　　　　　　　הנגב

エルサレム●

ネゲヴ砂漠

市外局番　08

標高　860m
（ミツペー・ラモーン）

Maps
ネゲヴ沙漠　P.148
ベエル・シェヴァ　P.150
ミツペー・ラモーン中心部
P.151下
ハンガル地区　P.151上

●死海地方／ネゲヴ沙漠

高台に築かれた町ミツペ・ラモーン。周囲には絶景が広がる

　ネゲヴ沙漠の夏は暑い。暑いというよりも熱いという感じさえする。ガリラヤ湖周辺のやさしい感じがする自然とは対照的な風景がそこには広がっている。ある場所では白く、ある場所では赤い褐色、またある場所では黒、と色は変わっても、あるのはひたすらざらざらした砂や、ごつごつした岩の世界だ。

　しかし、この美しさは何だろう。巨大な断層がくっきりとした陰影を作る。覆いがないぶん、山や谷がよりストレートにこちらに迫ってくる。単純な色使いなのに、いや、だからこそ自然の造形のすばらしさがここにはある。

　ハムシーンといわれる沙漠からの熱風がこの地方を覆うときは、空は昼間でも銀色になる。小さい竜巻もよく起こり、黒い渦を巻いた砂煙が一条の線となって舞い上がるのが遠くに見えることもある。だが、冬は雨も降る。1年ぶりの雨が降った次の日、昨日まで荒野だった地にいっせいに草が芽を出し、たった1日で緑の絨毯を敷き詰めたようになるのを見て、感動しない人はいないだろう。

　あまりに厳しい自然が、わずかなベドウィンを除いて人が住むことを許さなかった。しかし、それゆえに、ほとんど手付かずの自然の美しさを堪能できるのがここなのだ。

大自然を満喫しよう

世界遺産

ネゲヴにある香料街道の沙漠都市
Incense Route-Desert Cities in the Negev
2005年登録
アヴダット国立公園→P.157
シヴタ国立公園→P.158
マムシト国立公園→P.158

メギッド、ハツォル、ベエル・シェヴァにある聖書時代の遺跡丘
Biblical Tels-Megiddo, Hatzor, Beer Sheba
2005年登録
テル・ベエル・シェヴァ→P.152

■ネゲヴへの行き方
🚌起点となる町はベエル・シェヴァとミツペー・ラモーン
■ベエル・シェヴァへの行き方
●エルサレムから
🚌No.446→P.303⑧、
No.470→P.303⑨
●テルアビブから
🚃運行：1時間に2～4便程度
所要：1時間30分～2時間
運賃：27NIS
🚌No.770→P.304㉛
■ミツペー・ラモーンへの行き方
●ベエル・シェヴァから
No.64→P.305㊻、
No.65→P.305㊾
●エイラットから
🚌No.392→P.303㉗

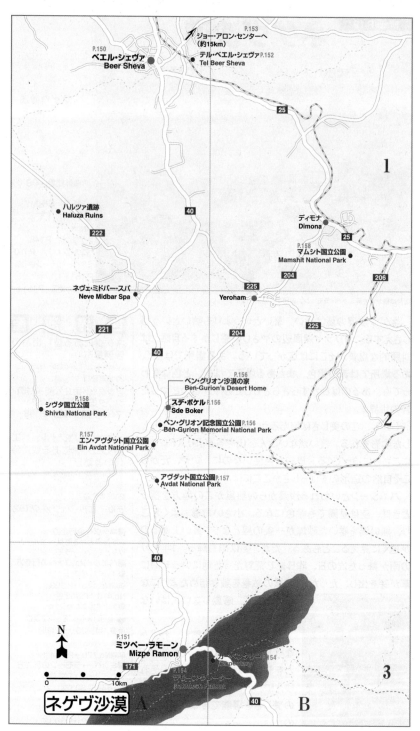

ネゲヴ沙漠

旅のモデルルート

ネゲヴ沙漠の見どころは、バスが通る国道40号線から20〜30分歩いた所にある。バスの便数はあまり多くはないので、事前に時刻表をチェックしておいたほうが無難だ。ベエル・シェヴァやミツペー・ラモーンの町中には見どころは少ない。

1日 ネゲヴ沙漠の史跡をバスで巡る1日コース

メトロポリン社のNo.64、65のバスを駆使して巡る1日コース。時刻表を必ず手に入れておこう。

午前
ミツペー・ラモーン→ベン・グリオンの墓 P.156 **→エン・アヴダッド国立公園** P.157

　ミツペー・ラモーンからスデ・ボケルにある大学の門で下車。ベン・グリオンの墓を見学したら同じ道を戻り、今度はふた股の右の道に入るとエン・アヴダッド国立公園へ。

午後
ミツペー・ラモーン→ラモーン・ビジターセンター P.156

　トレッキングを1〜2時間楽しんだら、再びバスNo.64、65でミツペー・ラモーンへ行き、日が暮れるまでにラモーン・ビジターセンターへ。その後はネゲヴに沈む太陽をじっくり眺めよう。

エン・アヴダット国立公園

ラモーン・ビジター・センター

ラモーン・クレーターに沈む夕日

●ネゲヴ沙漠

半日 ベエル・シェヴァ半日ハイライトコース

ベドウィンの市場

テル・ベエル・シェヴァ P.152 **→ネゲヴ美術館** P.153

　もし木曜日なら、テル・ベエル・シェヴァに行く前に、ベドウィンの市場に寄って行こう。朝早くから店を開いている。市内からタクシーでテル・ベエル・シェヴァへ行く。その後はいったん市内へ戻り、K.K.L.通りの途中のカフェでひと休みしよう。ネゲヴ美術館とハ・ジャーマを見たら、庭園で休憩。全部で4〜5時間のコース。

Information
夜明けのミツペー・ラモーン

　ミツペー・ラモーンでは日の出の時間帯に大量の霧が、クレーターへと降りてゆく自然現象が見られることがある。その美しさから、日本のテレビ番組でも紹介された。ただし、この現象が見られるのは年間わずか30日ほど。比較的多く発生するのは春と秋で、夏は稀、冬は絶望的とのこと。見られる可能性は春、秋でも高くはないが、早起きしてトライしてみる価値はあるだろう。ビューポイントはラモーン・ビジターセンタ横がおすすめ。

ミツペー・ラモーンの町並み

■ベエル・シェヴァの❶
Map P.150A
⊠1 Hebron Rd.
☎(08)6234613
⊕8:30～17:00
（金9:00～13:00）
休土
※アブラハムの井戸のチケット売
り場で観光案内を行っている

旅の起点となる町

ネゲヴ観光のポイントとなる町は、**ベエル・シェヴァ**か**ミツペー・ラモーン**。これらはいずれも国道40号線沿いにあり、見どころもほとんどがこの通りの周辺に散在している。

起点の町　ベエル・シェヴァ Beer Sheva

ベエル・シェヴァの歴史は古く、アブラハム、イサク、ヤコブのユダヤ民族の父祖たちが3代にわたって住んだことが旧約聖書に記されている。

歩き方　小さな町だから町の様子はすぐ把握できる。繁華街はヘルツル通りHerzl St.とこの通りから左右に延びるハ・アツマウート通りHa Atzmaut St.とケレン・カイエメット・レ・イスラエル通りKeren Keyemet LeIsrael（K.K.L.）St.のあたり。

多くの人でにぎわうK.K.L通り

この地区はオスマン朝時代末期に造られた地区で、その時代の建物が残る。

交通ターミナル　バスは町の中心近くにあるセントラルバスステーションに停車する。鉄道駅はバスステーションの隣にある。市内バスターミナルはその間にある。❶や町なかの見どころへは徒歩で行ける。

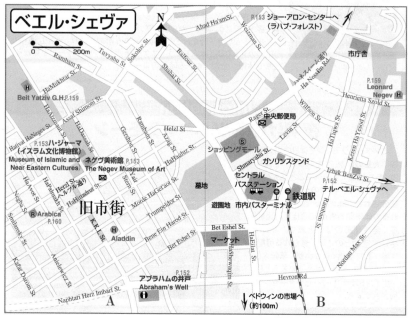

ベエル・シェヴァ

起点の町　ミツペー・ラモーン Mitzpe Ramon

　ネゲヴの高台にミツペー・ラモーンの町ができたのが、今から60年ほど前のこと。今なお町を拓いた第一世代がここに住んでいる。小さな町だが、雄大なネゲヴ沙漠の景色を心ゆくまで楽しめ、エン・アヴダット、スデ・ボケル、ベン・グリオン記念公園など、沙漠に点在する見どころへの起点ともなる町だ。近年はリゾート・ホテルなども建設され、観光地として開発も進む。

歩き方　町の中心はスデロット・ベングリオン通りSederot Ben Gurion St.沿いで、郵便局やスーパー・マーケット、ガソリン・スタンドなどはこの通りに集まる。町の北部にあるハンガル地区はかつては倉庫街だったが現在は改装され、おしゃれなレストランやショップが並んでいる。

ハンガル地区

ミツペー・ラモーン中心部

●ネゲヴ沙漠

151

展望台からは遺跡全体が見渡せる

周辺エリアの交通

　ネゲヴ沙漠の大動脈ともいえる国道40号線を走るバスが
メトロポリン社MetropolineのNo.64と65。ベエル・シェヴァ
とミッペー・ラモーンを結び、スデ・ボケルや郊外の遺跡は
国道40号線沿いに点在する。

現地発着ツアー

　限られた時間の中で効率よく回るには、タクシーをチャー
ターするか、旅行会社で4WDツアーを申し込むのがよい。
特にミッペー・ラモーンでは4WDによるツアーやハイキングや
ロープによる崖下り、乗馬など、さまざまなアクティビティ・プ
ログラムが用意されている。

ネゲヴ沙漠の見どころ

戦いをなくすことを誓った

🏛 アブラハムの井戸

ベエル・シェヴァ
市内
Map P.150A

בא〇ר-אברהם
ベエル・アヴラハム

Abraham's Well
エイブラハムズ・ウェル

　ここはアブラハムと、この
地に住んでいたゲラル王ア
ビメレクが不戦条約を誓い、
その証拠にアブラハムが掘
った井戸だといわれている。
ベエル・シェヴァ (誓いの井
戸) という名はこの話に由来
する(創世記21:22～31)。現

井戸の周りは壁で囲まれている
在の建物はビザンツ時代に造られたもの。近郊のテル・ベエ
ル・シェヴァにもアブラハムの井戸といわれているところがあ
るが、本当の場所はわかっていない。

古代の遺物が積み重なった丘

🏛 テル・ベエル・シェヴァ

ベエル・シェヴァ
郊外
Map P.148A1

תל באר-שבע
テル・ベエル・シェヴァ

Tel Beer Sheva
テル・ベエル・シェヴァ

　町から7kmほど離れた所にある遺跡。ここには紀元前
4000年頃から人が生活してきたことがわかっている。現在
地表に現れている遺跡はおもに紀元前10～前7世紀のもの
で、旧約聖書の時代に重なる。当時のこの地は、ソロモン
王の死後イスラエル王国から分離したユダ王国 (前930 ?～
前586年) の領土で、テル・ベエル・シェヴァはユダ王国の重
要な町のひとつであったと考えられている。2005年にはメギ

ッド、ハツォルとともに、聖書の丘として世界遺産にも登録された。

　町は城壁に囲まれており、宮殿、住宅地、貯蔵庫などがある。チケットを買うと、遺跡の見取り図が入ったパンフレットをもらえるので、順路に従って見学するとよい。敷地内中央にある展望台Observation Towerに上ると遺跡の全体像がよくわかる。遺跡の南西部には大がかりな水道施設跡が残っており、見ごたえがある。水道施設は、町が包囲されたときのことを想定して造られており、深さ17mの縦穴の下に、700m³の水が蓄えられる貯水槽が造られている。

貯蔵庫跡からは数多くの壺などが発掘された

くつろげる公園を目の前にした

🏛 **ネゲヴ美術館**

ベエル・シェヴァ 市内
Map P.150A

מוזיאון הנגב לאומנות
ムゼオン・ハ・ネゲヴ・レ・オマヌート
The Negev Museum of Art
ザ・ネゲヴ・ミュージアム・オブ・アート

20世紀初頭のオスマン朝建築に、現代建築を増築している

　ネゲヴ美術館は、1906年に建てられたオスマン朝時代末期の建物。市庁舎としてイスラエル建国後も長い間使われてきた。その後美術館となり、現在ではおもに地元の芸術家の作品を展示している。その向かいにある美しい建物は、ハ・ジャーマ（イスラーム寺院）。展示数は少ないが、イスラム文化博物館として利用されている。

ベドウィンの生活を疑似体験

🏛 **ジョー・アロン・センター**

ベエル・シェヴァ 郊外（ラハブの森）
Map P.12A・B1

מרכז ג'ו אלון
メルカズ・ジョー・アロン
The Joe Alon Center
ザ・ジョー・アロン・センター

ベドウィンの暮らしがよくわかる

　ラハブの森近くにあるジョー・アロン・センターは、ベドウィンの文化や伝統を保存、研究するために造られた施設。生活用品などを集めた博物館やベドウィンの生活を紹介するオーディオビジュアル・ショーなどがあり、ベドウィンについての理解を深めることができる。また、ラクダに乗ったり、ベドウィンの食事を味わうことができ、ベドウィンの伝統工芸品も販売されている。敷地内には洞窟博物館もあり、ここでは青銅器時代からビザンツ時代にかけてのさまざまな洞窟を復元したレプリカを展示している。

■ネゲヴ美術館
✉Ha'atzmaut St.
☎(08)6993535
🔗www.negev-museum.org.il
🕐10:00～16:00
　（水12:00～19:00、
　金・土10:00～14:00）
🚫日　💰20NIS　学生10NIS

■イスラム文化博物館
🕐10:00～16:00
　（水12:00～19:00、
　金・土10:00～14:00）
🚫無休　💰25NIS

ハ・ジャーマはイスラム文化博物館として使用されている

■ジョー・アロン・センター
キブツ・ラハブの近くにある。
🚗ベエル・シェヴァ中心部から片道約170NIS
✉Lahav
☎(08)9913394
🕐8:30～15:30
🚫金・土
💰25NIS　学生20NIS

ジョー・アロン・センター入口

Information

ネゲヴ沙漠とガリラヤ湖周辺のベドウィン

ネゲヴ沙漠のベドウィンはガリラヤ湖周辺のベドウィンとは違う考えをもっている。ガリラヤ湖周辺のベドウィンはイスラエルの国籍取得を拒否したが、ネゲヴ沙漠周辺で暮らすベドウィンは早くから受け入れた。定住も進み電気やガスのある生活をしている人も少なくない。

●ネゲヴ沙漠

153

4WDツアーで行く
"地球の溝"ラモーン・クレーター

1億年以上も前の地殻変動と雨水の浸食作用によって生じた広大な窪地。クレーターの中はトレッキングも可能だが、なにせ長さ約40km、幅約9kmもあるネゲヴ沙漠最大のクレーター、主要な見どころを見て回るには、車が不可欠になる。車を利用しない人におすすめなのは、ミツペー・ラモーンからカーペントリー Carpentaryという所へ行くトレッキングルート。ベト・ノアム・ユースホステル近くの展望台から、崖を下って往復4時間。終点で車を待たせていれば片道2時間弱。緑色でマークされたガイド表示がある。

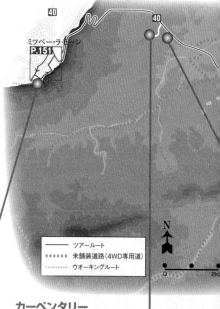

ミツペー・ラモーン P.151

N

———	ツアールート
▪▪▪▪▪	未舗装道路（4WD専用道）
⋯⋯⋯	ウオーキングルート

0　　　　2KM

カーペンタリー
Carpentry

ツアーでは立ち寄らないが、れんがのような石で埋め尽くされた地域。周囲はウォーキングコースになっている

13:15
ラクダ岩展望台
Camel Rock

名前の通り、ラクダのように可愛らしい外観。頂上は展望台になっており、ここからクレーター全体を見渡せる。

14:45
ベドウィン・キャンプ
Bedwin Camp

ツアーで立ち寄るベドウィン・キャンプでアラビックコーヒーのサービスがあることが多い。のんびりと過ごそう。

D A T A
ラモーン・クレーター
Map P.148A ～ B3

מכתש רמון マクテシュ・ラモーン
Makhtesh Ramon マクテシュ・ラモーン
URLen.parks.org.il
圃随時　困無休　圀無料
※時期やツアーによって訪問箇所や訪問時刻は変わる。ネゲヴ沙漠のツアー会社
→P.152

4WDならクレーターの底を縦横無尽に駆け回ることができる

14:00
アルドン谷
Nahal Ardon

地層を垂直に貫き固まったマグマで有名。クレーターの底ではこのような地層が多く見られる。

カラフルな砂丘群
Colored Sand Park

各地層から採取された砂を集め、積み上げられている。赤茶色や黄色など、どれもカラフルで美しい

16:10
ゲヴァニム山
Mt. Gevanim

ゲヴァニム山からの眺め。赤茶色の部分には銅が、黒色の部分には火山岩や御影石などの成分が含まれる。

■ラモーン・ビジターセンター
TEL(08)6588691
URLen.parks.org.il
圏夏期
　8:00～17:00 (金・祝前日～16:00)
　冬期
　8:00～16:00 (金・祝前日～15:00)
圏無休　圏28NIS　学生24NIS

Information

バイオ・ラモーン
Baio Ramon
Map P.151下B1

ラモーン・ビジターセンターの近くにある小さな動物園。この地域に棲む小さな生き物たちを飼育している。ハリネズミなどの夜行性動物や砂に埋もれているトカゲやサソリなどは、ここ以外では見ることは難しい。

TEL(08)6588755
圏夏期
　8:00～17:00 (金・祝前日～16:00)
　冬期
　8:00～16:00 (金・祝前日～15:00)
圏22NIS

■スデ・ボケル
ベエル・シェヴァからNo.64、65。バス停がいくつかあるので、自分が行きたい場所をあらかじめ運転手に伝えておこう。
所要:約1時間　運賃:13NIS
●ベン・グリオン沙漠の家
✉Kibbutz Sde Boker
TEL(08)6560479
URLwww.bgh.org.il
圏8:30～16:00
　(金・祝前日8:30～14:00、
　土10:00～16:00)
圏無休　圏20NIS　学生15NIS
●ビジターセンター
✉Kibbutz Sde Boker
圏8:30～16:00
　(金・祝前日8:30～14:00、
　土10:00～16:00)　圏無休
●ベン・グリオンの墓
TEL(08)6555684
URLen.parks.org.il
圏随時　圏無休　圏無料

ベン・グリオンが亡くなったときのままの形で保存されている

まずはここで情報収集

ミツペー・ラモーン

🏛 ラモーン・ビジターセンター
Map P.151下B1

מרכז מבקרים מצפה רמון
メルカズ・メヴガリム・ミツペ・ラモン

Ramon Visitor's Center
ラモーンズ・ビジターズ・センター

マルチビジョンと模型でクレーターを解説

断崖の横にあるユニークな形をした建物。ここではクレーターの成り立ちや地質的な特徴、動植物の分布などの展示がされている。また、クレーターのスケールモデルは、どこにどんな見どころがあるのかひとめでわかるようになっており、見どころに関するビデオクリップまで見られるようになっている。また、建物は展望台を兼ねており、ここから見下ろすクレーターはまさに絶景だ。

建国に貢献したベン・グリオンゆかりの

スデ・ボケル

🏢 スデ・ボケル
Map P.148A2

שדה-בוקר
スデー・ボケル

Sde Boker
スデ・ボケル

1952年にできたキブツ。初代イスラエル首相のベン・グリオンが、政治家を引退してからこのキブツで生活を始めたため非常に有名になった。

中心部のバス停から徒歩15分ほど離れた所にあるのが、**ベン・グリオン沙漠の家**Ben-Gurion's Desert Home。ベン・グリオンはこの家をそのままに保存するようにと遺言を残しておいたので、晩年の

彼の生活がうかがい知れる。彼の生涯についての展示をはじめ、身の回りの品や世界各国からの贈り物などは、家のすぐ近くにある別の建物で展示されている。また、ベン・グリオンの家の西側にはビジター・センターがあり、スデ・ボケル産のワイン売り場やネゲヴ沙漠産のコスメ、ファラン (→P.160) の支店となっている。

また、ベン・グリオンと妻の墓は、キブツから3kmほど南に行った**ベン・グリオン記念国立公園**Ben-Gurion Memorial National Parkの中にあり、現在も多くの人が訪れる。

エン・アヴダット国立公園

荒涼とした沙漠に隠された緑の谷

スデ・ボケル周辺
Map P.148A2

גן לאומי עין עבדת
ガン・レウミ・エイン・オヴダット

Ein Avdat National Park
エイン・アヴダット・ナショナル・パーク

ネゲヴ沙漠でも最も美しいといわれる渓谷。トレッキングルートは切り立った白い石灰岩の崖の間を川の流れに沿って進んでいく。川沿いには緑が多く、周囲の荒涼とした風景との対比がすばらしい。

入口から700mほど進むと、小さな滝のある泉にいたる。滝を見学したら、少し来た方向に戻って崖を登っていこう。途中にある洞窟は、ビザンツ時代にはキリスト教徒の修道士たちが生活していたという。崖を登ってしばらく進むと、先ほど見た滝を今度は上から眺めることができる。さらに進むと、崖はさらに険しくなり、階段で上っていくようになる。ここから先は一方通行になっており、後戻りはできない。入口に戻る人はここで引き返そう。階段を上りきったら、そこには展望台があり、渓谷を一望できる。所要時間は途中で引き返してくる短いルートが1〜2時間、崖を登りきる長いルートが2〜3時間ほど。

アヴダット国立公園

小高い丘の上に建つナバテア人の遺跡

スデ・ボケル周辺
Map P.148A2

גן לאומי עבדת
ガン・レウミ・オヴダット

Avdat National Park
アヴダット・ナショナル・パーク

ナバテア人の神殿

沙漠の中に突如として現れるアヴダットは、紀元前3世紀頃にネゲヴ沙漠に住みはじめたナバテア人の建てた町の遺跡。マムシト、シヴタも彼らが築いた町だ。アラビア半島からペトラを経由し、地中海へと抜ける「香料の道」上にあるこれらの町は、世界遺産にも登録されている。2世紀にナバテア王国がローマ帝国に併合された後も、7世紀にこの地がアラブ人に占領されるまで繁栄を続けた。

アヴダットの町は小高い丘の上に築かれている。丘の麓にはビジターセンターがあり、まずここでナバテア人と「香料の道」に関するビデオを見てから丘の上へと上がっていく。遺跡の多くはローマ、ビザンツ時代のもので、ローマ式浴場、カタコンベ、ふたつの教会や洗礼所などの跡がある。遺跡の南西部はかつてナバテア人の神殿だった所で、柱に施されている彫刻などはナバテア人の手によるものだ。

■エン・アヴダット国立公園
🚌ベエル・シェヴァからNo.64。ベン・グリオン記念国立公園と同じバス停で下車。
☎(08)6555684
URLen.parks.org.il
🕐夏期8:00〜17:00
（金・祝の前日〜16:00）
冬期8:00〜16:00
（金・祝の前日〜15:00）
🚫無休
💰28NIS　学生24NIS

崖に挟まれたオアシス、エン・アヴダット

■アヴダット国立公園
🚌No.64、65
スデ・ボケルから南に約8km、国道40号線上にある。
☎(08)6551511
URLen.parks.org.il
🕐夏期8:00〜17:00
（金・祝の前日〜16:00）
冬期8:00〜16:00
（金・祝の前日〜15:00）
🚫無休
💰28NIS　学生24NIS

●ネゲヴ沙漠

History
ナバテア王国

ナバテア人は元来、遊牧民だったが、紀元前2世紀頃ペトラ（→P.179）を中心としたナバテア王国を建設し、東西交易の要所として繁栄を極めた。香料の取引も盛んで、ネゲヴ沙漠に残る遺跡は香料を運ぶ上での経由地として造られたもの。しかし、106年にローマ帝国に編入後はその座をパルミラに奪われてしまう。ナバテア王国の都市は現在のヨルダン、シリア、イスラエルに残り、彼らの活動範囲が広大であったという証拠もある。

157

■シヴタ国立公園
最寄りのバス停へはベエル・シェヴァからバスNo.44が行くが、遺跡はそこからさらに10km以上も離れており、公共交通機関で行くのは現実的ではない。タクシーかレンタカーを利用しよう。
URL en.parks.org.il
開 随時 休 無休 料 無料

門の装飾が印象的な北の教会

■マムシト国立公園
バス No.56、48
ベエル・シェヴァとエイラットを結ぶ路線上にある町ディモナDimonaから南東へ約8km。バス停は国道25線上にあり、遺跡はここから南へ500mほど進んだ所にある。
TEL (08) 6556478
URL en.parks.org.il
開 夏期8:00〜17:00
　（金・祝の前日〜16:00）
　冬期8:00〜16:00
　（金・祝の前日〜15:00）
休 無休 料 22NIS 学生19NIS

他とは異なるナバテア人の町

シヴタ国立公園

スデ・ボケル周辺
Map P.148A2

גן לאומי שיבטה
ガン・レウミ・シヴタ

Shivta National Park
シヴタ・ナショナル・パーク

　紀元前1世紀に築かれたシヴタの絶頂期はビザンツ時代の5〜7世紀頃。シヴタの繁栄は農業によって支えられており、町を取り囲む城壁もない。そういう意味では、隊商ルートとして繁栄したアヴダットやマムシトとは同じナバテア人の町であってもやや性格が異なる。遺跡の中にはブドウを搾るための施設などが残っており、往時の繁栄ぶりを現在に伝えている。

小さいながらもよく保存された遺跡

マムシト国立公園

ディモナ周辺
Map P.148B1

גן לאומי ממשית
ガン・レウミ・マムシット

Mamshit National Park
マムシット・ナショナル・パーク

　マムシトは、アヴダット同様、ナバテア人が「香料の道」沿いに築いた町のひとつ。遺跡としての保存状態は非常によく、貯水池、宮殿、見張り台、マーケットなどナバテア王国時代に建てられたものが数多く残っており、建物の内部にはフレスコ画も残されている。また、ビザンツ時代に建てられた西の教会も床のモザイクがよく保存されており、見ごたえがある。

キリスト教会に残るモザイク

HOTEL
ホテル

ベエル・シェヴァ　ベエル・シェヴァの宿は、町の規模に比べるとあまり数は多くない。出稼ぎ労働者向けの安い宿もあるが一般旅行者にはおすすめできない。

ミツペー・ラモーン　ホテルの数はそれほど多くないが、年々増加している。ゆっくり自然を満喫するには、うってつけの町。

ベレシート
Beresheet

最高級	Map P.151下B1
101室	ミツペー・ラモーン

✉1 Beresheet Rd.
URL www.isrotel.co.il
TEL (08) 6598000
FAX (08) 6598008
S A/C 420US$〜
W A/C 450US$〜
US$ € NIS
A D M V

Wi-Fi
全室 全室 全室 全室 全室 全館無料

ラモーン・クレーターを見渡せる位置に建つ、ミツペー・ラモーン最高級のホテル。広大な敷地に101のヴィラが建ち並ぶ、コテージタイプのリゾートホテルで、プール付きのヴィラも多数。スパなども完備。

レオナルド・ネゲヴ
Leonardo Hotel Negev

高級	Map P.150B
254室	ベエル・シェヴァ

⌂4 Henrieta Szold St.
URL www.leonardo-hotels.com
TEL (08)6405444
FAX (08)6405445
⑤⑤Ⓦ🅰️C🈳637NIS～
💰US$ € NIS
CC🅰️Ⓓ🅜Ⓥ

全室 全室 全室 全室 全室 全館無料

ベエル・シェヴァでは、最高ランクのホテル。セントラルバスステーションや鉄道駅まで徒歩10分弱と近く、旧市街も徒歩圏内。ゆったりとしたスペースの客室は眺望も抜群だ。

インセンス
InnSense

高級	Map P.151上
6室	ミツペー・ラモーン

⌂8 Har Ardon St.
URL www.innsense.co.il
TEL (08)6539595
FAX (08)6539596
⑤⑤Ⓦ🅰️C🈳750～1190NIS
💰NIS
CC🅰️Ⓓ🅜Ⓥ

全室 全室 全室 全館無料

ハンガル地区にある。客室はどれも内装が異なり、それぞれのテーマに沿った装飾になっている。1階のレストランも人気で、火～木・土・日8:30～22:30、月・金8:30～12:30。金曜のディナーは要予約。

ラモーン・イン
Ramon Inn

高級	Map P.151下A1
96室	ミツペー・ラモーン

⌂1 Ein Ekev St.
URL www.isrotel.com
TEL (08)6588822
FAX (08)6588151
⑤⑤Ⓦ🅰️C🈳179US$～
💰US$ € NIS
CC🅰️Ⓓ🅜Ⓥ

希望者 全室 全室 全館無料

客室はスタンダード・ルーム、ミニ・スイート、スイートと3種類に分かれる。小さなスイミングプールとフィットネスセンター、レストランが併設されている。レンタサイクルは4時間80NIS。

ベイト・ヤツィヴG.H.
Beit Yatziv Guest House

中級	Map P.150A
76室	ベエル・シェヴァ

⌂79 HaAtzmaut St.
URL www.beityatziv.co.il
TEL (08)6277444
FAX (08)6275735
⑤🅰️C🈳300NIS
Ⓦ🅰️C🈳400NIS
💰NIS
CC🅰️Ⓓ🅜Ⓥ

全室 全室 一部無料

旧市街からハ・アツマウート通りを北西へ向かい、繁華街からネゲヴ博物館を過ぎてしばらく行くとある。教育センター内にある宿泊施設で、敷地は広い。レセプションは門を入り、右に曲がってすぐ。

ベト・ノアムG.H.
Beit Noam Youth Hostel & Guest House

国際ユース	Map P.151下B2
47室	ミツペー・ラモーン

⌂4 Nahal Nikrot St.
URL www.iyha.org.il
TEL (02)5945713
Ⓓ🅰️C🈳145NIS～
⑤🅰️C🈳300NIS～
Ⓦ🅰️C🈳480NIS～
💰US$ € NIS
CC🅰️Ⓓ🅜Ⓥ

全室 全館無料

ラモーン・ビジターセンターの近くにあり、ビューポイントへのアクセスがよく便利。部屋はシンプルな造りだが、設備は新しい。ドミトリーは男女別。館内にはドリンクやスナック類を販売する小さな売店がある。

グリーン・バックパッカーズ
The Green Backpackers

ホステル	Map P.151下A2
ベッド数32	ミツペー・ラモーン

⌂2 Nahal Sirpad St.
URL www.thegreenbackpackers.com
TEL (08)6532019
Ⓓ🈳88～110NIS
⑤Ⓦ🈳285NIS
⑤🅰️Ⓦ🈳385NIS
💰NIS
CC不可

全館無料

フクダ岩展望台から徒歩5分ほど。客室にはリサイクル品で作ったオブジェが置かれている。ドミトリーはベッド数4～6。キッチンやランドリーなども完備。ハイキングルートやツアーの紹介も気軽に応じてくれる。

●ネゲヴ沙漠

ベエル・シェヴァ 旧市街では、スタンドよりカフェが目立ち、ヘルツル通りやK.K.L.通りにたくさんある。スミランスキ通りにはおしゃれなレストランがあり、シャバット中でも営業している。

ミツペー・ラモーン スデロット・ベン・グリオン通りの北側にはファラフェルやフムスなど、軽食中心のレストランが並ぶ。旅行者向けのレストランは少なく、高級ホテル内のもの以外では数軒程度。

Map P.150A アラビカ
ベエル・シェヴァ　Arabica

カフェバー
バラエティ

ユースセンターの中にあるレストラン兼カフェバー。若い人たちからの人気が高く、内装も洗練される。メニューはヨーロッパ料理がメインだが、寿司やパッタイなども出す。メインは47〜159NIS。アルコール類も豊富。

⊠12 Herzl St.　TEL(08)6277801
URLwww.arabica-rest.co.il
圏11:00〜23:00　休シャバット　CCＡＤＭＶ

Map P.151下B1 ハハヴィット
ミツペー・ラモーン　HaHavit

カフェバー
バラエティ

ミツペ・ラモーンの中心部にあるレストラン兼カフェバー。内装はパブのようで、料理もサンドイッチや、ハンバーガー、ピザといったいわゆるパブフードが中心。夜にはバンドの生演奏が行われることもある。

⊠10 Rehov Nakhal Tsikhor, Mitspe Ramon
TEL(08)6588226
圏12:00〜23:30(土20:00〜23:30)　休金　CCＭＶ

Map P.151下B1 デリズ
ミツペー・ラモーン　Deri's

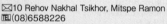

イスラエル料理
ファストフード

ミツペ・ラモーンのバス停近くにある。フームス35NIS 〜やファラフェル15NIS 〜、シュワルマ30NIS 〜など、イスラエルを代表するファストフード料理が一通り楽しめる。ビジネスランチもあり50〜55NIS。

⊠5 Ben Gurion Ave.　TEL(08)6343063
圏10:00〜20:30　休金
CCＡＤＭＶ

SHOP
ショップ

ベエル・シェヴァ 南部にあるベドウィン市場では雑貨や民芸品が手にはいるが、規模は小さい。

ミツペー・ラモーン 水を使用せずに植物エキスをベースに作った石鹸が旅行者に大人気。ハンガル地区とラモーン・ビジターセンターに店舗がある。スデ・ボケルのキブツにはワイナリーもあり、試飲も可能。

スデ・ボケルのビジターセンター内にあるワイン・ショップ

Map P.151上 ファラン
ミツペー・ラモーン　Faran

石鹸
コスメ

手作りのオーガニックコスメを販売している。オーナーであるイタイさん(写真右)が作り上げた無添加の石鹸が人気商品。ゴートミルクやホホバオイルを使ったものなどが並ぶ。店舗はミツペー・ラモーンのほか、スデ・ボケルにも1軒ある。

⊠12 Har Ardon St., Mitzpe Ramon
URLwww.faran-cosmetic.com　TEL(08)6539333
圏8:00〜19:00 (金〜16:30)　休土　CCＡＤＭＶ

エイラットと
シナイ半島

エイラットとシナイ半島

エイラット イスラエル最南端のエイラットはヨルダン、エジプトと国境を接する紅海のリゾートタウン。ヨーロッパからチャーター機で乗りつけた滞在客が、強烈なまでの日差しと紺碧の紅海を楽しんでいる。

エイラットは東にヨルダン、西にエジプトとの国境が控えている。エジプトの国境付近の情勢は安定しておらず、国境を越えての観光は現実的ではないが、ヨルダン側へはスムーズに国境を越えることができる。

紅海 アラビア半島とアフリカ大陸を二分す紅海。その美しさは、いつの時代も不変なもの。あふれんばかりの太陽光線を受けた群青色の海面がキラキラ輝く。透明度抜群の海だから、海面からも色とりどりの珊瑚礁が見える。ゆらりゆらりと群れをなして泳ぐ魚たち。かつて、フランスの海洋学者クストーが世界で最も美しい海とたたえた紅海は、まだまだ汚されずに生きている。世界中のダイバーの憧れの地だ。

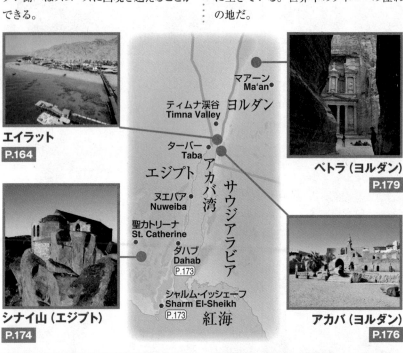

エイラット
P.164

シナイ山（エジプト）
P.174

ティムナ渓谷 Timna Valley

ターバー Taba

エジプト

ヌエバア Nuweiba

聖カトリーナ St. Catherine

ダハブ Dahab
P.173

シャルム・イッシェーフ Sharm El-Sheikh
P.173

マアーン Ma'an

ヨルダン

アカバ湾 サウジアラビア

紅海

ペトラ（ヨルダン）
P.179

アカバ（ヨルダン）
P.176

エジプト・アラブ共和国の基本情報	
面積	約100万1450km²（日本の約2.6倍）
人口	約9304万人（2017年）
首都	カイロ Cairo
元首	アブドルファッターフ・アッ＝シーシー大統領
公用語	アラビア語
宗教	イスラーム（90％以上）、キリスト教など
通貨	エジプト・ポンド（£E）、2018年9月5日現在、1£E＝約6.2円。
電話	国番号は20。国外からかける場合は市外局番の最初の0を取って相手番号にかける。

ヨルダン・ハシミテ王国の基本情報	
面積	約8万9342km²（日本の約4分の1）
人口	約946万人（2016年）
首都	アンマン Amman
元首	アブドゥッラー2世国王
公用語	アラビア語
宗教	イスラーム（93％）、キリスト教など
通貨	ヨルダン・ディナール（JD）。2018年9月5日現在、1JD＝約157円。
電話	国番号は962。国外からかける場合は市外局番の最初の0を取って相手番号にかける。

必見 紅海沿岸の自然と生物

エイラットの見どころはなんといっても海に関わる施設。ドルフィン・リーフ(P.167)では幼いイルカを育てており、イルカと一緒に遊ぶこともできる。中心部から7Kmほど南にあるコーラルビーチ自然保護区(P.168)では珊瑚礁に生息している生物を見ながらスノーケリングも可能。その近くにある水中展望台海洋公園(P.168)は展望台の他にも水族館やグラスボトムボートなどといったアトラクションが集まる施設となっている。

近郊にも見どころが多く、ハイバル動物園(P.169)やティムナ渓谷(P.169)など、ネゲヴ沙漠も体験できるのがエイラットの魅力。

水中展望台海洋公園の水族館

自然 ダイビングとクルージング

ダイビングに挑戦しよう!

エイラットに来たのなら、ぜひ透明度の高い紅海に潜ってみよう。中心部にはダイビングクラブ(P.166)が多く、気軽にダイビングを楽しことができる。ノース・ビーチとコーラル・ビーチにダイビングスポットが多い。クルージングは近海はもちろん、エジプト領ターバー近くまで行くルートもある。

グルメ シーフード

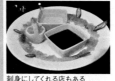

刺身にしてくれる店もある

紅海では、近海で取れた新鮮なシーフードを味わえる。グリルやフライなど、調理法はさまざま。エジプトやヨルダンのリゾートでもシーフードは食べられ、値段はイスラエルよりも少し安い。

交通ガイド

エルサレムとテルアビブからエイラットへは1日数便ほどあるが、どれも人気なので必ず予約しておこう。

ヨルダンではアカバと首都アンマンを結ぶ便は多いが、ペトラに行くのはセルヴィスで出発時間が決まっていない。シナイ半島内は2018年8月現在シャルム・イッシェーフとダハブ以外の地域に日本の外務省から「渡航は止めてください」(渡航中止勧告)の危険情報が発出しており、移動は現実的ではない。

エイラットのセントラルバスステーション

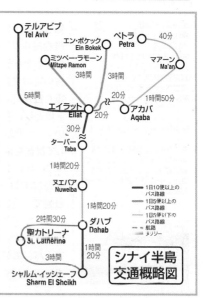

エイラット

エイラット
Eilat

エイラット
אילת

イスラエルで唯一の紅海沿岸リゾート、エイラット

市外局番 08

標高 63m

Maps
エイラット〜ターバー
国境 P.165
エイラット近郊
P.165
中心部 P.166〜167

■エイラットへの行き方
●エルサレムから
🚌No.444→P.303⑩
●テルアビブから
✈スデ・ドヴ空港とベン・グリオン
空港から合わせて1時間に1便程度
所要:約1時間
🚌No.390→P.304㉙、
No.394→P.304㉚
●ハイファから
🚌No.991→P.303㉘
●エン・ボケックから
🚌No.444→P.303⑳
●エン・ゲディから
🚌No.444→P.303⑲
●ベエル・シェヴァから
🚌No.392→P.303㉔、
No.393→P.303㉕、
No.397→P.303㉖
●ミツペー・ラモーンから
🚌No.392→P.303㉗
●イツハク・ラビン・ボーダー
　(ヨルダン国境)から
🚗国境から公共交通機関はな
く、タクシーのみ。
所要:約15分 運賃:約45NIS
ヨルダンの出国税は10JDだが、
徴収されないこともある。ちなみ
にヨルダン側ではアカバ・ボーダ
ーと呼ばれる。

イツハク・ラビン・ボーダー

　イスラエル最南端のエイラットは、1年中観光客であふれ
ている。トップシーズンの夏はとても暑いが、ヨーロッパか
らのバカンス客はその暑さを楽しむかのようにビーチに出
る。冬は冬で「穏やかな暑さ」。日本人には冷たく感じる海
でも日差しは暑いから泳いでいる人がいるし、プールサイド
で寝転んだり、思いおもいに楽しむ。

　エイラットという名前の歴史は古く、ソロモン王の時代に
は各国との交易が行われ、シバの女王を迎えた港としても
知られていた。ただし、聖書などに登場するエイラットは、
現在ヨルダン領のアカバを指し、今のエイラットの位置に
は何もなかった。しかし、イスラエルがここを領土とすると、
古い町の名前を復活させることにした。以来この町は、貴
重な紅海側の港として、そして、イスラエルきってのリゾー
ト地として発展していく。海岸沿いに外国資本のホテルが
いくつも建設され、エイラットは一躍国内最大のリゾートと
して脚光を浴びるようになった。マリンスポーツ、ナイトク
ラブ、ネゲヴ沙漠へのツアーなど、退屈とは無縁の町。水
温が20℃以下に下がることがないため、サンゴの生息には
最適で、美しい珊瑚礁の連なる海として、ダイバー憧れの
地にもなっている。

　エイラットはまた外国への玄関口でもある。ヨルダンの
アカバ、エジプトのシナイ半島は国境を挟んですぐ隣。対
岸にアカバやサウジアラビアの灯が見えるエイラットの湾
の夜景はことのほか美しい。

エイラットの歩き方

町は3つに分かれる エイラットの町は、ショッピングセンターやオフィスの並ぶ**中心部**と、マリーナを囲むようにホテルの集まる**ノースビーチ**、そして南に広がる**コーラルビーチ**の3つに分けられる

ターミナルから市の中心部へ

長距離バス セントラルバスステーションに着いたらハ・テマリム通りHaTemarim St.通りを海のほうへ向かって南下しよう。右にレクターセンター Rekhter Center、左にレッドキャニオンセンター Red Canyon Center、シャロームプラザ Shalom Plazaの3つのショッピングセンターがある。

空港 エイラットの空港は中心部に位置する。タクシーが待機していることも多いが、ノースビーチなら徒歩でもOK。

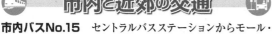

市内と近郊の交通

市内バスNo.15 セントラルバスステーションからモール・ハ・ヤム・ショッピングセンターを経由し、ドルフィン・リーフ、コーラルビーチ、エジプト国境のターバーまで行く。運賃は4.2NIS。

タクシー 市街地間は15NIS前後。ドルフィン・リーフまで約30NIS、コーラルビーチまで約40NIS、ヨルダン国境までは約45NIS。

町の中心に近いノースビーチ

■**セントラルバスステーション**
Map P.167B1
✉HaTamarin St.
●路線案内
🕐6:00〜翌1:00（金 〜15:00）
休土
敷地内には荷物預かり所、コインロッカー、ATMなどがある。

Information

エジプト領事館
Map P.166A2

原則として1ヵ月のツーリストビザが申請の当日か翌日に発給される。持っていくものは、パスポート、写真1枚と150NIS（→P.294）。

✉68 Efroni St.
☎(08)6376882
🕐9:30〜12:00 休土

●エイラット

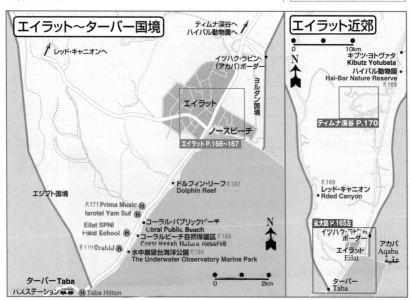

■中央郵便局
Map P.167B1
圏8:00～18:00
　（水8:00～13:30、
　金・祝前日8:00～12:00）
困土

■エイラットの❶
Map P.167C2
✉8 Bet Hagesher
☎(08)6309111
URL www.redseaeilat.com
圏8:30～17:00
　（金8:00～13:00）　困土

■エイラットの旅行会社
●RS Tours
☎(08)6345668
●Eilat Tours
☎052-2621006（携帯）
URL www.eilatour.co.il

■ダイビングクラブ
●Dolphin Reef
✉South Beach
☎(08)6300111
URL www.dolphinreef.co.il
●Manta Diving Center
✉Coral Beach
☎(08)6333666
URL www.divemanta.co.il
●Snuba
✉South Beach
☎(08)6372722
URL www.snuba.co.il
●Aqua Sport
✉Eilat　☎(08)6334404
URL www.aqua-sport.com

■ダイビング料金の相場
●道具一式レンタル＆送迎付き
1ダイブ　165NIS～
2ダイブ　250NIS～
ナイトダイブ　300NIS～

■クルージング
●Yacht Eilat
✉Spiral Club
☎(08)6316661
URL www.yachteilat.co.il
困グラスボトムボート　42NIS

■キャメルランチ
　Camel Ranch in Wadi Shlomo
✉Nahal Shlomo
☎(08)6370022
URL www.camel-ranch.co.il
出発場所のナハル・シュロモまで
はタクシーで45NIS程度
●1時間30分コース
困150NIS
●2時間コース
困185NIS
●4時間コース
困245NIS

両替・郵便・電話

　銀行はセントラルバスステーション周辺に、両替商はハ・テマリム通り沿いにあるレフター・センター内に数多くある。中央郵便局はレッドキャニオンセンター近くにある。

旅の情報収集

　❶はノースビーチにあり、地図やパンフレットなど情報量も多い。旅行会社は❶近くに多数あり、ペトラ行きのツアーやクルージングなどを扱っている。

アクティビティ

　リゾート地のエイラットでは色々なマリンアクティビティや各種ツアーが豊富。

ダイビング　紅海は世界でも有数の透明度を誇る、美しい海だ。遊泳区域は、ホテルエリアの前のマリーナ周辺の**ノースビーチ**North Beachと、7kmほど南の**コーラルビーチ**Coral Beach。ダイビングショップも数多くあり、初心者なら1時間程度のイントロダイブ（道具レンタル込み165NIS～）に挑戦してみるのもいいだろう。5日間のオープンウオーターコースだと1300NISぐらい。ダイビングクラブでは、スノーケリングやウインドサーフィンなどの各種マリンスポーツも手配できる。

クルーズ　ラグーンの桟橋に停泊している船のほとんどが観光客向けのクルーザーだ。底がガラスになったクルーズはグラスボトムボートで海の生物を鑑賞するツアーもある。

ラクダ・ツアー　ナハル・シュロモにあるキャメルランチCamel Ranchでは、ラクダツアーを行っている。ラクダの背に乗って、ガイドに従って谷をゆっくりと進んでいく。コースによって食事が付くものや、夕日が眺められるものなどがある。出発場所はナハル・シュロモNahal Shlomoで、エイラット中心部からはタクシーで45NIS程度。

谷をゆっくりとラクダで進む

イルカと泳ごう

⛵ ドルフィン・リーフ

コーラルビーチ
Map P.165左

ריף הדולפינים
リーフ・ハ・ドルフィニーム

Dolphin Reef
ドルフィン・リーフ

ダイビングで滞在するのもいい

泳ぎながら餌を与えているスタッフ

ドルフィン・リーフはエイラットのビーチのなかでも、格別に人気があるプライベートビーチ。ここでは赤ちゃんイルカを育てて野生の海に帰すことを続けている。1日4回イルカに餌を与えるところが見学できる。また、イルカと一緒に泳いだり、ダイビングをしたりできる。

■ドルフィン・リーフ
⊠Coral Beach
TEL(08)6300111
URL www.dolphinreef.co.il
圏夏期9:00～19:00
　冬期9:00～17:00
休無休　圏69NIS
スノーケリング290NIS
イントロダイブ339NIS
別料金でドルフィンスイムやダイビングしているところを撮影してもらえる。

●エイラット

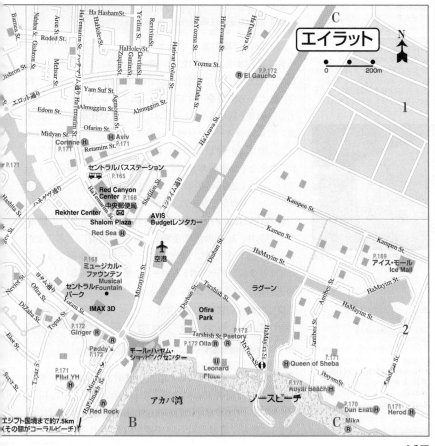

エイラット

N

0 ────── 200m

C

Ha Hasham St.
Anu St.
Roded St.
Barna St.
Gishron St.
Nahson St.
Methsar St.
Yéfim St.
Hafemanm St.
HaHoley St.
RevyimSt.
Zozim St.
Gishron St.
Yam Suf St.
Almuggim St.
Edom St.
Ofarim St.
Midyan St.
Corinne H P.171
Aviv H
Retamim St. P.171
Yozma St.
Ha'Arava St.
HaTewuaa St.
HaZitha St.
Yozma St.
R El Gaucho P.P.172
HaZitha St.

P.171

セントラルバスステーション
P.165
Red Canyon Center P.166
中央郵便局
Rekhter Center
Shalom Plaza
Red Sea H
AVIS
Budgetレンタカー

Hashiba St.

P.168
ミュージカル・ファウンテン
Musical Fountain
セントラルパーク
IMAX 3D

空港

Mizrayim St.
Durban St.
Tarshish St.
Kampen St.
Kamen St.
HaMayim St.
Kampen St.
アイス・モール
Ice Mall
HaMayim St.
HaMayim St.
Antibes St.
ラグーン

Nevlot St.
Ofira St.
Yotam St.
Topaz St.
Eilen St.
Dizahav St.

P.172
Ginger R
Paddy's
P.172
Eilat YH
Red Rock
R
Ofira Park
Tarshish St. Pastory
Olla R P.172
モール・ハ・ヤム・ショッピングセンター
Leonard U
アカバ湾
ノースビーチ
Queen of Sheba H
Royal Beach
Dan Eilat H
Herod H
Mika R

エジプト国境まで約7.5km
（その間がコーラルビーチ）

B
C

1

2

スノーケリングをするならココ

コーラルビーチ自然保護区

コーラルビーチ

Map P.165左

שמורת טבע חוף האלמוגים
シュムラット・テヴァ・ホフ・ハ・アルモギーム

Coral Beach Nature Reserve
コーラル・ビーチ・ネイチャー・リザーヴ

スノーケリングでサンゴを観賞

全長1.2kmにすぎない自然保護区だが、ここには100種を超える珊瑚と、650種もの魚が生息している。自然保護の観点からサンゴに直接触れることはできないため、見学は、130mと250mの2種コースを回る形で、サンゴ礁の横すれすれを進んでいく。

■コーラルビーチ自然保護区
✉Coral Beach
TEL(08)6376829
URLen.parks.org.il
開夏期9:00～18:00
（金・祝前日～17:00）
冬期9:00～17:00
（金・祝前日～16:00）
休無休　料35NIS　学生30NIS
●機材レンタル
マスクとスノーケル　23NIS
フローティングジャケット　13NIS
※デポジット100NISと身分証明書が必要。

美しい紅海の海底がのぞける

水中展望台海洋公園

コーラルビーチ

Map P.165左

מצפה תת ימי הצוללת הצהובה
ミツペー・タット・ヤミー・ハ・ツォレレット・ハ・ツフヴァー

The Underwater Observatory Marine Park
ジ・アンダーウォーター・オブザバートリー・マリン・パーク

この海洋公園の最大の見どころになっているのが水中展望台。海岸から100mほど海に突き出た場所にあり、陸とは橋でつながっている。展望台の1階部分はカフェになっており、ここから階段を下りていくと、海面下6mの地点に到達する。周りを取り囲んでいるのは、ガラスで仕切られた珊瑚礁。冒険家クストーが世界で一番美しいと言った透明度バツグン、サンゴの種類の多さでも世界有数の紅海の海底をぬれることなく海底散歩ができる。また、展望台の階段を上っていくと地上24mの塔のてっぺんまで出られる。ここからはヨルダン、サウジアラビア、エジプトがいっぺんに見渡せる。

敷地内にはカメやサメが飼育されている水槽や、水族館などがあり、紅海の海洋生物について多角的に学ぶことができる。別料金だが、海底世界をバーチャル体験できるオセアナリウム、グラスボトムボートで珊瑚礁を巡る『コーラル2000』などのアトラクションもある。

■水中展望台海洋公園
✉Coral Beach
TEL(08)6364200
FAX(08)6373193
URLwww.coralworld.com
開8:30～16:00
休土・祝
料99NIS
オセアナリウム　10NIS
コーラル2000　35NIS
館内の各見どころには番号が振り当てられており、番号順に見ていくと効率がよい。ただし、カメやサメの餌やりなど、時間指定のイベントもあるので、まずはイベントの時間帯を確認してから、全体の見学プランを考えるとよい

テーマが異なる水族館がいくつもある

音楽に合わせ幻想的に踊る噴水

ミュージカル・ファウンテン

エイラット中心部

Map P.167B2

המזרקה המוזיקלית
ハ・ミズラカ・ハ・ムズィカリット

Musical Fountain
ミュージカル・ファウンテン

セントラル・パーク内にある噴水。噴射口は350あり、吹き上げの高さは最高30mにまで達する。噴水ショーではLEDライトによってカラフルに彩られた噴水が音楽に合わせて踊るように動き、夜のエイラットを盛り上げてくれる。

■ミュージカル・ファウンテン
✉Derekh Yotam
URLwww.eilat.muni.il
開夏期
火・木～土20:30～、21:00～
冬期
火・木～土19:30～、20:30～
休日・月・水
料無料

スケートリンクを備えたショッピング・モール
ラグーン

アイス・モール

Map P.167C2

Ice Mall קניון	Ice Mall
カニヨン・アイス・モール	アイス・モール

エイラットの東の外れにあるショッピング・モール。最大の特徴は中央がアイススケートリンクになっているので、常夏のビーチリゾート地にもかかわらず、アイススケートが楽しめるということ。そのほかドクターフィッシュを使ったフィッシュ・スパなどもある。

近郊の旅

ハイバル動物園

חי-בר שמורת טבע	Hai-Bar Nature Reserve
ハイ・バル・シュムラット・テヴァ	ハイ・バル・ネイチャー・リザーヴ

エイラットから北へ約35kmの所にあるハイバル動物園には、旧約聖書に登場する動物が集められている。園内は3つのパートからなっている。野生保護区は1周約8kmあり、車でしか回れないエリア。ここではガゼルをはじめ、ダチョウ、ロバなどの草食動物が悠々と生活している。次のプレデター・センターはジャッカルやオオカミ、キツネなどの肉食動物が檻の中で飼われており、ほかにもフクロウ、タカなどの鳥類、ヘビなどの爬虫類を見ることができる。最後の夜行生物展示ホールでは、暗い部屋の中で、昼間見ることのできない夜行性生物を見られる。

近郊の旅

ティムナ渓谷

בקעת תמנע	Timna Valley
ビクアット・ティムナー	ティムナ・ヴァレイ

エイラットの北約30kmの所にある国立公園。広大な沙漠地帯に、さまざまな見どころがある。特に長い年月をかけて自然の浸食作用でできた奇岩は必見。マッシュルーム岩や真ん中がくり抜かれたアーチ岩などユニークな岩も多い。公園入口にある建物では、ティムナの歴史や見どころを解説する映画が上映されている。

●ティムナ湖 もともと露天掘りの銅鉱山だったが、掘った跡にできた穴を公園として整備するにあたって補修し、水を引いて人工湖とした。湖畔のベドウィンのテントではショッピング、ボート遊びなどが楽しめる。軽食レストランもここにある。

●ティムナ銅山 ティムナにかぎらず、エイラット周辺には白、黒、赤など、さまざまな色の山がある。黒い山はカンブリア紀に遡る古い時代の造山活動の結果だそうだ。一般に

■アイス・モール
⊠8 Kampen
☎(08)6379552
URL icemalleilat.co.il
🕐9:30～24:00
（金・祝前日9:30～23:00）
休無休
●アイススケートリンク
🕐10:00～24:00
（金・祝前日10:00～23:00）
休無休
料入場76NIS（スケート靴レンタル込み）

■ハイバル動物園
Map P.165右
🚌エイラットからNo.390、444でSamad下車、徒歩約2km。
☎(08)6373057
URL en.parks.org.il
🕐夏期8:30～17:00
（金・祝前日～16:00）
冬期8:30～16:00
（金・祝前日～15:00）
休無休　料28NIS　学生24NIS
プレデター・センターとの共通券
46NIS　学生39NIS

餌やりの時間帯が最も見応えがある

Information
レッド・キャニオン
Red Canyon
Map P.165右

エイラットから10kmほど北西へ移動すると、キブツ・エイラットのあたりにヤシが生い茂っているのに気づくだろう。ここから東へ進めばムーン・バレーの北の端レッド・キャニオンへ続く。レッド・キャニオンはネゲヴ沙漠の中で最も美しいといわれる渓谷。切り立った岩が沙漠の間の道の先は突然視界が開け、遮るもののない砂の世界が広がっている。エイラットから直接バスはないので、レンタカーで行くか、ツアーを利用しよう。

■ティムナ渓谷国立公園
Map P.165右
🚌エイラットからNo.390、444でElipaz下車。ここから入口まで徒歩で約3.5km。さらにソロモンの柱までは約8km。レンタカーかツアーを利用しよう。
☎(08)6316756
URL www.parktimna.co.il
🕐9～8月8:00～16:00
（金・祝前日～15:00）
7月8:00～10:00
休無休
料49NIS　学生39NIS

Information
ソロモンの柱
Solomon's Pillars

ティムナ渓谷にあるソロモンの柱は、銅を採掘した結果できた石柱だ。列王記上5：29によれば、ソロモン王は、神殿建築のために15万人もの労働者を働かせていたという。柱には彼の名がついているが、実際は彼の時代より約500年も前から、エジプト人によって銅が採掘されていたという。柱の裏の階段を上ると、紀元前1400年くらいのエジプトの女神ハトホルの神殿跡に出る。ここで発掘された金の頭を持つ赤銅の蛇は、テルアビブのエレツ・イスラエル博物館（→P.201）に収蔵されている。

石柱が3つ並ぶ

マッシュルーム岩

白い山は新しく、海底にあったものが、水が引いて陸に出てきて固まったもの。また、白い石に青い色が交ざっているのは、銅の成分が入っているから。ここでは古代エジプトの時代から銅を掘っていたという。古代エジプトの神殿跡や、銅の精錬所が公園内に点在しているのはそのためだ。

アーチ岩など不思議な形をした岩が点在する

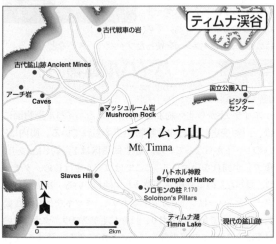

ティムナ渓谷

古代戦車の岩
古代鉱山跡 Ancient Mines
アーチ岩 Caves
国立公園入口
ビジターセンター
マッシュルーム岩 Mushroom Rock
ティムナ山 Mt. Timna
Slaves Hill
ハトホル神殿 Temple of Hathor
ソロモンの柱 P.170 Solomon's Pillars
ティムナ湖 Timna Lake
現代の鉱山跡
N
0　　　　2km

HOTEL ホテル

イスラエル随一のリゾート地だけあり、ホテルの質、量ともに充実している。高級ホテルが多い場所はノースビーチからラグーン周辺、ドルフィン・リーフからターバーまでの海岸沿いなど。経済的なホステルやホステルはセントラルバスステーション付近に多い。

オーキッド・リゾート
The Orchid Hotel & Resort

最高級	Map P.165左
190室	コーラルビーチ

🏠 South Beach
URL www.orchidhotel.co.il
TEL (08)6360360
FAX (08)6375323
S W AC 🚿📶📺💰 140US$〜
💳 US$ € NIS
CC A D J M V

📶 Wi-Fi 全館無料
全室 全室 全室 全室 全室

山の斜面に沿ってアジアンバンガロー風の建物が並ぶ。館内はタイ風のインテリアで統一され、竹や木をふんだんに使っている。併設されているスパではタイ式マッサージも行っており、宿泊客に大好評。

ダン・エイラット
Dan Eilat

最高級	Map P.167C2
375室	ノースビーチ

🏠 North Beach
URL www.danhotels.com
TEL (08)6362222
FAX (08)6362333
S AC 🚿📶📺💰 263US$〜
W AC 🚿📶📺💰 292US$〜
💳 US$ € NIS
CC A D M V

📶 Wi-Fi 全館無料
全室 全室 全室 全室 全室

ダン・ホテルズが経営する大型ホテル。すべての部屋が海に面していて、見晴らしがすばらしい。客室は3〜14階で、12階以上がエグゼクティブやスイートクラス。併設のスパ施設は豊富なメニューがウリ。

ヘロッズ
Herod's Resort Complex

高級　454室
Map P.167C2
ノースビーチ

家族向けのパレス、ビジネス客用のブティック、ホリデイ・フラットとして人気のヴィタリスの3棟からなる。

⬣ 全室　全室　全室　全室　全室　全館無料 🛜Wi-Fi

✉North Beach
URLwww.fattal.co.il
TEL(08)6380000
FAX(08)6380010
Ⓢ AC🚽🛁💧🖥📶200US$〜
Ⓦ AC🚽🛁💧🖥📶222US$〜
💲US$ € NIS ㏄ⒶⒹⓂⓋ

クイーン・オブ・シバ
Queen of Sheba

高級　481室
Map P.167C2
ノースビーチ

中庭にあるオーシャンビューのスイミングプールが自慢。館内にはショッピングモールもある大型ホテル。

⬣ 全室　全室　全室　全室　全室　全館無料 🛜Wi-Fi

✉North Beach
URLwww.queenofshebaeilat.com
TEL(08)6306666
FAX(08)6306677
Ⓢ AC🚽🛁💧🖥📶208US$〜
Ⓦ AC🚽🛁💧🖥📶231US$〜
💲US$ € NIS ㏄ⒶⒹⓂⓋ

ロイヤル・ビーチ
Royal Beach

高級　364室
Map P.167C2
ノースビーチ

エイラットだけで8つのホテルを展開するイスロテルの旗艦ホテル。併設スパはトリートメントメニューが充実。

⬣ 全室　全室　全室　全室　全室　全館無料 🛜Wi-Fi

✉North Beach
URLwww.isrotel.com
TEL(08)6368888
FAX(08)6368811
Ⓢ AC🚽🛁💧🖥📶266US$〜
💲US$ € NIS ㏄ⒶⒹⓂⓋ

プリマ・ミュージック
Prima Music

高級　247室
Map P.165左
コーラルビーチ

「音楽」をテーマにしており、客室内にはCDプレーヤーが備わっている。ロビーでは古いレコードなども飾ってある。

⬣ 全室　全室　全室　全室　全室　全館無料 🛜Wi-Fi

✉Coral Beach
URLwww.prima-hotels-israel.com
TEL(08)6388555
FAX(08)6341961
Ⓢ AC🚽🛁💧🖥📶127US$〜
Ⓦ AC🚽🛁💧🖥📶142US$〜
💲US$ € NIS ㏄ⒶⒹⓂⓋ

アビヴ
Aviv Motel

経済的　50室
Map P.167B1
市街中心部

バスステーションから徒歩約10分。値段の割に部屋は広く、設備も整っている。

⬣ 全室　全室　全館無料 🛜Wi-Fi

✉126 Ofarim Lane
URLwww.avivhostel.co.il
TEL(08)6374660
FAX(08)6371543
Ⓢ Ⓦ AC🚽🛁💧🖥📶200NIS〜
💲US$€ NIS
㏄ⓂⓋ

エイラットYH
Eilat Youth Hostel & Guest House

国際ユース　ベッド数400
Map P.167B2
市街中心部

海岸やショッピングモールにも近い便利な立地。満室のことが多いので予約がおすすめ。

⬣ 全室　全室　全館無料 🛜Wi-Fi

✉Ha Arava Rd.
URLwww.iyha.org.il
TEL(02)5945611
Ⓓ AC🚽🛁💧🖥📶155NIS〜
Ⓢ AC🚽🛁💧🖥📶400NIS〜
Ⓦ AC🚽🛁💧🖥📶530NIS〜
💲US$ € NIS ㏄ⒶⒹⓂⓋ

コリーン
Corinne Hostel

ホステル　ベッド数50
Map P.167B1
市街中心部

木製のバンガローを利用したホステル。酒を持ち込んだり、大声で騒ぐのは禁止。

📺 全室　ロビー周辺無料 🛜Wi-Fi

✉127/1 Retamim St.
URLwww.corinnehostel.com
TEL(08)6371472
Ⓓ AC🚽🛁💧🖥📶05〜110NIS
Ⓢ Ⓦ AC🚽🛁💧🖥📶180〜400NIS
💲US$ € NIS ㏄ⒶⒹⓂⓋ

シェルター・ホステル
The Shelter Hostel

ホステル　ベッド数40
Map P.167A1
市街中心部

バスステーションから徒歩約10分。キッチンもあり自炊可能。門限24:00。エアコンは中央制御式。

✉149/1 Eshel St.
URLwww.shelterhostel.com
TEL(08)6332000
Ⓓ AC🚽🛁💧🖥📶70NIS
Ⓢ AC🚽🛁💧🖥📶150NIS
Ⓦ AC🚽🛁💧🖥📶200NIS
💲NIS ㏄不可

RESTAURANT
レストラン

各国料理から、ナイトライフには欠かせないバーなどにいたるまで数が揃っている。レストランが多いのはハ・テマリム通り周辺、ヨタム通り周辺、ラグーン周辺など。ビーチ周辺のレストランはシャバット中でも営業している店が多い。

Map P.166A2 **ジャクニス**
市街中心部 *Jackniss*

イスラエル料理

モール・センターというビルの中にある、地元で人気の店。メニューは日替わりで、メインに前菜が付いて55NIS均一、ドリンクは別料金になっている。テイクアウトも可能。

✉Mor Centre ☎(08)6376534
🕐11:30～17:00(金～15:00) 休土
💳ⒶⒹⓂⓋ

Map P.167C1 **エル・ガウチョ**
市街中心部 *El Gaucho*

ステーキ

町の北にある有名ステーキチェーン店。ノン・コシェルの店舗もあるが、この店はコシェル専門。メインは69～199NIS。スタッフもフレンドリー。

✉Derech Ha'Arava 🔗www.elgauchoeilat.co.il
☎(08)6331549 🕐12:00～23:00 休無休
💳ⒶⒹⓂⓋ

Map P.167C2 **パストリー**
ノースビーチ *Pastory*

イタリア料理

ピザやパスタは48～86NISで種類も豊富。メインの食事は88～158NISでフィレステーキやシーフードなどが充実。ワインはイスラエル産とイタリア産を用意。

✉7 Tarshish St. ☎(08)6345111
🕐13:00～23:00 休無休
💳ⒶⒹⓂⓋ

Map P.167B2 **オリャ**
ノースビーチ *Olla*

南欧料理
南米料理

イタリア、スペイン、ペルー、ウルグアイなどラテン系各国の料理が楽しめるレストラン。メインの食事はひと皿53～198NIS。ワインも各種充実。

✉7 Tarshish St. 🔗www.olla-tapas.co.il
☎(08)6325566 🕐13:00～翌1:00(金12:30～18:30
±19:30～23:00) 休無休 ⒶⒹⓂⓋ

Map P.167B2 **ジンジャー**
市街中心部 *Ginger Asian Kitchen & Bar*

タイ料理
日本料理

メインはタイ料理だが、日本料理の品揃えも充実しており、うどん、寿司、刺身などもメニューにある。ご飯物は54～78NIS、麺類は49～78NIS。

✉Yotam St. ☎(08)6372517
🕐12:00～23:00
休無休 💳ⒶⒹⓂⓋ

Map P.167B2 **パディーズ**
市街中心部 *Paddy's*

アイリッシュパブ

大きなテラス席のあるアイリッシュパブ。毎週木曜にバンドのライブ演奏がある。メニューはサンドイッチ52～56NIS、グリル類30～130NIS、シーフード78～115NISなど。

✉Front of New Tourist Centre 🔗www.paddys.co.il
☎(08)6370921 🕐12:30～翌4:00 休無休
💳ⒶⒹⓂⓋ

エジプト安全情報

シナイ半島のリゾート

アジアとアフリカを結ぶ「橋」のような存在であるシナイ半島。4度の中東戦争を経て現在はエジプト領となっており、沿岸は高級ホテルが立ち並ぶリゾート地として世界中から観光客が多く集まる。透明度抜群の海はかつてフランスの海洋学者クスコーに「世界で最も美しい海」とたたえられ、ダイバー憧れの地。

しかし、2011年の「アラブの春」以降、シナイ半島の治安が悪化。武装勢力によるエジプト治安部隊への攻撃、軍の検問所付近での爆弾テロなどが発生し、多数の死傷者が出ている。外国人もターゲットにされるようになり、旅行者が誘拐される事件も起こった。数時間後に無事解放されたが、軍を中心に武装勢力の掃討作戦が強化されているにもかかわらず、治安の回復は見られていない。2018年8月現在、日本の外務省は北シナイ県、南シナイ県(アカバ湾に面したダハブからシャルム・イッシェーフまでの沿岸地域を除く)に「渡航は止めてください」(渡航中止勧告)の危険情報を出しており、日本人観光客がこの地に入らないように強く要請している。

ダハブからシャルム・イッシェーフまでの沿岸地域は「十分注意してください」ではあるが、イスラエルから陸路で入る場合はエイラットからターバーの検問所を越えてからの移動になるということを頭に入れておこう。

ダハブ Dahab

ダハブはイスラエル占領下の時代に造られたリゾート地。タイやカリブ海リゾートをイメージする観光客も多く、若い旅行者や長期滞在のイスラエル人に好まれるエリアだ。個性的なホテルの多い、独特の雰囲気をもったエリアとなっている。

マシュラバのビーチ。海のグラデーションが美しい

シャルム・イッシェーフ Sharm El-Sheikh

シャルム・イッシェーフは、イスラエル占領時代に造られた町で、シナイ半島の南端に位置する軍事拠点。シナイ半島返還協議の際もイスラエルは最後までこの地のエジプト返還を拒み続けた。そのためか町にエジプトの雰囲気はあまりない。政府はナアマ・ベイの高級リゾート地化を進めているため、5つ星ホテルが乱立し、エジプトとは思えないほどに物価が高い。ティラン諸島やラス・ムハンマドなど紅海沿岸を代表するダイビングスポットが多く、世界中のダイバーが集まる。

ターバーの沖合にそびえるフィルオーン島。エイラットからはツアーで訪れることができる

マーヤ・ベイのビーチ。周辺には高級ホテルが集まる

●エイラット/エジプト安全情報

173

シナイ山と修道院
Mount Sinai & Monastery

ガバル・ムーサと呼ばれるその山は、
モーセが十戒を授かった地と信じられてきた。
毎日のように人々が巡礼に訪れ、若い者にとっても、
決して楽な道のりとはいえないこの真っ暗な道を、
杖を持って一歩一歩かみしめるように登る姿に、
心を動かされずにはいられない。

シナイ山に登るには、おもにふたつのルートがある。短いが、かなりキツイ階段コースと、19世紀に造られたラクダが通れる道だ。ちなみに階段は3750段。頂上には、1930年に建てられた三位一体聖堂と小さなマスジェドが並んで建っている。日の出の景色は壮観。ただし、山頂はとても寒い。防寒具は必須。

聖カトリーナ修道院
Saint Catherine's Monastery

330年にローマ皇帝コンスタンティヌスの母のヘレナが建てた「燃える柴礼拝堂」がもとになっている。シナイの荒野で羊を飼っていたモーセが、いつまで経っても燃え尽きることのない柴を見て不思議に思い、近づこうとすると、「ここは聖なる地なので近づいてはいけない」という神の声を聞いたという場所。後に十戒を授かるガバル・ムーサの麓にあたる。

連なる山の間にひっそりとたたずむ聖カトリーナ修道院

修道院の建物は、いびつな四角形をしている。縦85m×横76mで、高さ15mほどの壁に囲まれている。この壁の南と西の部分は14世紀に起こった地震のときに崩れ、後に再建されたもの。

聖カトリーナの安全情報

周辺では外国人旅行者が武装グループなどによって誘拐される事件が発生している。2018年8月現在、日本の外務省は渡航情報として「渡航は止めてください」の危険情報を発出（継続）。ダハブなどの都市からツアーで行くことはできるが、最新情報を入手し、安全対策を慎重に検討してから行動すること。

十戒

1. あなたはわたしのほかに、なにものをも神としてはならない。
2. あなたは自分のために、刻んだ像を造ってはならない。
3. あなたは、あなたの神、主の名を、みだりに唱えてはならない。
4. 安息日を覚えて、これを聖とせよ。
5. あなたの父と母を敬え。
6. あなたは殺してはならない。
7. あなたは姦淫してはならない。
8. あなたは盗んではならない。
9. あなたは隣人について、偽証してはならない。
10. あなたは隣人の家をむさぼってはならない。

●シナイ山（エジプト）

アカバ

アカバ
Aqaba

アル・アカバ
العقبة

アカバの南に広がるプライベートビーチ

国番号　962
市外局番　03

電話のかけ方

イスラエルからかけるときは国際電話識別番号（→P.7）＋962（3）＋電話番号。ヨルダン国内の市外通話は市外局番＋電話番号。アカバ域内の通話は電話番号をダイヤルする。

■アカバへの行き方
●エイラットから
🚗エイラットからヨルダンのアカバ国境までは公共交通機関はないのでタクシーで行くことになる。町の中心部から国境までは約35NIS。国境を越えたら、アカバまではタクシーを乗り換えて11JD。出国税は106NIS。

■アカバの❶　Map P.177A1
📞(03)2035360
🌐www.aqaba.jo
🕐9:00～17:00　休無休

アカバの❶

■エジプト領事館
Map P.177B1外
✉Al-Wahdat Al-Jarbiyya, Al-Istiqlal St.
📞(03)2016171
🕐9:00～12:00　休金・土
ツーリストビザは写真2枚と17JD、パスポートのコピーが必要。発行までには約2週間かかるとのこと。

　ヨルダン唯一の港町にして紅海リゾートタウン。北はイスラエルのエイラット、南はサウジアラビアに接している。海岸線はわずか20kmほどにすぎないが、その短い海岸線には20ものダイビングスポットがあり、世界中のダイバーを引きつけてやまない。ダイビングをしない人も、ビーチで珊瑚礁を見たり、スノーケリングをしたりと楽しみ方は色々。ヨルダンを代表する観光地ペトラ、ワディ・ラムへの拠点としても重宝する町だ。

アカバの歩き方

　アカバの地理は北海岸、中心部、南海岸と3つのエリアに分けて考えるとわかりやすい。

北海岸　北海岸は大型、高級のリゾートホテルが集中するエリア。リゾートホテ

中心部のパブリックビーチではグラスボートで海底観察が手軽に楽しめる

ルはプールを備えているが、プライベートビーチを備えたホテルは少ない。海水浴をしたい人は、それぞれのホテルが提携するビーチを割安料金で利用できる。

中心部　経済的～中級ホテルやレストランが多いエリア。❶があるのは町の中心部、イーラ広場から東へ行った広場の一角にある。中心部の海岸沿いはパブリックビーチになっており、地元の人たちはここで服を着たまま泳いでいる。

南海岸 ダイビングセンターが多く、ビーチが広がっている。北海岸のホテルとの間にシャトルバスを運行しているビーチもある。

🦜 アクティビティ 🤿

　ダイビングショップが多い。料金はダイビング1回30JD 〜。体験ダイビングが35JD 〜。スノーケリングは1日15JD 〜。

📷 アカバの見どころ 📷

アカバの歴史を500年以上見つめてきた　　　**Map P.177A2**

🏛 アカバ要塞

قلعة العقبة	**Aqaba Fort**
カルアト・アル・アカバ	アカバ・フォート

　アカバ要塞は16世紀初め頃、マムルーク朝時代末期に建てられた要塞。第1次世界大戦のときにイギリス軍の爆撃を受け、現在見られるものは戦後に修復されたもの。

　要塞の隣には考古学博物館がある。ここではイーラ遺跡での発掘物を中心とした展示がされている。

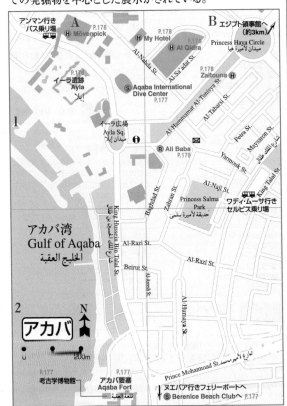

■ダイビングセンター
●Aqaba International Dive Center
Map P.177A1
☎(03)2031213
🌐www.aqabadivingcenter.com
●Berenice Beach Club
Map P.177B2外
☎(03)2050077
🌐www.berenice.com.jo
南海岸にある。町の多くのホテルと提携を結んでおり、1日1〜3便シャトルバスを運行している。プライベートビーチも併設している。

ベルニース・ビーチ・クラブのプライベートビーチ

■アカバ要塞
🕐8:00〜14:30
🚫金・土
💴3JD(考古学博物館と共通)
📷不可

第1次世界大戦後に修復された

考古学博物館の展示

●アカバ（ヨルダン）

アカバ旧市街の遺跡

海岸近くにひっそりとたたずむ
🏛 イーラ遺跡

| أيلة
イーラ | **Ayla**
アイラ |

Map P.177A1

　7～11世紀にかけてエジプトからメッカへの巡礼路として栄えたアカバの旧市街。遺跡は基礎部分しか残っていないが、英語とアラビア語の解説板で詳しい説明がされている。

HOTEL ホテル **RESTAURANT** レストラン

　高級ホテルは町の北部に集中しており、町の中心部には中級、経済的な宿が多い。

　リゾートタウンだけあって、レストランは数、種類ともに豊富。ただしアルコール類を出す店は少ない。

モーベンピック
Mövenpick Resort & Residence Aqaba

最高級 269室　**MAP P177A1**

⊠King Hussein St.
URLwww.moevenpick-hotels.com/aqaba
TEL(03)2034020　FAX(03)2034040
Ⓢ W AC 📶 🍴 🚹 108JD～
💳US$ € JD　CCAMV

🚹 全室 TV 全室 🪮 全室 🧺 全室 📺 全室 📶 Wi-Fi 全館無料

　イーラ遺跡のそばにあるリゾートホテル。プライベートビーチの砂浜も美しく、レストランやカフェはホテル内に計8軒ある。

マイ
My Hotel

中級 63室　**MAP P177A1**

⊠Al-Nahda St.
URLwww.myhotel-jordan.com
TEL(03)2030890
FAX(03)2030893
Ⓢ AC 📶 🚹 35JD～
Ⓦ AC 📶 🚹 45JD～
💳US$ € JD　CCMV

🚹 全室 TV 全室 🪮 全室 🧺 全室 📺 全室 📶 Wi-Fi 全館無料

　充実した設備に比べ、割安感があり人気が高い。屋上はプールになっている。ベルニース・ビーチ・クラブとモーベンピック・ホテルのビーチと提携している。

アル・キドラ
Al Qidra Hotel

中級 54室　**MAP P177B1**

⊠Al-Saada St.
URLwww.alqidrahotelaqaba.com
TEL(03)2014230
FAX(03)2018899
Ⓢ AC 📶 🚹 30JD～
Ⓦ AC 📶 🚹 35JD～
💳JD　CCAMV

🚹 全室 TV 全室 🪮 希望者 🧺 全室 📶 Wi-Fi 全館無料

　町の中心部から徒歩5分ほどの所。ほとんどの客室がバルコニー付きで、スタッフは女性が多く対応もていねい。長期滞在者は割引の交渉が可能。

ザイトゥーナ
Zaitouna Hotel

中級 61室　**MAP P177B1**

⊠Al-Tounesiah St.
TEL(03)2019601
FAX(03)2019605
Ⓢ AC 📶 🚹 36JD～
Ⓦ AC 📶 🚹 45JD～
💳JD　CC不可

🚹 全室 TV 全室 📶 Wi-Fi 全館無料

　アカバ湾から徒歩7～8分の場所にある2つ星ホテル。豪華ではないが、設備は調っており、スタッフもフレンドリー。

Map P.177B1　### アリ・ババ
Ali Baba

シーフード
バラエティ

　❶のすぐそばにあるレストラン。シーフードに定評があるが、最大の特徴はメニューの豊富さで、ステーキやパスタ、カレーなども食べることができる。メインは5～23JD。アルコール類も出す。

⊠Al-Tounesiah St.　TEL(03)2013901
回12:00～翌1:30　困無休　CCAMV

ペトラ

ペトラ
Petra

アル・ベトラーッ
البتراء

エルサレム•

ペトラ•

国番号　962
市外局番　03

電話のかけ方

イスラエルからかけるときは国際電話識別番号（→P.7）＋962（3）＋電話番号。ヨルダン国内の市外通話は市外局番＋電話番号。ペトラ域内の通話は電話番号をダイヤルする。

●ペトラ（ヨルダン）

ペトラの代名詞ともいえる遺跡、アル・ハズネ

　中東を代表する遺跡のペトラは紀元前4世紀から紀元後1世紀にかけてアラビア半島から地中海へと通じる通商ルート「香料の道」をおさえ、貿易で栄えたナバテア王国の首都。2世紀にローマ帝国の属州に組み込まれて以降も6世紀までその繁栄を享受した。

　その後長い間歴史の闇に隠れていたペトラが再び姿を現すのは1812年のスイス人探検家ブルクハルトによる発見による。ピンク色をした岩を削って造られた建物が並ぶその町並みはイギリスの詩人ディーン・バーゴンによって「時の刻みと同じくらい古いバラ色の都市」と称賛している。

　また、映画『インディ・ジョーンズ 最後の聖戦』のロケ地であり、アガサ・クリスティーの推理小説『死との約束』の舞台としても取り上げられている。

世界遺産

ペトラ **Petra**
1985年登録

■ペトラへの行き方
●アカバから
🚌セルヴィス が7:00〜11:00頃、満席になり次第出発するので明確な出発時刻は決まっていない。所要約2時間30分、5JD。
🚗所要約2時間、料金の相場は片道45JD。
●エイラットから
🚌旅行会社が日帰り、1泊のツアーを催行している。料金はひとり250US$〜。

旅の起点となる町

起点の町　ワディ・ムーサ Wadi Mousa

　ペトラ観光の起点になる町は、遺跡の入口から東へ1.5kmほど離れたワディ・ムーサ。経済的な宿やレストラン、両替所があり、アカバからのセルヴィスが到着するのもワディ・ムーサのバスステーションだ。ワディ・ムーサからペトラへは徒歩でも行けるが、経済的なホテルの多くが、迎迎サービスを行っている。タクシーで行くなら片道2JDが相場だが、多くのドライバーはぼってくることが多い。ペトラ遺跡入口近くにもホテルがいくつかあるが、そのほとんどが高級ホテル。

ワディ・ムーサ

Valentine Inn
P.182 H

P.182
H Al-Rashid

P.180
ペトラ遺跡へ←
H Mövenpickへ
P.182

Petra Gate H

P.182
バスステーション
Cleopatra H
アカバへ

N

0　　　　200m

バラ色に輝く古代都市
ペトラ

とにかく広大　ペトラ遺跡はとにかく広大。くまなく見ようと思うと数日がかりになってしまう。チケットも1日券だけでなく、2日券、3日券も販売している。

馬車やロバ　ビジターセンターとその周辺では、チケットの販売のほか、ガイドの手配や馬車やロバ、ラクダといった乗り物の手配も行っている。もっとも、乗り物については、遺跡のいたるところでひろうことができるので、最初から手配しなくても、疲れたときにひろうという形でいいだろう。

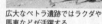
広大なペトラ遺跡ではラクダや馬車などが活躍する

水分補給を忘れずに　遺跡内ではかなり歩くことになるので水は必携。いくつかのポイントで購入することも可能で、レストランもある。

アッデイル

Monastery	モナスタリー
الدير	アッ・デイル

　アル・ハズネと双璧をなすペトラの見どころ。修道院という意味で、もともとはアル・ハズネと同様に神殿として使われていたのだが、後に修道士がこの近くに住むようになったためこの名前がつけられた。アッデイルは丘の頂上付近に建っており、博物館から徒歩で約1時間はかかる。入口から途中に見学などを含まずに片道で2時間ほど。

柱廊通り

Colonnaded Street	コロネイデッド・ストリート
معمدة شارع	マアムダ・シャーリヤ

　柱廊の両側には王宮や市場、神殿などが並んでおり、柱廊の最後には、凱旋門が設けられている。この見事な柱の通りが造られたのは、2世紀にペトラがローマ帝国の属州になって以降のこと。凱旋門を越した所にはレストランがあり、その先には小さな博物館がある。アル・ハズネから博物館までは真っすぐ歩くだけで25分ほど。もちろん見学しながらだとさらにかかる。

撮影ポイント

アッデイル
Monastery
الدير

坂道がキツイ

ライオン・
トリクニニウム
Lion Triclinium Basin P.182 R

博物館
Museum
المتحف

アル・ハビス城
Al-Habis Fort

乙女の城
Qasr Al-Bint قصر البنت

柱廊
Colonnad
Str

ニンフェウ
Ninphaeur

トリクニニウ
Triclinium

ローマ兵の墓
**Roman
Soldier's Tomb**

ライオン・モニュメント
Lion Monument

D A T A

ペトラ遺跡 Map P.180

Petra ペトラ

آثار البترا アーサール・アル・ベトラーッ

圏夏期6:00〜19:30（最終入場18:00）
　冬期6:00〜18:30（最終入場16:00）　困無休
圉1日券50JD　2日券55JD　3日券60JD
※入場料は入口からオベリスクの墓の少し先までの乗馬料金込み（チップは別途必要。目安として3〜5JD）。
※エイラットなど国外からの日帰り旅行の場合は90JD

王家の墓

Royal Tombs　ロイヤル・トゥームズ

المقابر الملكية　アル・マカービル・アル・マルキーヤ

　劇場から通りを挟んだ丘の上には、王家の墓が並んでいる。アル・ハズネに比べると風化が激しいが、それでもかつての威容は十分に残している。王家の墓のなかでも最も南に位置するアーンの墓は5世紀頃にはキリスト教の教会として利用されていた。

ペトラ・バイ・ナイト

　アル・ハズネのある広場をロウソクでライトアップし、ベドウィン音楽の演奏を楽しむイベント。雨と強風時は中止になる。
圏月・水・木20:30〜22:30　圍17JD

アル・ハズネ

The Treasury　ザ・トレジャリー

الخزنة　アル・ハズネ

　紀元前1世紀〜後2世紀頃に造られた神殿の跡で、ファサードからはヘレニズム建築の強い影響が感じられる。アラビア語で宝物庫という意味だが、実際には宝物庫として使われたという記録はない。

ゥルクマニヤの墓
Turkmaniya Tomb
凱旋門
Triumphal Arch
翼をもったライオンの寺院
Winged Lion Temple

ビザンツ教会
Byzantine Church
眺めがいい

セクスティウス・フロレンティヌスの墓
Sextius Florentinus Tomb
コリント様式の墓
Corinthian Tomb
シルクの墓
Silk Tomb
アーンの墓
Urn Tomb

劇場
Main Theatre
المسرح
撮影ポイント

記念撮影の
ラクダがいる

義牲祭壇
High Place
or Sacrifice

スィーク
As-Siq
السيق

アル・ハズネ
Treasury
الخزنة

道の両側が
切り立った崖

アル・ムスリム・トンネル
ビジターセンター

P.182
Petra Guest House
Ⓗ

ワディ・ムーサ中心部へ

ジン・ブロックス
Djinn Blocks

ここが入口

乗馬の勧誘がある
(チップは別料金)

オベリスクの墓
Obelisk Tomb

N

● ● ●
0　　　　200m

ペトラ

スィーク

Siq　スィーク

السيق　アッ・スィーク

　入口からしばらく進んでいくと、まず左側に岩を削って造られたオベリスクの墓が見えてくる。さらに進んでいくと、両側を岩壁に挟まれた細い路地スィークへと続いていく。スィークには水路の跡なども見られる。そしてスィークを抜けた所で目に飛び込んでくる建物がアル・ハズネだ。入口からスィーク until での距離は約1.5km、徒歩だと30分ほどかかる。

劇場

Main Theatre　メイン・シアター

المسرح　アル・マスラフ

　2〜3世紀頃に建てられた劇場で、岩を削ってできている。この劇場には5000人以上を収容できたという。ちなみに最盛期のペトラは1〜3万人の人口がいたと推定されている。

経済的なホテルはワディ・ムーサに集中し、高級ホテルは、ペトラ遺跡の近くか、遺跡を見下ろせる場所にある。宿の多くはペトラへの送迎サービスを行っているが、宿泊料に含まれるかどうかは要確認。庶民的なレストランはワディ・ムーサの中心部に集中している。

モーヴェンピック
Mövenpick Petra

最高級	MAP P.179 外
183室	ペトラ遺跡入口

⊠Wadi Mousa
URLwww.moevenpick-hotels.com/petra
TEL(03)2157111
FAX(03)2157112
⑤AC107JD
⑩AC116JD
US$ € JD ⑥ADMV

全室 全室 全室 全室 全室 全館無料

建物全体がアラブ風の内装で統一されている。レストランやバーは全部で6軒あり、屋外スイミングプールやサウナ等も備えている。

ペトラ・ゲストハウス
Petra Guest house

高級	MAP P.181
72室	ペトラ遺跡入口

⊠Wadi Mousa
URLwww.guesthouse-petra.com
TEL(03)2156266
FAX(03)2156977
⑤AC85JD 〜
⑩AC100JD 〜
US$ € JD ⑥ADMV

全室 全室 全室 全室 全室 全館無料

ペトラ遺跡の入口近くにある4つ星ホテル。客室からの眺めが自慢で、設備も申しぶんがない。岩を削って造られた洞窟バーでは水タバコを楽しむこともできる。

アッラシード
Al-Rashid Hotel

中級	MAP P.179
30室	ワディ・ムーサ

⊠Wadi Mousa
URLwww.alrashidhotel.com
TEL(03)2156800
FAX(03)2156801
⑤AC35JD 〜
⑩AC45JD 〜
US$ € JD ⑥MV

全室 全室 全館無料

ワディ・ムーサの中心部にある3つ星ホテル。外観はやや古びた感じだが、内部はモダンで清潔感にあふれている。レストランも併設している。

クレオペトラ
Cleopatra

中級	MAP P.179
15室	ワディ・ムーサ

⊠Wadi Mousa
TEL & FAX(03)2157090
⑤AC20JD
⑩AC32JD
US$ € JD
⑥MV

希望者 全館有料

バスステーションからの坂道を上った所にある。中級ホテル並みの設備だが良心的な価格設定。左記の料金はペトラへの送迎サービスを含んだ料金。

ヴァレンタイン・イン
Valentine Inn

経済的	MAP P.179
32室	ワディ・ムーサ

⊠Wadi Mousa
URLvalentine-inn.com
TEL & FAX(03)2156423
Ⓓ5JD 〜
⑤14JD 〜
⑩18JD 〜
US$ € JD JPY ⑥不可

全室 一部 希望者 一部無料

ワディ・ムーサでは有名な安宿。ドミトリーのベッド数は1部屋4 〜 14。食事は朝食3JD、ディナービュッフェが7JD。キッチンも利用可。

Map P.180	ベイズィン	アラブ料理
ペトラ遺跡内	**Basin**	

ペトラ遺跡内、博物館のすぐ近くにあるクラウン・プラザ直営のレストラン。アラブ料理のビュッフェで料金はひとり17JD。料金にはドリンクは含まれていない。ヨルダンのビールやワインも置いている。

⊠Petra TEL(03)2156266
⊙11:30〜16:00 ⑥無休 ⑥ADMV

テルアビブと北部イスラエル

テルアビブとシャロン平野　地中海岸には古代フェニキア時代から栄えた歴史ある町が点在し、海岸に沿うように鉄道が走っている。1909年に建設されたテルアビブは、古代から港町として栄えたヤッフォをのみ込んでテルアビブ・ヤッフォとなり、現在では周辺の町も取り込んでグッシュ・ダンと呼ばれる大都市圏を形成している。

　沙漠のイメージが強いイスラエルだが、テルアビブからガリラヤ湖までの地域は比較的温暖で雨も降る。イスラエル農業の中枢で、日本にも輸出される「スウィーティー」「ジャッファオレンジ」といった柑橘類の産地として有名な所だ。

ハイファと西ガリラヤ地方　地中海岸からガリラヤ湖の西側にいたるエリア。ツファットから西は標高500m以上の高地が続き、夏は避暑地としても人気がある。20世紀以降、この地に住みはじめたユダヤ人のほか、キリスト教徒やムスリム、ドルーズ派など、さまざまな人々が共に暮らしている。

ハイファ
P.224

地中海

レバノン

ゴラン高原

P.252
ナハリヤ
Nahariya
ツファット
Tsfat(Safed)
P.256
アッコー
Akko(Acre)
P.244

P.221
ズィフロン・ヤアコヴ
Zichron Ya'akov
エズレル平野

ベト・シェアン
Bet Shean
P.268

カイザリヤ
Caesarea
P.218

ヤッフォ
Jaffa
P.213

エルサレム
Jerusalem

ティベリヤ
P.272

ナザレ
P.260

テルアビブ
P.186

ナザレとエズレル平野　イエスとその家族ゆかりのナザレは巡礼者が多く訪れ、エズレル平野にはキブツや旧約聖書に記された遺跡が点在している。

ティベリヤと北ガリラヤ地方　標高マイナス200m地点にあるガリラヤ湖付近は春が美しい。小さな野草が可憐な花を一面に咲かせる風景は、ガリラヤ湖の青によく映える。

　ガリラヤ湖の北に広がる高原地帯は北ガリラヤ地方と呼ばれている。緑が極端に少なくなり、大きな岩がゴロゴロと転がり、わずかな草を求めて羊が群れている。ゴラン高原を眺めながらフーラ渓谷を北上すれば、やがて標高1000mを超す高原地帯になる。レバノン国境にあるヘルモン山は標高2814m。冬には雪を頂き、その雪解け水はヨルダン川の水源となっている。山裾に近づくにつれ緑濃い山岳風景となる。

必見 イエスの足跡を辿る

　イエスが伝道生活を始めるまで過ごしたナザレ（→P.260）では、イエスとその家族ゆかりの教会が多く残る。受胎告知教会（→P.262）には世界中のキリスト教会から寄付された絵画が並ぶ。

　ガリラヤ湖畔はイエスが布教を行った場所。湖の北岸にあるタブハ村にはイエスと十二使徒ゆかりの教会が点在している。村には美しいモザイクが残るパンの奇蹟の教会（→P.276）やイエスとペトロが出会った場所とされるペテロ首位権の教会（→P.276）がある。丘の上にある山上の垂訓教会（→P.277）からは湖全体を見渡せ、イエスが宣教をおこなったとされるカペナウム（→P.277）も近くにある。

ペテロ首位権の教会にあるイエスとペテロの像

エンタメ モダンアートとショッピング

テルアビブのディゼンゴフ通り

　ショッピングを楽しむのならテルアビブ（→P.186）がおすすめ。最先端のブランドや若手有望アーティストの店が多く集まっている。おしゃれなショッピングモールでの買い物も楽しい。モダンダンス（→P.198）も盛んで、世界で注目されている舞踏団の公演も行われている。

グルメ アラブ料理

西欧料理の要素を入れることも

　美食の町として有名なナザレ（→P.260）を中心に、アラブ人が住むエリアでは美味しいアラブ料理を堪能できる。ハイファのジャーマン・コロニー（→P.233）周辺もアラブ料理を出すしゃれた店が多い。

交通ガイド

　イスラエル北部は大きな都市が多いため、中南部に比べて交通の便が比較的よく、片道3時間もあればだいたいの場所へ行くことができる。宿泊施設の整った大きな町に数泊して、そこをベースに周囲の見どころを回るのもいい。エズレル平野やゴラン高原など、バスの便が少ないエリアもあるので、タクシーやレンタカーの活用も検討しよう。

ハイファのレフ・ハ・ミフラズ・バスステーションは北部観光の起点

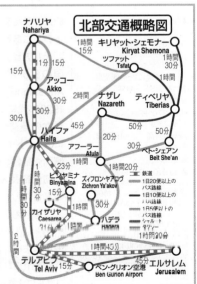

北部交通概略図

ナハリヤ Nahariya
キリヤット・シェモナー Kiryat Shemona
ツファット Tsfat
アッコー Akko
ナザレ Nazareth
ティベリヤ Tiberias
ハイファ Haifa
アフーラー Afula
ベト・シェアン Beit She'an
ビンヤミナ Binyamina
ズィフロン・ヤアコヴ Zichron Ya'akov
カイザリヤ Caesarea
ハデラ Hadera
テルアビブ Tel Aviv
ベン・グリオン空港 Ben Gurion Airport
エルサレム Jerusalem

鉄道
1日20便以上のバス路線
1日10便以上のバス路線
1日5便以下のバス路線
シャトル
タクシー

1時間15分
1分 15分
1時間30分
1時間
15分
2時間
30分
30分
45分
50分
50分
20分
30分
23分
1時間
1時間20分
15分
30分
1時間
1時間45分
15分
45分
1時間20分

185

テルアビブ
エルサレム

テルアビブ

テル・アヴィヴ
Tel Aviv

テル・アヴィヴ
תל-אביב

ビーチ沿いに高層ビルが並ぶテルアビブ

市外局番 03

標高 5m

Maps
都市圏 P.188
広域 P.189
中心部（北） P.190
中心部（南） P.190
北部 P.191

世 界 遺 産

テルアビブの現代建築群

White City of Tel Aviv - the Modern Movement

2003年登録

■テルアビブへの行き方
●エルサレムから
🚌運行:1～2時間に1便程度
所要:約1時間50分
運賃:20NIS
🚌No.405→P.303①
●エイラットから
🚌No.390→P.304㉙、
No.394→P.304㉚
●ベエル・シェヴァから
🚌運行:1時間に2～4便程度
所要:1時間5分～1時間45分
運賃:27NIS
🚌No.770→P.304㉛
●ハイファから
🚌運行:1時間に2～4便程度
所要:約1時間15分
運賃:27.5NIS
🚌No.910→P.304㉟
🚌No.921→P.304㊱
■日本大使館 Map P.189B2
✉Museum Tower 19th Floor, 4 Berkowitz St.
☎(03)6957292
FAX(03)6910516
🌐www.israel.emb-japan.go.jp
🕐9:30～12:30 14:00～16:00
（金9:30～12:30）
休土・日

　テルアビブは、20世紀に生まれた新しい都市。各国大使館、大学、新聞社、おもな企業、イスラエル・フィルのホームであるマン・オーディトリウムや、劇団ハビマの本拠地ハビマ劇場など、政治、経済、文化の中枢機関が集中している。

　20世紀初頭には荒廃した砂丘にすぎなかったテルアビブに人々が住みはじめたのは1909年のことである。当時アラブ人の町だったヤッフォに、ヨーロッパから移住した60家族のユダヤ人が、環境のよいユダヤ人の町を造りたいとヤッフォの北にある土地を購入したのが始まり。

　テルアビブとはヘブライ語で「春の丘」の意味をもつ。建国の父テオドール・ヘルツルの小説『アルトノイラント Altneuland』（＝古くて新しい土地）の一節がその由来だ。1920年代には、多くのポーランド商人を移民として迎え、現在の商業都市の基盤ができはじめた。さらに1930年代に入るとドイツから学者や医者、芸術家が移住し、文化的側面も整備されるようになった。

　初代市長メイル・ディゼンゴフは「この町には2万5000人の人が住むようになるだろう」と言ったが、現在は約40万の人口を抱える大都市。それでいて、地中海を目前にしたリゾート地でもあり、都市計画に沿ってつくられているので、住環境はまるでカントリーサイドのような落ち着いた風情だ。

　建都100年を超えてなお再開発が進められ、テルアビブはさらに大きく変わろうとしている。

旅のモデルルート

大きな町だが見どころはある程度エリアごとに固まっているので、ダン・バスやシェルートで移動しながら観光できる。

半日 テルアビブ散策半日コース

ディゼンゴフ広場からネヴェ・ツェデクへと世界遺産になっている白い家並みを眺めながら、テルアビブを散策する半日コース。

ディゼンゴフ広場→ロスチャイルド通り→シャローム・タワー→ヘルツル通り→ネヴェ・ツェデク
P.196　　　　　　　　　　　　　　　　P.194

ロスチャイルド通り

機能的でありながら柔らかい曲線が優美なディゼンゴフ広場から歩き始めよう。ロスチャイルド通りは、歩道を中心に配してキヨスク（売店）を交差点近くに置くという、テルアビブの都市設計の基本がよく現れた道。1930年代から人に優しい町造りを目指してきたことがよくわかるだろう。シャローム・タワーでテルアビブの町の歴史をひととおり見たら、ヘルツル通り、ネヴェ・ツェデクと町の最も古い部分を見ながら歩こう。

テルアビブの歩き方

テルアビブはいくつかのエリアに分かれているが、ヤッフォに隣接するエリアから北へ、東へと町が発展していったので、南西へ行けば行くほど古い町並みが残っている。エリアごとに特徴が違うので、目的に合わせて散策したい。

ネヴェ・ツェデク テルアビブで最も古い地区。近年再開発が進み、空き家だった建物をおしゃれな店舗に改装するケースが増えていて、歩くのが楽しいエリア。

マゲン・ダヴィド広場周辺 テルアビブ屈指の繁華街。日用品のカルメル市場のほか、フリーマーケットが開かれるナハラト・ビンヤミン通りNahalat Binyamin St.、イスラエルの流行発信地であるシェンキン通りShenkin St.などが広場から延びており、さまざまなスタイルの買い物が楽しめる。

ディゼンゴフ広場周辺 ディゼンゴフ広場Dizengoff Sq.は世界遺産の「白い町」の雰囲気をよく示している。この周辺やディゼンゴフ通りには、カフェなどに混じり小さなブティックが軒を連ねる。ここから飛躍するデザイナーも多い。

ベン・イェフダー通り 昔からバックパッカーが集まるエリアで、数は減ったといえホステルやコインランドリーなどが並ぶ。アンティークの店や自然雑貨店、シュワルマやファラフェルなど軽食の店もある。

ハ・ヤルコン通り 高級ホテルが並ぶエリアで、その西側は地中海岸。北から南まで途切れることなくきれいなビーチが続いている。

再開発が進むネヴェ・ツェデク地区

シェンキン通り周辺は街で最もおしゃれな地域

「白い町」の象徴、ディゼンゴフ広場

海岸沿いには高級リゾートホテルが並ぶ

●テルアビブ

テルアビブ都市圏

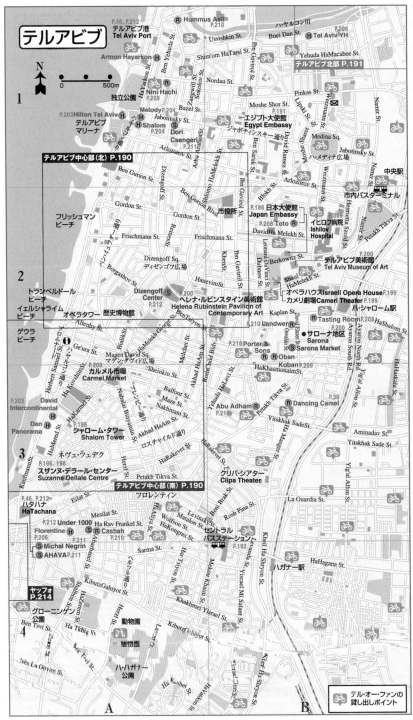

テルアビブ

テルアビブ

189

R Hummus Asli
ハ・ヤルコン川 P.206
P.46, P.212 テルアビブ港 Tel Aviv Port
Ussishkin St. Bnei Dan St. H Tel Aviv YH
Yehuda HaMacabee St.
Armon Hayarkon H Shim'om HaTarsi St.
独立公園 Nordau St. テルアビブ北部 P.191
Nini Hachi Pinkas St. 中央駅
P.209 Moshe Shor St.
P.203 Hilton Tel Aviv H Melody P.204 エジプト大使館 市内バスターミナル
テルアビブ Jabotinsky St. Egypt Embassy ジャボティンスキー通り
マリーナ H Shalom P.204 P.191
Dori Medina Sq. Jabotinsky St.
Csengeri P.211 ハ・メディナ広場
テルアビブ中心部(北) P.190 Ben Sarik St.
Ben Gurion St. David Ramez St. Arlozorov St.
フリッシュマン Ben Gurion Blvd P.186 日本大使館 市内バスターミナル
ビーチ 市役所 Japan Embassy P.305
Gordon St. P.208 Toto R イロフ病院
Gordon St. DavidHa Melekh St. Ishilov
Frischmann St. Frischmann St. Leonard DaVinci St. Hospital
Berkowitz St. テルアビブ美術館
Dizengoff Sq. Tel Aviv Museum of Art
ディゼンゴフ広場 Shaul P.200
トランベルドール HanevimSt. HaMelekh St. オペラハウスIsraeli Opera House P.199
ビーチ Dizengoff P.200 カメリ劇場Cameri Theater P.199
イェルシャライム Center P.212 ヘレナ・ルビンスタイン美術館 ハ・シャローム駅
ビーチ オペラタワー 歴史博物館 Helena Rubinstein Pavilion of Kaplan St. Tasting Room P.208
Allenby St. Contemporary Art P.210 Landwer R HaShalom St.
ゲウラ P.210 Porter & サローナ地区
ビーチ Ge'ura St. Magen David Sq. Sons Sarona
マゲン・ダヴィド広場 R Oban サローナ・マーケット
Sheinkin St. Koban P.209 Sarona Market
カルメル市場 HaKhasmonaimSt.
Carmel Market Balfour St.
Maze St. Yehuda HaLevi St.
P.203 Nakhmani St. R Abu Adham R Dancing Camel P.36
David Akhad HaAm St. P.210
Intercontinental シャローム・タワー Yitzhak SadeSt.
Dan P.196 Shalom Tower Petakh Tikva St. Aminadav St.
Panorama ネヴェ・ツェデク HaRakevet St. Yitshak Sade St.
P.196, 198 Herzl St.
スザンヌ・デラール・センター Petakh Tikva St. グリパ・シアター
Suzanne Dellale Centre テルアビブ中心部(南) P.190 Clipa Theater
フロレンティン
P.46, P.212 La Guardia St.
ハタハナ Levinsky St.
HaTachana Boni Brak St. Rosh Pina St.
P.212 Under 1000 Ha Rav Frankel St. Wolfson St. Matalon St.
Florentine H Casbah HaKongres St. セントラル
P.206 P.210 バスステーション
S Michal Negrin Sarma St. P.192
S AHAVA P.211 ハガナー駅
HaHagana St.
ヤッフォ Kibutz Galuyot St. HaHagana St.
P.214
グローニンゲン ヘルツル通り
公園 動物園
Ben Tsvi St.
植物園
Nes La Goyim St.
ハ・ハガナー
公園

テル・オ・ファンの
貸し出しポイント

N
0 500m

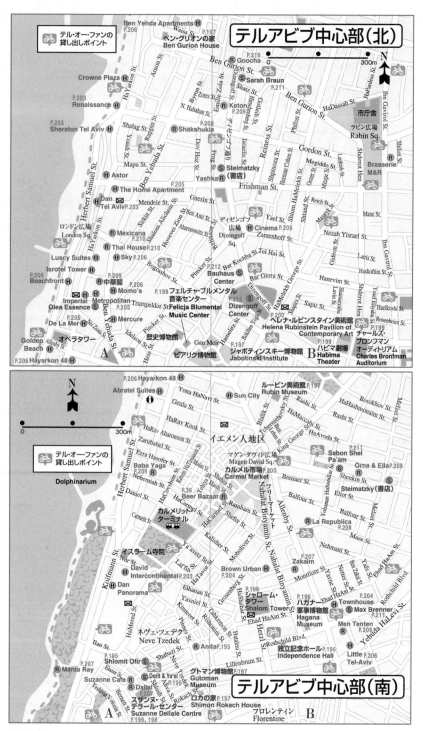

テルアビブ中心部（北）

テル・オー・ファンの
貸し出しポイント

Ben Yehda Apartments H P.206
Weiss St. P.197
ベン・グリオンの家
Ben Gurion House
Crowne Plaza
P.203
Renaissance
P.203
Sheraton Tel Aviv H
Goocha P.210
Sarah Braun P.211
Ben Gurion St.
Keton P.209
市庁舎
ラビン広場
Rabin Sq.
Shakshukia P.208
Gordon St.
Brasserie
M&R
H Mapu St.
H Astor
Steimatzky (書店)
H The Home Apartment
Yashka
Dan Tel Aviv P.203
Mandele St.
Frishman St.
ロンドン広場
London Sq.
Mexicana P.210
アイゼンゴフ広場
Dizengoff Sq.
Cinema P.205
Thai House P.210
Sky P.206
Luscy Suites H
Isrotel Tower H
Bauhaus Center
Beachfront H P.209
中華閣
Momo's P.206
Bar Giora St.
Imperial Metropolitan
Olea Essence P.205
フェルチャ・ブルメンタル音楽センター
Felicja Blumental Music Center
Dizengoff Center P.212
ヘレナ・ルビンスタイン美術館
Helena Rubinstein Pavilion of Contemporary Art
De La Mer P.205
Mercure
ブロンフマン
チャールズ・
Golden Beach
P.206 Hayarkon 48 H
オペラタワー
歴史博物館
ビアリク博物館
Gan Meir
ジャボティンスキー博物館
Jabotinski Institute
ハビマ劇場 P.199
Habima Theater
オーディトリアム
Charles Bronfman Auditorium
A
B

テルアビブ中心部（南）

N

テル・オー・ファンの
貸し出しポイント

P.206 Hayarkon 48 H
Abratel Suites H
ルービン美術館 P.197
Rubin Museum
Sun City
Dolphinarium
イエメン人地区
マゲン・ダヴィド広場
Magen David Sq.
カルメル市場 P.200
Carmel Market
Sabon Shel Pa'am P.211
Orna & Ella P.208
Steimatzky (書店)
Baba Yaga
Beer Bazaar P.36
カルメリットターミナル
La Republica P.208
イスラーム寺院
David Intercontinental P.203
Brown Urban P.204
Zakaim P.207
Dan Panorama
シャローム・タワー P.196
Shalom Tower
ハガナー P.196
軍事博物館
Hagana Museum
Townhouse P.204
Max Brenner P.211
Men Tenten P.209
ネヴェ・ツェデック
Neve Tzedek
Anita P.195
独立記念ホール P.196
Independence Hall
Little Tel-Aviv P.206
Shlomit Ofir S P.207
Manta Ray
Suzanne Cafe
Dorit & Ya'el P.195
Dallal
グトマン博物館 P.197
Gutoman Museum
スザンヌ・デラール・センター
Suzanne Dellale Centre P.196、198
ロカの家 P.197
Shimon Rokach House
フロレンティン
Florentine
A
B

🚌 ターミナルから市の中心部へ 🚌

ベン・グリオン空港　ベン・グリオン空港から市内へは、鉄道の利用が便利。シャバットを除き深夜でも運行している。タクシーで市内へ行くなら、空港を出た所にある規定のタクシー乗り場から乗ればトラブルは少ない。

スデ・ドヴ空港　スデ・ドヴ空港（ドヴ・ホズ空港Dov Hozとも呼ばれる）は街の北にある。ダン・バスNo.125がラビン広場Rabin Sq.方面へ行く。

鉄道駅　テルアビブに鉄道駅は4つあり、北から**テルアビブ大学駅**Tel Aviv University、**テルアビブ中央駅**Tel Aviv Savidor HaMerkaz、**テルアビブ・ハ・シャローム駅**Tel Aviv HaShalom、**テルアビブ・ハガナー駅**Tel Aviv Haganaとなる。市内に出やすいのは中央駅からのダン・バスNo.10と18、ハガナー駅からセントラルバスステーションを経由するダン・バスNo.104など。

■ベン・グリオン空港
Map P.188B4
TEL(03)9723333
URL www.iaa.gov.il

■スデ・ドヴ空港
Map P.188A2
TEL(03)9758337
URL www.iaa.gov.il

■テルアビブ中央駅
Map P.189B1
TEL0772324000
URL www.rail.co.il

中央駅前にはタクシーがいつも停車している

●テルアビブ

Information
近隣諸国のビザ
イスラエルに隣接する国々に入国する際にはビザが必要となるが、イスラエルでビザが取得できるのは以下の2国。

■**エジプト大使館**
Map P.189B1
中心部からバスで行く場合、イブン・ガヴィロル通りを通るバスに乗り、バーゼル通りBazel Stとの交差点で下車、バーゼル通りを入った左側にある。原則として1ヵ月のツーリストビザが申請から約3営業日後に発給される。持っていくものは、パスポート、写真1枚と150NIS（→P.294）。
✉54 Bazel St.
TEL(03)5464151
🕐9:00〜11:00　休金・土

■**ヨルダン大使館**
Map P.188A2
ラマット・ガンのビジネス街にある。中央駅裏にあるダイヤモンド・ストック・センターへ行き、徒歩でアッパ・ヒレル通りAbba Hiller St.に入って少し歩くと左側にヨルダン国旗がはためく高いビルがある。原則としてビザは申請から1〜2営業日後に発給される。パスポート1と写真1枚を持参のこと（→P.294）。申請料はシングルが350NIS、マルティプルが1000NIS。
✉14 Abba Hillel St.
TEL(03)7517712
🕐9:30〜13:00　休金・土

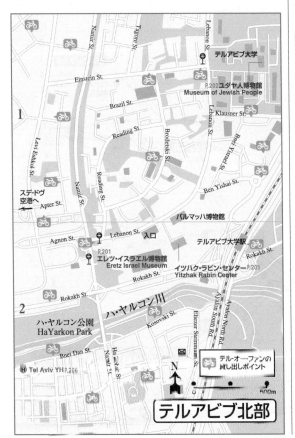

テルアビブ大学

P.202 ユダヤ人博物館
Museum of Jewish People

ステ・ドヴ
空港へ←

パルマッハ博物館

入口

テルアビブ大学駅

P.201
エレツ・イスラエル博物館
Eretz Israel Museum

イツハク・ラビン・センターP.201
Yitzhak Rabin Center

ハ・ヤルコン川

ハ・ヤルコン公園
HaYarkon Park

(H) Tel Aviv YHP.206

テル・オー・ファンの貸し出しポイント

テルアビブ北部

500m

191

セントラルバスステーションの長距離バス乗り場

■セントラルバスステーション
Map P.189B3～4
●エゲッドバス❶
TEL(03)9142010
URL www.egged.co.il
●ダン・バス❶
TEL(03)6394444
URL www.dan.co.il

Information
交通カード
ラヴ・カヴ Rav-Kav
テルアビブ市内のダン・バス路線をはじめ、鉄道やエゲット・バスなどの公共交通で使えるICカード型乗車券。車内でチャージも可能。詳細はP.58。

セントラルバスステーション ハガナー駅の500mほど西にある。6・7階からエゲッドバスが、7階からダン・バスの大部分が出る。また、出口にはシェルートやタクシーがたくさん待ちかまえている。

 ## 市内と近郊の交通

市内バス 市内の足は**ダン・バス**が中心で、一部エゲッドバスもある。ダン・バス短距離路線の運賃は5.9NIS。6:00頃(土曜21:00頃)～24:00頃(金曜～17:00頃)の運行。ラヴ・カヴも利用できる。

ダン・バスの車両

シェルート バスほど路線はないもののダン・バスの主要路線を走る。運賃は5.9NIS(シャバット中は8NIS)。ダン・バスと同じ路線番号を掲げているので利用しやすい。金・土曜も運行している。

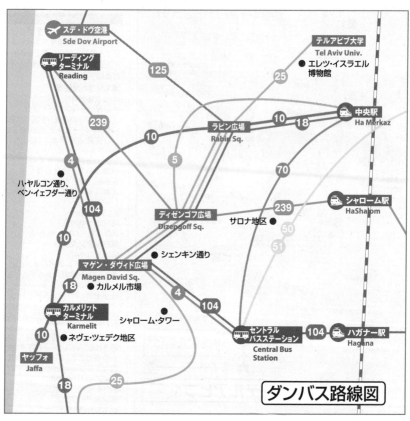

ダンバス路線図

シェルートはシャバット中でも運行している

タクシー　タクシーはメーター制。「メーターはない」とか「壊れた。○○NISでいいか」と言ってくる運転手も多いが、「メーターを回せ」と言ってもダメな場合は、降りても差し支えない。

市内ツアー

観光バス　観光客専用のバスNo.100が運行されている。テルアビブ港からハヤルコン通りを移動し、ヤッフォ、シャローム・タワー、テルアビブ美術館、エレツ・イスラエル博物館など市内各地を巡りながらテルアビブ港へと戻る。

両替・郵便・電話

両替　銀行は多い。また、ベン・イェフダー通りからアレンビー通りにかけて私設両替商も多い。

郵便・電話　中央郵便局はハガナー駅の2kmほど東にある。支局も多いが一部両替業務を取り扱っていない局もある。

旅の情報収集

観光案内所　オペラタワーの南の海岸通り沿いにある。❶ではテルアビブの情報満載のパンフレットや地図などを配布している。また、イスラエル全土の資料も揃う。

■**ダン・バスのNo.100**
☎(03)6394444
運行:テルアビブ港発
日〜木9:00、11:00〜16:00の1時間おき
金9:00、11:00、13:00
（土曜運休）
運賃:1周45NIS
1日乗り放題65NIS

■**中央郵便局**
Map P.188A3
✉137 Hahagana St.

■**テルアビブの❶**
Map P.190下A
✉46 Herbert Samuel St.
☎(03)5166317
🔗www.tel-aviv.gov.il
🕐夏期
　9:30〜18:30
　（金9:00〜14:00）
　冬期
　9:30〜17:30（金〜13:00）
🈺土

●テルアビブ

Information
レンタル自転車サービス、テル・オー・ファン

　テルアビブではロンドンやパリのように公共のレンタル自転車サービスが導入されている。町の至る所に自転車の貸し出しポイントがあり、どこでも乗り捨てできるというシステム。1回30分以内であれば、基本料金だけで何回も使える。ただし滞滞や盗難にあった場合は罰金なので注意して利用しよう。使い方は下記を参照してほしい。

■**テル・オー・ファンTel-o-fun**
🔗www.tel-o-fun.co.il
🈺基本料　24時間14NIS(土・祝20NIS)
　使用1回につき　30分無料　1時間6NIS
　1時間30分12NIS　2時間30分32NIS
　3時間30分72NIS　4時間30分152NIS
　延滞料1日1200NIS(それ以降は1日800NIS)
※貸し出しポイント🚲は市内地図（P.189〜191、214）に表記しています

1 まずは貸し出しポイントを見つけよう

2 クレジットカードがあれば貸し出しポイントにある端末で登録可能。長細いレシートが発行される

3 レシートのバーコードを読み込むと、貸し出しの手続き開始。使用可能な自転車が表示される

6 返却時は空きスペースに自転車を置き、ケーブルを差し込む。そして、装置のボタンを押せば完了

5 ケーブルを自転車から外せば、貸し出しの手続きは終了

4 番号を押すと指定された番号の自転車のロックが外れる。後輪がケーブルで固定されているので、横に引っ張る

193

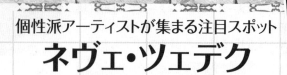

個性派アーティストが集まる注目スポット

ネヴェ・ツェデク
Neve Tzedek

スザンヌ・デラール・センターを中心とするネヴェ・ツェデク地区はテルアビブで最も早く開発が進められた地区。20世紀初頭に建てられた家並みがその風情を残したまま修復され、その多くが若いアーティストやデザイナーの店に改装されている。

地元の食材を扱うデリカテッセン

「スザンヌ・カフェSunzanne Cafe」は休憩にも便利。テラス席も気持ちいい

② シャバズィー通り ①

③

グリル料理が美味しい
レストラン
「Dallal」

金や銀を豊富に使った
ジュエリーを販売
「Ronit Jewerly」

この地区で一番美味しい
パン屋さん
「Dallal Bakery」

スザンヌ・デラール・センター（→P.196）ではモダンダンスが上演される

① ハマる人続出！
アニータ
Anita

毎日20〜25種類のフレーバーが楽しめる人気のアイスクリーム店。サイズによって異なるが、アイスクリームは17〜26NIS。2001年にネヴェ・ツェデク地区に1号店がオープンし、現在はテルアビブ市内に4つの支店を持つ。さらにオーストラリアにも進出している。

Map P.190下A
✉ 40 Shabazi St.
☎ 0506839929（携帯）
🌐 www.anitaglida.co.il
🕐 8:00〜24:00　休無休
💳 A D M V

② 今話題のジュエリー
シュロミット・オフィル
Shlomit Ofir

テルアビブ在住の若手ジュエリー・デザイナー、シュロミット・オフィルのショップ。彼女の作るジュエリーは小鳥や野花など、日常風景からインスピレーションを得たデザインが多く、どれも個性的で可愛らしい。

Map P.190下A
✉ 21 Shabazi St.
☎ 0774006725（携帯）
🌐 www.shlomitofir.com
🕐 10:00〜20:00（木〜21:00、金〜16:00、土18:00〜22:00）
休無休　💳 A M V

③ 手作りドレスの店
ドリット＆ヤエル
Dorit and Ya'el

ネヴェ・ツェデクにあるブティック。奥からはヤエルさんのミシンを動かす音が聞こえてくる。店はそれほど広くはないが、1960年代のファッションを彷彿とさせるセンスのよいドレスが並び、見ているだけでも楽しい。

Map P.190下A
✉ 20 Shabazi St.
☎ (03)5166482
🕐 10:00〜19:00（金〜15:00）　休土
💳 A D M V

■スザンヌ・デラール・センター

✉Neve Tzedek Complex,5 Yehieli St.
☎(03)5105656
URL www.suzannedellal.org.il
🎫ボックスオフィス
　9:00～21:00
休無休　料催し物により異なる
インターネットを通じてのチケット購入はできない。劇場のある建物の1階にボックスオフィスがあり、ここでチケットを買う。

■シャローム・タワー

✉1 Herzl St.
URL www.migdalshalom.co.il
🕐8:00～19:00（金～14:00）
休土　料無料

Information

独立記念ホール
Independence Hall
Map P.190下B

1948年5月14日、ここで初代首相ダヴィッド・ベン・グリオンにより独立宣言が読み上げられた。現在、当時のままの部屋が公開され、独立宣言のテープも流される。

イスラエルの国旗が翻る

🚌No.4など
✉16 Rothschild Blvd.
☎(03)5173942
URL www.eretzmuseum.org.il
🕐9:00～17:00（金～14:00）
休土　料24NIS　学生18NIS

■ハガナー軍事博物館

🚌No.4など
✉23 Rothschild Blvd.
☎(03)5608624
🕐8:00～16:00
休金・土・祝前日
料15NIS　学生10NIS

ロスチャイルド通りに面している

テルアビブ最先端の芸術を体験

ネヴェ・ツェデク
Map P.190下A

🏢 スザンヌ・デラール・センター

מרכז סוזן דלל
メルカーズ・スザン・デッラール

Suzanne Dellale Centre
スザンヌ・デラール・センター

広々とした中庭を囲むように作られた白い石造りの建物。バトシェヴァとインバル・ピントというふたつの舞踊団の本拠地で、公演もしばしば行われている。テルアビブにおける芸術の最先端の場所だ。

スザンヌ・デラール・センターの壁には、ネヴェ・ツェデクのコミュニティの創設に携わった人々を描いた絵が飾られている

今も昔もランドマーク

テルアビブ
中心部
Map P.190下B

🏢 シャローム・タワー

מגדל שלום
ミグダール・シャローム

Shalom Tower
シャローム・タワー

テルアビブ初の高等学校であるヘルツリア高校があった場所に建てられた。タワーが建てられた当初は高さ140m、34階建てと1960年代の中東でトップクラスの高さを誇るビルだった。1階西側のエスカレーター脇にあるモザイク画『テルアビブ・ヤッフォ第2世代Tel-Aviv Jaffa Second Generation』は、デヴィッド・シャリルDavid Sharirによりデザインされ、1995年に完成した大作。また、2階にはテルアビブの歴史を示した興味深い展示がある。ここから南へ延びるヘルツル通り界隈は1909年に造られた古い区画で、これをもってテルアビブは建都れたとみなされている。

タワーの2階に展示されているテルアビブ市街の模型

数々の戦いを振り返る

テルアビブ
中心部
Map P.190下B

🏛 ハガナー軍事博物館

מוזיאון ההגנה
ムゼオン・ハ・ハガナー

Hagana Museum
ハガナー・ミュージアム

ハガナーとは、イギリス委任統治時代の1920年に組織された軍隊で、独立におおいに活躍し、現在の国防省の基礎となった。ここは、創設者エリヤフ・ゴロンブEliyahu Golombの屋敷で、司令部としても使われていた。

世界遺産の「白い町」を歩く
テルアビブのハウスミュージアム巡り

テルアビブの白い町並みは世界遺産。しかし、当然ながら多くの建物は人が暮らしており、内部を見学することは難しい。そこでおすすめなのが、博物館になっている、偉人や先人が住んでいた家の見学だ。外見だけでは分からない、テルアビブの人々の暮らしが垣間見れるかもしれない。

20世紀初期に建てられた

ルービン美術館

Map P.190下B Rubin Museum

リューベン・ルービンは1912年にエルサレムに移住し、エレツ・イスラエル様式を確立したユダヤ人画家。

✉14 Bialik St. ☎(03)5255961
🕐10:00〜15:00（火10:00〜19:00、土11:00〜14:00）
休日 料20NIS 学生10NIS 📷内部不可

邸宅を改装した博物館

グトマン博物館

Map P.190下A Gutman Museum

ネヴェ・ツェデクにある。1887年に建てられたテルアビブ最初期の建物で、現在はイスラエルを代表する画家のひとりナフム・グトマンの作品を展示する美術館となっている。

✉21 Rokach St. ☎(03)5161970
🕐10:00〜16:00（金〜14:00、土〜15:00）
休日 料24NIS 学生12NIS

ベングリオンは1953年までこの家に住んでいた

ベン・グリオンの家

Map P.190上A Ben Gurion House

イスラエル初代首相ダヴィッド・ベン・グリオンの家。各国首脳との書簡などが飾られている。

✉17 Ben Gurion St. ☎(03)5221010
🕐8:00〜15:00（月〜17:00、金〜13:00、土11:00〜14:00） 休無休 料無料

自らの作品を紹介してくれるレア・マジャロ・ミンツさん

ロカの家

Map P.190下A Simon Rokach House

シモン・ロカはネヴェ・ツェデクに最初に家を建て、コミュニティをまとめた人物。当時の建物は孫の芸術家レア・マジャロ・ミンツにより修復され、彼女の作品を展示する美術館となっている。

✉36 Rokach St. ☎(03)5168042
🕐10:00〜16:00（金・土・祝〜14:00）
休無休 料10NIS

館内ではジャボティンスキーの生涯を紹介した映画も放映される

ジャボティンスキー博物館

Map P.190上B Jabotinski Instotute

哲学的指導者として活躍したゼエヴ・ジャボティンスキーの著作を展示。

✉38 King George St. ☎(03)5284001
🕐8:00〜16:00 休金・土 料15NIS

テルアビブで楽しむ
舞台芸術

　テルアビブは芸術がとても盛んな町だ。建築、絵画、造形、舞踊、音楽……。それはテルアビブという町の成り立ちと無縁ではない。さまざまな場所からの移民が集ってテルアビブはできあがっていった。まったく違う場所から来た隣人と一緒に町を造っていくための共通言語のひとつとして、芸術があった。

　音楽では、19世紀にはすでに、メンデルスゾーンやマーラーといったユダヤ人作曲家がヨーロッパで活躍していた。

　20世紀に入りテルアビブが造られると、音楽家も集まってくる。1936年に活動を始めたパレスチナ交響楽団はその代表的な存在。後にイスラエル・フィルハーモニー管弦楽団となり、長きにわたって音楽監督ズービン・メータが率いてきた。日本にもファンが多く、来日公演にはいつも多くの聴衆が詰めかける。本拠地はオーディトリアム。

©Inbal Pinto & Avshalom Pollak Dance Company / Eyal Landesman

　コンテンポラリーダンスは、伝統舞踊とはまったく無縁のイスラエルならではの斬新な作品が多い。スザンヌ・デラール・センターを本拠地にして、バトシェヴァをはじめとするダンスカンパニーが、世界へと羽ばたいていった。

　舞台が盛んに上演されるのは、ヨーロッパなどと同じく冬だ。音楽やダンスには言葉がわからなくても楽しめる普遍性がある。本場でぜひ観ておきたい。

スザンヌ・デラール・センター
Suzanne Dellal Centre

　1989年にバトシェヴァ・ダンス・カンパニーの本拠地としてオープンした。そのほかにもさまざまなコンテンポラリーダンスの公演が行われる。メインホールとなるデラール・ホールDellal Hallのほかに、2018年9月に改装工事を終えるイェルシャルミ・ホールYerushalmi Hall、400席を誇る野外劇場を備えている。

Map P.190下A
チケットは公式サイトで購入できるが、チケット購入はヘブライ語サイトのみ。公演予定は英語サイトでも確認でき、ビデオ紹介もあるので便利。
✉Neve Tzedek Complex,5 Yehieli St.
℡(03)5105656
URLwww.suzannedellal.org.il

スザンヌ・デラール・センターのメイン会場、デラール・ホール

メインホールとなるデラール・ホールは386席。客席との距離が近い

チャールズ・ブロンフマン・オーディトリアム
Charles Bronfman Auditorium

イスラエル・フィルハーモニー管弦楽団の本拠地。1936年に前身のパレスチナ交響楽団が創立されてから約20年後の1957年に開館した。長らくマン・オーディトリアムとして親しまれてきたが、半世紀を過ぎたのを機に全面的に改装され(音響設計は日本人の豊田泰久氏が担当)、2013年に再オープンした。これを機に名前もチャールズ・ブロンフマン・オーディトリアムとして生まれ変わった。

2013年に生まれ変わったオーディトリアム
©Charles Bronfman Auditorium / Rami Haham

公演スケジュールやチケットの取り扱いについては、イスラエル・フィルハーモニー管弦楽団の電話番号や公式サイトから問い合わせることが可能。チケットの販売はオーディトリアム横のボックスオフィスで行っている。エルサレムやハイファにもオフィスがあるので、そちらでもチケットの購入は可能。
Map P.190上B
✉Habima Sq.　URL hatarbut.co.il
●イスラエル・フィルハーモニー管弦楽団
✉1 Huberman St.　TEL(03)6211777
URL www.ipo.co.il

せっかくだからいい音を楽しみたい
©Charles Bronfman Auditorium / Rami Haham

ハビマ劇場
Habima Theater

上記オーディトリアムの横にある。20世紀はじめにモスクワで創設されたヘブライ語劇場にルーツをもつ、イスラエルで最も由緒がある国立劇場。1931年にテルアビブに移転し、2012年に建て直された。ヘブライ語の演劇が中心だが、英語の字幕があることもある。

ウェブサイトはヘブライ語のみなので、会場に電話するか会場に行く。
Map P.190上B
✉2 Tarsat St.
TEL(03)6295555
URL www.habima.co.il

オペラハウス
Israeli Opera House

イスラエリ・オペラ(新イスラエリ・オペラとも)のホーム。1994年にオープンし、現在はテルアビブ・パフォーミング・アーツ・センターの中核施設となってきた。イスラエル・フィルハーモニー管弦楽団といっしょにマサダのオペラフェスティバルを行っている。

スケジュールはウェブサイトで確認でき、ウェブでの予約も英語で可能。
Map P.189B2
✉19 Shaul HaMelekh St.
TEL(03)6927777
URL www.israel-opera.co.il

フェルチヤ・ブルメンタル音楽センター
Felicja Blumental Music Center

ネヴェ・ツェデクにほど近く、歴史的な建物が並ぶビアリク通りにある。席数が115と少ないが、弦楽四重奏やピアノのソロリサイタルを聞くにはピッタリの環境。クラシックが中心だが、民族音楽やジャズのセッションなどにも使われている。

ウェブサイトにはイベントスケジュールが掲載されているが、ウェブでのチケット予約はヘブライ語のみ。電話してチケットを押さえてもらうのがベスト。
Map P.190上A
✉26 Bialik St.　TEL(03)6201185
URL www.fbmc.co.il

カメリ劇場
Cameri Theater

ハビマ劇場に次いで規模の大きい劇場。イスラエル建国以前からの歴史があるが、2003年に移転し、現在はテルアビブ美術館やオペラハウスに隣接している。公演はヘブライ語で行われるが、英語字幕がついていることもあるのでチケット購入時に確認を。

ウェブサイトにはイベントスケジュールが掲載されているが、予約はヘブライ語の理解が必要。
Map P.189B2
✉30 Leonardo Da Vinci St.
TEL(03)6060960
URL www.cameri.co.il

■カルメル市場
🏪店舗によって異なる
🚫シャバット　💴無料

ヘレナ・ルビンスタイン美術館
Helena Rubinstein Pavilion of Contemporary Art
Map P.190上B

テルアビブ美術館の別館。20世紀のイスラエルのモダンアートの作品を集め、企画展が月替わりで催される。芸術図書館Art Libraryには、古今東西の芸術関連書籍が豊富に揃っており、美術館ファン必見。

周囲にはイスラエルの芸術を代表する建築物が多い

🚌No.5など
✉6 Tarsat Blvd.
☎(03)5287196
🌐www.tamuseum.com
🕐10:00～18:00
　（火・木～21:00、金～14:00)
🚫日　💴無料　📷内部不可

■テルアビブ美術館
🚌No.9、70など
✉27 Shaul HaMelech St.
☎(03)6077020
🌐www.tamuseum.com
🕐10:00～18:00
　（火・木～21:00、金～14:00)
🚫日
💴50NIS　学生40NIS
📷内部不可

■サローナ博物館
✉11 Albert Mendel
☎(03)6048434
🌐www.sarona4u.co.il
🕐10～4月9:00～17:00
　（水10:00～18:00、金10:00～
　14:00、土10:00～16:00)
　5～9月9:00～17:00
　（水10:00～21:00、金10:00～
　14:00、土10:00～16:00)
🚫無休　💴30NIS　学生24NIS

19世紀の名残りを残す町並み

庶民の台所
🏛 カルメル市場
שוק הכרמל
シューク・ハ・カルメル

Carmel Market
カルメル・マーケット

テルアビブ
中心部
Map P.190下B

生活用品があふれるカルメル市場

カルメル市場はテルアビブの台所。ここはケレム・ハテマニムと呼ばれるイエメン人地区。北のチェルニホフスキー通りには安くてかわいい洋服があるマーケットのベザレルBezalelがある。南へ延びるナハラト・ビンヤミン通りでは毎週木・金曜の10:00からアート＆クラフト・バザールが始まり、質の高い小粋なアクセサリーやインテリア小物などが並ぶ。

イスラエルを代表する美術館
🏛 テルアビブ美術館
מזיאון תל-אביב לאומנות
ムゼオン・テル・アヴィヴ・レ・オマヌート

Tel Aviv Museum of Art
テルアビブ・ミュージアム・オブ・アート

テルアビブ
中心部
Map P.189B2

1932年開館の、イスラエルを代表する美術館で新館と旧館に分かれている。

新館は2011年に完成。ここではイスラエル人芸術家による作品を年代別に紹介している。また、建物自体も見どころのひとつで、大胆にカッティングしたコンクリートの壁は迫力満点。

エントランスに堂々と展示されている『Museum』

旧館では世界各国で活躍した芸術家の作品を展示している。見逃せないのは、ポップアートの巨匠ロイ・リキテンスタインRoy Lichtensteinによる巨大作品『Museum』。1989年に本人より寄贈され、エントランスホールに展示されている。

19世紀の入植地を再開発
🏛 サローナ地区
שרונה
サローナ

Sarona
サローナ

テルアビブ
中心部
Map P.189B2

19世紀末にドイツから移民したキリスト教徒の居住地で、西欧風の建築物が多かった地区。現在は当時の景観を残したショッピング・モールに改装された。緑豊かな敷地におしゃれなレストランやショップなどが点在している。19世紀末の暮らしを解説したサローナ博物館などもある。

プラネタリウムもある複合博物館

🏛 **エレツ・イスラエル博物館**

テルアビブ
北部
Map P.191-2

מוזיאון ארץ ישראל
ムゼオン・エレツ・イスラエル

Eretz Israel Museum
エレツ・イスラエル・ミュージアム

　紀元前12世紀のダビデ王、ソロモン王の時代の遺跡の上に建てられた博物館。敷地内はいくつものパビリオンに分かれ展示が行われているほか、プラネタリウム、野外劇場などもある。

ガラス館 Glass Pavilion

　世界でも有数のガラス細工を集めたもので、紀元前15世紀から中世までのガラス細工が年代順に並ぶ。

カドマン貨幣館 Kadman Numismatic Pavilion

　イスラエルの貨幣鋳造の歴史を追った展示。

陶器館 Ceramic Pavilion

　ガザやアッコーなどで造られた陶器が置かれている。

ネフスタン館 Nechustan Pavilion

　ネゲヴ沙漠のティムナ渓谷で発掘された銅をはじめとする発掘物が豊富。

人間とその作品館 Man and His Work Center

　農具など、古代から近代まで使用されていた道具を展示。

人類学館 Ethnography and Folklore Pavilion

　ユダヤ人たちの芸術作品が並べられている。

テル・カスィレ Tel Qasile

　紀元前12世紀に建造されたペリシテ人の遺跡。敷地内には神殿跡が残る。

■エレツ・イスラエル博物館
🚌ダン・バスNo.24、25など
エゲッドバスNo.270、271など
✉2 Haim Levanon St.,
Ramat Aviv
☎(03)6415244
🔗www.eretzmuseum.org.il
🕐10:00～16:00
　（火・木～20:00、金～14:00)
休日・祝　料52NIS　学生35NIS
プラネタリウムとの共通券84NIS

エレツ・イスラエル博物館の入口

Information

イツハク・ラビン・センター
Yizhak Rabin Center
Map P.191-2

エレツ・イスラエル博物館の隣りにある。館内ではイスラエルの歴史と、ラビン首相の生涯に関する展示を行っており、英語のオーディオガイドで解説を聞きながら見学する。

✉8 Haim Levanon St.
☎(03)7453313
🔗www.rabincenter.org.il
🕐9:00～17:00
　（火・木～19:00、金～14:00)
休土　料50NIS　学生25NIS

●テルアビブ

入口

Mosaic Square

Alexander Museum of Postal History & Philately

Klatchkin Auditorium

カドマン貨幣館
Kadman Numismatic Pavilion

陶器館
Ceramic Pavilion

人間とその作品館
Man and His Work Center

ネフスタン館
Nechustan Pavilion

プラネタリウム
Planetarium

ガラス館
Glass Pavilion

Migdal Gallery

Rothchild Center

テル・カスィレ
Tel Qasile

Olive Press

N

0　　　5m

人類学館
Ethnography and Folklore Pavilion

Flour Mill

Railroad Car and Engine

エレツ・イスラエル博物館

左サイドバー

■ユダヤ人博物館
🚌ダン・バスNo.7、25、45、289など
エゲッドバスNo.274、572など
✉Tel Aviv Univ. Campus, Klausner St., Ramat Aviv
☎(03)7457808
🔗www.bh.org.il
🕐10:00〜19:00
　（木〜22:30、土〜15:00、金9:00〜14:00）　休土・祝
💰45NIS

■ヘルツリヤ
🚌テルアビブ中心部からヘルツリヤの各ビーチへのバスはない。エゲッド・バス社No.501などで、ヘルツリヤ市街へと行き、そこから徒歩またはタクシー。

ヘルツリヤのシャロン・ビーチ

■デザイン博物館
🚌No.89など
✉8 Pinhas Eilon St., Holon
☎(03)2151515
📠(03)6520331
🔗www.dmh.org.il
🕐10:00〜16:00
　（火〜18:00、木・土〜20:00、金〜14:00）
　休日　35NIS　学生30NIS

博物館のウリはデザインをテーマにした企画展

メインカラム

ユダヤ人の離散の歴史を語る

🏛 **ユダヤ人博物館**

> テルアビブ 北部
> Map P.191-1

בית התפוצות
ベイト・ハ・テフツォット

Museum of Jewish People
ミュージアム・オブ・ジューウィッシュ・ピープル

キャンパスの中心部に位置する

　テルアビブ大学ラマット・アビブRamat Avivのキャンパスにある、世界中のユダヤ人に関する資料を集めた博物館。各地域、各時代ごとのシナゴーグの精巧な模型を集めたセクションなど、一部の常設展および企画展は通常通り行われているが、2018年7月現在、常設展の主要部分はリニューアル作業を進めており閉鎖中。再オープンは2019年を予定している。

落ち着いた地中海リゾート

⛵ **ヘルツリヤ**

> ヘルツリヤ
> Map P.188A1

הרצליה
ヘルツェリヤ

Herzliya
ヘルツリヤ

　テルアビブの北に広がるヘルツリヤは、富裕層が多く住む地域として知られる。ビーチもテルアビブに比べて落ち着いた雰囲気で、海を眺めながらのんびり過ごすにはピッタリだ。

　ヘルツリヤのビーチは海岸沿いに2km以上続いているが、北端のアポロニア・ビーチApolonia Beach、中央部のシャロン・ビーチSharon Beach、南端のヘルツリヤ・マリーナHerzliya Marinaといったところがよく知られている。

　アポロニア・ビーチは、すぐそばにフェニキアの遺跡、アルスフArsufがあることで知られている。ヘレニズム期にはアポロニアと呼ばれ、これが名前の由来になっている。シャロン・ビーチは中央部に位置する比較的規模の大きなビーチ。周囲にホテルも点在しており、休暇を過ごす人々が多い。

テルアビブのモダンアートに触れる

🏛 **デザイン博物館**

> ホロン
> Map P.188A3

מוזיאון העיצוב חולון
ムゼオン・ハイツヴ・ホロン

Design Museum Holon
デザイン・ミュージアム・ホロン

　テルアビブ南部のホロン地区にある博物館。設計は世界的に有名なデザイナー、ロン・アラッド氏によるもの。さまざまなテーマの企画展が行われるので、訪問する前にウェブサイトをチェックしておこう。

建物の曲線が美しい

HOTEL
ホテル

高級ホテルやアパートメントタイプのホテルは、海沿いのハ・ヤルコン通りなどに集中している。ホステルはその東のベン・イェフダー通り、オペラタワー周辺などに多い。このようなホステルはオーナー以外はすべて旅行者がボランティアスタッフという場合が多い。

PICK UP HOTEL

テルアビブで最も歴史ある高級ホテル

ダン・テルアビブ
Dan Tel Aviv

最高級	
280室	
Map P.190上A	
ハ・ヤルコン通り	

数多くの要人やハリウッドスターが滞在したホテル。カラフルなファサードはイスラエルを代表する芸術家ヤコヴ・アガム氏が手がけたもの。

虹のような色使いの外観が目印

客室 部屋のデザインは各部屋ごとにテーマが異なり、高級感溢れるインテリアで統一されている。
レストラン 地元産の食材を使った料理を出すハヤルコン99とランチ・ビュッフェを行うディー・レストランの2つがある。

重厚感溢れるロビー / 客室はモダンなデザインで統一

👤	🛏	📺	✂	🧴	📠	📶 Wi-Fi
全室	全室	全室	全室	全室		全館無料

✉99 HaYarkon St.
URLwww.danhotels.com
TEL(03)5202525　FAX(03)5249755
⑤AC🚿📞📺📶365US$ ～
Ⓦ AC🚿📞📺📶370US$ ～
💳US$ € NIS　CCADJMV

●テルアビブ

ヒルトン・テルアビブ
Hilton Tel Aviv

最高級　562室	
Map P.189A1	
ハ・ヤルコン通り	

ハ・ヤルコン通り沿いにある。周りは緑のある公園で、町の真ん中にありながら閑静な環境。

👤	🛏	📺	✂	🧴	📠	📶 Wi-Fi
全室	全室	全室	全室	全室		全館無料

✉205 HaYarkon St.,
Independence Park
URLwww.hilton.com
TEL(03)5202222
FAX(03)5272711
⑤Ⓦ AC🚿📞📺📶400US$ ～
💳US$ € NIS　CCADMV

デービッド・インターコンチネンタル
David Intercontinental Tel Aviv

最高級　555室	
Map P.190下A	
ハ・ヤルコン通り	

町の南側の海に近いエリアにある。テルアビブのホテルの中でも比較的新しく、館内は広々としている。

👤	🛏	📺	✂	🧴	📠	📶 Wi-Fi
全室	全室	全室	全室	全室		全館無料

✉12 Kaufman St.
URLwww.ihg.com
TEL(03)7951111
FAX(03)7951112
⑤AC🚿📞📺📶375US$ ～
Ⓦ AC🚿📞📺📶380US$ ～
💳US$ € NIS　CCADMV

シェラトン・テルアビブ
Sheraton Tel Aviv

最高級　380室	
Map P.190上A	
ハ・ヤルコン通り	

ビジネスセンターからスパやスイミングプールなど、バカンスからビジネスにも対応できる。

👤	🛏	📺	✂	🧴	📠	📶 Wi-Fi
全室	全室	全室	全室	全室		全館無料

✉115 HaYarkon St.
URLwww.starwoodhotels.com
TEL(03)5211111
FAX(03)5233322
⑤Ⓦ AC🚿📞📺📶350US$ ～
💳US$ € NIS
CCADMV

ルネッサンス
Renaissance Hotel Tel Aviv

高級　370室	
Map P.190上A	
ハ・ヤルコン通り	

ビーチが目の前ですぐそばにラウンジもある。温水プール、スパやフィットネスなどの設備も完備。

👤	🛏	📺	✂	🧴	📠	📶 Wi-Fi
全室	全室	全室	全室	全室		全館無料

✉121 HaYarkon St.
URLwww.marriott.com
TEL(03)5215555
FAX(03)5215588
⑤AC🚿📞📺📶295US$ ～
Ⓦ AC🚿📞📺📶319US$ ～
💳US$ € NIS　CCADMV

タウンハウス
Townhouse

高級	Map P.190下B
19室	テルアビブ中心部

✉32 Yavne St.
URL www.zvielihotels.com
TEL (03)9444300
S AC 📶 🍴 🛁 📻 250US$ ～
W AC 📶 🍴 🛁 📻 270US$ ～
💰US$ € NIS
CC A D M V

エレベーター 全室 / バスタブ 全室 / TV 全室 / ドライヤー 全室 / ミニバー 全室 / 金庫 / Wi-Fi 全館無料

1930年代の建築物を利用しているブティック・ホテル。各部屋にはミネラルウォーターとワインのボトルが置いてあり、これらは無料。朝食は近くにあるレストランを利用。

シャローム
Shalom hotel & relax

高級	Map P.189A1
51室	ハ・ヤルコン通り

✉216 HaYarkon St.
URL www.atlas.co.il
TEL (03)7625400
FAX (03)7625401
S AC 📶 🍴 🛁 📻 250US$ ～
W AC 📶 🍴 🛁 📻 270US$ ～
💰US$ € NIS
CC A D M V

エレベーター 全室 / バスタブ 全室 / TV 全室 / ドライヤー 全室 / ミニバー 全室 / 金庫 / Wi-Fi 全館無料

ホテルのテーマは「リラックス」で、宿泊者は毎日15分、無料でマッサージを受けられる。スパ・ルームの客室はジャクージが窓側に配置されている。屋上テラスからの眺めも自慢。

メロディー
Melody

高級	Map P.189A1
53室	ハ・ヤルコン通り

✉220 HaYarkon St.
URL www.atlas.co.il
TEL (03)5215300
FAX (03)5215301
S AC 📶 🍴 🛁 📻 260US$ ～
W AC 📶 🍴 🛁 📻 296US$ ～
💰US$ € NIS
CC A D M V

エレベーター 全室 / TV 全室 / ドライヤー 全室 / ミニバー 全室 / 金庫 / Wi-Fi 全館無料

「ワーク&プレイ」がテーマのブティックホテル。ロビーには木製のおもちゃ、バスルームにはアヒルのおもちゃが置かれるなど遊び心が満載だ。外壁にもユニークなオブジェがあるので注目してみて。

PICK UP HOTEL

エネルギッシュな都心で癒やされる

ブラウン
Brown Urban Hotel

高級
30室
Map P.190下B
テルアビブ中心部

2011年オープンのブティック・ホテル。館内にはスパ施設、屋上にはジャクージが設置されており、喧騒にあふれる町の中心地にありながら、リラックスした滞在ができる。

高層ビルが取り囲むルーフトップで地中海の太陽を独り占め

客室 クラシック、リラックス、デラックスの3つのカテゴリーがある。町なかにあるホテルなので、特別広くはないが、デザイン性に優れ、設備も整っている。
レストラン 周囲にカフェ、レストランは多い。併設するバーではカクテルやアルコールドリンクを提供。
スパ 屋上にはサンデッキとジャクージが設置されている。併設のスパは、宿泊者割引プログラムもある。

エレベーター 全室 / TV 全室 / ドライヤー 全室 / ミニバー 全室 / 金庫 全室 / Wi-Fi 全館無料

✉25 Kalisher St.
URL www.browntlv.com
TEL (03)7170200 FAX (03)7170240
S AC 📶 🛁 📻 290US$ ～
W AC 📶 🛁 📻 345US$ ～
💰US$ € NIS
CC A D M V

スタイリッシュにまとめられた客室

規模は大きすぎず、スタッフの応対もフレンドリー

PICK UP HOTEL

映画館をホテルに改装した

シネマ
Cinema Hotel

中級
83室
Map P.190上B
ディゼンゴフ広場周辺

昔ながらの映画館を改装したホテルで、地元の人にとってはノスタルジックな存在。当時のチケットやポスターなど映画館時代をしのばせる展示もある。

ロビーには映画に関するインテリアが並ぶ

客室 落ち着いた配色でまとめられており、映画俳優を撮影した写真などが飾られている。
館内設備 ロビーにはスクリーンもあるので、スタッフにリクエストすれば映画観賞もできる。ちなみにフロントではポップコーンも用意している。

客室は映写機や写真などが飾られたユニークな内装

全室 全室 全室 全室 全館無料

✉1 Zamenhoff St.
URL www.atlas.co.il
TEL(03)5207100 FAX(03)7207101
⑤AC🔲🔲🔲202US$ ～
Ⓦ AC🔲🔲🔲220US$ ～
💳US$ € NIS
ⒸⒶⒹⓂⓋ

ディゼンゴフ広場に面している

メトロポリタン
Metropolitan Hotel

中級	Map P.190上A
264室	ベン・イェフダー通り

✉11-15 Trumpeldor St.
URL www.hotelmetropolitan.co.il
TEL(03)5192727
FAX(03)5172626
⑤AC🔲🔲155US$
Ⓦ AC🔲🔲180US$
💳US$ € NIS
ⒸⒶⒹⓂⓋ

全室 全室 全室 全室 全室 全館無料

町の中心部にある大型ホテル。ジムやドライサウナも併設し、4～9月には屋外プールもオープンする。すぐ隣には全室キッチン付きのアパートメントタイプのホテルも併設している。

ド・ラ・メール
Hotel De La Mer

中級	Map P.190上A
27室	テルアビブ中心部

✉2 Ness Ziona St.
URL www.delamer.co.il
TEL(03)5100011
FAX(03)5167575
⑤AC🔲🔲80US$ ～
Ⓦ AC🔲🔲100US$ ～
💳US$ € NIS
ⒸⒶⒹⓂⓋ

全室 全室 全室 全館無料

「白い街」の雰囲気を残すホテル。建物を改装する際、風水に従って内装を配したというユニークなコンセプト。コーヒーや紅茶はレセプションでいつでも飲むことができる。

ホーム・アパートメント
The Home Apartment

中級	Map P.190上A
42室	ハ・ヤルコン通り

✉106 Hayarkon St., Corner of 6 Frishman St.
URL www.thehome.co.il
TEL(03)5200800
FAX(03)5240815
Ⓦ AC🔲🔲78US$ ～
Ⓦ AC🔲🔲102US$ ～
💳US$ € NIS　ⒸⒶⒹⓂⓋ

ビーチにほど近い中級ホテル。建物自体は新しくはないが清潔。全室キッチンと電子レンジ、冷蔵庫、食器類などが完備されているので、簡単な自炊ができ、比較的安価にテルアビブに滞在できる。

ベン・イェフダー・アパートメンツ
中級　50室
Map P.191上A
ベン・イェフダー通り

Ben Yehda Apartments

各室簡易キッチンを完備しており、長期滞在向き。レセプションは24時間で、宿泊棟の南30mほど。

Wi-Fi
全室　全室　全館無料

⊠119-121 Ben Yehda St.
URLwww.byapartments.co.il
TEL(03)5229393
FAX(03)5229222
|S||W||A||C|〜135US$〜
US$ € NIS
CCAMV

リトル・テルアビブ
ホステル　ベッド数60
Map P.190下B
テルアビブ中心部

Little Tel-Aviv Hostel

改装され、真新しさが残るホステル。ドミトリーは4〜6室。個人用のロッカーもある。

Wi-Fi
全館無料

⊠51 Yehda HaLevi St.
URLwww.littletlvhostel.com
TEL(03)5595050
|D||A||C|26〜35US$
|S||W||A||C|〜100US$〜
US$ € NIS

テルアビブYH
国際ユース　90室
Map P.191-2
テルアビブ北部

Tel Aviv Youth Hostel & G.H.

ハ・ヤルコン川南岸の静かな所にある。歴史的建造物でもあり、改装はされていないが掃除も行き届き清潔。

Wi-Fi
全室　全室　全館無料

⊠36 Bnei Dan St.
URLwww.iyha.org.il
TEL(02)5945655
|S||A||C|321NIS
|W||A||C|410NIS
US$ € NIS
CCADMV

ハヤルコン48
ホステル　ベッド数100
Map P.190上A
テルアビブ中心部

Hayarkon 48

ドミトリーは男女共用だが、女性専用にもアレンジ可能。個室は予約が望ましい。共同キッチンも広々。

Wi-Fi
一部　全館無料

⊠48 HaYarkon St.
URLwww.hayarkon48.com
TEL(03)5168989
|D||A||C|85NIS〜
|S||W||A||C|260NIS〜
|S||W||A||C|330NIS〜
US$ € NIS　CCADMV

モモズ
ホステル　ベッド数300
Map P.190上A
ベン・イェフダー通り

Momo's

老舗のホステル。共用の電子レンジと冷蔵庫もある。朝食はサンドイッチとホットドリンクのみ。

Wi-Fi
一部　全室無料

⊠28 Ben Yehuda St.
URLwww.momoshostel.com
TEL(03)5287471
|D|90NIS
|S||W|190NIS
|S||W||A||C|310NIS
NIS　CCADMV

スカイ
ホステル　ベッド数70
Map P.190上A
ベン・イェフダー通り

Sky Hotel

ドミトリーは男女共用、男女別があり、ベッド数5〜7。朝食は左記のモモズで提供している。

Wi-Fi
ロビー周辺
無料

⊠34 Ben Yehuda St.
URLwww.skyhotel-israel.com
TEL(03)6200044
|D|90NIS
|S|180NIS
|W||A||C|280NIS〜
NIS　CCAMV

ビーチフロント
ホステル　ベッド数70
Map P.190上A
テルアビブ中心部

Beachfront Hostel

ビーチは道路を越えた所にあり、屋上ラウンジからの眺めもバツグン。ドミトリーは男女共用と女性専用がある。

Wi-Fi
全室　全室　全館無料

⊠78 Herbert Samuel St.
URLtelavivbeachfront.com
TEL(03)7440347
|D||A||C|29US$〜
|S||W||A||C|79US$〜
|S||W||A||C|109US$〜
US$ € NIS

フロレンティン
ホステル　ベッド数60
Map P.189A3
フロレンティン

Florentine Hostel

フロレンティン地区にある小さなホステル。レセプションは最上階にある。眺めのいいテラスが自慢。

Wi-Fi
全館無料

⊠10 Elifele St.
URLwww.florentinehostel.com
TEL(03)5187551
|D||A||C|66NIS
|S||W||A||C|200NIS
|S||W||A||C|250NIS
US$ € NIS　CCMV

RESTAURANT レストラン

国際ビジネスの町だけあって、各国料理の店が多い。繁華街を中心にして、いたるところにさまざまな種類のレストランがある。最近は健康志向の若者が多いので、ベジタリアンの店が比較的多い。レストラン情報は❶や無料の情報誌などで手に入る。

「人口当たりの寿司屋の軒数は世界で一番多い町」と言う人もいるほど寿司屋が多い。ただし握りより巻き物を好む傾向にあり、「マンゴー＆スモークサーモン巻き」など日本では見かけないものを口にすることも。

Map P.190下A
テルアビブ中心部 マンタ・レイ
Manta Ray

シーフード

ヤッフォに近いビーチ沿いのレストラン。すぐ前がビーチのため、ちょっとおしゃれな「海の家」のような雰囲気もある。前菜各種19〜29NIS、魚料理は88〜140NISなど。カクテル各種42NISをのんびり楽しむ人も多い。

⊠Alma Beach Ⓤwww.mantaray.co.il
☎(03)5174773
⊕9:00〜23:00 ⊕無休 ⒸⒶⒹⓂⓋ

Map P.190下A
ネヴェ・ツェデク デラール
Dellal Restaurant

シーフード

スザンヌ・デラール・センターのすぐそばにある明るい雰囲気のレストラン。メニューは季節ごとに変わる。おもにシーフードが中心だが、ラムチョップなど肉料理も用意している。メインは46〜167NIS。ワインなどお酒の種類も豊富。

⊠10 Shabazi St. Ⓤwww.dallal.co.il
☎(03)5109292 ⊕9:00〜24:00 ⊕無休
ⒸⒶⒹⓂⓋ

話題の創作系ベジタリアンレストラン

イチオシ Restaurant ザカイム
Zakaim

イスラエル料理
ベジタリアン
MAP P.190下B
テルアビブ中心部

外観はガラス張りで開放感溢れる造り

新鮮な食材を使って調理

アレンビー通りから少し入った所にある。キブツから直送された新鮮な野菜を使っており、素材を活かしたメニューが自慢。家庭料理から創作料理など、料理のジャンルも豊富だ。週末は混み合うので予約しておこう。

メイン・ディッシュ メニューは日替わりで36〜119NIS。アボガドとスイート・ポテトの「刺身」Avocado and Sweet Potato Sashimi45NISなど、創作系も豊富。
デザート チーズケーキ Cheese Cake You're Gonna Dream Aboutがスタッフのおすすめ。チーズを使わずにナッツ類で作り上げた一品。

どのメニューも可愛らしい盛りつけ

⊠20 Simtat Beit HaSho'eva ☎(03)6135060
Ⓤzakaim.co.il ⊕12:00〜24.00 ⊕無休 ⒸⒶⒹⓂⓋ

圧倒的品揃えを誇るワインバー

テイスティング・ルーム
Tasting Room

地下の店内はボトル棚に囲まれている

イスラエルワインの品揃えが非常に充実したワインバー。小さなワイナリーを中心に約200のワイナリーから集めたワインのボトルはなんと380種類。人気店なので、予約をしておいたほうがよい。

ワイン ボトルでも注文できるが、色々試してみたい人のために常時40種ほどのボトルは、格納型サーバーに入っており、自分で注げるようになっている。まず店員からカードをもらい、飲みたいボトルの入ったサーバーにカードを差し込んでから、テイスティング（30㎖）、ハーフ（75㎖）、フル（125㎖）の3種類のボタンから好きなものを押してグラスに注ぐ。注文した情報はカード内に記録されるので、その都度会計する必要はなく、最後に店員にカードを渡し、まとめて会計する。
料理 サラダやチーズの盛り合わせ、ピザなど、ワインに合う小皿メニューが中心。一皿23 〜 69NIS。

いろいろ試して、比べてみよう

⊠36 Eliezer Kaplan　☎(03)5333213　🕐17:30〜24:00
㊋無休　CC A D M V

Map P.190下B
シェンキン通り　## オルナ＆エラ
Orna & Ella

地元の人々に人気があり、行列は必至のカフェレストラン。野菜を使った料理がメインで、パスタとパンは自家製。デザートも豊富に揃えている。店内は白を基調としたシンプルな内装だがいつも若者が集まり、とてもにぎやか。

⊠33 Shenkin St.　🌐ornaandella.com
☎(03)5252085　🕐8:30〜23:00（金・土10:00〜23:00）　㊋無休　CC A M V

Map P.190上A
ベン・イェフダー通り　## シャクシュキア
Shakshukia

ピリ辛のトマトソースに卵を落とした料理、シャクシューカの専門店。加える具材によって値段は異なり、一皿37〜49NIS。卵のゆで方とソースの辛さは、オーダー時に調整可能。看板はヘブライ語のみだが、メニューは英語もあり。

⊠94 Ben yehuda St.　☎(03)5223433
🕐10:00〜21:00（金〜16:00、日〜21:00）
㊋土　CC A M V

Map P.189B2
テルアビブ中心部　## トト
Toto

日本大使館のあるビルの入口にある、都会的な雰囲気のレストラン。ランチタイムはビュッフェ方式で、ズッキーニやオリーブなど、旬の食材を生かした料理がずらりと並ぶ。予算はドリンク別でひとり125NIS 〜。

⊠4 Berkowitz St.　🌐www.toto-rest.co.il
☎(03)6935151　🕐12:00〜16:00　18:00〜24:00
㊋無休　CC A D M V

ラ・レプブリカ
La Repubblica

テルアビブ中心部　Map P.190下B

カルメル広場から徒歩5分ほどの所にある。ピザは高温の窯で一気に焼き上げ、生地はカリっとしながらも折りたためる軟らかさ。タリアテッレやラビオリなどのパスタは自家製で、ゆで具合に対してもこだわりがある。

✉3 Mazeh St.　URLlarepubblica.co.il
TEL(03)6470247　⏰12:00〜23:00(金8:30〜、土9:30〜)
休無休　CCADMV

ババ・ヤガ
Baba Yaga Restaurant

テルアビブ中心部　Map P.190下A

創業時から、新聞や雑誌各紙誌で取り上げられている話題の店。ロシア料理がメインだが、シェフはフレンチもこなす。肉料理は86〜135NIS、魚料理は98〜138NISなど。イスラエル産ワインなどお酒の種類も豊富。

✉12 HaYarkon St.　URLwww.babayaga.co.il
TEL(03)5155179　⏰12:00〜24:00
休無休　CCADMV

ケトン
Keton

ディゼンゴフ通り　Map P.190上B

ディゼンゴフ通りにある老舗。1945年開業で、現在は3代目と4代目が切り盛りする。メニューはポーランド料理がメイン。おすすめはシュニッツェル60NIS。ほかにもグヤーシュと呼ばれるパプリカのシチュー60NISも人気。

✉145 Dizengoff St.　TEL(03)5233679
⏰11:30〜21:30　休無休
CCDMV

●テルアビブ

メン・テンテン
Men Tenten

Map P.190下B
テルアビブ中心部

✉38 Yavne St.
URLwww.mententen.com
TEL(03)6725318
⏰11:30〜翌0:30
休無休
CCADMV

オーナーは日本語が話すことができ、シェフは日本人。ラーメンは4種類があり52NIS。10NISで替え玉も可能。餃子は5コで32NIS。

オーバンコバン
Obankoban

Map P.189B2
テルアビブ中心部

✉16 Ha'Araba St.
URLwww.obankoban.co.il
TEL(03)6776888
⏰12:00〜23:00
休無休
CCADMV

おしゃれなレストランが並ぶハ・アラバ通りにある、若者に好評の日本料理店。ラーメン62〜78NISが一番人気だが、寿司メニューも豊富に揃っている。

ニニ・ハチ
Nini Hachi

Map P.189A1
テルアビブ北部

✉228 Ben Yehuda St.
TEL(03)6249228
⏰11:00〜24:00
　(金11:00〜165.00、
　土10:00〜24:00)
休無休
CCADMV

数多あるテルアビブの寿司バーでも異彩を放つ存在。メニューは創作系も多いが日本人好みの味だ。揚げ出し豆腐31NISとラーメン34〜39NISが人気。

中華閣
China Court Restaurant

Map P.190上A
ベン・イェフダー通り

✉14 Shalom
Aleichem St.
TEL(03)5178454
⏰12:00〜23:00
休無休
CCADMV

香港出身のシェフが作る前菜は24〜42NIS、メインの料理は42〜96NISと比較的手頃な価格設定。飲茶メニューもある。テイクアウトも可能。

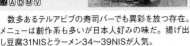

タイ・ハウス
タイ料理
Thai House Restaurant

Map P.190上A
ベン・イェフダー通り

✉8 Bograshov St.
URLthai-house.co.il
TEL(03)5178568
⏰12:00〜16:30
　18:00〜22:30
休無休
CC A D M V

　ランチ時は満席になるほどの人気店。レッドカレーなどのメインは68〜128NIS。日〜木曜の12:00〜17:00はビジネスランチを行っており、メインが74〜92NIS。

グチャ
イタリア料理
シーフード
Goocha

Map P.190上B
ディゼンゴフ通り

✉171 Dizengoff St.
URLwww.goocha.co.il
TEL(03)5222886
⏰13:00〜翌0:30
　(土12:00〜翌0:30)
休無休
CC A D M V

　シーフードの評価が高いイタリア料理店。メインは58〜116NIS。日曜の午後はムール貝500gにフレンチフライとビールが付いて83NIS。

メキシカーナ
メキシコ料理
Mexicana

Map P.190上A
ベン・イェフダー通り

✉7 Bograshov St.
URLwww.mexicana.co.il
TEL(03)5279911
⏰12:00〜24:00
休無休
CC A D M V

　店内は中米風の陽気な雰囲気を演出した造りで若者に人気。ケサディージョは55〜69NIS、ファヒータのセットは69〜84NIS。メニューには辛さの表示もある。

ランドヴェル
カフェ
軽食
Landwer

Map P.189B2
サローナ地区

✉13 Osvaldo Aranha St.
URLwww.landwercafe.co.il
TEL(03)6244806
⏰8:30〜24:00
　(金8:00〜、土9:00〜)
休無休
CC A D M V

　サローナ地区にあるカフェ・レストラン。外のテラス席が気持ちいい。料理はサンドイッチやピザ、パスタなどで45〜69NIS。ビールは25NIS〜。

フームス・アスリ
ファストフード
中近東料理
Hummus Asli

Map P.189A1
テルアビブ北部

✉338 Dizengoff St.
TEL(03)6041965
⏰10:30〜翌1:30
休無休
CC A D M V

　ここのフームス(26NIS〜)はいつも大人気でバリエーションも多い。ファラフェル(ヒヨコ豆のコロッケ)は7NIS、クッバ(メンチカツ風ひき肉料理)は10NIS。

アブー・アダム
ファストフード
中近東料理
Abu Adham

Map P.189B3
テルアビブ中心部

✉7 Carlebach St.
TEL(03)6048844
⏰10:00〜22:00
　(金〜18:00、
　土〜20:00)
休無休
CC A D M V

　テルアビブでフームスを食べたいならここ。店内はいつも地元の人でいっぱい。フームスは26NISで、ファラフェル・サンドイッチは15NIS。

ポーター&サンズ
バー
英国料理
Porter & Sons

Map P.189B2
テルアビブ中心部

✉14 Ha'Araba St.
TEL(03)6244355
⏰17:00〜24:00
　(金・土12:00〜24:00)
休無休
CC A D M V

　ビールの品揃えに定評のあるパブ。ドラフトビールはイスラエル産の地ビールを含め、なんと50種類以上もあるという。パブフードは47〜148NIS。

カスバー
バー
朝食
Casbah de Florentin

Map P.189A3
フロレンティン

✉3 Florentin St.
TEL(03)5182144
⏰8:00〜翌1:00
休無休
CC A D M V

　フロレンティン地区にある小さなバー。種類豊富な朝食メニューが一番人気で53NIS〜。朝食の時間になると若者が多く集まる。メインは48NIS〜。

ディゼンゴフ通りには小さなブティックが並び、ネヴェ・ツェデク地区にも雰囲気のいい店が多い。そしてイスラエルでも最先端のブランドが集結する激戦区がシェンキン通り。1ヵ所でひととおり見たいなら、ショッピングモールを利用するといい。

Map P.190下B
シェンキン通り **サボン・シェル・パアム**
Sabon Shel Pa'am

石鹸
コスメ

死海コスメのブランド「サボン」のシェンキン通り店。イスラエルでは「ボディショップ」のような位置づけ。商品の種類が多いので店員さんに相談しながら選ぶといい。

✉21 Sheinkin St.　URL www.sabon.co.il
TEL(03)6296233　営9:30〜21:00（金9:30〜15:30）
休土　CC A D M V

Map P.189A1
ディゼンゴフ通り **ドリ・チャングリ**
Dori Csengeri

アクセサリー
ジュエリー

テルアビブのジュエリーデザイナー、ドリ・チャングリの店。クラシックとモダンの要素を融合した手作りのアクセサリーを扱う。シルキーコットンを使い、存在感のあるデザインが特徴。

✉226 Dizengoff St.　URL www.doricsengeri.com
TEL(03)6043273　営10:00〜19:00（金〜14:30）
休土　CC A D M V

Map P.189A4
ハタハナ **ミハエル・ネグリン**
Michal Negrin

アクセサリー
ジュエリー

イスラエルを代表するアクセサリー・デザイナーの店で、イスラエル国内で20店舗近くを展開している。テルアビブではハタハナのほか、ディゼンゴフ・センターにもショップがある。

✉HaTachana　URL www.michalnegrin.com
TEL(03)5160266
営9:00〜21:00（金〜13:00）　休土　CC A D M V

Map P.190下B
テルアビブ中心部 **マックス・ブレナー**
Max Brenner

チョコレート

イスラエル発祥ニューヨーク育ちの有名チョコレート店。「チョコレートのテーマパーク」と呼ばれるだけあり、店内は多彩な品揃えのチョコレートで溢れている。

✉45 Rosthcild Blv.　URL maxbrenner.co.jp
TEL(03)5604570　営9:00〜翌1:00（金〜15:00、土〜14:00）　休無休　CC A D M V

Map P.189A4
ハタハナ **アハヴァ**
AHAVA

コスメ

死海コスメの代表的ブランド。直営店はテルアビブではハタハナとヒルトン・ホテル内のみ。ミツペー・シャレムにはビジターセンター（→P.146）がある。

✉HaTachana　URL www.ahava.com
TEL(03)5102264　営10:00〜22:00（金〜15:30、日12:00〜22:00）　休土　CC A D M V

Map P.190上B
ディゼンゴフ通り **サラ・ブラウン**
Sarah Braun

ファッション

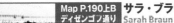

新進デザイナー、サラ・ブラウンのブティック。品揃えはフレンチのテイストも織り込まれた女性服が中心で、ワンピース100NIS〜などが人気。

✉162 Dizengoff St.　TEL(03)5299902
営10:00〜20:00（金〜15:00）
休土　CC A M V

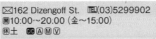

世界遺産ホワイト・テルアビブを知る

バウハウス・センター

Bauhaus Center Tel Aviv

書籍
文房具
Map P.190上B
ディゼンゴフ通り

世界遺産に登録されているテルアビブの建築群だが、現代建築に詳しくないと、その魅力はいまひとつ伝わりにくい。ここでは、近代建築の書籍が充実しているほか、建築ツアーも行っている。

ショップ　建築をはじめ、テルアビブに関する多くの本を取り揃える。文房具や置物なども販売。

ギャラリー　地下にはテルアビブにある世界遺産建築を紹介するパネルが展示されている。

ツアー　毎週金曜10:00から英語による建築ツアーを催行している。ひとり80NIS。

建築に関する書籍が並ぶ

ディゼンゴフ通り沿いの書店

2階にあるギャラリー

✉77 Dizengoff St.　🌐www.bauhaus-center.com
☎(03)5220249　🕐10:00〜19:00（金〜14:30、土10:00〜19:30）　休無休　CC A M V

Map P.189A3
フロレンティン

アンダー1000
Under 1000

ギャラリー

フロレンティン地区にあるギャラリー。テルアビブを中心にイスラエル全土のアーティストの作品を多く取り扱う。地元アーティストの名を広めるため、店内の商品はすべて1000US$以下に設定している。

✉60 Abarbanel St.
☎(03)5299902　🕐10:00〜19:00（金〜16:00、土10:00〜20:00）　休無休　CC A D M V

テルアビブのショッピング・センター

ハタハナ
HaTachana

100年ほど前に使用されていたテルアビブ駅やイギリス軍の兵舎を改装したショッピングモール。ノスタルジックな雰囲気が漂いながらも、人気のショップが数多く軒を連ねる。レストランやカフェもあるのでのんびりと滞在できる。

旧駅舎を改装したハタハナ

テルアビブ港
Tel Aviv Port

テルアビブ港は1960年代以降、閉鎖されていたが、近年の再開発により、おしゃれなショッピングモールとして生まれ変わった。人気のブティックやレストランなどが入り、熱い注目を集めるエリアだ。海沿いという景色の良さのため、特にカフェ、レストランが充実。

生まれ変わったテルアビブ港

ディゼンゴフ・センター
Dizengoff Center

テルアビブを代表するショッピングセンター。ディゼンゴフ通りを挟んでふたつの建物からなっており、上階でつ

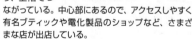

テルアビブの中心部に建つ

ながっている。中心部にあるので、アクセスしやすく有名ブティックや電化製品のショップなど、さまざまな店が出店している。

■ハタハナ　Map P.189A3
🚃No.18
✉1 Kaufmann St.
🌐www.hatachana.co.il
■テルアビブ港　Map P.189A1
🚃No.4、114
✉Namal　🌐www.namal.co.il
☎(03) 5441505
■ディゼンゴフ・センター　Map P.190上B
✉50 Dizengoff St.
🌐www.dizengof-center.co.il　☎(03) 6212400

ヤッフォ

ジャッファ
Jaffa

ヤフォ
יפו

古い町並みが現在も残るヤッフォの旧市街

市外局番　03

標高　10m

Maps
中心部　P.214

●テルアビブ／ヤッフォ

　ヤッフォは聖書に登場する古い港で、古代から非常に栄えていた。歴史は紀元前18世紀に遡る。紀元前10世紀のダビデ王の時代には、ヤッフォに荷揚げされた輸入品がエルサレムに運ばれた。さらにソロモン王の時代にはエルサレムの神殿建築に使われたレバノン杉もヤッフォから荷揚げされた。また聖書との関連では、ヤッフォの皮なめし職人シモンの客であったペテロを、ローマ軍のコルネリウスの使者が訪ねたことにより（使徒言行録10章）、キリスト教が異邦人へと広がっていったとされている。

　その後はアラブ、十字軍の侵略を受けたこともあるが、良港をもつこの町は衰退のたびに繁栄を取り戻す。1802年にはミマール・ムハンマド・アガにより城壁が修復されて現在の形になった。19世紀末までには教会やシナゴーグも建てられ、ユダヤ人の帰還者たちがこの町に入りはじめた。20世紀初頭には反シオニスト運動の舞台となったが、1960年代以降のヤッフォは、移住した人々により造られたテルアビブに次いでユダヤ人が多く住む町となり、トルコ資本による時計塔周辺の整備も進んだ。

　現在オールドヤッフォと呼ばれる旧市街に住んでいるのは、芸術家たちが多い。アーティストたちのかわいらしい工房が並んでおり、おみやげ探しも楽しい場所だ。

3800年以上も昔から使われていたヤッフォ港。現在はおしゃれな店が集う

■ヤッフォへの行き方
ヤッフォはテルアビブ市に含まれているので、テルアビブ以外からだとテルアビブの中央駅、またはセントラルバスステーションを経由して行くことになる。
　ベン・イェフダー通りからダン・バス社のバスが走っている。注意したいのは、中心部からのバスはエルサレム通りJerusalem St.を真っすぐ南下して、時計塔広場には入らず、そのまま南へ向かう便が多いこと。その場合はエルサレム通りとエイラット通りEilat St.との交差点の停留所で下車するとよい。
●セントラルバスステーションから
　ベン・イェフダー通りで乗り換え
●中央駅、ベン・イェフダー通りから
　No.10
所要：約20分　運賃：5.9NIS

■ヤッフォの❶
Map P.214B
✉2 Marzuk and Azar St.
☎(03)6814466
🗓夏期
9:30〜18:30
（金〜16:00、土10:00〜16:00）
冬期
9:30〜17:30（金〜14:00）
休祝、祝日の土

213

丘の上には信仰の門と呼ばれるオブジェがある

1798年、フランス軍司令官のナポレオンはエジプト攻略に成功し、パレスチナに攻め上った。勢いを駆ってヤッフォを占領したものの、フランス軍の陣営ではペストが流行し、多数の死者が出る。このときのことについて描いたのが、パリのルーブル美術館にあるアントワーヌ・ジャン・グロの作品『ペスト患者を見舞うボナパルト』だ。ケドゥミーム広場ではナポレオンがヤッフォを案内する像がある。

■時計塔
圃随時　困無休　囲無料

ヤッフォの歩き方

オールドヤッフォ（旧市街）は小さいので、どんどん歩いて足で町を把握しよう。時計塔広場のバス停を降りたら近くに❶があるのでまずはここで情報収集をしよう。旧市街は小高い丘になっており、シーフードレストランなどが並ぶジャーマ・アル・マフムディーヤの横を抜けて左の丘を登っていく。振り返ると、テルアビブの町並みがきれいに見えるだろう。

ジャーマ・アル・マフムディーヤを通ってミフラッツ・シュローモ通りMifraz Shlomo Promenadeを行くと、聖ペテロ教会の前に着く。旧市街の中心ケドゥミーム広場はすぐそばだ。

ヤッフォの見どころ

ヤッフォのシンボル的な存在　　Map P.214A

🏛 時計塔

מגדל השעון
ミグダール・ハ・シャオーン

Clock Tower
クロック・タワー

1906年にオスマン朝のスルタン、アブデュルハミド2世の在位30年を記念し建造した町のシンボル。向かい側の警察署はかつての留置所を改築したもの。時計塔付近には、オスマン朝時代の官庁跡が点在している。

修復が進む時計塔広場

ヤッフォ

N
0　　　　　　200m

アンドロメダの岩 P.216
Andromeda's Rock

ジャーマ・アル・マフムディーヤ P.215
Al-Mahmudiya Mosque

ジャーマ・アル・バフル P.215
Mosque of the Sea

聖ペテロ教会 P.215
St. Peter Church

ビジターセンター P.215
Visitor's Center

ケドゥミーム広場 P.215
Kedumim Sq.

願いの橋 P.216
Wishing Bridge

皮なめしシモンの家 P.215
The Tanner's House

信仰の門 P.217
The Gate of Faith

ヤッフォ港 P.216
Jaffa Port

イラナ・グール美術館 P.216
Ilana Goor Museum

Ratzif Haaliyah Hashniya St.

HaZorfim St.

Pasteur St.

Tzefet St.

Rabbi Yehuda Margoza St.

Rabbi Hanina St.

HaTzorfim St.

Tel Aviv-Jaffa Beach Promenade St.

Goldman St.

Raziel St.

HaSokhut Sq.

Mifraz Shlomo

P.214時計塔
Clock Tower

Dr.Shakshuka R

Aboulafia P.217

のみの市 P.216
Old Jaffa Hostel H
P.217

Akbar P.217

Ruslan St.

Ben Yair St.

Amiad St.

Ben Shimon

Eshel St.

Amiad St.

Jerusalem St.

Eilat St.

Apak St.

Segula St.

P.217Beit
Immanuel H

Ben Shatah St.

Hadoar St.

Marzuk Veazar St.

Hiram St.

Hazadik St.

Ben Azai St.

HaTikva St.

Ben Doga St.

Ben Gamliel St.

Jerusalem St.

HaTekuma St.

Elzion Gaver St.

Shearit Yisrael St.

Amatz St.

Auerbach St.

Batani St.

Nitsana St.

Tifra St.

Ruhama St.

Nehama St.

Zoma St.

Ben Azarya St.

A　　　　　　B

石造りの美しい建物

ジャーマ・アル・マフムディーヤ

جامع المحمدية
ジャーマ・アル・マフムディーヤ

Al-Mahmudiya Mosque
アル・マフムディーヤ・モスク

　時計塔を背に、坂を上っていくと、ひときわ高い尖塔が見えてくる。1812年、オスマン朝時代に建てられたもので、通常ムスリム以外は中に入れない。

　坂の上から見ると石造りの豪華さが目を引く。寺院にはレストランなどがあるが、これはかつて建物を維持する費用をまかなうためと、参拝客を楽しませることを考えて造られたものだ。

歴史雰囲気のなか、モダンなショップが並ぶ

`Map P.214A`

ケドゥミーム広場

כיכר קדומים
キカル・ケドゥミーム

Kedumim Square
ケドゥミーム・スクエア

ケドゥミーム広場が旧市街の中心部

　この広場は1740年、移民してきた最初のユダヤ人の宿泊施設がおかれた場所。1950年代に改築が始まり、当時の雰囲気を残す建物の中に、ギャラリー、ショップなどが入っている。

　この広場の地下部分にはビジターセンターがあり、町の歴史をわかりやすく説明している。また、遺跡の一部を保存しており、ガイドツアーで見学も可能。

使徒ペテロが滞在したという

`Map P.214A`

聖ペテロ教会

כנסיית סנט-פיטר
クネスィヤット・セント・ペテル

St. Peter Church
セント・ピーター・チャーチ

　イエスの死と復活のあと、弟子たちは伝道に出発したが、なかでも代表的な役割を果たしたのは、聖ペテロであったとされている。この教会はその聖ペテロを記念して建てられたもの。彼はヤッフォ滞在中に、天からたくさんの動物が入った白い布のような器が降りてくるを目撃したほか、タビタ（ドルカス）という女の弟子を死から蘇らすという奇跡を行っている。

現在の教会は、19世紀に建てられたバロック様式のもの

■ジャーマ・アル・
マフムディーヤ
※通常ムスリム以外は内部見学不可

ヤッフォ通りから眺めたジャーマ・アル・マフムディーヤ

■ケドゥミーム広場の
ビジターセンター
Map P.214A
TEL(03)6037700
URL www.oldjaffa.co.il
グループのみ入場可能。要予約。

Information

皮なめしシモンの家
The Tarner's House
Map P.214A

ケドゥミーム広場から南西にShimon Habursekai通りのほうへ階段を下りていくと小さな家がある。ここが使徒言行録9:43〜10章に出てくる皮なめしシモンの家だとされている。現在ここはアルメニア人の家族が管理しているが、内部の見学はできない。

■聖ペテロ教会
圓8:00〜11:45　15:00〜17:00
体無休
圐寄付歓迎

祭壇の絵画は、聖ペテロが天から白い布が降りてくるのを目撃する場面

●ヤッフォ

左カラム

■アンドロメダの岩
圏随時　困無休　圏無料

荒波にもまれるアンドロメダの岩

■イラナ・グール美術館
✉4 Mazal Dagim St.
☎(03)6837676
URL www.ilanagoormuseum.org
圏10:00〜16:00
　（土・祝〜18:00、
　祝の前日〜14:00）
困無休
圏30NIS　学生25NIS
🚫内部不可

彫刻や家具、オブジェなど、イスラエルを代表するアーティストの作品が並ぶ

■願いの橋
圏随時　困無休　圏無料

右カラム

伝説が残る
Map P.214A
🏛 アンドロメダの岩

סלע אנדרומדה
セラア・アンドロメダ

Andromeda's Rock
アンドロメダズ・ロック

　ケドゥミーム広場の西側に、見晴らし台がある。ここから海へ目をやると、岩が水面に出ているのが見える。これがアンドロメダの岩。ギリシア神話のなかで最も偉大な英雄のひとりペルセウスは、海面の岩に美しい乙女が縛りつけられているのを発見した。これがエチオピア王ケーペウスの娘、アンドロメダだった。アンドロメダの母親は娘は海の神ネーレウスの娘より美しいと誇ったので、海の神は怒ってエチオピアの国を荒らし、アンドロメダを人身御供にしようとした。彼女にひとめ惚れしたペルセウスは彼女を助けて妻にもらった。

イスラエルの現代美術を垣間見る
Map P.214A
🏛 イラナ・グール美術館

מוזיאון אילנה גור
ムゼオン・イラナ・グール

Ilana Goor Museum
イラナ・グール・ミュージアム

　ユダヤ人の宿泊施設として、18世紀に建てられた建物。現在はイラナ・グールの作品を中心に、いろいろなアーティストの作品を並べている。特に、生活用具や家具などを大胆に取り込んだ

18世紀に建てられた宿泊施設を改装している

作品群はとても楽しい。また、この界隈を中心に、ヤッフォ旧市街にはさまざまなギャラリーが軒を連ねており、気軽に現代イスラエルのアートに触れるのにはちょうどよいところだ。

願いごとがかなうという
Map P.214A
🏛 願いの橋

גשר המשאלות
ゲシェル・ハ・ミシュアロット

Wishing Bridge
ウィッシング・ブリッジ

　ケドゥミーム広場から公園のほうへ歩いていくと、木製の橋が架かっている。これはこの地に残る昔からの言い伝えに基づいてヤッフォに住むアーティストたちが造ったもの。伝説にいわく「この橋を渡る者は、星座のサインを触りながら海のほうを見ると願いごとがかなう」。あなたも試してみては？

願いごとを思い浮かべながら歩いてみよう

テルアビブの中心部から近いため、日帰りでも十分楽しめる。ヤッフォにはホステルとアパートメントが多く、中級ホテルはない。
シーフードレストランはジャーマ・アル・マフムディーヤ周辺にいくつかあり、ケドゥミーム広場にはおしゃれなカフェなどが点在している。テルアビブを結ぶ海岸通りにはレストランが並び、夏のにぎわいぶりはたいへんなものだ。夜になると、のみの市周辺では雰囲気の良いバーがオープンし、朝まで賑わっている。

●ヤッフォ

ベト・インマヌエル
Beit Inmanuel

ホステル
16室　Map P.214B

✉8 Auerbach St.
🌐www.beitimmanuel.org
☎(03)6821459
📠(03)6829817

🖥📶 Wi-Fi
一部　一部　ロビー周辺

D🅰🅲■■■150NIS
S🅰🅲■■■300NIS
W🅰🅲■■■430NIS
💱NIS 💳🅐🅓🅜🅥

旧市街の東、ネヴェ・ツェデクとの間にあるキリスト教系のホステル。周囲は夜になると、とても静か。ドミトリーは4人以上のグループでのみ利用可能で、個人では利用できないので要注意。

オールド・ジャッファ
Old Jaffa Hotel

ホステル
25室　Map P.214A

✉13 Amiad St.
🌐www.telaviv-hostel.com
☎(03)6822370

D✂■■■90NIS
S✂■■■280NIS～
W✂■■■310NIS～
💱US$ € NIS
💳🅐🅓🅜🅥

📺 📶 Wi-Fi
一部　一部　全館無料

のみの市の近くにある人気のホステル。レセプションや客室は2階に位置しており、窓からは旧市街が眺められる。ドミトリーは男女別。レセプションは夜間に閉まるので注意しよう。

Map P.214B

ドクトル・シャクシューカ
Dr. Shakshuka

中近東料理

地元の人々から圧倒的な人気のシャクシューカ専門店。ここはトリポリ出身のユダヤ人一家がやっている。シャクシューカとは肉や野菜をトマトベースのソースで炒め煮て、最後に卵を入れる、中近東ではポピュラーな庶民の味。

✉9 Beit Eshel St.　🌐shakshuka.rest.co.il
☎(03)5186560
🕐8:00～24:00　休シャバット　💳🅐🅓🅜🅥

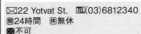

Map P.214A

アブラフィア
Aboulafia

ベーカリー

時計塔近くにある人気のベーカリー。店の前では焼きたてのパンをゲットしようといつも人だかりができている。おすすめはチーズや挽肉を入れて焼いた惣菜パン、サンブーサクSambusak(写真右、10～15NIS)。

✉22 Yotvat St.　☎(03)6812340
🕐24時間　休無休
💳不可

Map P.214A

アクバー
Akbar

バー

のみの市周辺にはバーが多く集まるが、その中でも若者が多く集まるのがこの店。通りを挟んで店舗もあり、店はピザやサンドイッチなどが中心で、30～42NIS。生ビールは常時9種類用意している。

✉2 Rabbi NachmanSt.　☎0774813261(携帯)
🕐10:00～翌2:00　休無休
💳🅐🅓🅜🅥

Map P.11A2

カイザリヤ

シーザリア
Caesarea

カイザリア
קיסריה

カイザリヤ

エルサレム

市外局番　**08**

標高　**10m**
（カイザリヤ国立公園内）

Maps
交通図　P.218
中心部　P.219

海岸沿いに建つ十字軍時代の町並み

■カイザリヤへの行き方
🚃最寄りの駅はビンヤミナ
Binyaminaだが、ここから遺跡への交通手段はないのでタクシーを利用する。片道60NISほど。カイザリヤ／パルデス・ハナという駅もあるがこちらからはさらに遠い。
🚌まずハデラHaderaに行き、No.76に乗り換える。
■ハデラへの行き方
●テルアビブから
🚌No.852→P.304㉜、No.872→P.304㉝
●ハイファから
🚌No.921→P.304㊺、No.922→P.304㊻
■ハデラからカイザリヤへ
🚌No.76→P.305㉘

■カイザリヤ国立公園
Map P.219
☎(04)6267080
URLen.parks.org.il
🕐4～9月9:00～18:00
　（金～16:00）
　10～3月8:00～16:00
　（金～15:00）困無休
💰39NIS　学生33NIS
（円形闘技場、十字軍の町、アラブ時代の町、ヘロデ時代の劇場・競技場、浴場跡、城塞などの共通券）
　十字軍の町のみ14NIS

カイザリヤは、テルアビブの約40km北にある、地中海に面した美しい遺跡で名高いところ。キリスト教徒にとっては、使徒パウロがローマに旅立った場所として重要な聖地となっている（使徒言行録27章）。キリスト教の力が強まった4世紀頃には、オリゲネスやユウセピウスなどの有名な教父たちが神学校を設立した。その後もキリスト教の中心地として栄え、1251年にはマムルーク朝の攻撃に備えて十字軍により要塞が造られた。その後、町は放棄されたが、19世紀にボスニアからのムスリムにより再建さた。

🧭 カイザリヤの歩き方 🧭

　カイザリヤの遺跡はカイザリヤ国立公園の管理下にあり、ハデラからはカヴィーム社のミニバスに乗るか、もしくはレンタカーで直接入るしか方法はない。

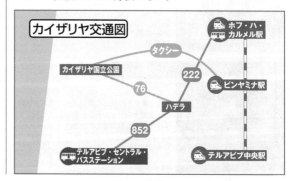

カイザリヤ交通図

ホフ・ハ・カルメル駅

タクシー

カイザリヤ国立公園

222

ビンヤミナ駅

76

ハデラ

852

テルアビブ・セントラル・バスステーション

テルアビブ中央駅

カイザリヤの見どころ

美しい音色が響きわたる

Map P.219

🏛 円形闘技場

אמפיתיאטרון רומי
アムフィティアトローン・ロミ

Roman Theater
ローマン・シアター

修復されて今でも現役の円形闘技場

1960年代に発掘されたカイザリヤの円形闘技場は修復され、今ではコンサートなどに使用されている。夏の夜、地中海の波の音をバックに聴く音楽は、実に情緒豊か。直径約170mの闘技場は、海からの風向きを計算に入れて舞台が造られたようだ。自然の音響システムのおかげで広い闘技場の隅まで音が届く。

ローマ時代は、この闘技場で多くの人がライオンと戦わされた。ローマに抵抗したユダヤ人も殺され、そのひとりラビ・アキバにちなんだオール・アキバ村が近くにある。

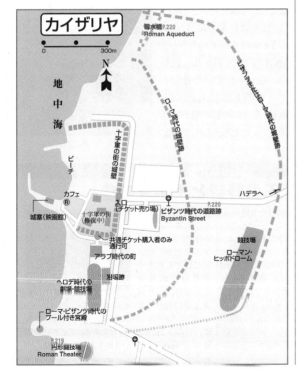
カイザリヤ

導水橋 P.220 Roman Aqueduct

N

0　300m

地中海

ローマ時代の城壁跡

ビーチ

十字軍の街の城壁

カフェⓇ

城塞（映画館）

入口（チケット売り場）

十字軍の街（修復中）

ビザンツ時代の道路跡 P.220 Byzantin Street

ハデラへ

共通チケット購入者のみ通行可

アラブ時代の町

浴場跡

競技場 ローマン・ヒッポドローム

ヘ・ロデ時代の劇場・競技場

ローマ・ビザンツ時代のプール付き宮殿

P.219 円形闘技場 Roman Theater

バス乗り場の近くに国立公園の入口兼チケット売り場がある

ビーチ沿いにはカフェやレストランなどが並ぶ

■円形闘技場
圖4〜9月8:00〜18:00
（金〜16:00）
10〜3月8:00〜16:00
（金〜15:00）　圏無休
圍国立公園の入場料に含まれている

円形闘技場の客席には座席番号も記されている

●カイザリヤ

Information
城塞での映画上映
聖書の時代から十字軍時代を経て現在にいたるまでの歴史や遺跡の説明をしてくれる映画が上映されており、英語の解説付きツアーでの見学が可能。料金は国立公園の入場料に含まれている。

城塞には小さな展示室もある

圖5〜9月
9:15〜17:45
10〜4月
9:15〜15:45

■ビザンツ時代の道路跡
圏随時 困無休 圏無料

道路跡に残るモザイク

■導水橋
圏随時 困無休 圏無料

首のない像がたたずむ　　　　　**Map P.219**

🏛 ビザンツ時代の道路跡

רחוב ביזנטי	Byzantin Street
ルホーヴ・ビザンティ	ビザンタイン・ストリート

ビザンツ時代の入浴施設跡

十字軍の城壁前にある駐車場の先には、床に見事なモザイクの跡も見られる。広場には、白い大理石と黒っぽい斑岩で作られた2体の彫像が残っている。この彫像はカエサルを表したものではないかとも、斑岩の彫像についてはヘロデ王ではないかともいわれる。また、入浴施設周辺にもビザンツ時代の道路は残っている。

海とのコントラストが美しい　　　**Map P.219**

🏛 導水橋

מוביל-מים רומי	Roman Aqueduct
モヴィール・マイム・ローミ	ローマン・アクアダクト

カイザリヤの海岸には、人が楽にくぐれる大きさの見事なアーチ状の壁が続いている。これは、ローマ時代に建造された導水橋だ。ヘロデ王が、水の少ないカイザリヤに水を引く施設として建設した。2本のうちの1本は農業の灌漑用に、もう1本はカルメル山から9kmにわたって引かれ、飲料用に用いられていたようだ。アーチの上部にある溝に、直径17cmの陶器の管が3本通っていたと考えられている。

海岸沿いに続く導水橋

History
ヘロデ王の野望と十字軍の砦

カイザリヤは、フェニキア人の時代から地中海の玄関口として栄えていたが、ヘロデ王はここにアテネに匹敵するような大きな港町を築こうと、大規模な町づくりを始めた。以来、この町はローマ皇帝カエサル・アウグストゥスの名にちなんで、カイザリヤと呼ばれるようになった。港町はおおいに栄え、ローマから遣わされたユダヤ総督は、代々この町に居を構えるようになった。イエスの裁判をしたポンテオ・ピラトもここに住んでいたという記録があり、ここで発見された、彼の名が記された石碑は、現在エルサレムのイスラエル博物館に展示されている。軍事的に重要な地でもあったカイザリヤだが、13世紀に建てられた十字軍時代の城壁は、壁や門、教会が見事に残り、ま

かつてのカイザリヤは堤防で囲まれた港町だった

たアウグストゥスの神殿跡やビザンツ時代の教会跡、港のほうには見張り台もある。ここがいかに砦として重要視されていたかをよく表している。

ズィフロン・ヤアコヴ

ズィフロン・ヤアコヴ

Zichron Ya'akov

ズィフロン・ヤアコヴ

זכרון יעקב

ズィフロン・
ヤアコヴ

エルサレム

市外局番 **04**

標高 **170m**

Maps
中心部 P.222右
周辺 P.222左

●カイザリヤ／ズィフロン・ヤアコヴ

丘の上にある可愛らしい町

　ズィフロン・ヤアコヴはカイザリヤからハイファに向かう途中のカルメル山麓にある町。シオニズムによるユダヤ人帰還運動（第1次アリヤと呼ばれる）により1882年に造られた。

　カルメル山地で造られるワインはカルメルワインと総称されるが、そのなかでも多くのワイナリーがこの町の周囲に点在している。そのため、ここではさまざまなワインが楽しめる。おしゃれなカフェやかわいらしい小物が買えるショップ、雰囲気のいいレストランなどもある。のんびり過ごすにはピッタリだ。

🧭 ズィフロン・ヤアコヴの歩き方 🧭

　ハ・メヤスディム通りHaMeyasdim St.が町の中心。ここはワインを売る店が多かったことから"ワイン通り"とも呼ばれ、道沿いにレストランやショップが多く並んでいる。

📷 ズィフロン・ヤアコヴの見どころ 📷

カルメルワインでも屈指の人気を誇る　Map P.222左

🏛 ティシビ・ワイナリー

יקבי תשבי
グリィ・ティシビィ

Tishbi Winery

　1904年開業の家族経営のワイナリー。町の周囲では19世紀後半からブドウやオリーブが栽培されていたが、1980年代にブドウの価格が大幅に下落してしまう。打開策としてティシビ家はワイン造りを決意し、現在はズィフロン・ヤアコ

■ズィフロン・ヤアコヴ
への行き方
🚌ハイファからは直通のバスが多いが、テルアビブからはハデラHaderaで、カヴィーム社のバスNo.70に乗り換えたほうが便利。
●テルアビブから
🚌No.872→P.304 34
●ハイファから
🚌No.202→P.304 47
■ハデラへの行き方
●テルアビブから
🚌No.852→P.304 32、
No.872→P.304 33
●ハイファから
🚌No.921→P.304 45、
No.922→P.304 46
■ハデラから
ズィフロン・ヤアコヴへ
🚌No.70→P.305 79

■ズィフロン・ヤアコヴの❶
Map P.222右
✉Abba Shechkr Sq.
☎(04)6398811
URLwww.zy1882.co.il
🕐8:30〜13:00
🚫金・土

■ティシビ・ワイナリー
（ビジターセンター）
✉Zichron Ya'akov
☎(04)6380434
URLwww.tishbi.com
🕐8:00〜17:00
（金8:00〜13:00）
🚫土　🆓無料

221

ガーデンではワインを楽しみながら本格的な食事もできる

Information

アーロンソン・ハウス
Aaronsohn House
Map P.222右

19世紀後半に建てられた邸宅を博物館として利用している。館内には最初期の移民であったアーロンソン一家の解説や当時の家具などが並ぶ。

1956年に博物館としてオープンした

⊠40 HaMeyasdim St.
☎(04)6390120
URL www.nili-museum.org.il
開9:00~16:00
　（金~12:00）
休無休
料26NIS　学生20NIS
カード一部不可　写真一部不可

■ラマット・ハナディヴへの行き方
🚌公共交通はない。ズィフロン・ヤアコヴでタクシーをチャーターするか、30分ほど歩く。
■ラマット・ハナディヴ
☎(04)6298111
URL www.ramat-hanadiv.org.il
開8:00~16:00
　（金~14:00）
休無休　料無料

ヴを代表する銘柄にまで成長させた。ビジターセンターは郊外に位置しており、製造過程が見学できる。レストラン＆ショップ（→P.223）は町の中心部にあるので気軽にテイスティングが可能。

ユダヤ人入植の父が眠る
ラマット・ハナディヴ
Map P.222左

רמת הנדיב
ラマット・ハナディヴ

Ramat Hanadiv
ラマット・ハナディヴ

散策が楽しい記念公園

　ズィフロン・ヤアコヴへの入植を経済的に支えたのが、シオニストとして有名なパリ・ロスチャイルド家のエドモン・ロスチャイルド。彼自身は1934年にフランスで亡くなったが、遺言により、1954年ズィフロン・ヤアコヴの郊外の丘ラマット・ハナディヴに遺体が移され、イスラエルの国葬式が行われた。敷地内には❶やレストラン、みやげ物屋などが集まるビジター・パビリオン、季節の花が美しい記念公園、ハイキングルートが整った自然公園などがある。

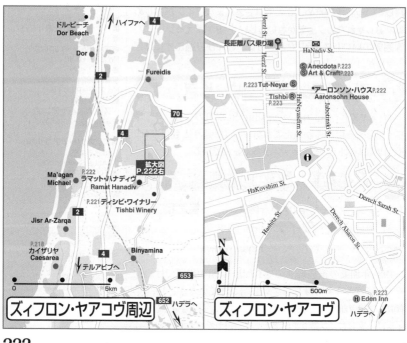

ドル・ビーチ
Dor Beach
ハイファへ 4
Dor
Fureidis
2
70
4
拡大図 P.222右
Ma'agan Michael
P.222 ラマット・ハナディヴ
Ramat Hanadiv
P.221 ティシビ・ワイナリー
Tishbi Winery
Jisr Ar-Zarqa
2
P.218 カイザリヤ Caesarea
テルアビブへ
Binyamina
4
653
0　　　5km
652 ハデラへ
ズィフロン・ヤアコヴ周辺

Herzl St.
長距離バス乗り場
HaNadiv St.
ⓈAnecdota P.223
Art & Craft P.223
P.223 Tut-Neyar Ⓢ
アーロンソン・ハウス P.222
Aaronsohn House
Tishbi Ⓡ
P.223
Jabotinski St.
HaMeyasdim St.
HaKovshim St.
Derech Sarah St.
Hashnir St.
Derech Aharon St.
N
0　　　500m
P.223
Ⓗ Eden Inn
ハデラへ
ズィフロン・ヤアコヴ

HOTEL ホテル / RESTAURANT レストラン

テルアビブやハイファからも近いので日帰りでも十分。宿泊施設は数軒あるが、中心部からは少し遠い。

おしゃれなレストランやカフェはハ・メヤスディム通りHaMeyasdim St.に並んでいる。ワインの町だけあって、レストランで選べるグラスワインの種類も豊富だ。ただし、シャバットになるとほとんどの店が閉まってしまうので、週末に訪れる際は注意が必要。

エデン・イン
Hotel Eden Inn Tooly

中級 96室　Map P.222右

⊠2 Aharon Rd.
URLwww.tooly.co.il
TEL(04)9123197
FAX(04)8450024
⑤AC📶💷🚻425NIS
Ⓦ AC📶💷🚻500NIS
⊕US$ € NIS
CCⒶⒹⓂⓋ

📺 🍴 📶 🛜Wi-Fi
全室 希望者 全室 全館無料

町の南、アーロン・ロード沿いにあるホテル。客室はシンプルだが、設備は充実している。駐車場も広く、レンタカーを利用する旅行者にとっても便利。

ティシビ
Map P.222右
Tishbi

レストラン／ピッツェリア

ティシビー・ワイナリー（→P.221）直営のレストラン。グラスワインの種類が豊富で、ワインに合うメニューを多く揃えている。メインは68〜105NIS。ピザは42〜60NIS。

⊠33 HaMeyasdim St.　URLwww.tishbi.com
TEL(04)6290280　圏8:00〜22:00（金〜15:00）
休土　CCⒶⒹⓂⓋ

SHOP ショップ

ハ・メヤスディム通り沿いにはギャラリーが多く、ジュエリーや民芸品など、地元アーティストの作品を置いている。ティシビ・ワイナリー（→P.221）では地元産のワインが豊富だが、他にも自家製のチョコレートやジャムなども販売しているので、いろいろと見てみよう。

アート＆クラフト
Map P.222右
Art & Craft

陶器／ジュエリー

地元のアーティスト7人が共同で開いているギャラリー。アイテムは服飾や陶器、ジュエリー、ガラス製品など幅広い。眺めているだけでも楽しめる。

⊠52 HaMeyasdim St.　TEL(04)6391262
圏夏期10:00〜20:00（金9:00〜15:00）、冬期10:00〜19:00（金10:00〜15:00）　休無休　CCⒶⒹⓂⓋ

アネクドタ
Map P.222右
Anecdota

小物／服飾

店内は広々としており、アパレルやコスメ、ジュエリーなど、可愛らしいアイテムが数多く揃っている。カフェバーも併設している。

⊠52 HaMeyasdim St.　TEL(04)6370554
圏9:00〜21:00（金9:00〜16:00）
休無休　CCⒶⒹⓂⓋ

トゥトゥ・ネヤール
Map P.222右
Tut-Neyar Paper Mill

オブジェ／紙

手漉きの紙や小物、ランプシェードなどを販売しているギャラリー。紙は日本から持ち込んだコウゾの木を白く育て、漉いており、紙漉きの工程も見学できる。

⊠39 HaMeyasdim St.　URLwww.tutneyar.co.il
TEL054-6490559　圏10:00〜18:00（金〜15:00）
休土　CCⒶⓂⓋ

ハイファ

ハイファ・

エルサレム

ハイファ
Haifa

ヘイファ
חיפה

ロープウエイ近くから眺めたハイファの町並み

市外局番 04

標高 280m

Maps
広域　P.226-227
カルメル山地　P.227
中心部　P.230
ダリヤット・エル・カル
メル　P.237

ハイファと西ガリラヤ地方
にあるバハーイー教の聖地
*Bahá'i Holy Places in Haifa and
the Western Galileev*
2008年登録
バハーイー庭園とバーブ廟
→P.234

人類の進化を示すカルメル
山の遺跡群:ナハル・メアロッ
ト／ワディ・エル・ムガラ洞窟
*Sites of Human Evolution at
Mount Carmel: The Nahal
Me'arot / Wadi el-Mughara Caves*
2012年登録　→P.237

ベト・シェアリームのネクロポリ
ス:ユダヤ人復興の象徴的遺跡
*Necropolis of Bet She'arim:
A Landmark of Jewish Renewal*
2015年登録　→P.238

■ハイファへの行き方
●テルアビブから
🚂運行:1時間に2〜4便程度
所要:約1時間15分　運賃:27.5NIS
🚌No.910→P.304 ③⑤
🚌No.921→P.304 ③⑥
●エルサレムから
🚌No.940→P.303 ⑪、
No.947→P.303 ⑫
●ナザレから
🚌No.331→P.305 ⑥⑨、
No.332→P.305 ⑦⓪
●ティベリヤから
🚌No.430→P.304 ④⑨

ハイファは、テルアビブ、エルサレムに次ぐイスラエル第
3の都市。ギリシアなどから来る船はハイファ港に入り、イ
スラエルの海の玄関口としての役割も果たしている。海沿
いには各国の通貨を扱う両替所や、各国の旗を掲げた船舶
会社のビル、船乗り御用達の安くてうまいレストランが並
び、港町ならではの活気があふれる。

　海を背にすれば、道はいきなり坂となり、商業地区のハ
ダールや山の手のカルメル地区に続く。この海と山が造り
出す景観はよくサンフランシスコにたとえられ、特に夜景は
夢のように美しい。

　ハイファは、1世紀にローマ軍のヴェスパスィアヌスによ
り軍事駐屯地として造られた町であったが、十字軍に壊滅
させられてからは表舞台に登場することもなくひっそりとし
ていた。19世紀にユダヤ人が入植、20世紀初頭に鉄道が
開通したことによりこの町は再生した。

　また、ハイファは自由と平等の町といわれ、正統派ユダ
ヤ教徒とほかの宗教の人々が互いをできるだけ尊重し合っ
て共存しようとしている。町を支配する空気に何となくオー
プンな雰囲気が感じられるのは、海沿いの町だからという
理由だけではないだろう。それゆえなのか、町の「顔」バー
ブ廟をもつバハーイー教、純粋な信仰への回帰を目指して
中世に設立されたカルメル会修道院やアフマディー教団な
ど、いろいろな宗教宗派が顔を揃える。郊外にはドルーズ
派の集落もある。

旅のモデルルート

ハイファは下表のようにさまざまなスタイルの滞在ができる町。加えてアッコー、テルアビブ、ガリラヤとも近く、ハイファを起点にこれらを組み合わせるのもいい。

1日 ハイファ 1日ハイライト

午前中にバハーイー庭園を訪れ、ジャーマンコロニーでランチ、午後からはエリヤの洞窟からステラ・マリス修道院へと歩き、ハイファのさまざまな表情を切りとるハイライトコース。

午前	午後
バハーイー庭園→ジャーマンコロニー地区 P.234 P.233	エリヤの洞窟→ステラ・マリス修道院 P.234 P.234

バーブ廟の見学ができるのは午前中のみなので、朝食後庭園中央入口へ。ベングリオン通りやカルメルセンターからはNo.136のバスが中央入口で降ろしてくれて便利。バーブ廟を見学してそのまま下部入口から出ると、ジャーマンコロニー地区。ぶらぶら歩いて気に入った店で昼食を。

ジャーマンコロニーからエリヤの洞窟へはメトロニット1号線を使うといい。洞窟からステラ・マリス修道院は、かなりの登りだが、ハイキングルートが整備されている。修道院の見学を終えたらロープウエイを使って下りよう。その後はバト・ガリームのビーチで夕陽を見るのもいい。

内庭の見学ができるのは午前中だけ

ステラ・マリス修道院

バト・ガリームのビーチ

1日 世界遺産をめぐる1日

ハイファ周辺は、ナハル・メアロット、アッコー旧市街、アッコーのバハーイー庭園などバーブ廟以外にも世界遺産が多い。ベト・シェアリームもまわるよくばりコース。

午前	午後
ナハル・メアロット→アッコー P.237 P.244	（バハーイー庭園）→ベト・シェアリーム P.251 P.238

アッコーへは鉄道で

ナハル・メアロットが開くのは朝8:00。朝一番で向かおう。ハイファに戻った後にアッコーへ行くには鉄道のほうが楽ちん。アッコーでは駆け足でも旧市街の町の雰囲気を味わおう。

アッコーでランチをとって時間があれば、バスNo.271でアッコーのバハーイー庭園へ。こちらもハイファの庭園同様、廟への入場は午前中のみなので、見たい場合はランチと順番を入れ替えよう。帰りも同じバスでハイファへ。ハイファに着いたらベト・シェアリームにあるワインの産地、キルヤット・ティヴォンへ。10〜3月はベト・シェアリームの入場が15:00までなので注意しよう。

半日 美術館巡りのアートな1日

美術館のショップを覗くのも楽しい

ハイファ美術館→ティコティン日本美術館→マン・カッツ博物館 P.235 P.235 P.236

ハイファ美術館からは、エリヤフ広場に出て、カルメリット地下鉄に乗る。終点ガン・ハ・エム駅で降り、ティコティン日本美術館へ。海外で日本の作品を観るというのも何となく妙な気分だが、恒設的なものから現代の作品まで、かなりの量を所蔵しているので見応えはある。

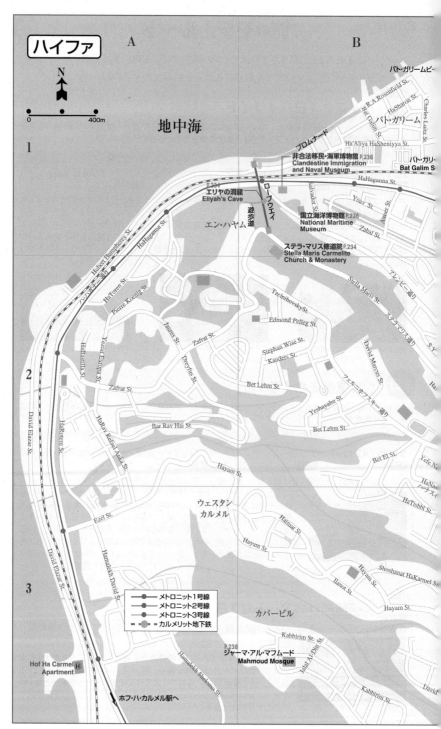

A

B

N

0　　　　　400m

地中海

1

バト・ガリームビ

R.A.Rosenfield St.

Bat Galim St.

HaSharon St.

Charles Lutz St.

プロムナード

Ha'Aliya HaSheniyya St.

バト・ガリーム

非合法移民・海軍博物館 P.236
Clandestine Immigration
and Naval Museum

バト・ガリ
Bat Galim S

Salvador St.

ロープウェイ

HaHaganna St.

エリヤの洞窟
Eliyah's Cave

Yoav St.

Avner St.

遊歩道

国立海洋博物館 P.236
National Maritime
Museum

Zahal St.

エン・ハヤム

ステラ・マリス修道院 P.234
Stella Maris Carmelite
Church & Monastery

アレンビー通り

Hubert Humphrey St.

HaHagama St.

Stella Maris St.

ステラマリス通り

Tzelnihovsky St.

S.Y.

Pierre Koenig St.

Edmond Pelleg St.

HaToren St.

Stephan Wise St.

Jaures St.

Zafrat St.

Kauders St.

David Marcus St.

ツェルニ・ホフスキー通り

Ha

Yezrat Europa St.

Dreyfus St.

Bet Lehm St.

HaBishma St.

Yeshayahu St.

Zafrat St.

2

HaRcem St.

HaRav Refael Aula St.

Bar Rav Hai St.

Bet Lehm St.

Bet El St.

Yefe Ne

HaNas

David Elazar St.

Hayam St.

HaTishbi St.

ウェスタン
カルメル

Hatmar St.

Ezel St.

Hayam St.

David Elazar St.

Hamalakh David St.

Ilanot St.

Hayam St.

Shoshanat HaKarmel St.

Hayam St.

3

カバービル

メトロニット1号線
メトロニット2号線
メトロニット3号線
カルメリット地下鉄

Kabbirim St. Sh

P.238
ジャーマ・アル・マフムード
Mahmoud Mosque

Jafat Ali Din St.

Hof Ha Carmel
Apartment　H

Hamalakh Shelomo St.

Kabbirim St.

David

ホフ・ハ・カルメル駅へ

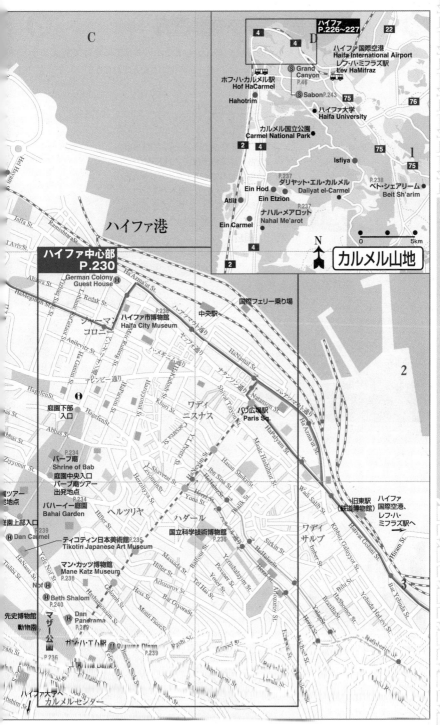

C

ハイファ
P.226～227

D

ハイファ国際空港
Haifa International Airport
レフ・ハ・ミフラズ駅
Lev HaMifraz

22

S Grand
Canyon
P.46

ホフ・ハ・カルメル駅
Hof HaCarmel

S Sabon P.243

75

Hahotrim

ハイファ大学
Haifa University

76

カルメル国立公園
Carmel National Park

2   4

75

Isfiya

75   I

P.237
ダリヤット・エル・カルメル
Daliyat el-Carmel

P.238
ベト・シェアリーム
Beit Sh'arim

Ein Hod

Ein Etzion

Atlit

P.237
ナハル・メアロット
Nahal Me'arot

Ein Carmel

N

0   5km

4

カルメル山地

2

ハイファ港

ハイファ中心部
P.230

German Colony
Guest House H

Ha Azma'ut St.

中央駅

国際フェリー乗り場

P.236
ジャーマン
コロニー

ハイファ市博物館
Haifa City Museum

HaNahal St.

i

庭園下部
入口

HaGefenSt.

ワディ
ニスナス

パリ広場駅
Paris Sq.

2

Abbas St.

P.234
バーブ廟
Shrine of Bab
庭園中央入口
バーブ廟ツアー
出発地点

ツアー
地点

P.234
バハーイー庭園
Bahai Garden

H Dan Carmel
P.239

庭園上部入口

ティコディン日本美術館 P.235
Tikotin Japanese Art Museum

ヘルツリヤ

ハダール

国立科学技術博物館
P.235

ワディ
サルプ

マン・カッツ博物館
Mane Katz Museum
P.236

Nof H

H Beth Shalom
P.240

Dan
Panorama
P.240

先史博物館
動物園

マザー公園

旧東駅
(鉄道博物館)

ハイファ
国際空港、
レフ・ハ・
ミフラズ駅へ

3

カルメル・T八駅
P.239

Carmel Plaza
P.239

The Bank

ハイファ大学へ
カルメルセンター

ハイファ

ハイファの歩き方

　ハイファは観光エリアだけでもかなり広いので、いくつかのエリアに分けて捉えよう。特にジャーマンコロニー、カルメルセンター、ハダールの3つは覚えておこう。

線路の北側のウオーターフロント
バト・ガリーム

バト・ガリームのビーチ

　ダゴン穀物博物館からさらに北西へ歩いていったあたりにある地区。バト・ガリーム駅からさらに北へ進むとバト・ガリームビーチなどのビーチがあり、西へ行くとロープウエイの駅がある。ハイファのなかでも比較的のんびりとした雰囲気のあるのがバド・ガリーム周辺だ。

宗教施設が点在する
エン・ハヤム

ロープウエイ乗り場周辺

　町の北西に位置する。カルメル地区からもハダールからも、ジャーマンコロニーからも少し距離がある。バト・ガリームからのロープウエイを利用するか、メトロニットで幹線道路沿いで降り、丘を登るのがいい。

山の手と下町をつなぐ町のヘソ
カルメルセンター

カルメルセンター

　カルメル地区は非常に広く、山の手全体を指す。カルメルセンターは高級ホテルが集中する地区。この地区への入口となるのはカルメリットのガン・ハ・エム駅。ハ・ナスィ通りを南へ進むと、カルメル各地へ行くバス停が点在している。

交通の結節点でもある
中央駅周辺

ダゴン穀物博物館

　ハダール地区からも近いパリ広場が起点になる。ここからカルメル地区まではカルメリットが延びる。パリ広場からナタンソン通りNatanson St.を北西へ進むと、そのままヤッフォ通りJaffa St.となる。ヤッフォ通りとほぼ並行に走るハ・アツマウート通りHa'Atzma'ut St.沿いには、ハイファ中央駅、ダゴン穀物博物館などがある。ナタンソン通りから北東に曲がってハヤット通りに入り、ハ・アツマウート通りを横切ったあたりから、港町らしい風景が広がる。

かわいらしい町並みが続く
ジャーマンコロニー

ジャーマンコロニー地区

　ジャーマンコロニーは1869年、ドイツからやってきたプロテスタントのテンプル協会により建設され、バハーイー庭園とともにハイファを代表する景観を造っている。ハダール、ワディニスナスやハイファ港と、バト・ガリームに挟まれた位置にある。ヤッフォ通りからバハーイー庭園まで真っすぐ延びるベン・グリオン通りBen Gurion St.がこの地区のメイン・ストリート。

昔も今もにぎやかさは変わらない
ハダール

ハダールのメトロニット駅

　町の中心らしい活気にあふれるのが、ハダール地区。カルメリットのハ・ネヴィーム駅があるマサリク広場は、ヘルツル通りHerzl St.の入口。このヘルツル通りはマサリク広場から車で入ると一方通行。逆方向のハ・ハルツ通りHeHalutz St.と合わせて、このあたりがハダールの中心街だ。

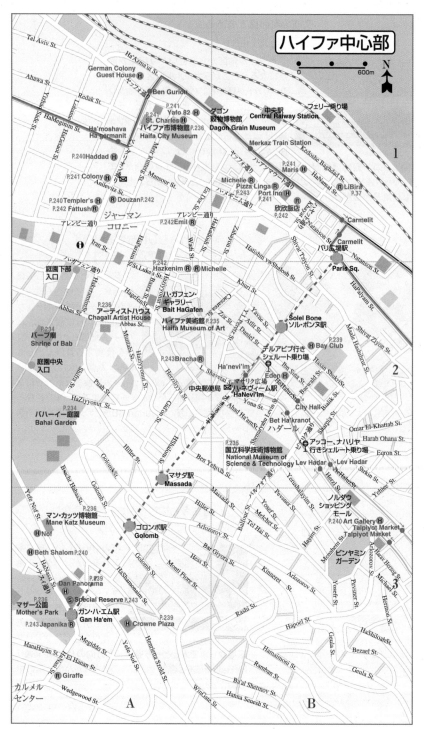

ハイファ中心部

0 600m

N

Tel Aviv St.

German Colony
Guest House
ヤッフォ通り
Ben Gurion

P.241
Yafo 82
St. Charles
ハイファ市博物館 P.236
Haifa City Museum

ダゴン
穀物博物館
Dagon Grain Museum

中央駅
Central Railway Station
フェリー乗り場

Merkaz Train Station

Ahawa St.

Redak St.

Ha'Azma'ut St.

Ha'moshava
Ha'germanit

P.240Haddad

P.241 Colony

P.240Templer's
P.242 Fattush

ジャーマン
コロニー

アレンビー通り

Iran St.

庭園下部
入口

Abbas St.

バーブ廟
Shrine of Bab

庭園中央
入口

バハーイー庭園
Bahai Garden

Anilevitz St.

Douzan P.242

アレンビー通り

P.242Emil

Hazkenim R Michelle

P.242

ハ・ガフェン・
ギャラリー
Bait HaGafen

アーティストハウス
Chagall Artist House

ハイファ美術館 P.235
Haifa Museum of Art

P.243Bracha

Ha'nevi'im

中央郵便局
ハ・ネヴィーム駅
HaNevi'im

P.234

P.236
マン・カッツ博物館
Mane Katz Museum

Nof

Beth Shalom P.240

Dan Panorama

マザー公園
Mother's Park

P.243Japanika

マサダ駅
Massada

ゴロンボ駅
Golomb

Special Reserve P.243

ガン・ハ・エム駅
Gan Ha'em

Crowne Plaza

Giraffe

カルメル
センター

Michelle
Pizza Linga
Port Inn
P.241

欣欣飯店
P.242

Maris

HaNamal St.

LiBira
P.37

Carmelit

パリ広場駅
Paris Sq.

Solel Bone
ソル・ボンヌ駅

Bay Club
P.239

テルアビブ行き
シェルート乗り場

Eden

マリク広場

Bet Ha'kranot
ハダール

国立科学技術博物館
National Museum of
Science & Technology

アッコー、ナハリヤ
行きシェルート乗り場

Lev Hadar

Omar El-Khattab St.

Harab Ohana St.

City Hall

ノルダウ
ショッピング
モール
P.240 Art Gallery
Talpiyot Market
Talpiyot Market

ビンヤミン
ガーデン

ハイファ中心部
230

ターミナルから市の中心部へ

空港 ハイファ国際空港は町の東の方角にある。中心部まで直通のバスはない。タクシーの利用が便利。

鉄道駅 中央駅はハイファ港近くにある。カルメリットのパリ広場まで徒歩約5分。

長距離バス ハイファにはにはふたつのバスターミナルがある。**レフ・ハ・ミフラズ**はティベリヤやアッコーなど北部イスラエル方面へのバスが発着する。**ホフ・ハ・カルメル**にはテルアビブ、エルサレムなどハイファ以南方面の路線が発着する。いずれも町の中心部からは離れているが、メトロニットで中心部まで行ける。それぞれ同名の鉄道駅と隣接しており、鉄道に乗り継ぐ場合も便利。

　また、ナザレ方面からの、ナザレ・トランスポートNazareth Transport Co.とジービー・ツアーズG. B. Toursのバスには、中央駅に発着する便もある。

中・長距離シェルート テルアビブ行き、アッコー、ナハリヤ行きがあり、いずれもハダールが発着地となっている。シャバットでも休まず動いている。

市内と近郊の交通

カルメリット（地下鉄） イスラエル唯一の地下鉄で地下ケーブルカー方式。中央駅から徒歩5分ほどの所にあるパリ広場と、カルメルセンターにあるガン・ハ・エム駅を約8分で結ぶ。

カルメリット（地下鉄）

メトロニット 路面電車のバス版で、見た目もバスと路面電車の中間のような存在。1～3号線が運行されている。1号線は東西のバスステーションを結び、シャバットや深夜も減便するものの休まずに運行している。

メトロニット

市内バス&シェルート 非常に多くの路線がある。シャバット中は大幅に減便するものの、一部の路線は動いている。運賃は5.9NIS。バスと同じ路線番号を掲げた市内・近郊路線の……1日市内に2時間ほど……6NISの運賃で……ャバットも運行している。ハダール周辺が起点となっている。

ハダールにはシェルート乗り場が多い

中央駅前からはナザレの旧市街へ直行するバスの便が出る

■カルメリット
URL www.carmelithaifa.com
運 行：6:00～24:00に 約10分おき（金曜6:00～15:00、土曜20:00～24:00）
運賃：6.6NIS

■メトロニット
URL www.dannorth.co.il
●1号線
路線：ホフ・ハ・カルメル～エン・ハヤム～ジャーマン・コロニー～中央駅～パリ広場～レフ・ハ・ミフラズ～キルヤット・モツキン
運行：24時間、5～30分おき
●2号線
路線：バト・ガリーム～ジャーマン・コロニー～中央駅～パリ広場～レフ・ハ・ミフラズ～キルヤット・アタ
運行：5:30～翌0:30に6～30分おき
●3号線
路線：ハネヴィーム～レフ・ハ・ミフラズ～キルヤット・モツキン
運行：5:00～翌0:30に6～30分おき
運賃：5.9NIS（ハイファ市内）

■ロープウエイ
運行:9:30〜17:30頃
（夏期は深夜まで）
運賃:片道25NIS　往復35NIS

■中央郵便局
Map P.230B2
🕐8:00〜20:00
（金・祝前日〜13:30）
㊡土・祝

■ハイファの🛈
Map P.230A1
✉48 Ben Gurion St.,
German Colony
🔗www.visit-haifa.org
☎(04)8535606
📠(04)8535610
🕐9:00〜17:00
（金・祝前日〜13:00、
土10:00〜15:00）㊡祝

ジャーマンコロニー地区にある🛈

駅から出てきたロープウエイのゴンドラ

ロープウエイ　ケーブルカーと呼ばれている。バト・ガリーム駅から西へ800mほど行ったプロムナードの西端からステラ・マリス修道院前まで運行している。祝日や悪天候の日は運行しないこともある。

 両替・郵便・電話

両替　町のあちこちに銀行があるほか、パリ広場より港寄りの地区を中心に、私設両替所も多い。また、郵便局でも両替業務を行っているところがある。両替には困らない。

郵便・電話　中央郵便局はマサリク広場西角にある。テレホンカードもここで買えばよい。支局はジャーマン・コロニー地区にもある。

🛈 旅の情報収集

　ハイファの🛈は、ジャーマンコロニーのベン・グリオン通り沿いにある。

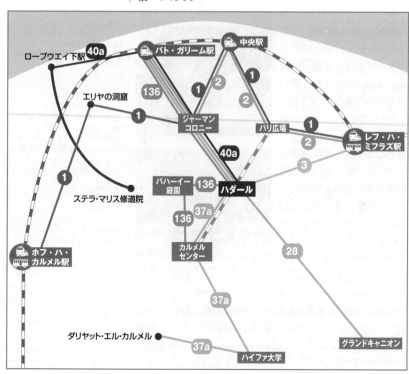

ジャーマン・コロニー地区

ハイファが誇る美しい通り

German Colony

ジャーマン・コロニー地区は、ハイファのなかでも異国情緒がただよう。横浜の馬車道や神戸のトアロードのように、目抜き通りのベン・グリオン通りはハイファの顔だ。通り沿いにはカフェやバー、レストランが軒を連ねる。このあたりはアラブ人が多いエリアで、アラブ料理を出す店も多い。世界遺産のバハーイー庭園を眺めながら、お気に入りの場所を探してみよう。

ドラッグストアもあるショッピングセンター、「シティセンター City Center」

アラベスクプレートが人気「Faces」

ヤッフォ通り

バ・アツマウート通り

ハ・メギーム通り

ヤッフォ通り

ハイファ博物館

ベン・グリオン通り

ハ・メギーム通り

シーフード・スシバー「Frangelico」

両替商、ATM

ハンバーガーとアラブ料理「Shtroudl Cafe」

アレンビー通り

アレンビー通り

ハ・ガフェン通り

おみやげ「Oda」

台湾料理レストラン「呂山」

■バハーイー庭園
見学は原則としてツアーのみ。水曜を除く毎日12:00発で上部入口の近くの門からバーブ廟まで行く。庭園内には入れないが、庭を眺めることは可能。
🚌No.136
✉Baha'i World Center
☎(04) 8313131
🔗www.ganbahai.org.il
🕐9:00～17:00
🚫バハーイー教の祝日　💰無料

■バーブ廟
🚌No.28
🕐9:00～12:00
🚫バハーイー教の祝日　💰無料
※庭園、廟ともに腕や脚を露出した服装での見学はできない。
📷内部不可

History
バーブとバハーイー教
バーブはバハーイー教の前身であるバーブ教を創始した人だ。1844年に自らが神への門（バーブ）であることを宣言。イスラームから離脱し、当時ガージャール朝の支配下にあったイランで、いわゆる「バーブ教徒の乱」を起こしたが、当局によって鎮圧され、自身も処刑された。この後バーブ教はバハーオッラーのもとでバハーイー教に発展、バーブは先駆者として大事に祀られている。

■ステラ・マリス修道院
ロープウエイ乗り場の向かい。バスの停留所を降りたら、カーブする道すぐに歩く。
🚌No.115
✉Stella Maris Rd.
🕐6:30～12:30　15:00～18:00
🚫無休　💰無料
※腕や脚を露出した服装での見学はできない。

■エリヤの洞窟
アレンビー通りに面した石の壁で囲まれた公園を正面から入り、真っすぐに進むと左側に洞窟への入口が見えてくる。
ステラ・マリス修道院からは遊歩道が延びている。一本道ではないので、少しわかりにくいかもしれないが、下まで下りきったら、右側へ行く。
🚌メトロニット1号線
✉Corner of Hahagana St. & Allenby St.
🕐夏期8:00～18:00
　（金・祝前日～13:00）
　冬期8:00～17:00
　（金・祝前日～13:00）
🚫土・祝　💰無料

バハーイー教団の聖地
🔺 バーブ廟とバハーイー庭園

ジャーマンコロニー
Map P.230A2

קבר הבאב וגן בהאי
ケヴェル・ハ・バーブ・ヴェ・ガン・バハイ

Shrine of Bab and Bahai Garden
シュライン・オブ・バーブ・アンド・バハイ・ガーデン

いつも美しく手入れされた庭園

　ハイファはユダヤ教以外の宗教施設がたくさんある町。特にバハーオッラーによって創始されたバハーイー教はここを聖地としている。四季の花が咲き乱れる庭園の中には、ハイファのランドマークにもなっているバロック様式の豪華な廟がある。この廟はバハーイー教の先駆者バーブのもので、バハーオッラーの子、アブドル・バハーが建てたものだ。外部の建物は1953年に完成している。

カルメル修道会の総本山
🔺 ステラ・マリス修道院

カルメル山周辺
Map P.226B1

סטלה מאריס מנזר הכרמליטיות
ステラ・マリス・ミンザル・ハ・カルメリトット

Stella Maris Monastery
ステラ・マリス・モナストリー

神秘的な雰囲気が漂う修道院内部

　ロープウエイの終点、カルメル山の中腹にあり、預言者エリヤのいた洞窟の上に建てられている。カルメル修道会の総本山にあたり、多くの巡礼者が訪れる。ナポレオンがアッコーを攻略した際には病院として使われ、大勢の傷病兵がここで治療を受けたという。館内に描かれたイエスやマリアの鮮やかなフレスコ画もすばらしい。また、建物の北側の展望台からは町やハイファ湾の眺望が堪能できる。

伝説の空間
🔺 エリヤの洞窟

カルメル山周辺
Map P.226B1

מערת אליהו
ステラ・マリス・ミンザル・ハ・カルメリトット

Elijah's Cave
イライヤズ・ケイヴ

　預言者エリヤが隠れていたといわれる場所。紀元前9世紀に、エリヤがバアルの神と戦って勝利をおさめた後、イスラエル王アハブの怒りを買い、ここに逃れた。エリヤはこの洞

窟で、弟子を育成したという。ムスリムは彼を緑の預言者ア
ル・ハダルとしているため、この場所はユダヤ教、キリスト教、
イスラーム、ドルーズ派の4者にとって神聖な場所とされる。
洞窟内の穴に願いごとを書いた紙を入れると願いがかなうと
いわれている。

洞窟は神聖な雰囲気に包まれている

たくさんのろうそくが並ぶ洞窟入口

海外で日本文化を見てみよう

🏛 **ティコティン日本美術館**

カルメルセンター
Map P.227C3

מוזיאון טיקוטין לאמנות יפנית　Tikotin Japanese Art Museum
ムゼィオン・ティコティン・レ・オマヌート・ヤパニート　ティコティン・ジャパニーズ・アート・ミュージアム

ティコティン日本美術館

日本文化に造詣の深かっ
たティコティン氏のコレクショ
ンをもとにした美術館。木
肌を生かした館内には版画
や掛軸、骨董などの美術品
のほか、仏教美術や菩薩、
阿弥陀といった日本文化の
キーワードが詳しく解説され
ている。その手法は見事で、日本人でも思わず見入ってしま
うほど。日本の現代芸術作品も数多く展示している。

イスラエルの産業技術を知る

🏛 **国立科学技術博物館**

ハダール
Map P.230B2

המוזיאון הלאומי למדע, טכנולוגיה ותכנון
ハ・ムゼィオン・ハ・レウミー・レ・マダア・テクノロゥギャ・ヴェ・ティクヌン
National Museum of Science & Technology
ナショナル・ミュージアム・オブ・サイエンス・アンド・テクノロジー

実際に触って楽しめる展示が多い

科学技術研究所テクニオ
ンTechnion跡にできた博物
館。眼球について学んだあと
は錯覚の体験コーナーがあっ
たりと、実験具がズラリと並び、
大人も子供も楽しめる。イスラ
エルの産業についても詳しく
解説されている。

ハイファゆかりの芸術家の作品を集めた

🏛 **ハイファ美術館**

ハダール
Map P.230A2

מוזיאון חיפה לאומנות　Haifa Museum of Art
ムゼィオン・ヘイファ・レ・オマヌート　ハイファ・ミュージアム・オブ・アート

ハダールとジャーマンコロニー地区の間にある。ハイファゆ
かりの芸術家の作品を中心に、7000点ほどの作品を収蔵し
ている。現代芸術の絵画が中心だが、造形作品も展示され
ている。リベラルな町の気質を反映しているのか、アラブ人の
対イスラエル闘争を描いた作品も積極的に展示している。

■ティコティン日本美術館
🚌No.136
🚠カルメリットのガン・ハ・エム駅
下車
✉89 HaNasi St.
☎(04)8383554
🌐www.tmja.org.il
🕐10:00〜19:00（金〜13:00）
休祝　料35NIS　学生23NIS

企画展も頻繁に行われている

■国立科学技術博物館
🚠カルメリットのハ・ネヴィーム駅
下車
✉25 Shemaryahu Levine St.,
☎(04)8614444
🌐www.madatech.org.il
🕐10:00〜16:00
（金〜14:00、土〜17:00）
休無休
料89NIS　学生44.5NIS

■ハイファ美術館
🚌メトロニットの1、2号線
✉26 Shabtai Levi St.
☎(04)9115997
🌐www.hma.org.il
🕐10:00〜16:00
（木〜21:00、金・祝前日〜
13:00、土〜15:00）
休無休
料45NIS　学生30NIS

ハイファ美術館

■マン・カッツ博物館
🚌No.131、No.133など
✉️89 Yafe Nof St.
🌐www.mkm.org.il
☎️9119372
🕐10:00～16:00
　　（木～19:00、金～13:00、
　　土～15:00）
休無休　35NIS　学生23NIS

マン・カッツ博物館の入口

■マザー公園
🚌カルメリットのガン・ハ・エム駅下車
✉️Gan Ha'em Carmel Center
☎️(04) 8372886
🕐9:00～16:00（金～13:00）
休無休
料公園は無料。動物園＆博物館の共通券は38NIS

ワオキツネザルとご対面

マン・カッツが住んでいた家
🏛 **マン・カッツ博物館**

カルメルセンター
Map P.230A3

מוזיאון מאנה-כץ
ムゼイオン・マネー・カッツ

Mane Katz Museum
マン・カッツ・ミュージアム

　イスラエルが誇る世界的に有名なアーティスト、マン・カッツが生前住んでいた家。彼の死後、市に寄贈され、現在は彼の絵やコレクションのアンティーク家具を収めた博物館になっている。1957年に東京のブリヂストン美術館で行われた個展の開催を伝える新聞記事や、彼が来日した際に描いた和服姿の女性の肖像画などもある。

ハイファっ子の憩いの場
⛵ **マザー公園**

カルメルセンター
Map P.230A3

גן האם
ガン・ハ・エム

Mother's Park
マザーズ・パーク

　動物園と3つの小さな博物館を含む広々とした公園。夏には野外劇場でコンサートが開かれる。ハ・ナスィ通りから公園に入ると、まず動物園の入口が見えてくる。入口はごく小さなものだが、山の斜面に広がる敷地には、さまざまな動物が飼育されている。ヘビ・爬虫類館の上階にある先史博物館Prehistory Museumでは北イスラエルからの出土品や、人類出現以来のジオラマなどが見られる。ほかに自然史博物館Museum of Natural Historyもある。

🏛 まだまだある ハイファの博物館 🏛

国立海洋博物館
National Maritime Museum

　イスラエルの航海史を案内する博物館。海図、羅針盤などが展示されている。また、航海の最中に発見された遺跡や鹵獲品のようなものも多い。

海に関する資料が多く揃っている

非合法移民・海軍博物館
Clandestine Immigration and Naval Museum

　1934年からの14年間、イギリスによってイスラエルへの移民が制限された。この状況のなか船で渡った人々の歴史が解説されている。航海道具や海軍に関する資料の展示も充実している。

アーティストハウス
Chagall Artist House

　現代美術のアーティストの作品を集めたギャラリー。美術界をリードする芸術家の展示が多い。

ハイファ市博物館
Haifa City Museum

テンプル教会の学校として建てられた建物はジャー

マンコロニーで最も古い。小さな博物館ながらさまざまな企画展が行われている。

■国立海洋博物館　Map P.226B1
✉️198 Alenby Rd.　☎️(04) 8536622
🌐www.nmm.org.il　🕐10:00～16:00（金・祝前日～13:00、土～15:00、木16:00～19:00）
休無休　35NIS

■非合法移民・海軍博物館　Map P.226B1
✉️204 Alenby Rd.　☎️072-2798030（携帯）
🕐10:00～16:00　休金・土　料15NIS

■アーティストハウス　Map P.230A2
✉️24 Hatzionut St.　☎️(04) 8522355
🕐10:00～16:00（金・土～13:00）
休日　料無料

■ハイファ市博物館　Map P.230A1
🚌No.3、No.22、No.24、No.28、No.37など
✉️11 Ben Gurion Ave.
☎️(04) 9115888　🌐www.hcm.org.il
🕐10:00～16:00（金・祝前日～13:00、土～15:00、木16:00～19:00）
休無休　料20NIS

ハイファ市博物館の建物は建築家ヤーコブ・シューマッハーのデザイン

近郊の旅 ナハル・メアロット

נחל מערות
Nahal Me'arot

小高い丘に点在する洞窟群

ハイファの南方に位置するカルメル山。ここには石器時代に居住していたネアンデルタール人の洞窟遺跡が多く発見されている。また、現在のホモ・サピエンス（ヒト）がアフリカから初めて到達した地という説もあり、発掘調査が盛んに行われてきた。

ナハル・メアロットは国立公園となっており、園内には洞窟が4つ残っている。特にタブーン洞窟Tabun Caveは、旧石器時代の50万～4万年前の砂や粘土が見られる断層が25mも続く大変貴重なもの。その他には人や獲物などの模型が並べられている洞窟もあり、当時ここに住んでいた人々の暮らしを彷彿とさせる。

近郊の旅 ダリヤット・エル・カルメル

דלית אל-כרמל
Daliyat el-Carmel

ドルーズ派はイスラームから出た宗派でありながら、ほかのパレスチナ人とは一線を画して独自のコミュニティを築き上げている。ハイファの近郊にあるダリヤット・エル・カルメルは、そんなドルーズ派の町としてイスラエルで最もよく知られている。行政的には、やはりドルーズ派の隣町イスフィヤIsfiyaと2003年に合併して、カルメル・シティ Carmel Cityを形成している。

この町には休日になると多くの観光客がやってくる。お目当てはショッピングや食事だ。レバノン料理の流れを汲むドルーズ派の料理文化は昔から豊かであることが知られているので、名物の料理を楽しみたい。食事のあとは昔ながらの手工芸品も並ぶみやげ物屋をのぞいていこう。

ダリヤット・エル・カルメル

ドルーズ・メモリアル・センター
Druze Memrial Center

アブ・イブラヒム廟
Abu Ibraheem Holy Place

ハイファへ

N

0　　500m

ハイファ乗り場

Bkafil

■ナハル・メアロットへの行き方
●ハイファから
🚌ホフ・ハ・カルメル発
No. 921
所要:15分　運賃:10.5NIS

■ナハル・メアロット国立公園
Map P.227D1
✉Nahal Me'arot
☎(04) 9841750
🌐en.parks.org.il
🕐夏期8:00～17:00
　（金・祝の前日～16:00）
　冬期8:00～16:00
　（金・祝の前日～15:00）
無休
22NIS　学生19NIS

洞窟内には模型が置かれている

■ダリヤット・エル・カルメル
　への行き方
●ハイファから
🚌No. 37a
所要:約40分
運賃:5.9NIS

シェルートもほぼ同じルートを走る

旧市街入口。ここから一本道を進む

アブー・イブラヒム廟

●ハイファ

237

■ベト・シェアリーム
　への行き方
●ハイファから
🚌レフ・ハ・ミフラズからNo.301、331、332などでキルヤット・ティヴォン下車。「ベト・シェアリーム」と告げると数km離れたベト・シェアリームの町に行くので注意。下車後30分ほど歩く。急ぎの人はタクシーを利用しよう。
所要：約45分　運賃：12.5NIS
■ベト・シェアリーム国立公園
Map P.227D1
✉Kiryat Tivon
☎(04) 9831643
🔗en.parks.org.il
🕐夏期8:00〜17:00
　冬期8:00〜16:00
🚫無休　💰22NIS　学生19NIS

近郊の旅　ベト・シェアリーム　בית שערים Beit She'arim

紀元2世紀にまでさかのぼるという岩窟墓群。大きな岩盤を横に掘った穴がいくつもある。中は意外に広く、未調査の部分もある。見つかった石棺などにはギリシア語をはじめヘブライ語、アラム語などさまざまな言語が彫られており、当時の状況がわかる。

岩窟墓群以外にもベト・シェアリームの遺跡は続き、丘の上には建物の遺構も見られる。さらに丘を登るとすばらしい景色を堪能できる。

洞内は意外に広い

Information
イスラエル各地に残る少数派の宗教

イスラエルはユダヤ教徒が多数を占める国だが、もちろんほかの宗教の人々もいる。ハイファ周辺のコミュニティを中心に、ざっと見渡してみよう。

●バハーイー教
イランで生まれたバーブ教が前身。19世紀中頃のイランは、列強の進出により経済が破綻していた。日々の生活に苦しむ大衆からマフディー（救世主）による世直しを待ち望む声が高まるなかで、1844年、セイエド・アリー・モハンマドは、自らを「バーブ」（門）だと宣言した。シーア派の学者が彼こそマフディーだとして帰依し、男女平等や社会の再編を訴えた。大衆は熱狂的に迎え入れたが、これを恐れた政府は彼を投獄した。弟子たちは活動をやめず、イスラーム法からの離脱を宣言、女性指導者はベールをつけずに素顔で信者の前に現れた。バーブは処刑され、信者も結局皆殺しにされた。いわゆるバーブ教徒の乱である。

その後教団は分裂したが、国外に追放されていたミールザー・ホセイン・アリーはバハーオッラーを名乗り、信者をまとめた。バーブ教を放棄して新宗教バハーイー教を作り、世界宗教として再出発した。絶対平和、偏見の除去、男女平等などが説かれる。ハイファにあるバーブ廟は、アッコーにあるバハーオッラーの廟とともに、バハーイー教の聖なる地として巡礼者が絶えない。

●ドルーズ派
エルサレムの聖墳墓教会を破壊したことで知られる、エジプトのファーティマ朝の6代目カリフ、ハーキムを神と仰ぐ宗派。教義を外部にはもちろん、一般信徒にも知らせることはない。シーア派の一派、イスマーイール派の影響が濃いが、クルアーン（コーラン）を否定している。ハーキムの死（お隠れ）後、エジプトではドルーズ派は禁止されたため、現在のイスラエル、シリア、ヨルダン、レバノンなどに伝道の舞台を移した後、布教活動は停止した。正統派のムスリムからはイスラームとは別宗教とされることもある。現在、イスラエル国内にはカルメル山などに5万人以上のドルーズ派の信徒がおり、ゴラン高原にも1万5000人ほど信者がいる。

●カルメル会修道院
12世紀後半の十字軍時代、修道士たちがエリヤの生き方をまねて洞窟で生活し始めた。瞑想しながらイエスやエリヤの生涯を心に浮かべたことだろう。これがこの修道会の始めだといわれる。その後、神秘主義の思想を確立した。

●アフマディー教団

ジャーマ・アル・マフムード

パキスタン発祥のイスラーム改革運動。ミールザー・グラーム・アフマドは1889年に自らがマフディー（救世主）であることを宣言した。バハーイー教となり立ちは似ているが、異なるところは、あくまでイスラームにとどまっていること。しかし、ときに異端とみなされる。ハイファのカルメル山にあるカバービル（→P.226B3）に信徒がおり、ジャーマ・アル・マフムードが中心となっている。

HOTEL
ホテル

高級ホテルやアパートメントタイプのホテルは、海沿いのハ・ヤルコン通りなどに集中している。ホステルはその東のベン・イェフダー通り、オペラタワー周辺などに多い。また、ジャーマンコロニーにもゲストハウスやホステルが増えてきている。

PICK UP HOTEL

アール・デコのブティック・ホテル
ベイ・クラブ
Bay Club Haifa Hotel

高級	
51室	
Map P.230B2	
ハダール	

1930年代に地元の名士タウフィーク・ベイ・アル・ハリールによって建てられた屋敷を改装してオープンした。1970年代には法廷として使われていたこともある。

広々とした客室

真新しい外観　　　　落ち着いた雰囲気のロビー

客室 白を基調とした明るい客室で、調度品のセンスもいい。
マッサージ 平日18:00 ～ 20:00は15分の無料マッサージが可能（要予約）。
ラウンジ 地下のラウンジでは平日17:30 ～ 20:00にソフトドリンクが無料。

🛗 📺 💈 🧴 📷 📶 Wi-Fi
全室 全室 全室 全室 全館無料

✉ 7 Hassan Shuqri St.
URL www.atlas.co.il
TEL (04)8119700　FAX (04)8119701
S AC 180US$
W AC 200US$
💳 US$ € NIS　CC A D J M V

●ハイファ

ダン・カルメル
Dan Carmel Haifa

最高級	Map P.227C3
227室	カルメルセンター

✉ 85-87 Hanassi St.
URL www.danhotels.com
TEL (04)8303030
FAX (04)8303040
S W AC 445US$
💳 US$ € NIS
CC A D M V

🛗 📺 💈 🧴 📷 📶 Wi-Fi
全室 全室 全室 全室 全室 全館無料

にぎやかなハ・ナスィ通りにある。カルメリットのガン・ハ・エム駅で下車してダン・パノラマ・ホテル方向へ歩くと着く。ビジネスユースへの志向が強いが、リゾート滞在にも適している。

ダン・パノラマ
Dan Panorama Haifa

高級	Map P.230A3
266室	カルメルセンター

✉ 107 HaNassi St.
URL www.danhotels.com
TEL (04)8352222
FAX (04)8352235
S W AC 185US$ ～
💳 US$ € NIS
CC A D M V

🛗 📺 💈 🧴 📷 📶 Wi-Fi
全室 全室 全室 全室 全室 全館無料

ガン・ハ・エム駅そばにある。ショッピングモールに隣接しており、おみやげを買ったり日用品を揃えたりに便利。海側の部屋からはハイファの町が一望のもと。サウナやプールもある。

クラウンプラザ
Crowne Plaza Haifa

高級	Map P.230A3
100室	カルメルセンター

✉ 111 Yafo Nof St.
URL www.ihg.com
TEL (04)8350835
FAX (04)8350836
S W AC 750NIS
💳 US$ € NIS
CC A D M V

🛗 📺 💈 🧴 📷 📶 Wi-Fi
全室 全室 全室 全室 全室 全館無料

高級ホテルの集中するカルメル地区にある大型ホテルだが、大通りには面しておらず山、軽的静かな環境。レストランやバーなど設備は充実している。海側と山側の部屋がある。カルメル山の眺めを満喫したい。

ジャーマンコロニーの中心部にある

テンプラーズ
Templers Boutique Hotel

高級
17室
Map P.230A1
ジャーマンコロニー

1870年代の建物を改装してオープンしたブティックホテル。いつもにぎわうこの地区だが、一歩なかに入ると意外なほど静寂な雰囲気が漂う。

客室 全室にかわいらしいバスタブが付いている。デザインは部屋ごとに異なるが、機能的にまとめられている。
中庭 小さくかわいらしい中庭がある。よく手入れされていて、日だまりでちょっとくつろぐのにピッタリ。
便利なエリア レストランはないが、周囲にはさまざまな店が並び、夜遅くまで遊んでも歩いて帰れて便利。

スタイリッシュにまとめられた客室

ベン・グリオン・ストリートに面する

レセプションのオブジェも面白い

📶 Wi-Fi
全室 全室 全室 全室 全室 全館無料

✉36 Ben Gurion St.
🌐www.templers-haifa.com
☎(04)6297777
FAX07-75631913
§SAC⛺🚿🛏120US$ ～
WAC⛺🚿🛏130US$ ～
💰US$ € NIS
💳ADMV

アート・ギャラリー
Art Gallery Hotel Haifa

中級	Map P.230B3
40室	ハダール

✉61 Herzl St.
🌐www.haifa.hotelgallery.co.il
☎(04)8616161
FAX(04)8616162
§SAC🚿🛏300NIS
WAC🚿🛏400NIS
💰US$ € NIS
💳ADMV

📶 Wi-Fi
全室 全室 全室 全室 全室 全館無料

1938年に建てられたバウハウス様式のホテル。館内にはイスラエルおよびパレスチナのアーティストによる作品が飾られている。最上階からは美しいパノラマも眺めることができる。

ハッダード
Haddad Guest House

中級	Map P.230A1
11室	ジャーマンコロニー

✉26 Ben Gurion St.
🌐www.haddadguesthouse.com
☎0772010618
FAX(04)8512797
§SAC🚿🛏65US$ ～
WAC🚿🛏80US$ ～
💰US$ € NIS
💳ADMV

📶 Wi-Fi
全室 全室 全室 全館無料

ベン・グリオン通りにある小さなゲストハウス。キッチン付きの部屋もある。レセプションは8:00～22:00のオープンで、時間外のチェックインの場合は応相談。長期滞在割引あり。

ベト・シャローム
Beth-Shalom

中級	Map P.230A3
30室	カルメルセンター

✉110 Hanassi St.
🌐www.beth-shalom.co.il
☎(04)8377481
FAX(04)8372443
§SAC🚿🛏84US$ ～
WAC🚿🛏110US$ ～
💰US$€ NIS
💳ADMV

📶 Wi-Fi
全室 希望者 全館無料

カルメル地区にあるプロテスタント系のゲストハウス。連泊が条件だったが、近頃は1泊でも泊まれることが多い。連泊の場合割引あり。夜遅い時間のチェックインはできない。

歴史的建築物を利用した

ザ・コロニー・ホテル

The Colony Hotel

高級
40室
Map P.230A1
ジャーマンコロニー

20世紀初頭に建てられた建物を利用した、設備の整ったホテル。ビジネス利用のための会議室も併設されている。

落ち着いた色調の客室

客室 障害者向けの1室を除き全室バスタブ付き。ガーデンビューの部屋からは、バハーイー庭園がきれいに見える。

屋上テラス 屋上部分はテラスになっている。デッキチェアが置かれ、日光浴が楽しめる。

ロビーバー ロビーバーには24時間アルコールを含むドリンクがある。レストランはないが、周辺のレストランから出前をとることができる。

	TV				Wi-Fi
	全室	全室	全室	全室	全室 全館無料

✉ 28 Ben Gurion St.
URL www.colony-hotel.co.il
TEL (04)8513344　FAX (04)8513366
S AC 150US$ ～
W AC 170US$ ～
US$ € NIS
CC A M V

重厚な作りのホテル外観

ロビーバー

●ハイファ

マリス

Maris Hotel

中級	28室
Map P.230B1	
中央駅周辺	

中央駅のすぐ近くにある。シンプルな内装だが、設備は新しく、簡易キッチンも付いている。

	TV			Wi-Fi
	全室	全室	全室	全館無料

✉ 40 Hanamal
URL www.marishaifa.com
TEL 072-3660001
FAX 072-3660002
S AC 236NIS ～
W AC 302NIS ～
US$ € NIS CC A D M V

ヤッフォ82

Yafo 82 Guest House

ホステル	8室
Map P.230A1	
ジャーマンコロニー	

ドミトリーのベッド数は5で男女別、キッチンあり。繁忙期の週末料金は20%増し。

	TV		Wi-Fi
	全室	全室	ロビー無料

✉ 82 Jaffa St.
email yaffo82@gmail.com
TEL (04)8539289
D 100NIS
S AC 250NIS
W AC 300NIS
US$ € NIS

ポート・イン

Port Inn

ホステル	18室
Map P.230B1	
中央駅周辺	

キッチンやコインランドリーも備える旅行者に優しいホステル。アパートメントタイプの別棟もオープン。

	Wi-Fi
希望者	全館無料

✉ 34 Jaffa St.
URL www.portinnhostels.com
TEL (04)8524401
TEL (04)0521003
D 100NIS
S W AC 26UNIS ～
US$ € NIS CC D M V

セント・チャールズ

St. Charles Hospice

ホスピス	18室
Map P.230A1	
ジャーマンコロニー	

テンプル教会時代の建物を利用したカトリックのホスピス。キッチンあり。オレンジやバラの花が美しい庭がある。

	Wi-Fi
	全館無料

✉ 105 Jaffa St.
URL stcharls@netvision.net.il
TEL (04)8553705
FAX (04)8514919
S AC 180NIS
W AC 300NIS
US$ NIS 不可

日本からホテルへの電話（詳しい電話のかけ方はP.6もご参照ください）

国際電話会社の番号	＋	010	＋	国番号972	＋	4（市外局番の最初の0は不要）	＋	掲載の市外局番を除いた番号	**241**

レストランが多いのは、ジャーマンコロニー地区のベン・グリオン通り周辺、カルメルセンターから南に進んだハ・ナスィ通りHaNassi St.、それに続くホレヴ通りHorev St.などだ。ジャーマンコロニー地区は昔からアラブ人が多く、おいしいアラブ料理を出す店が多い。ハダール地区にはブティックや両替商に挟まれるようにパン屋がある。また、テルアビブ同様、この町でも味はともかく寿司を出す店は多い。

Map P.230A1 ファットゥーシュ
ジャーマンコロニー Fattush

アラブ料理

老舗のアラブ料理の名店。写真のピザのような料理はアルース・エルワディ65NIS。前菜盛り合わせファットゥシーシュが32NISなど。タヒーナ（胡麻ペースト）のアイスクリーム28NISなどあまり見かけないメニューもある。

✉38 Ben Gurion St.　☎(04)8524930
🕐8:00～24:00　㊡無休
CC MV

Map P.230A1 ドゥザン
ジャーマンコロニー Douzan

アラブ料理

ベン・グリオン通りにあり、ファットゥーシュと人気を2分する人気店。サンドイッチ44NISのような軽食からシーフード、コルドン・ブルーのような料理まで揃うが、中心はレバノン料理。レバノンのアラクなど酒類も充実している。

✉35 Ben Gurion St.　☎(04)8525444
🕐11:00～24:00（金・土～翌1:00）　㊡無休
CC ADJMV

Map P.230A1 エミル
ジャーマンコロニー Emil

アラブ料理
ファストフード

1966年創業。ハイファにおけるシュワルマの名店。肉はビーフとラムのミックスで、その日に仕込んだ肉のかたまり1本がなくなり次第営業終了。メニューはシュワルマのみになっており、ピタ32NIS、ピタのハーフ19NIS、プレート大65NIS、プレート小38NIS。

✉33 Allenby St.　☎(04)8517096
🕐10:30～16:00　㊡土　CC不可

Map P.230A2 ハズケニム
ハダール Hazkenim

アラブ料理
ファストフード

アラブ風ファストフードの定番ファラフェルの専門店。1950年代の家庭のレシピを使ったファラフェルはピタ17NIS、ハーフのピタ10NIS、プレート23NIS。通りを挟んだ向かいにもファラフェル専門店ミシェルMichelleがあり、負けず劣らず人気店。食べ比べてみるのも面白い。

✉18 Wadi St.　☎(04)8514959
🕐8:00～19:30　㊡日　CC不可

Map P.230B1 欣欣飯店
中央駅周辺 Yan Yan Chinese Restaurant

中華料理

中国出身の家族が経営する中華料理店。スープからメインの料理、ライスと揃ったセットメニューが75NISと手軽。日～木12:00～15:00のビジネスランチは49NIS。テイクアウェイも可能。

✉84 Ha'Azma'ut St.　🔗www.2eat.co.il/yan-yan
☎(04)8660022　🕐12:00～23:00　㊡無休
CC AMV

Map P.230A3 ジャパニカ
カルメルセンター **Japanika**

寿司
タイ料理

カルメルセンターにある若者でいつもいっぱいの寿司レストラン。エルサレムなどにも同系列の店がある。寿司のセットは39〜66NISと値段も手頃。うどんなどのおなじみのメニューのほか、パッタイ（タイの焼きそば）などもある。

✉️HaNassi St. URLwww.japanika.net
☎️3636（イスラエル国内から）🕐12:00〜1:00（木〜翌2:00、金〜翌3:00）休無休 ⓒⒶⒹⓂⓋ

Map P.230B1 リンガ
中央駅周辺 **Pizza Linga**

サンドイッチ

イタリア料理
ファストフード

持ち帰りもできるピッツェリア。ピザは1枚54NISで、トッピングは野菜が1種類6NIS、チーズが1種類8〜10NIS。肉類のトッピングはない。1/4サイズのカットピザもあり17NIS。

✉️40 Jaffa St. ☎️(04)6760244
🕐12:00〜翌1:00（木・金〜翌3:00、土18:00〜翌1:00
休無休 ⓒⒶⒹⓂⓋ

Map P.230A2 ブラハ
ハダール **Bracha**

サンドイッチ

看板はヘブライ語しかないそっけない店だが、実は何度もメディアに取り上げられた人気のサンドイッチショップ。1971年のオープン以来、せっせとおばさんがサンドイッチを作っている。料金は40NIS前後とお手頃。

✉️12 Shabtai Levi St. ☎️(04)8524394
🕐8:00〜18:00
休シャバット ⓒ不可

SHOP
ショップ

ショッピングの中心は、カルメルセンターからハイファ大学に向かうエリアだが、やや港近くのエリアからは遠い。旅行者が使いやすいのはショッピングモール。グランド・キャニオンGrand Canyon、レフ・ハ・ミフラズ駅横のレフ・ハ・ミフラズ・ショッピング・センター Lev HaMifraz Shopping Centerなどがある。

グランド・キャニオン

Map P.230A3 スペシャル・リザーブ
カルメルセンター **Special Reserve**

ワイン

ダン・パノラマ・ホテルと同じ建物（入口は別）のパノラマセンター内にある。世界中から取り寄せられたワインのほか、イスラエル各地のワイナリーのワインを扱っている。免税手続きも可能。

✉️109 HaNassi Ave., Panorama Center
📧suidan@netvision.net.il ☎️(04)8361187
🕐8:30〜19:00（金〜16:00）休土 ⓒⒶⒹⓂⓋ

Map P.227D1 サボン
グランドキャニオン **Sabon**

石鹸
コスメ

グランド・キャニオンの1階（最低階）にある。日本にも進出しているサボンのハイファ店。テルアビブに続く2番目に古い店とのことで、サボン・ブランドの開進を見守ってきた。石鹸のほか、アロマキャンドルなども扱う。

✉️Grand Canyon URLwww.sabon.co.il
☎️(04)8120111 🕐10:00〜22:00（金9:00〜14:30、〜20:30〜22:30）休無休 ⓒⒶⒹⓂⓋ

アッコー

エルサレム

アッコー

エイカー
Acre

アッコー
עכו

アッカー
عكا

Map P.11A1

市外局番	04
標高	0m

Maps
広域　P.245
旧市街　P.246
ナハリヤ　P.252
西ガリラヤ地方
P.258-259

さまざまな時代の建物が隣り合うアッコー旧市街

世界遺産

アッコー旧市街
Old City of Acre
2001年登録

ハイファと西ガリラヤ地方
にあるバハーイー教の聖地
*Bahá'i Holy Places in Haifa and
the Western Galileev*
2008年登録
バハーイー庭園
→P.251

■**アッコーへの行き方**
●ハイファから
🚄運行：1時間に2〜3便程度
所要：約30分　運賃：13.5NIS
🚌No.271→P.305 60
●テルアビブから
🚄運行：1時間に2〜3便程度
所要：約1時間40分
運賃：35.5NIS
●ナハリヤから
🚄運行：1時間に2〜3便程度
所要：約11分　運賃：7.5NIS
🚌No.271→P.305 64
●ナザレから
🚌No.343→P.304 52

　地中海に面した良港をもつアッコーの歴史はまさに栄枯盛衰を繰り返してきたといえる。紀元前20世紀にはエジプトのアマルナ文書でその名が見られ、紀元前16世紀にはすでにフェニキア人の港湾都市として繁栄していた。その後は十字軍、マムルーク朝、オスマン朝などが繰り返しここを支配している。現在の旧市街の基礎が築かれたのはオスマン朝時代後期だが、特に功績が大きいのは、アッコー・ガリラヤ地方の総督となったジャッザール・アフマド・バーシャー（在位1775〜1804）。現存する寺院や隊商宿などは彼の時代に建設されたものだ。その後1799年には、イギリスの東洋交易を阻むために、ナポレオンがエジプトやパレスチナに遠征した。このときの戦果のひとつがロゼッタストーンの発見（後に古代エジプト文字を解読するきっかけとなった）だった。この戦争ではアッコーも攻略の対象となったが、結局失敗に終わっている。後にアッコーはイギリスの統治下に入ったが、その時代にはここは監獄用要塞としても使用されていた。

　現在見られる旧市街（オールド・アッコー）は、1948年のイスラエル独立後、政府の保護のもとに整備され、おもにアラブ人が住んでいる。また、城壁の外に広がる新市街にはユダヤ人が住んでいる。

アッコー旧市街のスーク

244

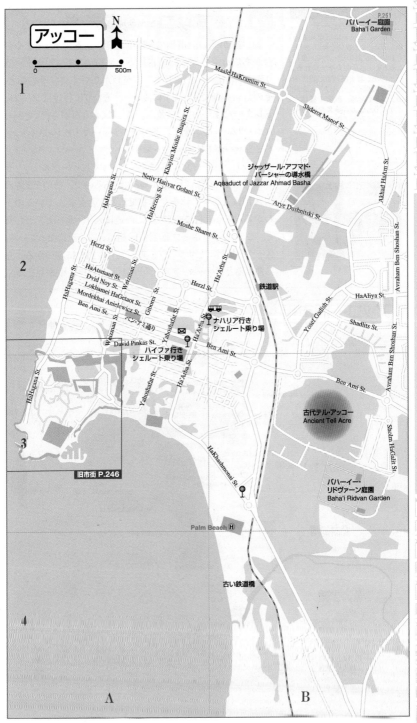

アッコー

N

0   500m

P.251
バハーイー庭園
Baha'i Garden

Maale HaKramim St.

Shderot Manof St.

ジャッザール・アフマド・バーシャーの導水橋
Aqueduct of Jazzar Ahmad Basha

Arye Dushnitski St.

Akhad HaAm St.

Khayim Moshe Shapira St.

Netiv Hativat Golani St.

HaHerzog St.

HaHagana St.

Moshe Sharet St.

Herzl St.

Avraham Ben Shoshan St.

HaArba St.

鉄道駅

HaAliya St.

Yosef Gadish St.

Shadlits St.

HaAtsmaut St.
Dvid Noy St.
Lokhamei HaGetaot St.
Mordekhai Anielewicz St.
Ben Ami St.

Weizman St.

Herzl St.

Giborei St.

Yahoshafat St.

ナハリア行き
シェルート乗り場

Ben Ami St.

David Pinkas St.

ハイファ行き
シェルート乗り場

HaArba St.

Ben Ami St.

HaHagana St.

Yahoshafat St.

古代テル・アッコー
Ancient Tell Acre

Avraham Ben Shoshan St.

Sholm HaGalit St.

3

HaKhashmonai St.

旧市街 P.246

バハーイー・
リドヴァーン庭園
Baha'i Ridvan Garden

Palm Beach (H)

古い鉄道橋

4

A

B

●アッコー

245

Information
アッコーのビーチ

アッコーのビーチは旧市街から南に15分ほど歩いた所にある。きれいな砂浜のビーチで、夏になるとたくさんの人々が訪れる。ビーチから北を眺めると旧市街を囲む城壁や、イスラーム寺院のドームや尖塔、教会の鐘楼などがずらりと並ぶさまや旧市街を眺めることができる。

アッコーの歩き方

細い道が多い旧市街の入口は北側にある。マリーナや灯台がある南端の岬へは新市街から海沿いにハ・ハガナー通りHaHagana St.を南下するのがわかりやすい。そのあと、その灯台の前で左（東）に曲がり、道なりに行けばシーフードレストランが海沿いに並ぶ。さらにくねりながら行くとハーヌル・ウムダーンに着く。その先がジャーマ・アル・スィナン・バーシャーがあるアッコー・マリーナだ。ジャーマ・アル・スィナン・バーシャーの前の道を行くと、すぐにハーヌル・ファランジ（欧州人の隊商宿跡）の表示があるので、そのまま隊商宿跡には入らずに体を左へ寄せると、店が並んでいるのがわかるだろう。右に曲がってこの道に入り、北へどんどん行く。このマルコ・ポーロ通りという道は、スークになっている。スークを抜けるとサラーフ・アッディーン通りにぶつかる。左に曲がるとジャーマ・アル・ジャッザールの白い壁が見える。

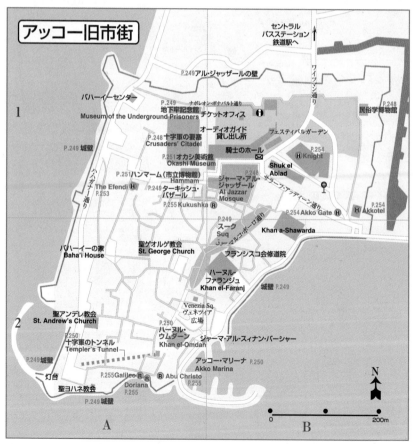

アッコー旧市街

ターミナルから市の中心部へ

長距離バス　ハイファなどから到着するバスは、新市街のハ・アルバア通りHa'Arba St.のセントラルバスステーションに停まる。都市間のシェルートもハ・アルバア通り沿いに着く。ナハリヤ方面の見どころへは、セントラルバスステーションが起点。旧市街へは徒歩だと、ハ・アルバア通りからベン・アミ通りBen Ami St.、ワイツマン通りWeizman St.に入り、そこから真っすぐ行けば旧市街のバス停の前に出る。

鉄道　鉄道駅はセントラルバスステーションの北東にある。駅を出たら線路沿いに少しハイファの方向（左）へ線路に沿って歩く。すぐに右に曲がって真っすぐ行けば、セントラルバスステーションの北側に出る。そこから旧市街へは、セントラルバスステーションからと同じルートで行ける。

 ## 市内ツアー

ショートクルーズ　アッコー・マリーナには楽しげなアラブ音楽を鳴らすクルーズ船が停泊している。20分程度のショートクルーズからある。船長はガイドの免許をもっているわけではないので、料金の交渉は必ず事前にすること。

アッコー・マリーナから出ているクルーズボート

人数が集まるのを待つ船もあるのでひとりでも参加は可能だが、女性がひとりで参加するのはトラブルのもとなので、できるだけ複数で参加しよう。

両替・郵便・電話

両替　旧市街の入口、ワイツマン通りがジャーマ・アル・ジャッザールにぶつかる交差点にIsrael Discount Bankなどの銀行があるほか、新市街のベン・アミ通り沿いなどにも銀行がある。私設両替商はほとんどないので、ここでは銀行を使おう。

郵便・電話　ジャーマ・アル・ジャッザールの向かい側の建物に郵便局がある。新市街のベン・アミ通りにも郵便局があり、こちらのほうが営業時間が長い。

 ## 旅の情報収集

観光案内所　アッコーの❶は十字軍の要塞の入口近くにある。❶の前にあるチケットオフィスでは各見どころのチケットを販売している。

セントラルバスステーションは新市街にある

アッコー・マリーナでは普通のクルーズボートのほかモーターボートもある

■アッコーの❶
Map P.246B1
✉1 Weizman St.
☎(04)9956707
URL www.akko.org.il
圏夏期8:30〜18:30
　（金・祝前日〜16:30）
　冬期8:30〜17:00
　（金・祝前日〜15:30）　困無休
ビジターセンターの役割も果たしており、町の歴史を簡単にまとめたビデオの上映も行っている。

ビジターセンターも兼ねている❶

Information
お得な共通券

十字軍の要塞、十字軍のトンネル、オカシ美術館、民俗博物館の共通券は40NISで、アッコーの見どころをひととおり見ておきたい人に便利。これにハンマームを追加する場合は62NIS。十字軍の要塞は単体では購入できない。

共通券は❶の前にあるチケットオフィスで購入できる

Information
民俗学博物館
Map P.246B1

城壁の北東側にある博物館。洞窟内部を改装して、19世紀の市場の様子やダマスカスの邸宅を再現している。

🕐10:00～16:00（金・祝前日～15:00）　🚫15NIS（46NISの共通券でも入場可能）

■ジャーマ・アル・ジャッザール
✉Al Jazzar St.
☎(04) 9913039
🕐夏期10:00～19:00
　冬期10:00～17:00
🚫無休（礼拝の時間は入場不可）
💰10NIS

■十字軍の要塞
🕐夏期8:30～18:00
　（金・祝前日～17:00）
　冬期8:30～17:00
　（金・祝前日～16:00）
🚫無休
💰40NIS（十字軍のトンネル、オカシ美術館、民俗博物館との共通券で、単体での購入は不可。フェスティバル・ガーデンのチケットオフィスで購入する）
希望者にはオーディオガイドも貸し出している

十字軍が造り上げた要塞は現在も残っている

オスマン朝時代後期の傑作建築
Map P.246B1

🕌 ジャーマ・アル・ジャッザール

جامع الجزار
ジャーマ・アル・ジャッザール

Al Jazzar Mosque
アル・マフムディーヤ・モスク

いくつもの半ドームが天上の大ドームを支えるオスマン朝様式

　緑のドームと高いミナレットをもつこの寺院は1781年にオスマン朝の総督ジャッザール・アフマド・パーシャーが建てたもの。サンタ・クローチェ大聖堂の跡地で彼はここを神聖な場所と信じていた。

　奥の貯水池跡は、かつて聖堂があった場所とされ、寺院内部のアラベスク模様と大理石、シャンデリアなどは、息をのむほどの美しさだ。ローマン様式の柱はカイザリヤから運ばれたもの。さらに、ここにはムハンマドの頭髪といわれるものが保管されている。ミナレットの脇のふたつのドームはジャッザールと養子スライマーンの墓だ。

地下に広がる要塞
Map P.246A1

🏛 十字軍の要塞

עיר צלבנית תת-קרקעית
イール・ツァルヴァニート・タット・カルカイット

Crusaders' Citadel
クルセイダーズ・シタデル

コンサートも行われるホール

　旧市街を取り囲む城壁の内側に十字軍の要塞の入口がある。入口を入ってすぐの所にあるホールとそれに続く部屋は、聖ヨハネ騎士団という、十字軍と巡礼の人たちの医療に関する世話をしていた慈善団体の本部だった所。聖ヨハネ騎士団は、テンプル騎士団、ドイツ騎士団と並ぶ3大騎士修道会のひとつで、十字軍国家の防衛を担う存在でもあった。

　奥へ進みぐるりと回った所には騎士のホールKnights Hallがある。現在、夏になると、ハイファ交響楽団などのコンサートやフェスティバルの会場として活躍している。建物は郵便局などにも利用されている。

メインの建物の西側には聖ヨハネの地下聖堂Crypt of St. Johnがある。鋭いアーチの連続が印象的な建物だ。十字軍の祭祀が行われたこの場所は、その勢力が傾くと追手から逃れる隠れ場所となり、その後オスマン朝のジャッザール・アフマド・パーシャーがこの部屋を改築して要塞として使った。

いろいろな時代に修復、増築された `Map P.246`

城壁

ソール سور

Land Wall
ランド・ウォール

旧市街をぐるりと囲む城壁は、十字軍、オスマン朝、そしてイギリスが、それぞれの先住者が造ったものを土台に増築していったもの。十字軍時代には、現在アッコー湾に浮かぶ小島のアル・マナラ島Al-Manaraまで城壁が広がっていた。

北東の端にあるブルジ・アル・コマンデルBurj Al-Kommanderは十字軍時代の要塞で、アル・ジャッザールの壁Al-Jazzar Wallはオスマン朝、ブルジ・アル・クライムBurj Al-Kuraimはイギリスが築いたものだ。

多くの政治犯が収容された刑務所 `Map P.246A1`

地下牢記念館

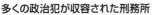
ムゼイオン・ハ・ギヴォラー מוזיאון הגבורה

Museum of the Underground Prisoners
ミュージアム・オブ・ジ・アンダーグラウンド・プリズナーズ

当時の雰囲気を示すように銅像が牢獄を睨む

英雄博物館Heroism Museumとも呼ばれている。1700年、オスマン朝が、13世紀の十字軍の建物を刑務所にしたのが始まりで、イギリス統治下における反乱運動の舞台となった。

イスラエル独立への引き金を引いたイルグン・ツヴァイ・レウミ（民族軍事機構）のメンバーの多くはここに収容されていた。1947年5月4日、イルグンはイギリスの裏をかいて255人の受刑者を解放した。

アラブの香りが漂う活気あふれる空間 `Map P.246A2～B2`

スーク

スーク

Souq
スーク

16世紀のクララ会の修道院の跡にできた、アッコー最初の隊商宿ハーヌル・ファランジュ Khan Al-Faranjの横からサラーフ・アッディーン通りへと抜けるマルコ・ポーロ通りは、

■城壁
閲見学自由

Information
城壁歩き
世界遺産になったこともあり、整備が進んだ城壁では、城壁歩きが楽しめる。民俗学博物館周辺は公園になっており、大砲が並んでいる。ドリアーナ・レストランから聖ヨハネ教会、灯台にいたるルートでは、海と市街が両方楽しめる。

深い壕と高くそびえる城壁

■地下牢記念館
✉Citadel
☎(04) 9911375
⏰8:30～16:30
🚫金・土 💰15NIS

英国によるパレスチナ支配の象徴

Information
もうひとつのバザール
十字軍の町も出口にあるバザールは、オスマン朝時代に造られ、ターキッシュ・バザールと呼ばれている。ちなみにこちらはみやげ物屋が中心で金・土曜は休み。

ターキッシュ・バザール

●アッコー

249

店をのぞきながらのそぞろ歩きが楽しい

■スーク
⊠MarcoPolo St.
圓8:00～17:00
休金・土は休む店もある

■ハーヌル・ウムダーン
※2018年3月現在、内部の見学
不可

城壁の上にある聖ヨハネ教会

マリーナに置かれたクジラの像でお
昼寝

■十字軍のトンネル
圓夏期9:30～18:30
　（金・祝前日～17:30）
　冬期8:30～17:30
　（金・祝前日～16:30）
休無休　料15NIS（チケットはフ
ェスティバル・ガーデンのチケット
オフィスで購入する）

店が並ぶマーケット・ストリー
ト。薄暗い道がくねくね曲が
り、食材や雑貨を扱う店に
交じり、水パイプやトルココー
ヒーの香り漂うカフェや軽
い食事が取れるレストランも
軒を連ねる。

沙漠を越え、海を越えてやってきた旅人の宿 　Map P.246A2
🕌 ハーヌル・ウムダーン

خان العمدان
ハーヌル・ウムダーン

Khan el-Omdan
カーン・エル・オムダン

修復作業が待たれる隊商宿

　いくつか残るアッコーのハ
ーン（隊商宿）のなかで、18
世紀にジャッザール・アフマ
ド・バーシャーにより建てら
れたハーヌル・ウムダーンは
最も保存状態がよい。「柱の
隊商宿」の名前の通り、いく
つもの柱からできているが、これはカイザリヤなどの遺跡か
ら持ってこられたもの。ハーンを出た所にはヴェネツィア広
場Venezia Sq.が広がる。

釣り糸を垂らす人がたくさんいる 　Map P.246A2～B2
⛵ アッコー・マリーナ

מפרץ עכו
ミフラツ・アッコー

Acre Marina
エイカー・マリーナ

　町の西側、南側は地中海に面している。ジャーマ・アル・
スィナーン・バーシャーの前がアッコー・マリーナと呼ばれる
湾で、マリンスポーツも楽しめる。また、港にいる漁船の船
長さんが自らガイドする湾内クルーズも楽しい。
　城壁の南西の端には灯台と、海を望む聖ヨハネ教会があ
り、周辺にはおいしいシーフードのレストランがたくさんある。

テンプル騎士団により建設された 　Map P.246A2
🕌 十字軍のトンネル

מנהרת הטמפלרים
ミンハラト・ハ・テンプレリム

Templer's Tunnel
テンプラーズ・タネル

　第1回十字軍により建設されたエルサレム王国は、1187年
にサラーフッディーン（サラディン）との戦いに敗れ、エルサ
レムから撤退してアッコーに拠点を移した。王国の軍事の主
力を担っていたテンプル騎士団によりトンネルが建設された
のはこの頃だとされている。当時鉄壁の防御を誇ったアッコ
ーにはこんな設備もあったのだ。しかし、アッコーが陥落す

るとその存在は忘れられたまま700年もの月日が流れた。再びこのトンネルが日の目を見たのは1994年になってからのことだった。

かつてのハンマームは社交場だった Map P.246A1

🏛 ハンマーム（市立博物館）

حمام	**Hammam / Turkish Bath**
ハンマーム	ハマム／ターキッシュ・バス

　十字軍の町の聖ヨハネの地下聖堂の南にある市立博物館は、ジャッザール・アフマド・バーシャーが1780年に建てたハンマームの跡地。1947年まで実際に浴場として使われていたものだ。オスマン朝の足跡をたどれば必ずあるといわれるほど一般的なハンマームだが、単に体を清めるという目的だけでなく、特に外出の機会の極めて少なかったムスリムの女性たちにとって、社交の場として重要な役割を担っていたようだ。入口を入ると、まず中庭があり、建物がそれを囲んでいる典型的なオスマン朝時代の建築様式が見られる。

　さらに進むと、いくつもの浴室がある。その中心に大理石の台がしつらえてあり、これを囲んで並ぶ「水ため」から湯を汲み体を清める。その後、大理石の台に移動し、十分に体をこすっていたようだ。独特の文字や絵が描かれた壁のステンドグラスや、丸天井が美しい。

町歩きに疲れたらアートはいかが？ Map P.246A1

🏛 オカシ美術館

מוזיאון עוקשי	**Okashi Museum**
ムゼオン・オカシ	オカシ・ミュージアム

　この町を愛した画家のアヴシャローム・オカシ（1916～80）の家は美術館として整備されている。彼の作品を中心に、ほかの芸術家の作品も積極的に展示している。オカシは移住してきた1948年以来、死ぬまでこの町に住んだ。彼の作風は黒の使い方に特色があるとされる。祖父と訪れたシナゴーグでの色使いに影響されてこのような豊かな色使いを身につけたという。

バハーイー教団の創始者の聖廟 Map P.245B1

⛵ バハーイー庭園

מקדש וגן בהאי	**Baha'i Garden**
ミクダシュ・ヴェ・ガン・バハーイー	バハイ・ガーデン

　アッコーの町の北端にあるこの霊廟には、バハーイー教の創始者であるバハーオッラーが葬られている（バハーイー教についてはP.254参照）。バハーイーの庭園は美

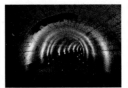
十字軍のトンネル

■ハンマーム（市立博物館）
🕐夏期9:00～18:00
　（金・祝前日～17:00）
　冬期8:30～17:00
　（金・祝前日～16:00）
🚫無休
💰25NIS

明るい光が差し込むハンマーム。当時の様子が再現されている

■オカシ美術館
🕐夏期9:30～18:00
　（金・祝前日～17:00）
　冬期8:30～16:30
　（金・祝前日～16:00）
🚫無休
💰10NIS（27NISの共通券でも入場可能。チケットはフェスティバル・ガーデンのチケットオフィスかハンマームで購入する）
📷内部不可

城壁の一部になっている

■バハーイー庭園
🚌No. 271などのバスのほか、アッコーとナハリヤを結ぶシェルートも通る。「ガン・バハーイー」で下車。途中に庭園の門があるが、ここは閉鎖されている。通り過ぎ、看板が見えた所で降りよう。庭園入口まで10分ほど歩く。
📞(04) 8313131
🌐www.ganbahai.org.il
🕐9:00～16:00　🚫無休
●バハーオッラー廟
🕐9:00～12:00　🚫火～木
📷内部不可
※半袖やミニスカート、ショートパンツなどでの入場は避けること

ハイファに劣らず広大な庭園

251

ⓦバハーイー庭園を過ぎ、ハイファとナハリヤを結ぶ道路を進み、しばらくすると右に標識がある。No. 271などのバスのほか、アッコーとナハリヤを結ぶシェルートも通る。

✉Beit Lohamei Ha'Getaot
☎(04) 9958080
URLwww.gfh.oig.il
🕐9:00～16:00　㊡金・土・祝
💰35NIS

ゲットーでの生活がうかがい知れる

■ナハリヤへの行き方
●アッコーから
🚌1時間に2～3便程度
所要:約11分　運賃:7.5NIS
ⓦNo.271→P.305⑥④
シェルートも頻発している。
●ハイファから
🚌1時間に2～3便程度
所要:約40分　運賃:17.5NIS
ⓦNo.271→P.305⑥⓪
シェルートも頻発している。
●テルアビブから
🚌1時間に2～3便程度
所要:約1時間50分
運賃:39.5NIS
●ベキインから
ⓦNo.44→P.305⑥⑥、
No.46→P.305⑥⑦

しいことで定評があるが、ここもハイファの大きな庭園に負けず劣らず美しい。この庭園の奥に、バハーオッラーの廟がある建物が建っている。バハーイー教はその創立当初、各国政府から冷遇され、バハーオッラーはアッコーで軟禁されたまま世を去った。バハーイーの人々にとって最も重要な聖地であり、世界に散らばる多くの信徒が巡礼に訪れている。

たくましく生きようとした人々の歴史　　　　　Map P.258A

🏛 ホロコースト博物館

אתר בית לוחמי הגטאות
ベト・ロハメイ・ハゲタオット

Ghetto Fighters' House
ゲットー・ファイターズ・ハウス

　アッコーの北約3km、ナハリヤの南約5kmの所にあるキブツ、ベト・ロハメイ・ハゲタオットの敷地内にある。このキブツは、酪農や農業を主体としているが、快適な宿泊設備をもつゲストハウスや、野外のコンサート会場もある。

　この博物館は写真や映像の展示に工夫があり、特にゲットーの町並みや庶民の生活を再現した模型などが興味深い。悲惨な過去には違いないが、たくましさも感じさせる。

　南北にはオスマン朝の総督、ジャッザール・アフマド・バーシャーが造らせたといわれるローマ風の導水橋が、野原の中を延びている。

近郊の旅　　ナハリヤ
נהריה
Nahariya

　アッコーの北約8kmにあるナハリヤは、1934年にドイツからの帰還者が造ったこぢんまりとした町。西側に地中海を望み、シーサイドリゾートとして発展してきた。同時にこの地方は近くにレバノン国境が控え、兵士の姿がぐっと多くなる所だ。しかし、緊張感は意外に薄くのんびりした風情が漂っている。

歩き方　メインストリートのハ・ガアトン通りHaGa'aton Blvd.には鉄道駅やセントラルバスステーションや中央郵便局などの施設が集中している。西へ真っすぐ歩けばビーチがあり、周辺にはレストランやバーがある。

● ローシュ・ハ・ニクラ Rosh HaNikra ●

　レバノンとの国境にある岬で、波の浸食による洞穴で名高い所。白く輝く崖に沿ってロープウエイで下に降りたら、洞穴に向かおう。差し込む光の具合によって、コバルトブルーからエメラルドグリーンへと変化していく海面を心ゆくまで眺めたい。

　洞窟を挟むようにトンネルが続いているが、これは第2次世界大戦中に委任統治をしていたイギリスが敷設した鉄道跡。レ

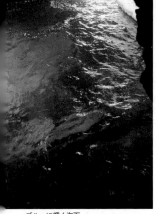

バノンはもとより、エジプトからトルコにまで続いていく鉄道だったが、イスラエルの建国により分断された。現在も軌道は残り、洞窟の音響効果を利用してサウンドショーが行われることもある。

ロープウエイ乗り場から坂道を少し上るとそこはもうレバノンとの国境。イスラエルとレバノンは国交がなく、国境は閉ざされているが、その近くまでは観光客でも行くことが可能。国境ゲート脇には、エルサレムとベイルートまでの距離を記した表示板がある。

ブルーに輝く海面

■ローシュ・ハ・ニクラ
Map P.258A
🚌ナハリヤからNo.31。ナティーヴ・エクスプレスNateev Expressが運行しているが、便数が少ないので、必ず帰りの時間を聞いておくこと。特に最終便は帰りのバスがすぐに出発してしまうので注意。所要約15分。
🚕ナハリヤのセントラルバスステーション横から50NIS程度。
📞073-2710100
🌐www.rosh-hanikra.com
🕐夏期9:00～18:00
　（金・祝前～16:00）
　冬期9:00～16:00
🚫無休　🎫45NIS

HOTEL ホテル

アッコー　イスラエルを代表する観光地でありながら、宿泊施設が少なかったが、近年は旧市街に新しい宿泊施設がオープンしてきており、起点の町にも十分になる。ビーチ沿いにもホテルがある。

ナハリヤ　ハ・ガアトン通りの両側の中心地区に集まっている。いずれも海辺から歩いて10分以内の好立地。

PICK UP HOTEL

町いちばんのブティックホテル
ジ・エフェンディ
The Efendi Hotel

最高級
12室
Map P.246A1
アッコー旧市街

19世紀のオスマン朝時代の富豪の邸宅を2棟合わせて改装し、2012年にオープンしたラグジュアリーホテル。ハンマームやスパ施設もある。ワインセラーでは週末はワインのテイスティングディナーが行われる。テラスからは遠くハイファ市街も眺められる。

喧噪とは無縁、海を望むバルコニー

明るい雰囲気の客室（ツイン）

建築当時の装飾を復元したホール

客室　ミニバーのほかエスプレッソマシンも装備。スタンダードルームはシャワー、それ以上のカテゴリーではバスタブまたはジャクージつき。
スパ　400年以上前の歴史あるハンマームを修復し、指圧などのトリートメントプランがある。
レストラン　ワインセラーもあり、イスラエルものを中心に揃う。週末にはテイスティング・ディナーのプランもある。

📶Wi-Fi 全館無料

✉Louis IX St
🌐www.efendi-hotel.com
📞0717000700
📠074 7299700
💴💳💷302US$ ～
💰US$ € NIS
💳AMV

日本からホテルへの電話（詳しい電話のかけ方は P.6もご参照ください）

アッコテル
Akkotel

高級	Map P.246B1
16室	アッコー旧市街

✉Salah el-Din St.
🌐www.akkotel.com
☎(04)9877100
FAX(04)9810626
ⓈA/C🚿📶🛁📺160US$〜
ⓌA/C🚿📶🛁📺180US$〜
💳シリ
💳AMV

TV / 📶 Wi-Fi
全室 全室 全室 全館無料

　旧市街の雰囲気を生かしたブティックホテル。城壁に隣接しており、もともとこの建物はオスマン朝時代は税関、イギリス統治時代は男子校、その後は裁判所として使われていた。

シュタークマン・エルナ
Shtarkman Erna Hotel

中級	Map P.252
30室	ナハリヤ

✉29 Jabotinski St.
🌐www.sernahotel.co.il
☎(04)9920170
FAX(04)9928917
ⓈA/C🚿📶🛁📺157US$〜
ⓌA/C🚿📶🛁📺194US$〜
💳US$ NIS 💳ADMV

TV / 📶 Wi-Fi
全室 全室 全室 全館無料

　町の北にある、ナハリヤでは人気のホテル。ビーチからもほど近い。一部バスタブつきの部屋もある。2015年に改装したばかりで新しく、白を基調とした部屋は明るくて清潔。

マディソン
Madison Hotel

中級	Map P.252
90室	ナハリヤ

✉17 HaAlia St.
🌐www.madison-hotel.co.il
☎073-2005000
FAX073-2005010
ⓈA/C🚿📶🛁📺122US$〜
ⓌA/C🚿📶🛁📺135US$〜
💳US$ € NIS
💳AMV

TV / 📶 Wi-Fi
全室 全室 全室 全室 全室 全館無料

　ガレイ・ガリル・ビーチのすぐそばにある。ナハリヤにあるホテルのなかでは規模が大きく、客室はすべて電子レンジを備えた簡易キッチン付き。ほとんどの部屋にもバルコニーも付いている。

ガアトン
Motel Ga'aton

経済的	Map P.252
17室	ナハリヤ

✉50 Ga'aton Blvd.
📧hotelg50@gmail.com
☎(04)9001185
ⓈA/C🚿🛁230NIS〜
ⓌA/C🚿🛁300NIS〜
💳US$ € NIS
💳MV

TV / 📶 Wi-Fi
全室 全室 全館無料

　ハ・ガアトン通り沿いにある小規模な宿。レストラン横の入口を入った少し先にある。建物の外観はややくたびれているが、中は新しく、清潔感がある。共用の電子レンジやキッチンも利用できる。

アッコーゲート
Akko Gate Hostel

ホステル	Map P.246B1
12室	アッコー旧市街

✉Salah el-Din St.
☎(04)9910410
FAX(04)9815530
📧walid.akko.gate@gmail.com
ⒹA/C🚿🛁25US$〜
ⓈA/C🚿🛁65US$〜
ⓌA/C🚿🛁80US$〜
💳US$ € NIS 💳AMV

TV / 📶 Wi-Fi
全室 全館無料

　サラーフ・アッディーン通りにある。ドミトリーは裏の入口から入る。ハイシーズンはいつも混んでいるので、予約が望ましい。ドミトリーは男女共用でベッド数6。キッチンで自炊することも可能。

ナイト
Knight Hostel & Guest House

ホステル	Map P.246B1
76室	アッコー旧市街

✉2 Weitzman St.
☎(02)5945711
🌐www.iyha.org.il
ⒹA/C🚿🛁120NIS
ⓈA/C🚿🛁257NIS〜
ⓌA/C🚿🛁325NIS〜
💳US$ € NIS 💳AMV

TV / 📶 Wi-Fi
一部 一部 全館無料

　❶の近くにある大型のホステルで、旧市街の入口にそびえ立っている。2011年にオープンと設備も比較的新しい。ここの自慢は中庭から眺めることができるローマ時代の遺構。レストランも併設している。

アッコー　港町だけあって、魚料理を出す店はマリーナ周辺に多い。ジャーマ・アル・ジャッザール付近、スークの中にもレストランがいくつかある。旧市街を出ると、ベン・アミ通りやハ・ハガナー通り沿いにカフェが並ぶ。

ナハリヤ　目抜き通りのハ・ガアトン通りにおしゃれなレストランやカフェが並んでいる。

**地中海料理
シーフード**

アブー・クリスト
Map P.246A2　**アブー・クリスト**
アッコー・マリーナ　Abu Christi

海岸沿いにあるレストランで、オーナーはギリシア人。魚介類を中心にステーキなど幅広い食事が楽しめる。メインは50〜120NIS。カルメルワインの種類も豊富。

✉Old City Marina
☎(04)9910065　🕐11:00〜24:00
休無休　💳ⒶⒹⓂⓋ

**アラブ料理
シーフード**

Map P.246A2　**ガリレオ**
アッコー・マリーナ　Galileo

海岸沿いにある。正面にハイファ市街が眺められる。シュニッツェルなどの肉類は45〜65NIS、シーフードは55〜90NIS。水タバコもあり30〜40NIS。

✉Old City, HaHagana St.　☎(04)9550094
🕐10:00〜翌1:00　休無休
💳ⒶⒹⓂⓋ

シーフード

Map P.246A2　**ドリアーナ**
アッコー・マリーナ　Doriana

海を見渡す城壁の上にある。眺めのいい席を予約してムード満点のディナーを楽しみたい。セントピーターズフィッシュは59NIS、シーフードのコースは70〜120NIS。

✉Old City, Bihind Light House　☎(04)9910001
🕐12:00〜24:00　休無休
💳ⒶⒹⒿⓂⓋ

**バー
ファストフード**

Map P.246B1　**ククシュカ**
アッコー旧市街　Kukushka

ターキッシュ・バザールにあるバー。近郊のイェヒアム・キブツで作られたクラフトビール、マルカを出している。自家製のソーセージはチョリソー、ドイツ風、トルコ風から選べる。料理はスペインのタパスのように小皿で出されるものが多い。

✉The Turkish Bazaar　☎(04)9019758
🕐11:00〜19:00　休日・月　💳ⓂⓋ

**カフェ
ヨーロッパ料理**

Map P.252　**ペンギン**
ナハリヤ　Penguin

創業1940年。現在は4代目が店を切り盛りしている。いつも地元の人でにぎわっている人気の老舗カフェ・レストラン。メインディッシュ41〜102NIS。店名を冠するペンギン・シュニッツェルは七面鳥の肉を使用している。

✉31 HaGa'aton Blvd.　☎(04)9920027
🕐8:00〜24:00　休無休　💳ⒶⒹⓂⓋ

**グリル料理
寿司バー**

Map P.252　**ソゴー**
ナハリヤ　Sogo Sushi & Grill Bar

寿司とグリルの専門店。どちらかというとグリルのほうがメインで、ラムのカバーブ64NISやラムチョップ115NISなどが人気。寿司は8貫のメニューをウェイターに聞くスタイル。

✉1 Jabotinski St.　🌐www.sogo-bar.co.il
☎(04)9000001
🕐9:00〜翌1:00　休無休　💳ⒶⒹⓂⓋ

●アッコー

255

Map P.11B1

西ガリラヤ地方

ウェスタン・ガリリー
Western Galilee

ガリル・マアラヴィ
גליל מערבי

さまざまなショップが並ぶツファットの旧市街

市外局番　04

標高　900m (ツファット)

Maps
ツファット　P.256
西ガリラヤ地方
P.258 ～ 259

■**ツファットへの行き方**
●ハイファから
🚌No.361→P.305 62
●ティベリヤから
🚌No.411→P.305 77
■**ベキインへの行き方**
●ナハリヤから
🚌No.44→P.305 66、
No.46→P.305 67

ナハリヤとティベリヤにはさまれた地域は、西ガリラヤ地方と呼ばれる。レバノンとの国境も近く、ユダヤ人のほかに、ムスリム、ドルーズ派、キリスト教徒なども共に暮らしている。山がちな地域のため大きな町はないが、昔ながらの文化が息づく村も少なくない。時間があったらゆっくり訪ねてみたい地域だ。

🛏️ 旅の起点となる町 🏛️

起点の町　ツファット Safed

西ガリラヤ地方をまわるとき、宿が最も多く起点にしやすいのがツファットの町 (Map P.259D) だ。

ツファットは旧約聖書の時代、イスラエル12支族のナフタリ族、あるいはアシェル族の土地として知られていた。この町はエルサレム、ヘブロン、ティベリヤと並ぶユダヤ教の4大聖地といわれている。

ツファットはオスマン朝時代はティベリヤよりも大きく、ガリラヤ地方の中心都市だった。ここに16世紀になってスペインを追われたユダヤ人が定住しはじめ、傑出したラビを多く輩出。ラビ・アシュケナズィー・ルーリアを中心と

Ha'Ari St.

Simon Bar Yokhai St.

Meghad Tsfat St.

Jerusalem St.

バスターミナルへ
(約500m)

ℹ️® Lahuhe Yemenite
Food Bar

Hametsuda Ⓗ
P.258

Cafe
Bagdad ®
P.258

Mordechai St.

Beit Yosef St.

Turner St.

Arlozorov St.

Beit Yosef St.

Jerusalem St.

Ha'Ari St.

Keren Ha Yesod St.

P.258
Palacio
Domain
Ⓗ

展示館
General
Exhibiton

アーティスト・コロニー
Artist Colony

ツファット　N

0　　　200m

ツファットには歴史的なシナゴーグも多い

した一派が新たな思想をユダヤ教に取り入れ、カーバッラーというユダヤ教神秘神学発祥の地ともなった。

町の見どころはシナゴーグの多い旧市街とアーティスト地区Artist Colony。カラフルなオブジェや絵画のアトリエが軒を連ねており、ぶらぶら歩くだけでも楽しい。

西ガリラヤ地方の交通

西ガリラヤ地方を回るのに重要なバス路線は、ツファットからナハリヤやアッコーへ行くバス路線。ツファットからナハリヤへ行くNo.367は、ペキインPeki'in近くのマアロット・タルシハMa'alot Tarshihaを通り、アッコーへ行くNo.361は、カルミエルKarmielを経由する。

ペキインへはマアロット・タルシハからNo.44またはNo.46に乗れば、所要約30分で着く。カルミエルからはバスNo.52で所要約45分、ナハリヤからはNo.44またはNo.46で所要約50分。No.45のバスはペキイン・ハハダシャは通るがペキインへは行かないので注意しよう。

なお、これらのバスはすべてナティーヴ・エクスプレス社Nateev Expressが運行している。

近郊の旅　ペキイン

פקיעין
Peki'in

13世紀頃からドルーズ派（→P.238）の人々が住みはじめたという小さな町（Map P.259C）で、キリスト教徒が30％ほど、少数のムスリムとユダヤ教徒も住んでいる。ユダヤ教指導者の

丘に沿って広がるペキインの町

ラビ、アキバ（→P.280）の弟子で、2世紀に活躍したシモン・バル・ヨハイが過ごしたとされる場所もあり、ユダヤ教徒の参詣地となっている。

そんな小さなこの町が世界に名を知られたのは、この町に住むガミラという女性が作った石鹸。天然成分のみの手作り石鹸が世界じゅうで人気を呼び、石鹸を求めに本場を訪ねる人があとを絶たない。日本でも「ガミラ・シークレット」の名は知られている。町には宿もあるので、ここに宿泊してのんびり過ごすのもいい。

ガミラ・シークレットのショップ

■ツファットの🛈
Map P.256
✉17 Alkabetz St.
🕐10:00～17:00（金～15:00）
休土

ツファットのバスターミナル

■ガミラ・シークレット
Map P.259C
📞(04)9974435
🌐www.gamila.com
🕐夏期8:00～19:00
　冬期8:00～17:00　休無休
💳CC Ⓜ Ⓥ

ナハリヤやアッコー、ティベリヤなどからの日帰りが十分可能なエリアだが、ツファットは宿が比較的揃っている。カルミエルにも小規模なゲストハウスがある。ツファットにはカフェやレストランが多いが、それ以外の町や村には食べるところはあまりない。

HOTEL ホテル / RESTAURANT レストラン

パラシオ・ドメイン
Palacio Domain Boutique Hotel

高級	Map P.256
17室	ツファット

✉Rehov Yud Bet 90, Safed
URL www.palaciodomain.com
TEL(04)6999850
FAX(04)6820974
SWAC■ ■295US$〜
US$ € NIS A D J M V

マムルーク朝時代の邸宅を利用したホテル。アンティークな調度品も雰囲気満点。部屋により広さや内装、料金が異なる。

ハ・メツダー
Hametsuda Hotel

中級	Map P.256
46室	ツファット

✉37 Jerusalem St., Safed
✉malon94@gmail.com
TEL(04)6972666
WAC■ ■400NIS
WAC■ ■500NIS
US$ € NIS A D M V

町にある数少ない中級ホテルのひとつ。ショップが並ぶエルサレム通りという、抜群の立地。スイートルームも7室ある。

Map P.256 ツファット	**カフェ・バグダッド** Cafe Bagdad	カフェ

ツファットの山裾を見晴らすことができる景色のいいカフェ。食事はスパゲティ48〜60NIS、ピザ34〜38NIS、サラダ50〜64NISなど。

✉Jerusalem St. 61 TEL(04)6974065
8:00〜21:00（金8:00〜16:00）
土 C M V

西ガリラヤ地方

N
0 — — 5km

ローシュ・ハ・ニクラ P.252
Rosh HaNikra
Hanita
Adamit
Betset
Shlomi
Ya'ara
Eilon
Nahal Betzet
Nature Reserve
Liman
Matsuva
Goren
Grah HaGr
Akhziv National Park
Avdon
Nahal Keziv Nature Reserve
Menot
Hila
Mi'iliya
Kabri
Me'ona
Ben Ami
Ga'aton
Ein Ya'akov
ナハリヤ P.252
Netiv Ha'shayara
Sheih Danun
Yehi'am
Yehi'am Fortress National Park
Evren
Mazra'a
Amka
Kalil
Yanu'ah-Gita
Ragba
Oshrat
Beit Ha'emek
Bustan HaGalil
ホロコースト博物館 P.252
Ghetto Fighters' House Museum
Abu Sinan
Yirka
Lapidot
バハーイー庭園 P.251
Baha'i Garden
Kfar Yasif
L
Julis
Der el
Machr
Judeida
Tal-El
Majd el Krum
アッコー P.244
Ein Afek Nature Reserve
Ahihud
A
B

イスラエルでできる「旅館」体験

がりらや荘
Yapan BaGalil

| 高級 |
| 4室 |
| Map P.259C |
| ペキイン・ハハダシャ |

ペキイン・ハハダシャに移り住んだ日本人のおかみさんが出迎えてくれる純和風の旅館。昭和の香りあふれる和風旅館を目指して、10年がかりで建てたというおかみさんのこだわりが感じられる建物は、これ以上ないかと思われるほど本格的。金曜泊はワインをサービス。

窓の外に広がる庭園も純和風

日本から資材を運んで建てられた

落ち着きが感じられる客室

浴室 部屋のなかにある浴槽のほか、外が眺められる開放感あふれる浴室もある。まるで温泉旅館に来たようだ。
キッチン 建物には台所も併設されており、自由に料理ができる。食卓も広く、家族で利用するのにピッタリ。
送迎 ナハリヤからペキイン・ハハダシャを通るバスの便数はそれほど多くないが、マアロット・タルシハやペキインへ送迎もしてくれる（要事前連絡）。

📺 🍴 📶 📶 Wi-Fi
全室 全室 全室 全館無料

✉Moshav Peqi'in Hadasha 81
🌐www.yapanbagalil.co.il
☎0543303311（携帯、日本語可）
FAX(04)9571128
W A/C 🚻➡□1500NIS
8人まで3000NIS
💳US$ € JPY NIS 🆑MⓋ

●西ガリラヤ地方

北ガリラヤ地方

Avivim
ガリラヤ湖畔 P.275 Dishon
omera
Evan Menahem
Yir'on
Netu'a
P.284 フーラ自然保護区
Hula Valley Nature Reserve
Bar'am
Yasod
Hama'ala
Dovev
Alma
Rihanya
Fasula
Kerem
Ayalet
oirim Elkosh
Ben Zimra
HaShahar
Sasa
Jish
アロット・
レシバ
Dalton
a'alot
rshiha 89 Horfesh
Satsufa
Tsuriel
メイローン山
Mt. Meron
Bar Yohai
P.284 ハツォル国立公園
Hazor National Park
Hosen 864
P.259
㊗がりらや荘
Kafr
e'a Peki'in
HaHadasha
Meron
257 Gamila Secret Ⓢ
257 ペキイン（ブキーヤ）
Beit Jan
ローシュ・ピナ
Rosh Pina
Peki'in (Bukiya)
P.256
Qisra
ツファット
Safad
Haluts Harashm
Elifelet
Nahef Fajur
Amirim
85
Parod
ミエル P.257
mi'el
Moran
Kfar Hananya
C
D

ナザレ

エルサレム

Maps
交通図　P.261
旧市街　P.261
周辺　P.264

ナザレ

ナザレス
Nazareth

ナツラット
נצרת

アン・ナースィラ
الناصرة

マリアが大天使ガブリエルからお告げを受けた洞窟の上に建つ受胎告知教会

■**ナザレ（旧市街）への行き方**
●ハイファから
🚌No.331→P.305[69]
●ティベリヤから
🚌No.431→P.305[71]
●エルサレムから
🚌No.955→P.303[13]
■**ナザレ（新市街）への行き方**
●アフーラーから
🚌No.354→P.305[72]、
No.355→P.305[73]

■**ナザレの❶** Map P.261A2
✉Casa Nova St.
📞(04)6570555
🕐8:30〜17:00
　（土9:00〜13:00）　休日

■**中央郵便局**
Map P.261B1
📞(04)6551122
🕐月・木8:00〜18:00、
　水8:00〜13:00、金8:00〜15:00、
　日8:00〜12:30
　休土

スークは迷路のよう

　現在のナザレ旧市街は、ムスリムとキリスト教徒が半々に住む小さな町だが、世界中のキリスト教徒を引きつける、巡礼地だ。ナザレの名が世界中に知られているのは、新約聖書ルカによる福音書1:26に登場しているから。聖母マリアがイエスの誕生を大天使ガブリエルに告げられ、イエスが伝道活動を始めるまでの約30年間を両親と暮らした地。

　初期のキリスト教徒たちは、「ナザレ人」あるいは「ナザレ派」と呼ばれていた。エルサレムの原始キリスト教団を率いたヤコブももちろんこの町の出身だ。そういうわけで、ナザレにはイエスとその家族ゆかりの教会が多い。326年にはコンスタンティヌス帝が、母ヘレナの頼みにこたえて、マリアの家の跡に教会を築いた。

　それ以後、ここもほかの町と同様、7世紀にはムスリムに占領され、11世紀には十字軍の侵攻、さらにはサラーフ・アッディーンの逆襲など、崩壊と再建を繰り返す。やがてオスマン朝支配下に入り、17世紀からはフランシスコ会の修道士がナザレに住むことを許され、多くの教会が建てられた。

ナザレの歩き方

　メインストリート、カザノヴァ通りに❶がある。見どころはこのあたりを南限に北へ散らばっている。受胎告知教会まではたくさんのみやげ物屋が並び、アラブ料理を出すレストランもある。

　その北の左側に位置する狭い路地がスーク。奥にはシナ

ゴーグ教会がある。スークを抜けて、さらに15分ほど歩くと聖ガブリエル教会に出る。

ターミナルから市の中心部へ

ナザレにはナザレ・トランスポートNazareth Trasport Co.とジービー・ツアーズG.B. Toursのふたつのバス会社があり、これらはハイファやティベリヤなどへの路線がある。2つの会社は旧市街のバス停が終点だが、エゲッド・バス社やカヴィーム社のバスはナザレ旧市街には入らず、新市街（ナザレ・イリット）が終点のことが多い。旧市街まで行くかどうか、事前に運転手に確認すること。

旧市街のバス停　受胎告知教会の南東、パウロ6世通りに長距離バスや市内バスの乗り場がある。ここからナザレ・イリットまではNo.1、3、5で行く。

新市街（ナザレ・イリット）のバス停　エゲッドバスやカヴィーム社のバスはナザレ・イリットNazareth Illit（英訳してアッパー・ナザレUpper Nazarethとも）と呼ばれる新市街が終点。ここから旧市街へは市内バスNo.1、3、5などで行くことができる。ナザレ・イリットには大きなバスターミナルはなく、ほとんどのバス停にハイファやティベリヤ、アフーラー行きの長距離バスが通り、適宜停車する。

ナザレ・イリットには長距離バスから市内バスまで多くのバスが往来する

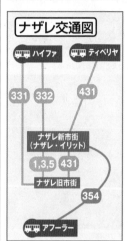

ナザレ交通図

●ナザレ

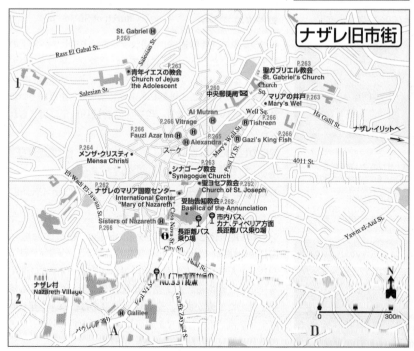

ナザレ旧市街

261

■受胎告知教会
圏8:30〜17:00
困無休　料無料

教会の中央にはマリアがお告げを受けたとされる洞窟がある

長谷川路可の『華の聖母子』

■聖ヨセフ教会
圏7:00〜18:00
困無休　料無料

聖ヨセフ教会の聖堂内部

■ナザレのマリア国際センター
⊠15A Annunciation Rd.
URL www.cimdn.org
TEL (04)6461266
圏9:30〜12:00 14:30〜17:00
困日　料15〜50NIS（見学内容により異なる）

イエスの時代の家の遺跡

ナザレの見どころ

ナザレのシンボル　　　　　　　　Map P.261A2

受胎告知教会

כנסיית הבשורה　　　　Basilica of the Annunciation
クネスィヤット・ハブソラ　　　　バジリカ・オブ・ジ・アナンシエーション

　マリアが受胎告知を受けたと伝えられる洞窟の上に建つ、1969年に完成した中近東最大級のモダンな教会。ローマ皇帝コンスタンティヌスが母ヘレナの頼みを受けて最初の建物を建ててから、ビザンツ時代や十字軍時代にも教会があり、いつの時代も聖地となっていた。

　古い遺跡の多いイスラエルでは奇異なぐらいにきれいな外観の教会に世界中の巡礼者がひっきりなしに吸い込まれていく。建物中央の祭壇にはマリアがお告げを受けたとされる洞窟がある。岩がむきだしになっており、かつての雰囲気を彷彿とさせている。

　教会の内部には各国から贈られたマリア像が飾られており、上階の壁面には真珠がふんだんに使われた長谷川路可の作品『華の聖母子』がある。

受胎告知教会に隣接する　　　　　Map P.261A2

聖ヨセフ教会

כנסיית סנט ג'וזף　　　Church of St. Joseph
クネスィヤット・セント・ジョセフ　　　チャーチ・オブ・セント・ジョセフ

　フランシスコ会修道院により、マリアの夫ヨセフが大工の仕事をしていたという場所に建てられた教会。階段を下りていくと、ビザンツ時代の地下の礼拝所、ブドウ酒を造っていたサイロがある。ここ以外にも宗派によって、仕事場といわれる場所はいくつかある。現在の建物は1914年に建てられたものだ。

聖書の世界に触れる　　　　　　　Map P.261A2

ナザレのマリア国際センター

מרכז בינלאומי מריס מנערת　　　International Center "Mary of Nazareth"
メルカズ・ベインレウミ・ミリヤム・ミ・ナツラット　　　インターナショナル・センター・メアリー・オブ・ナザレス

　受胎告知教会のすぐそばにあるビジターセンター。シュマン・ヌフ共同体というカトリック系の団体が運営しており、3階建ての建物のなかでは、聖書に関するマルチメディア展示やユダヤ人やイスラム教徒などの視点から見たマリアに関する展示などがある。最上階には礼拝堂と聖書に出てくる植物を集めた庭園があり、受胎告知教会をはじめ、ナザレの町全体を眺めることができる。入口を入った所には、イエスの時代に建てられた家の遺跡もある。

教会地下にある水源は記念に投げられたコインでいっぱい

もうひとつの受胎告知教会 **Map P.261B1**

聖ガブリエル教会

| כנסיית סנט גבריאל | St. Gabriel's Church |
| クネスィヤット・セント・ガブリエル | セント・ガブリエルズ・チャーチ |

内部はフレスコ画とイコンに囲まれている

ギリシア正教会が、マリアが受胎を告知されたことを記念して建てた聖堂。17世紀にそれまであった3つの教会の跡の上に建設された。ギリシア正教会が主張する伝説によると、大天使ガブリエルが、マリアの前に初めて現れたのがマリアの井戸と呼ばれる所。

ルカによる福音書1:26〜38には、ガブリエルがマリアに受胎を告知するくだりが詳しく記されている。この教会の地下は、マリアの井戸の水源となっている。

■聖ガブリエル教会
圖7:00〜12:00 13:00〜18:00
（日7:00〜13:00）
休無休 料無料

Information

マリアの井戸 Mary's Well
Map P.261B1

パウロ6世通りを北上し、聖ガブリエル教会の少し手前のWell Sq.にある。マリアが水を汲みに行き、天使と出会ったともいわれる井戸の跡。2018年4月現在、水は枯れている。

現在は水飲み場の体裁になっているが、水は出ない

学校に併設された見晴らしのよい教会 **Map P.261A1**

青年イエスの教会

| כנסיית ישו הנער | Church of Jesus the Adolescent |
| クネスィヤット・イエシュ・ハ・ナアル | チャーチ・オブ・ジーザス・ジ・アドレシェント |

13世紀に建てられた教会。細い柱の装飾が美しく、白いアーチ形の天井が壮麗だ。イエスはベツレヘムで生まれ、およそ30歳で宣教を始めたあとは、ガリラヤ地方などに出かけていたが、少年時代を含めほとんどの時代を両親とともに、ここナザレで過ごした。この教会の祭壇には、そんなイエスの青年時代の大理石像が立つ。

また、高台にある教会からは町が一望のもと。遠くにはタボル山の頂上も見える。

■青年イエスの教会
圖通常は閉鎖されており、神父に頼んで開けてもらう
休不定期 料無料

学校の敷地内に建つ

旧市街の中にある **Map P.261A1**

シナゴーグ教会

| כנסיית בית הכנסת | Synagogue Church |
| クネスィヤット・ベイト・ハ・クネセット | シナゴーグ・チャーチ |

小さなスークの中のギリシアカトリックが管理する教会。安息日にユダヤ教のシナゴーグにおいて、イエスが旧約聖書イザヤ書のメシア予言に関する部分を朗読し、イエス自身が上から遣わされたメシアだと語った場所（ルカ福音書4:16〜29)である。ここから7段の階段やユダヤ教に関するものが見つかっている。

■シナゴーグ教会
圖8:30〜12:00 14:00〜17:00
休無休 料無料

シナゴーグの遺構が残っている

●ナザレ

263

■メンザ・クリスティ
圓8:30～13:00 14:00～17:00
困無休 興無料
※通常は閉鎖されている。周囲の
住人に声をかけて開けてもらう。

シナゴーグの遺構が残っている

Information
ナザレ村
Nazareth Village
Map P.261A2
聖書の時代の伝統的なものづく
りや生活の様子を、さまざまな
実演を通して教えてくれる。や
やB級テーマパーク的色彩もあ
るが、教会巡りの途中に立ち寄
ってみるのも楽しい。

圃(04) 6456042
URLwww.nazarethvillage.com
圓9:00～17:00
困日、イースター、クリスマス
圉50NIS 学生37NIS

■カナへの行き方
ナザレからNo.24、26、27、
28などのバスで行く。所要20分
ほど。

イエスが弟子とともに食事をした Map P.261A1

メンザ・クリスティ

| כנסיית מנזה כריסטי | **Mensa Christi** |
| クネスィヤット・メンザ・クリスティ | メンザ・クリスティ |

　1861年に建てられたフランシスコ会修道院の聖堂。磔刑に
されたイエスは3日目に復活し、その後ガリラヤ地方の弟子の
もとへ現れたとされている。この教会の大きな石灰岩はその
とき弟子とイエスが食事をしたテーブルだといわれている。復
活後のイエスが食事をした所には諸説があり、ガリラヤ湖畔
のペテロ首位権の教会(→P.276)にもその岩がある。

近郊の旅　カナ
כפר כנא
Kfar Kana

　新約聖書に登場する「カナの
婚礼」の舞台になった場所。ナ
ザレからティベリヤ方向へ10km
近く行った所に位置している。「カ
ナの婚礼」は、婚礼の最中にワイ
ンがなくなったことをマリアから
聞いたイエスが、水をワインに変
えたという話(ヨハネによる福音
書2:1～11)。婚礼の奇蹟を記念
して建てられたフランシスコ会修
道院と、ギリシア正教会のふた
つの教会がある。

フランシスコ会修道院

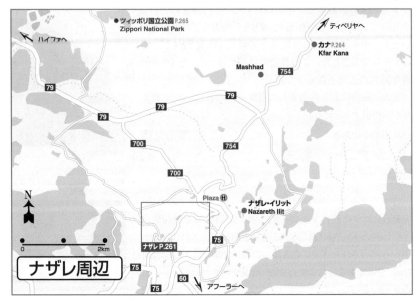
ナザレ周辺

近郊の旅	ツィッポリ	ツィポリ Zippori

ツィッポリには紀元前から中世までコミュニティがありつづけたことが、エジプトのカイロで発見されたゲニザ文書からも裏づけられている。ツィッポリの遺跡は国立公園となっているローマ時代の遺跡。『ガリラヤのモナリザ』と呼ばれる美しいモザイクは必見。ローマ風の写実的なこのモザイクは、1700年ほど前のものだといわれている。このほかにも多くのモザイクがこの国立公園から見つかっている。また、ツィッポリにはメギドやハツォルなどと同様に地下用水路が完備されていた。今もその一部が残っている。

さらに時代がずっと下った十字軍の城塞もある。内部では発掘物の展示なども行われている。

これが『ガリラヤのモナリザ』

■ツィッポリへの行き方
🚌ナザレからNo.58
国立公園入口まで約4km歩く。
🚕ナザレから往復120NIS〜

■ツィッポリ国立公園
Map P.264
TEL (04) 6568272
URL en.parks.org.il
開 夏期8:00〜17:00
　（金・祝の前日〜16:00)
　冬期8:00〜16:00
　（金・祝の前日〜15:00)
休 無休
料 28NIS　学生24NIS

あちこちに美しいモザイクがある

●ナザレ

HOTEL ホテル

巡礼客が多いので旧市街にはホステルや教会系の宿泊施設がいくつもある。ただし、客室数は多くないので祝祭日やハイシーズンなどには予約を入れたい。設備の充実した高級ホテルは少なく、旧市街の南と新市街に数軒あるのみ。

セント・ガブリエル
St. Gabriel Hotel

ホスピス	Map P.261A1
60室	ナザレ旧市街

✉2 Salesian St.
URL www.stgabrielhotel.com
TEL (04)6572133
FAX (04)6554071
S AC105US$〜
W AC120US$〜
NIS
ADMV

全室　全室　全室　全館無料

町の北のほうにある。中心部から車で約5分。ナザレの丘の頂にある静かな環境で、中庭からは旧市街が一望できる。レストラン、バーなども併設している。敷地内には教会もある。

アレキサンドラ
Alexandra House

高級	Map P.261A1
3室	ナザレ旧市街

✉4 6097 St.
URL www.alexandrahouse.co.il
TEL (04)6578995
S W AC130US$〜
US$ NIS

全館無料

細い路地が続くナザレ旧市街にある高級ゲストハウス。オーナーのミシェルさんの喋りもしてもいい評判。昔ながらの石造りの魅力を保持しながらも、きれいに改装されアンティーク家具が配されている。

ビトレージ
VItrage Guest House

ゲストハウス	Map P.261A1
10室	ナザレ旧市街

✉ Nazareth
📧 vitrageguesthouse@gmail.com
📞 (04)6012130
🛏 S A/C 🚿 📶 💵 70US$
🛏 W A/C 🚿 📶 💵 75US$
💳 US$ € NIS
💳 A D M V

📶 Wi-Fi
全館無料

旧市街にある家族経営の小さなゲストハウス。手入れの行き届いた中庭が自慢。入口は分かりづらいが、旧市街には行き先を示した看板がいくつかある。予約をしておけばディナーも注文可能。

ファウズィ・アーザル・イン
Fauzi Azar Inn

ホステル	Map P.261A1
ベッド数50	ナザレ旧市街

✉ Nazareth
🌐 www.fauziazarinn.com
📞 (04)6020469
🛏 D 🚿 📶 💵 70NIS〜
🛏 S A/C 🚿 📶 💵 287NIS〜
🛏 W A/C 🚿 📶 💵 297NIS〜
💳 US$ € NIS
💳 A D M V

📶 Wi-Fi
全館無料

アーザル家が受け継いできた200年以上前の古い邸宅をホステルに改築してオープンした。欧米の若い旅行者に人気が高い。ドミトリーはベッド数6〜10で、女性専用もある。

シスターズ・オブ・ナザレス
The Guest House of Sisters of Nazareth

ホスピス	Map P.261A2
56室	ナザレ旧市街

✉ Casa Nova St.
📞 (04)6554304
🛏 D A/C 🚿 📶 💵 110NIS
🛏 S A/C 🚿 📶 💵 275NIS
🛏 W A/C 🚿 📶 💵 350NIS
💳 US$ € NIS
💳 不可

📶 Wi-Fi
全館無料

カザノヴァ・ホスピス入口脇の道を入るとある。ゲストハウス部門とホステル部門がある。敷地内の地下の洞穴には1世紀のものという古い墓が残されており、宿泊するならぜひ見ておきたい(要予約)。

RESTAURANT
レストラン

ナザレはイスラエルでも1、2を争う美食の町として知られる。伝統的なアラブ料理に少し欧州料理の要素も加えておしゃれな雰囲気のなかで味わえるレストランの人気が上昇中。マリアの井戸からカザノヴァ通りにいたるあたりに点在している。パウロ6世通りにはシャワルマやファラフェルなどのファスト・フード店が並ぶ。

Map P.261B1
ティシュリーン
Tishreen

アラブ料理

マリアの井戸の近くにある人気レストラン。アラブの伝統料理のほか創作料理もある。サラダ小35〜49NISは種類が豊富でテリヤキソースを使ったものもある。窯で焼いた硬めのパンにタマネギや鶏肉をのせたムハンマルは69NIS。

✉ Mary's Well St. 📞 (04)6084666 🕐 10:00〜23:00 休 無休
💳 A D M V

Map P.261B1
ガジズ・キング・フィッシュ
Gazi's King Fish

シーフード

パウロ6世通りにある、ナザレでは珍しいシーフードの店。地中海から毎日新鮮な魚介類を仕入れている。魚を注文すれば50NIS〜で、パンとサラダ、前菜が付く。アルコール類は用意していない。

✉ Paul VI St. 📞 (04)6456425
🕐 10:00〜22:00 休 無休
💳 A D M V

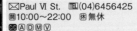

エズレル平野

ジェズリール・ヴァレー
Jezreel Valley

エメク・イズラエル
עמק יזרעאל

ベト・シェアン遺跡に残るモザイク

エズレル平野●

エルサレム●

市外局番　04

標高　-121m
（ベト・シェアン）

Maps
ベト・シェアン　P.267
エズレル平野
P.268〜269

　南はギルボア山、北はガリラヤ山地に接するエズレル平野は、イスラエルで最も大きな平野。エズレルという言葉はヘブライ語のイズラ・エル（＝神、蒔きたもう）に由来する。ここは古代からイスラエル民族にとって重要な戦いの舞台となった所で、旧約聖書にも記された遺跡が散在する。キブツの広大な畑が広がる緑の大地をゆっくりと歩いて、これらの遺跡を訪ねるのも楽しい。このあたりはパレスチナ自治区と接しており、アラブの小さな村が多い。また、ユダヤ人の入植も盛んに行われており、キブツが点在している。

 旅の起点となる町

　エズレル平野で起点となる町は、東の**ベト・シェアン**と西の**アフーラー**だ。宿泊施設はどの町も少なく、エズレル平野に点在している。

起点の町　ベト・シェアン Beit She'an

　ベト・シェアンは、ヨルダン国境とのヨルダン川ボーダーからイスラエルに入って初めての大きな町となる。ガリラヤ湖から約26km南に位置するベト・シェアンには、たいへん古い歴史があり、最も古い遺構は紀元前5000年頃のものと考えられており、紀元前19世紀頃のエジプトの文書にもその名が記されている。海抜マイナス121mの所にあるため、冬は暖かいが夏はとても暑い。

世界遺産

メギッド、ハツォル、ベエル・シェヴァにある聖書ゆかりの遺跡丘
Biblical Tels-Megiddo, Hatzor, Beer Sheba
2005年登録
メギッド国立公園→P.271

■ベト・シェアンへの行き方
●エルサレムから
No.961→P.303[14]、
No.966→P.303[15]
●テルアビブから
No.843→P304[38]
●ティベリヤから
No.28→P.305[76]
●アフーラーから
No.411→P.305[74]、
No.412→P.305[75]

ベト・シェアン

1km

ベト・シェアン国立公園 P.269
Beit She'an National Park

ティベリヤへ

●入口

Greg P.271

Sderot Ha Arba'a St.

Beit Shean YH

アフーラーのバスターミナル

■アフーラーへの行き方
●テルアビブから
🚌No.825→P.304㊴、
No.840→P.304㊵
●ナザレから
🚌No.354→P.305㋒、
No.355→P.305㋓
■メギッドへの行き方
●アフーラーから
🚌No.821、825でメギッド・ジャンクションへ。所要約15分。そこから2kmほど歩く。
●テルアビブから
🚌No.821、825
約1時間30分でメギッド・ジャンクションに着く。
運賃:27NIS

起点の町 アフーラー Afula

　ベト・シェアンと同じく、交通の要衝として古来から栄え、バスターミナルには主要都市を結ぶバスが停車する。町の中心部には宿泊施設はなく、カフェや売店はバスターミナルの周辺に数軒あるだけ。

周辺エリアの交通

　ベト・シェアンとアフーラーとの間に国立公園がいくつかある。メギッドの遺跡はアフーラーから行くのが一般的。

アフーラーから遺跡へ　国道71号線をアフーラーからベト・シェアンに向けて走るスーパーバス社のNo.411、412のバスが利用しやすい。また、メギッドやウンム・アル・ファフムへは、国道65号線をアフーラーからハデラHadera方面へ向かうエゲッドバスNo.821、825を利用するとよい。

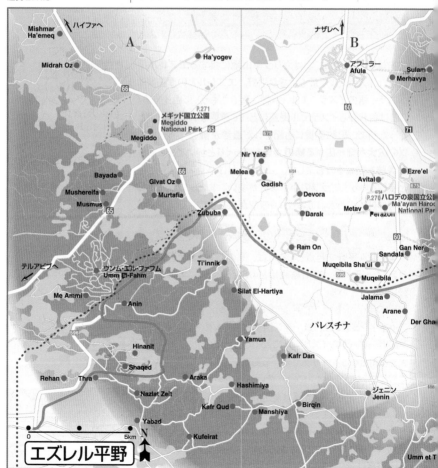

エズレル平野

エズレル平野の見どころ

町そのものが遺跡として残った

ベト・シェアン国立公園

ベト・シェアン周辺
Map P.267

גן לאומי בית-שאן
ガン・レウミー・ベト・シャン

Beit She'an National Park
ベト・シェアン・ナショナル・パーク

列柱が並ぶメインストリート

■ベト・シェアン国立公園
TEL(04)6587189
URL en.parks.org.il
ベト・シェアンのバスステーション
から徒歩約15分。
圖4～9月8:00～17:00
　(金・祝の前日＝16:00)
　10～3月8:00～16:00
　(金・祝の前日＝15:00)
※入場は閉園の1時間前まで
困無休　圏28NIS　学生24NIS

　ベト・シェアンは水に恵まれた肥沃な土地で、エジプトへ通じる隊商の通る道にあり、古代から軍事、経済上重要な拠点だった。カナン人やペリシテ人などが住み、イスラエル民族が戦った記事が旧約聖書に記されている(ヨシュア記17:11、サムエル記上31:10)。イスラエル最初の王サウルと息子たちが殺された後、城壁にさらされたともいわれている。

　ローマ時代の劇場や18層にも及ぶさまざまな時代の遺跡、特徴的な形のテル（丘）が広がっている。ローマ劇場は

●エズレル平野

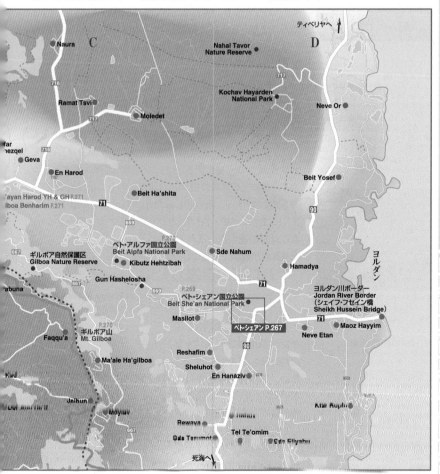

ティベリヤへ↑

Naura　C
Nahal Tavor
Nature Reserve　D

Ramat Tsvi
Moledet

Kochav Hayarden
National Park
Neve Or

Kfar
Yezqel
Geva
En Harod
Beit Yosef
'ayan Harod YH & GH P.271
Iboa Benharim P.271
Beit Ha'shita

ベト・アルファ国立公園
Beit Alpfa National Park
Sde Nahum

ギルボア自然保護区
Gilboa Nature Reserve
Kibutz Hehtziba
Hamadya

Gun Hashelosha
ヨルダン

abuna
ヨルダン川ボーダー
Jordan River Border
(シェイフ・フセイン橋)
Sheikh Hussein Bridge)

ベト・シェアン国立公園
Beit She'an National Park

ギルボア山
Mt. Gilboa
Masilot
ベト・シェアン P.267
Maoz Hayyim

Faqqu'a
Reshafim
Neve Etan

Ma'ale Ha'gilboa
Sheluhot
En Haneziv

Jalhun
Kfar Ruppin

Rewaya
Tel Te'omim
Sde Eliyahu

死海へ

ベト・シェアンのローマ劇場

■ベト・アルファ国立公園
No.412でベト・シェアンから
約15分。
TEL(04)6532004
URLen.parks.org.il
開4〜9月8:00〜17:00
　（金・祝の前日〜16:00）
　10〜3月8:00〜16:00
　（金・祝の前日〜15:00）
休無休　22NIS　学生19NIS

ベト・アルファ・シナゴーグのモザイク

■ギルボア山
山頂までバスで行くことはできな
い。ギルボア山の稜線のすぐ下
をなぞるように通るのが667号線
だが、こちらもバスは走っていな
い。脚力に自信のある人は自転
車で走るのもいいかも。ハロデ
の泉近くからベト・シェアンの南
で90号線に接続する。道沿いに
はエズレル平野を望む展望台が
点在している。

ギルボア山系の頂上近くにある、バ
ルカン展望台からエズレル平野を眺
める

■ハロデの泉国立公園
アフーラーからNo.41、411、
No.412でマアヤン・ハロド・ジャ
ンクションまで行き、そこから徒
歩約1km。
TEL(04)6532211
URLen.parks.org.il
開4〜9月8:00〜17:00
　（金・祝の前日〜16:00）
　10〜3月8:00〜16:00
　（金・祝の前日〜15:00）
※入場は閉園の1時間前まで
休無休　28NIS　学生24NIS

収容人数8000人ほどの規模だが、イスラエルに残る古代劇場のなかでは保存状態がよく、ローマ時代の面影をよく残している。ビザンツ時代のパラディウスの街道にずらりと並ぶ列柱やローマ時代の神殿跡などぜひ見たいものが多い。

美しいモザイクが訪れる人を魅了する

🏛 ベト・アルファ国立公園

ギルボア山周辺　Map P.269C

גן לאומי בית אלפא
ガン・レウミー・ベートアルファ

Beit Alpha National Park
ベト・アルファ・ナショナル・パーク

　アフーラーから南東へ約18km、ギルボア山の麓にある人口600人ほどの小さなキブツ・ヘフツィバー Kibbutz Hehtzibahにあるシナゴーグ跡。1928年にキブツのメンバーにより発見され、6世紀のモザイク床が現れた。神殿の聖所の様子や12の月を表す図柄、アブラハムが息子イサクを神にささげた場面などが鮮やかに残っている。国内に残るモザイクのなかでも、規模も大きく保存状態がよいもののひとつだ。また、このキブツは日本のキリスト教の一派との関連が深く、キブツ内には日本庭園もある。

頂上からの眺めは最高！

🗻 ギルボア山

ギルボア山周辺　Map P.269C

הר גלבוע
ハル・ギルボア

Mount Gilboa
マウント・ギルボア

　海抜536mのこの山は、サウル王がその子ヨナタンとともにペリシテ人と戦い、戦死した地（サムエル記31章）。ダビデは戦死の知らせを聞き、「弓」という歌で「ギルボアの山々よ、いけにえを求めた野よ。お前たちの上には露も結ぶな、雨も降るな……」と嘆き悲しんだという（サムエル記下1章）。3月にはギルボア・アイリスという野生のアヤメが花をつけ、春には野の花が咲き乱れる。

清冽な水が乾いた大地にしみる

🗻 ハロデの泉国立公園

ギルボア山周辺　Map P.268B

גן לאומי מעיין חרוד
ガン・レウミー・マアヤーン・ハロッド

Ma'ayan Harod National Park
マアヤン・ハロッド・ナショナル・パーク

　アフーラーの南東約10km、ギルボア山麓に湧く泉。士師記7章には、イスラエルを救うため、主のお告げを受けたギデオンがミディアン人との戦いの前に、この水を手ですくって飲んだ者だけをえりすぐ

ハロデの泉

り軍隊を結成、勝利したと記されている。現在は泉を源泉としたプールのある国立公園として整備されている。

ハルマゲドンの舞台とされる
🏛 メギッド国立公園

アフーラー周辺
Map P.268A

הר מגידו
ハル・メギッド

Megiddo National Park
メギッド・ナショナル・パーク

■メギッド国立公園
TEL(04)6590316
URLen.parks.org.il
團4〜9月8:00〜17:00
　（金・祝の前日＝16:00）
　10〜3月8:00〜16:00
　（金・祝の前日＝15:00）
※入場は閉園の1時間前まで
俐無休　囲28NIS　学生24NIS

アフーラーの南西約10kmにあるメギッドの山は古い時代の土地が20層も重なっている。紀元前4000年頃の青銅器時代のものや、長さ70mもある地下水道のトンネルも発見されている。

メギッドの町は紀元前24世紀のエブラ文書では城壁に囲まれた町とされている。列王記9、10章にもソロモン王がこの町を戦車隊の町として堅固にしたという記述があり、列王記下23:29ではユダの王ヨシヤがエジプトの王にここで殺されたとある。今ではエズレル平野が目の前に広がるのどかな丘だが、メギッドは要衝であり続けてきたことがわかる。

History
メギッドの山とハルマゲドン
キリスト教徒のなかには、「全能なる神の大いなる日に、戦いをするため」「3つの汚れた霊が」「王たちを召集」するという預言（ヨハネの黙示録16:14〜16）を信じる人も多い。その舞台となる地こそがメギッドの山。ハル（山）・メギッド＝ハルマゲドンという言葉はここから広く最終戦争を意味するようになった。

●エズレル平野

HOTEL ホテル **RESTAURANT** レストラン

大型ホテルは少ないが、キブツホテルやB&B、ユースホステルなどが点在している。ナザレやティベリヤ、ハイファなどに宿を取り、日帰りで訪れるのもよい。レストランは少ないので宿泊施設で食事をとるのが基本。

ギルボア・ベンハリム
Gilboa Guest House Benharim

B&B　Map P.269C
12室　ハロデの泉

✉Gid'eona
URLwww.benharim.com
TEL050-3360061（携帯）
Ⓢ🅰🅲📶▶◀490NIS
Ⓦ🅰🅲📶▶◀550NIS
💳US$ NIS 🄲🄳🄼Ⓥ

TV Wi-Fi
全室　希望者　全館無料

ギルボア山の山すそにある。バス停からは遠いので、車で行きたい。部屋はとても広く清潔。渓谷側の部屋からの眺めが抜群。

マアヤン・ハロッドYH&GH
Ma'ayan Harod Youth Hostel & Guest House

国際ユース　Map P.269C
34室　ハロデの泉

✉Gid'eona
URLwww.iyha.org.il
TEL(02)5945589
Ⓢ🅰🅲📶▶◀376NIS〜
Ⓦ🅰🅲📶▶◀480NIS〜
💳US$ NIS 🄲🄰🄳🄼Ⓥ

TV Wi-Fi
全室　希望者　全館無料

ハロデの泉に隣接したユースホステル。小さなコテージ状の建物が並んでいる。大部屋もあるがドミトリーとしては開放しない。

ベト・シェアンYH
Beit Shean Youth Hostel

国際ユース　Map P.267
80室　ベト・シェアン

✉129 Menahem Beyin St.
URLwww.iyha.org.il
TEL(02)5945644
Ⓢ🅰🅲📶▶◀400NIS
Ⓦ🅰🅲📶▶◀530NIS
💳NIS 🄲🄰🄳🄼Ⓥ

TV Wi-Fi
全室　希望者　全室　全館無料

ベト・シェアン市街の東端、バスステーションから50mほど南に下った所にある。ヨルダン川と渓谷の眺めが美しい。

Map P.267　グレッグ
ベト・シェアン　Greg

カフェ
インターナショナル

バスステーションのすぐ北にあるカフェ・レストラン。サンドイッチなどの軽食から、イタリア料理、パッタイなどのアジア料理まで種類が豊富。メインは27〜60NIS。

⌖Beit She'an TEL(04)6060360
團8:00〜23:00（金0:00〜11:00、土20:00〜23:00）

ティベリヤ

タイベリアス
Tiberias

ティベリヤー
טבריה

ティベリヤ・

エルサレム

市外局番 04

標高 -210m

Maps
中心部　P.273
ガリラヤ湖畔　P.275
タブハ＆カペナウム
　　　　　　P.276
北ガリラヤ地方　P.284

穏やかな自然が広がるガリラヤ湖周辺

世界遺産

メギッド、ハツォル、ベエ
ル・シェヴァにある聖書ゆ
かりの遺跡丘
*Biblical Tels-Megiddo, Hatzor,
Beer Sheba*
2005年登録
ハツォル国立公園→P.284

●エルサレムから
🚌No.961→P.30317、
No.062→P.30318
●テルアビブから
🚌No.836→P.30441、
No.840→P.30442
●ハイファから
🚌No.430→P.30449
●ナザレ（旧市街）から
🚌No.431→P.30571

History
創建者ヘロデ・アンティパス

　ヘロデ・アンティパスは、ヘロ
デ王の後を継いだ息子のうちの
ひとりで、イエスがいたころのガ
リラヤ地方の領主。ティベリヤ
を建設した。新約聖書によれば
兄ピリポの妻であったヘロデヤ
を奪ったため洗礼者ヨハネから
非難され、彼を死に追いやって
いる（マタイによる福音書14:1～
13）。ローマ皇帝に王位を望ん
だが、逆に領主の座を解かれ、
紀元39年にピレネーの山あい
に追放されることとなった。

　ティベリヤは、ガリラヤ湖Sea of Galilee地域の中心
地。ガリラヤ湖はヨルダン渓谷が陥没してできた、南北約
20km、東西約12kmのこの地方最大の淡水湖だ。その形
が竪琴（ヘブライ語でキノール）に似ていることからイスラエ
ルではキネレットと呼ばれている。ガリラヤ湖の北はゴラン
高原を挟んでレバノン、シリアへと続いていく。

　ティベリヤの町の歴史は約2000年前に遡る。ヘロデ王
の息子ヘロデ・アンティパスが、時のローマ皇帝ティベリウ
スに敬意を表して、その名を冠した町を建設した。町に残
る城壁やローマ浴場の跡が当時の栄華を物語っている。

　70年にエルサレムがローマの手に落ちた後、2世紀には
ユダヤ教の学府がティベリヤに移され、ミシュナ、タルムー
ドといった聖典が完成した。その後は緩やかに衰退し、オ
スマン朝がこの地を征服する頃には、小さな村になってい
た。しかしポルトガルからイスタンブールに逃れてきたユダ
ヤ人のナスィ家がオスマン朝の宮廷を動かせる力をもつと、
ティベリヤの城壁は修復され、町に再び活気が戻った。

　ここには古くからの偉大なラビの墓がいくつもあり、ユ
ダヤ教の聖地としてあがめられている。思想家マイモニデス
（ラムバム）の墓もこの町にある。また、最近では温泉リゾ
ートとしても人気が高い。キリスト教徒にとっては、イエス
の伝道の舞台であり、湖に起こった嵐を静める（マタイによ
る福音書8:23～27）など、数々の奇蹟を行った所として有
名だ。

旅のモデルルート

ティベリヤの町には見どころが点在し、国立公園や温泉も近い。また、ガリラヤ湖畔の見どころへの起点ともなる。

1日 イエス伝道の舞台をたどる

バスを使って移動するなら、ティベリヤからカペナウムへ行く52番バスは、午前中は8:45発のみなので注意。山上の垂訓教会はツファット方面からティベリヤへのバスの便が多く通る。

午前	午後
ティベリヤ→カペナウム→パンの奇蹟の教会 P.277 P.276	**ペテロ首位権の教会** P.276 **→山上の垂訓教会→聖ペテロ教会** P.277 P.278

まず、ティベリヤからカペナウムへ。カペナウムではピンク色の屋根が印象的なギリシア正教会も訪れたい。ここからはペテロ首位権の教会、パンの奇蹟の教会があるタブハTabghaへ2kmほど歩く。"Ma Gadan"の字が目印。

カペナウム方面へ少し戻り、山の上に山上の垂訓教会が見えたら、近道の野道があるので、そこから山の方へ上がっていくのもよい。時間があればマグダラやイエスの時代の船も訪ねてみよう。

カペナウムのギリシア正教会

山上の垂訓教会

発掘が続くマグダラの遺跡

●ティベリヤ

ティベリヤの歩き方

ティベリヤの町の中心部はそれほど大きくない。繁華街のダウンタウンは、セントラルバスステーションのあるハ・ヤルデン通りHaYardan St.を中心に広がっており、湖岸へ向かっ

ティベリヤ

■ティベリヤの❶
Map P.273
✉Archaeological Park, HaBanim St.
☎(04)6725666
⏰8:30～16:00（金～12:00）
休土・祝

考古学公園にある、ティベリヤの❶

淡水のガリラヤ湖で「湖」水浴

カペナウム行き52番のバス

てまっすぐ進むとプロムナードPromnadeが湖岸線に沿って続いている。レストランやバーはこのあたりに多く、湖をゆくクルーズ船の港もこのあたりにある。

町の南のハマット地区や山側にはホテルが点在しているが、町の中心部からはバスの利用が便利だ。

ターミナルから市の中心部へ

長距離バス セントラルバスステーションは町の中心より、やや山の手のハ・ヤルデン通りHaYarden St.にある。

ティベリヤから南方面へ移動するときはバスステーションまで行かなくてもハ・

セントラルバスステーションには近郊線のバスも発着する

ガリル通りHaGalil St.のバス停（Hanat Emek HaYarden）でもバスの乗降ができる。

市内と近郊の交通

市内交通 それほど大きな町ではないので徒歩でも観光可能だが、アキバの墓（6番）やバアル・ハネスの墓（5番）などを訪れる際には市内バスが便利。

ガリラヤ湖畔 ティベリヤから北へ向かうバスは、国道90号線を走るキルヤット・シェモナーやツファット方面への便が多い。カペナウムへは52番バスしかなく便が少ない。

一方、南側へは26、28番がヨルダン川に向かって走る。51番はさらにガリラヤ湖東岸を走り、クルスィ村から東へ。57番は湖を反時計回りに半周以上して、国道87号線に入る。

北ガリラヤ地方 フーラ自然保護区へは541番のキルヤット・シェモナー行きのバスに乗る。ダン、ナハル・ヘルモン自然保護区へはキルヤット・シェモナーが起点。58番のバスが1日5便ほど運行されている。ティベリヤを朝9:00に出発してもキルヤット・シェモナーを10:37発の始発バスに間に合う。

現地発着ツアー

ティベリヤの無料ウオーキングツアー ティベリヤの❶から、金曜と土曜の10:00に出発する。ただし、ヘブライ語のみで英語のガイドはない。

北ガリラヤ地方 バニヤスの名で知られるナハル・ヘルモン自然保護区など、北ガリラヤ＆ゴラン高原へはバスの便が乏しいので、ツアーに参加するのもいい。ただ、ティベリヤには旅行会社は少ない。

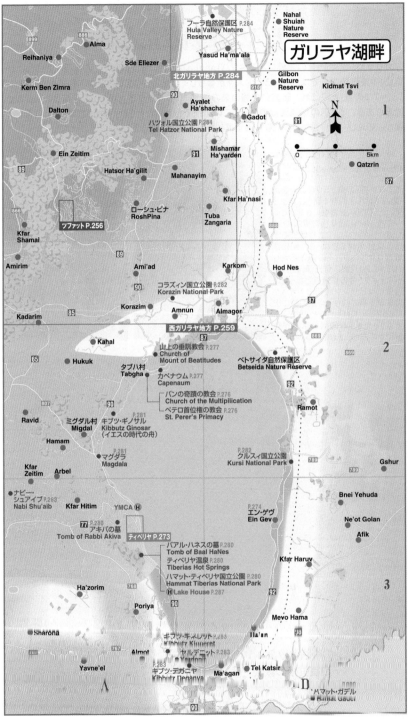

ガリラヤ湖畔

275

ガリラヤ湖畔で
イエスの足跡をたどる

　ガリラヤ湖の北西角の湖畔にあるタブハTabgha村は、いまは緑深く、人は住んでいないが、第1次中東戦争前までは250人ほどの人々が暮らしていた。かつてはギリシア語でヘプタ・ペゴン（＝7つの泉）と呼ばれ、硫黄分の強い泉のなかには、ヨハが手を癒やしたと伝えられる泉や、鉱泉もある。イエスの伝道活動の多くがこの場所で行われたとされ、ゆかりの場所には教会が建つ。のんびりと歩きながら、聖書の世界に思いを馳せてみよう。

パンの奇蹟の教会

Church of the Multiplication
チャーチ・オブ・ザ・マルティプリケーション

イエスが2匹の魚と5つのパンを祝福して増やし、説教を聞きに集まっていた5000人を満腹にさせたという奇蹟（ルカによる福音書9:10〜17など）にちなむ。ここには350年には教会が建てられ、6世紀には修復されている。その後は忘れられたが、20世紀に発掘・再建され、ベネディクト会の修道院となった。会堂にはビザンツ時代のモザイクの床が見事に残り、奇蹟の話に出てくる2匹の魚はもちろん、蛇や鳥、そしてさまざまな種類の草花が色鮮やかに描き出されている。

ペテロ首位権の教会

St. Peter's Primacy
セント・ピーターズ・プライマシー

イエスがペテロとアンデレに出会ったという場所に建てられた。また、復活したイエスが弟子たちに食事をに与えたという食卓（メンザ・クリスティ）が祭壇となっている。

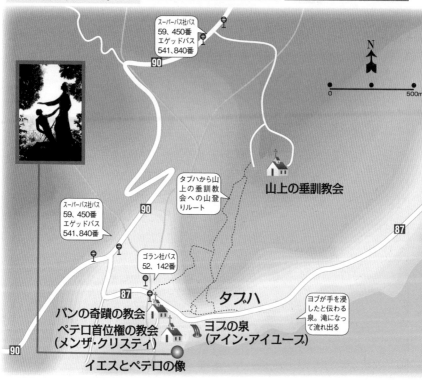

スーパーバス社バス
59、450番
エゲッドバス
541、840番

90

N

0　　　　　　　　500m

タブハから山上の垂訓教会への山登りルート

山上の垂訓教会

スーパーバス社バス
59、450番
エゲッドバス
541、840番

90

87

ゴラン社バス
52、142番

タブハ

87

ヨブが手を浸したと伝わる泉。滝になって流れ出る

パンの奇蹟の教会
ペテロ首位権の教会
（メンザ・クリスティ）

ヨブの泉
（アイン・アイユーブ）

90

イエスとペテロの像

山上の垂訓教会

Church of Mount of Beatitudes
チャーチ・オブ・マウント・ビーティテュード

1930年に建てられたフランシスコ会の教会。イエスがその思想、教義の最も重要な部分をここで語ったといわれている。聖堂が八角形をしているのは、マタイによる福音書の第5章に出てくる8つの句からなる「主の祈り」にちなんでおり、内部には8つの句がラテン語で記されている。「求めよ、されば与えられん」や「狭き門より入れ」(いずれもマタイによる福音書7章)などの有名なフレーズも含んでいる。イエスが12使徒を選んだ(ルカによる福音書6:12～16)のもここだという。

カペナウム (クファル・ナフム)

Capenaum (Kfar Nahum)　カペナウム

「慰めの村」を意味するカペナウムは、ダマスコ (ダマスカス) を経てバビロンに通じる道の中継地として10世紀頃まで栄えていたようだ。マタイによる福音書によると、イエスは洗礼者ヨハネが捕らえられるとナザレを去り、ガリラヤのカペナウムに住みはじめたという。イエスが説教したシナゴーグは、今残る建物の下に埋もれていると考えられている。門から中に入ると、小道の両脇にユダヤ教に関する模様が浮き彫りにされた石柱や鴨居の一部が並ぶ。よく見ると床や壁、柱が残っているので、シナゴーグのもとの姿がはっきりわかる。

D A T A おすすめコースはこれ!

　食事をとれるところは少ないので、水やお弁当を持っていこう。また、教会などを訪れるので、ショートパンツやサンダルはご法度なので、出発前にいま1度確認を。
　カペナウムに行く52、142番のバスは1日数便しかない(❶などで最新スケジュールをチェックしておこう)。8:45セントラルバスステーション発のバスはカペナウムには9時過ぎに着くので遺跡を見学したら、国道87号線を歩いてタブハへ。行程は2kmあまり、30分ほど湖畔を歩こう。
　タブハで教会を見学したら、ペテロ首位権の教会の向かいから山道を上って山上の垂訓教会へ。ここの丘からガリラヤ湖を眺めながらのランチは格別。気に入ったところで座ってお弁当を。
　山上の垂訓教会からの戻りのバスは、ツファットやキルヤット・シェモナー発の便が比較的多い。ティベリヤへ向かう途中には、イエスの時代の舟があるキブツ・ギノサル(→P.281)や、発掘が進むマグダラ村 (→P.281)もあるので、途中下車して訪れてみよう。

●パンの奇蹟の教会　Map P.275A2
℡(04)6678100
圏8:00～16:45 (土～14:45、日11:00～16:45)　困無休　圏寄付歓迎
●ペテロ首位権の教会　Map P.275A2
℡(04)6720516　圏8:00～16:00　困無休　圏寄付歓迎
●山上の垂訓教会　Map P.275A2
℡(04)6726717
圏8:00～11:45　14:00～16:45　困無休　圏寄付歓迎
●カペナウム　Map P.275A2
℡(04)6721059
圏8:00～17:00 (金～15:00)　※入場は閉場30分前まで
困無休　圏5NIS
●ギリシア正教会 (12使徒教会)
℡(04)6722282
圏夏期9:00～18:00 (冬期~17:00)　困無休　圏寄付歓迎

■考古学公園
✉HaBanim St. 🎫無料

考古学公園

History
**町の再建に尽くした
ドナ・グラツィアー・ナスィ**

16世紀、当時オスマン朝の首都であったイスタンブールでヨーロッパでのユダヤ教徒迫害から逃れてきた富豪ナスィ家の女主人ドナ・グラツィアー・ナスィは、スルタンを動かせるまでに力をもつようになり、ティベリヤの城壁を再建した。門番を配置し、シュック（市場）や水道施設を整備し、管理権を掌握したユダヤ人の受け入れ先を整えると、多くのユダヤ人がティベリヤを目指し、町にもにぎわいが戻った。

ティベリヤの城壁は別名グラツィアー城 Gracia Castleとも呼ばれるが、この町に住んだこともない彼女の名前が冠せられているのはこういった経緯がある。

ギリシア正教会修道院近くにも城壁跡が残っている

■聖ペテロ教会
✉Sea Shore
☎(04)6720516
🕐8:00〜12:30　14:30〜17:30
休日　🎫寄付歓迎

巡礼者を相手にする神父さん

ティベリヤの見どころ

十字軍時代に築かれた砦が残る
🏛 考古学公園
ティベリヤ市内
Map P.273

ハ・ガン・ハ・アーケィオロギ　**הגן הארכיאולוגי**　Archaeological Park　アーケオロジカル・パーク

　古代イスラエルの領主ヘロデ・アンティパスが建設したローマ時代の町は、5kmもの城壁に囲まれていた。その後ビザンツ、十字軍、オスマン朝などの支配者たちにより、先住者の建造物を土台としてそれぞれの様式に変えられてきた。レオナルド・クラブ・ホテルの隣に見えるれんがの積み重なった遺跡は十字軍の築いた教会の跡だ。

　発掘は今でも続けられており、かつてシナゴーグにあった貴重なモザイクの床も発見され、現在はテルアビブ美術館（→P.200）に展示されている。

玄武岩の黒い壁はティベリヤの顔
🏛 十字軍の城壁
ティベリヤ市内
Map P.273

ソルラート・ツァルヴァニーム　**סוללת צלבנים**　Crusader Castle　クルセイダース・キャッスル

町のところどころに残る城壁

　最もよい保存状態で残っているドナ・グラツィアー通りDonna Gracia St.の十字軍の城壁は、ヘロデ・アンティパスにより築かれ、十字軍により強化されたが、オスマン朝がここを支配した頃にははとんど崩れてしまっていた。

　城壁は16世紀にイスタンブール在住のユダヤ人富豪ドナ・グラツィアー・ナスィによって修復された。18世紀中頃にベドウィン出身のチュラビーによって現在の形になり、1837年に地震を受けたあとも補修されている。

　要塞だった建物には、現在はギャラリーやレストランが入っている。城壁の跡はほかにハ・ヤルデン通りとハ・ガリル通りが接するあたりにも見られる。

伝説の魚を記念して建てられた
🏛 聖ペテロ教会 (テラ・サンクタ)
ティベリヤ市内
Map P.273

クネスィヤット・ペトロス・ハ・カドシュ　**כנסיית פטרוס הקדוש**　St. Peter Church (Terra Sancta)　セント・ピーター・チャーチ (テラ・サンクタ)

　ガリラヤ湖周辺のレストランでは、どこでも名物料理に掲げられているのがセントピーターズフィッシュ。新約聖書によると、ペテロ（ピーター）がガリラヤ湖で取ったという記述が

残る伝説の魚である。これを記念して12世紀に建てられたのがこの教会。オスマン朝時代にはイスラーム寺院として使われた。

崩壊と再建を繰り返した
🏛 ギリシア正教会修道院

ティベリヤ市内
Map P.273

מנזר יווני אורתדוקסי	Greek Orthodox Monastery
ミンザール・ヤヴァーニー・オートドクススィー	グリーク・オーソドックス・モナストリー

もともとこの場所には3〜4世紀にかけて建てられた修道院があったが、614年にペルシアにより破壊されてしまい、その後は、建て直しと破壊、再建の繰り返しだった。1862年に再建された際には4棟のチャペルがあり、それぞれ聖ペテロ、聖パウロ、聖母マリア、12使徒に、尖塔は聖ニコラにささげられたものだった。

現在見られる教会建物は、1962年、ギリシア正教会の修道院建立100周年にあたって改築されたものだ。アンティパス時代の城壁に囲まれており、内部には巡礼者の宿泊施設などもあった。

漁師を見守ってきたイスラーム寺院
☪ ジャーマ・アル・オマリ

ティベリヤ市内
Map P.273

جامع العمري	Al Omari Mosque
ジャーマ・アル・オマリ	アル・オマリ・モスク

1948年の第1次中東戦争以前からほぼそのままの姿で残る数少ない建物のなかのひとつ。第2代正統カリフ、ウマル（在位634〜644）の名を冠するイスラーム寺院で、現在に残る建物は1743年に建てられた。プロムナードに残るジャーマ・アル・バフルとともに、戦前の面影を偲べる貴重な建築だ。

中世ヨーロッパやイスラーム世界でも尊敬された
🕎 マイモニデスの墓

ティベリヤ市内
Map P.273

קבר הרמב"ם	Tomb of Rambam
ケヴェル・ハ・ラムバム	トゥーム・オブ・ラムバム

マイモニデス（モシェー・ベン・マイモーン）はヘブライ語の別名をラムバム、アラビア語のイブン・マイムーンの名でも知られるユダヤ教哲学者で、12世紀後半から13世紀初頭にかけて活躍した。

ユダヤ教についてアリストテレスやアラブ哲学の知識を援用しながら新たな解釈を試みた。その業績はイスラーム世界からヨーロッパまで広く知られ、その斬新な教義解釈はトマス・アクィナス等の中世キリスト教神学にも影響を与えた。

彼はカイロのユダヤ教コミュニティを率い、最期もカイロで迎えたが、このティベリヤの地に埋葬された。現在でも参詣に訪れる人が絶えない。

聖ペテロ教会のペテロ像

■ギリシア正教会修道院
※通常は扉が閉められており、内部の見学はできない。

ギリシア正教会修道院

■ジャーマ・アル・オマリ
※内部の見学はできない。

ジャーマ・アル・オマリ

■マイモニデスの墓
⊠Ben Zakkai St.
URLwww.mhcny.org
開随時
困無休 剰寄付歓迎

マイモニデスの墓に建つ記念塔

●ティベリヤ

左サイドバー

■アキバの墓
🚌No.6
🕐8:00〜19:00
🚫金・土
💰寄付歓迎

アキバの墓の入口

■ハマット・ティベリヤ国立公園
🚌No.5
📞(04)6725287
🌐en.parks.org.il
🕐8:00〜17:00
（10〜3月〜16:00）
金・祝前日は1時間早く、ローシュ・ハシャナ、ハグ・ハ・ペサッハーの前日は2時間早く閉館。
🚫無休　💰14NIS
ティベリヤ温泉のそばにある。
●アーネスト・レーマン博物館
🕐公園と同じ　🚫無休

Information
バアル・ハネスの墓
Map P.275A3

ティベリヤの南、温泉を見下ろす位置に豪華なシナゴーグがある。これはアキバの弟子、ラビのメイル・バアル・ハネスを祀ったもの。メイルとは啓蒙という意味で特に教育者として評価されている。彼はローマ軍に囚われた義姉妹を助け出したといわれ、奇蹟を起こしたことでも知られている。

🚌No.5でKever Rabi Meir下車
🕐7:00〜22:00（金〜15:00）
🚫土　💰寄付歓迎

■ティベリヤ温泉
🚌No.5
✉Tiberias Hot Springs
📞(04)6123600
📠(04)6301662
🌐www.rimonim.com
🕐8:00〜19:00
（火8:00〜22:00、
金・土8:00〜17:00、
日8:00〜18:00）
💰入場88〜98NIS
（閉館3時間前以降35NIS）
マッサージ170NIS〜
※温泉は水着着用

メインコラム

ユダヤ教の偉大なラビが葬られている

アキバの墓

ティベリヤ市内
Map P.275A3

קבר רבי עקיבא
ケヴェル・ラッビ・アキーヴァー

Tomb of Rabbi Akiva
トゥーム・オブ・ラビ・アキヴァ

ガリラヤ湖とティベリヤが一望できる場所にあるアキバの墓

ガリラヤ湖を見下ろす丘の上に1〜2世紀に活躍した偉大なラビ、アキバの墓がある。アキバは貧しい家に生まれ、エルサレムの裕福な家庭に羊飼いとして雇われた。やがてその家の娘と結婚。彼女に励まされ勉強を始めたアキバは、めきめき頭角を現し、律法学者として活躍したが、135年のバル・コフバの反乱に加わりローマ軍に処刑されてしまった。

古代のリゾート跡

ティベリヤ郊外 ハマット
Map P.275A3

ハマット・ティベリヤ国立公園

גן לאומי חמי טבריה
ガン・レウミー・ハメイ・ティベリヤ

Hammat Tiberias National Park
ハマット・タイベリアス・ナショナル・パーク

町の中心から2kmほど南にある。ヘロデ・アンティパスがティベリヤを建設する前からあった遺跡。20年頃にはすでにローマ帝国によりスパリゾートとして開発されていた。

オスマン朝時代のハマムも残る

発掘はまず1920〜21年に、北の部分が発掘され、4〜5世紀のシナゴーグが発見された。その40年後には南の部分にある1〜8世紀のシナゴーグが発掘された。

最も貴重な出土品は、4世紀のものと思われるシナゴーグのモザイクの床。星座の印やギリシア文字、ヘブライ文字、7枝のメノラー、馬車に乗ったヘリオス（ギリシアの神）などが見事に描かれている。公園内にあるアーネスト・レーマンErnest Lehman博物館には、当時の様子を現在に伝える資料が展示されている。

古代から湧き出している温泉

ティベリヤ郊外 ハマット
Map P.275A3

ティベリヤ温泉

חמי טבריה
ハメイ・ティベリヤ

Tiberias Hot Springs
タイベリアス・ホット・スプリングス

ハマット地区は昔から温泉で有名で、その起源は100万年前のヨルダン渓谷が形成された頃に遡る。深さ2000mに及ぶ17ヵ所の温泉からは、約60℃の湯が湧いている。100年に鋳造されたローマ貨幣には、健康の女神ヒュギエイヤの

ティベリヤ温泉の屋外プール

横顔とともに、この温泉の絵が彫られていたということだ。

　ローマ時代からアラブの時代まで、壮麗な温泉施設を建てることが治世者のステイタスだったのか、ヘロデ王やアラブの君主らはこぞって温泉施設の建設に乗り出した。それらの跡はティベリヤ温泉の中にも残っており、見学もできる。

　ティベリヤ温泉は現在でもリモニム・グループの経営により稼働している。薬湯はリウマチ、肩凝り、腰痛をはじめアンチエイジングにも効き目があるという。皆、水着を着て温泉につかり、くつろいでいる。

偶然発見された紀元1世紀のボート

🏛 イエスの時代の舟

> ガリラヤ湖西岸
> ティベリヤ近郊
> Map P.275A2

הסירה מגינוסר
ハ・シィラー・ミ・ギノサル

The Ancient Galilee Boat
ジ・エインシャント・ガリリー・ボート

発掘・修復されたイエスの時代の舟

　1986年、未曾有の渇水により干上がったガリラヤ湖の湖底から古代の船が発見された。鑑定の結果、紀元1世紀のイエスが宣教していた時代のものだということが判明し、「イエスの舟」と呼ばるようになった。マルコによる福音書4:35 ～ 41や、ヨハネによる福音書6:15 ～ 21などに登場する舟は、ここで発見されたものとほぼ同じようなものだったと考えられている。

　掘り出された舟は、現在キブツ・ギノサル内のイーガル・アローン・センターに展示されている。

マグダラのマリアが住んでいた

🏛 マグダラ

> ガリラヤ湖西岸
> ティベリヤ近郊
> Map P.275A2

מגדל
ミグダル

Magdala
マグダラ

教会からはガリラヤ湖が眺められる

　ティベリヤから北へ車で約10分、道路の左側に現在のミグダル村がある。新約聖書に出てくるマグダラのマリアが住んでいたもとのマグダラ村はその1kmほど南、道路の東側だ。第1次中東戦争ま

■イーガル・アローン・センター
（キブツ・ギノサル内）
🚌No.59、450、541、840
☎(04)9119585
URL www.jesusboat.com
⏰8:30～17:00（金～14:00）
休無休　料25NIS

ガリラヤ湖に面して建つイーガル・アローン・センター

■マグダラ
🚌No.59、450、541、840
●マグダラ・センター
☎(04)6209900
URL www.magdalacenter.com
⏰8:00～18:00
休祝
料15NIS　学生10NIS

マグダラ・センターの入口はショッピングセンターの背後にある。国道90号線からは見えないので注意

●ティベリヤ

1世紀に建てられたシナゴーグ跡

■コラズィン国立公園
🚌No.59、450、541
📞(04)6934982
🔗en.parks.org.il
🕐夏期8:00～17:00
　（金・祝前日～16:00）
　冬期8:00～16:00
　（金・祝前日～15:00）
🚫無休　💴22NIS

ヘブライ語が記された碑文も残る

■クルスィ国立公園
🚌No.51、57
📞(04)6731983
🔗en.parks.org.il
🕐夏期8:00～17:00
　（金・祝前日～16:00）
　冬期8:00～16:00
　（金・祝前日～15:00）
🚫無休　💴14NIS

ビザンツ時代のクルスィ教会跡

■ハマット・ガデル
🚌No.24　9:15発
　戻りは14:00発
📞(04)6659999
🔗hamat-gader.com
🕐8:30～17:00
　（木・金8:30～22:30）
🚫無休
💴月～木99NIS、金・土109NIS
ホテルも併設されており宿泊可能

では「アル・マジダル」と呼ばれたアラブの村があった。現在「マグダラ・センター」として発掘が進められ、1世紀のシナゴーグ跡などが見られる。将来的にはホテルもオープン予定。

マグダラはアラム語で見張り塔を表し、港を防御するための塔があったことが由来とされる。

マグダラのマリアは、イエスによって7つの悪霊を追い払って病気を癒やしてもらい、イエスらに奉仕をしていた（ルカによる福音書8章）。復活したイエスの姿を初めて見たのもマグダラのマリアである（マタイによる福音書28章など）。

イエスに怒られた町
🏛 コラズィン国立公園

ガリラヤ湖北岸
タブハ村近郊
Map P.275A2

פארק לאומי כורזין
バルク・レウミー・コラズィン

Korazin National Park
コラズィン・ナショナル・パーク

山上の垂訓教会から9kmほど山道を登った所にある。カペナウムやベトサイダと同様、イエスが伝道し、奇蹟を行った所でもある。しかし人々は悔い改めようとしないため、イエスは怒り嘆き、

コラズィンのシナゴーグ

裁きの日には重い罰が下るだろうと予告した（マタイによる福音書11:20～24）。

4世紀にコラズィンの町は破壊され、その後はシェイフ・ラマダーンの墓があったことから、この地域に住むベドウィンの参詣地となった。現在は国立公園として整備されている。

豚の群が次々と湖に落ちたという話が残る
🏛 クルスィ国立公園

ガリラヤ湖東岸
Map P.275B2

פארק לאומי כורסי
ガン・レウミー・クルスィ

Kursi National Park
クルスィ・ナショナル・パーク

ルカによる福音書8:26～39には、イエスが悪霊につかれた人から悪霊を追い出し、その霊が豚の群れに入った後、豚が湖になだれ込み溺れ死んだ話が記されている。その舞台となったのがクルスィ村。現在は国立公園となっており、ビザンツ時代の5世紀頃に建てられた教会跡が発掘されている。床のモザイクやオリーブをひいた石臼なども残っている。山のほうへ登っていくと、小さなチャペルの跡もある。

国内最大の温泉リゾート
⛵ ハマット・ガデル

ガリラヤ湖南岸
Map P.275B3

חמת גדר
ハマット・ガデル

Spa Village Hamat Gader
スパ・ヴィレッジ・ハマット・ガデル

シリア、ヨルダンとの国境に近い所にあるイスラエル最大級の温泉保養地。2世紀には利用が始まったというが、有

さまざまなアトラクションがあるので、1日中いても飽きない施設

名になったのはビザンツ時代で、今も遺構が残っている。7世紀には地震で破壊されるが、ウマイヤ朝のカリフ、ムアーウィヤによって再建された。

現在は5つの源泉が確認されており、最も温度が高いものは52℃。豊富な湯量を生かした各種プールや、ウオータースライダー、ワニ園やオウムショーなどレジャー施設もある。

イスラエルのキブツ史を物語る
🏢 キブツ・デガニヤ

ガリラヤ湖南岸
Map P.275A3

קיבוץ דגניה	Kibbutz Deganya
キブツ・デガニヤー	キブツ・デガニヤ

1909年に造られた、イスラエルで最初のキブツ。デガニヤAとデガニヤBがあり、デガニヤAには、創立当初の建物が保存されている。ここは1948年の第1次中東戦争でシリア軍との激戦の舞台となり、キブツの入口には、シリア軍が放棄した戦車が残っている。

聖水をおみやげに持ち帰れる
🏛 ヤルデニット

ガリラヤ湖南岸
Map P.275A3

ירדנית	Yardenit
ヤルデニート	ヤルデニット

ガリラヤ湖の南端、ヨルダン川へ流れ出す所にヤルデニットと呼ばれる洗礼ポイントがある。

イエスがヨハネから洗礼を受けたとされる場所はさらに下流のエリコ近郊にあるが、こちらのほうがよく整備されており人気だ。イエスがつかった同じ水を浴びて、洗礼を受ける巡礼者があとを絶たない。

ドルーズ派の聖地
💧 ナビー・シュアイブ

**ガリラヤ湖西岸
ティベリヤ近郊**
Map P.275A3

נבי שעייב	Nabi Shu'aib
ナビー・シュアイブ	ナビー・シュアイブ

イスラエル最大のドルーズ派（→P.238）の聖地。ナビー・シュアイブはモーゼの義父エトロと同一視されており、ドルーズ派の人々にとって伝説的な預言者だ。

十字軍と戦っていたサラーフ・アッディーン（サラディン）が天使に導かれ、ここでナビー・シュアイブの墓を発見したとされている。毎年4月25日にはイスラエル各地からドルーズ派の人々が集結するという。

Information

キブツ・キネレットのデーツ
Map P.275A3

ヤルデニット横の敷地にあるのがキブツ・キネレット。ここで採れるデーツ（ナツメヤシの実）は、味が濃くドライフルーツやジャムに最適とされており、ショップはイスラエルの人々が近くに来ると必ず立ち寄るというほどの人気。ドライフルーツなど各種乾物、オリーブオイルやワインなどさまざまな食品があっておみやげ探しにもいい。

TEL(04)6759678
🕐9:00〜17:00 困無休

■キブツ・デガニヤ
🚌No.26、28
TEL(04)6608101
URLwww.degania.org.il

■ヤルデニット
🚌No.26、28
TEL(04)6759111
URLwww.yardenit.com
🕐夏期
8:00〜18:00（金〜16:00）
冬期
8:00〜17:00（金〜16:00）
困無休　料無料

ヤルデニットで洗礼

■ナビー・シュアイブ
公共交通機関はなく、自転車かタクシーで。タクシーはティベリヤから片道60NIS程度。

ナビー・シュアイブの廟

■フーラ自然保護区
No.541
バス停から保護区まで3.5kmほどあるので、時間に余裕をもとう。
TEL(04)6937069
FAX(04)6959602
URL en.parks.org.il
開8:00～17:00
　（金・祝の前日～16:00）
料35NIS

イスラエル屈指の鳥たちの楽園

■ハツォル国立公園
No.551でテル・ハツォル・ジャンクションで下車、徒歩約20分。
TEL(04)6937290
URL en.parks.org.il
開夏期8:00～17:00
　（金・祝の前日～16:00）
　冬期8:00～16:00
　（金・祝の前日～15:00）
料22NIS

ハツォル研究の第一人者、発掘統括のアムノン・ベン・トル教授

284

📷 北ガリラヤ地方の見どころ 📷

ガリラヤ湖から北へと進むと、次第に標高が上がっていく。東側はゴラン高原と呼ばれ、シリア領だが第3次中東戦争以降はイスラエルが実質的に支配している地域だ。

バードウオッチングを楽しみたいなら
🔺 フーラ自然保護区
北ガリラヤ地方
Map P.284

גן לאומי החולה
ガン・レウミ・ハ・フーラ

Hula Valley Nature Reserve
フーラ・ヴァレー・ネイチャー・リザーヴ

このあたりは昔からの湿原で、ヨーロッパからアフリカへ向かう渡り鳥たちの休息地だった。イスラエル政府は建国後すぐ、この湿原を農地として開発することを決定した。しかし、環境破壊を恐れる人たちの活発な運動の結果、一部を自然保護区とすることになった。これがフーラ自然保護区である。ヨーロッパやアフリカ大陸からやってくるコウノトリやペリカンなどの渡り鳥が翼を休め、池にはショウブなどの水草が息づく。特に秋から春にかけてたくさんの鳥がやってくる。ビジターセンターでは迫力満点の映像を見ることができる。

旧約聖書の舞台となった世界遺産
🏛 ハツォル国立公園
北ガリラヤ地方
Map P.275A1

פארק לאומי תל חצור
パルク・レウミ・テルハツォル

Tel Hatzor National Park
テル・ハツォル・ナショナル・パーク

ハツォルは古代から要衝の地で、長らくカナン人の町だった。ヨシュア記にはハツォルの王ヤビンとの戦いの様子

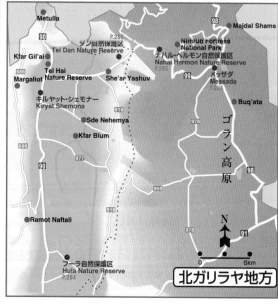

北ガリラヤ地方

が描かれている（11:1～15）。その後ソロモン王がメギッド（→P.271）などとともに要塞化し（列王記上9:15）、建物が付け加えられた。発掘の結果、イスラエル王国のアハブの時代のものと見られるさまざまな建物の跡が見つかっており、現在も発掘は続いている。

発掘が続くハツォル国立公園

水と緑が豊富、ハイキングにぴったり

ダン自然保護区

北ガリラヤ地方
キブツ・ダン
Map P.284

פארק לאומי דן
パルク・レウミ・ダン

Tel Dan Nature Reserve
テル・ダン・ネイチャー・リザーヴ

足を泉に浸して休憩中

キブツ・ダンから北へ約2kmの所にある、木々が生い茂り、清流が流れる自然保護区。その昔、ダン族が住みはじめ、マハネー・ダンと呼ばれるようになり（士師記18:12）、ダビデ王の時代には「ダンからベエル・シェヴァまで」がその領土とされた（サムエル記下3:10）。清流の流れを上ると、イスラエル王国のヤラヴェアムの時代（紀元前900年頃）の祭壇もある。

岩肌に残るギリシア文字の祭壇

ナハル・ヘルモン自然保護区

北ガリラヤ地方
ヘルモン山
Map P.284

פארק לאומי נחל חרמון
パルク・レウミ・ナハル・ヘルモン

Nahal Hermon Nature Reserve
ナハル・ハーモン・ネイチャー・リザーヴ

ヘルモン山の雪解け水が地中からこんこんと湧き出す。その水が集まり、ここで滝になるほどの流れとなる。水は透明で、周囲の赤茶けた山肌とは対照的だ。そんな自然に包ま

バニヤスの遺跡は規模が大きい

れて人々はここで水浴びを楽しむ。ナハル・ヘルモン自然保護区は、バニヤスの名でよく知られている。ヘレニズム時代にはその流れの上方に牧畜の神、パンを祀った神殿があった。パンを祀ったパニアスという地名が後にPの発音をもたないアラブ人にバニヤスとなまって呼ばれたようだ。神殿の跡が見られる岩壁には、アラブ人の伝説に基づく預言者エリヤの墓もある。また、この地はヘロデ王の息子のピリポが町を大きくし、「カイザリヤ」と区別するためにピリポ・カイザリヤと名づけたという。イエスは伝道中に迫害から逃れ、このピリポ・カイザリヤ付近に立ち寄った。ペテロがイエスをメシアだと言ったのはここだとされる（マタイによる福音書16:13 - 20）。

●ティベリヤ

■ダン自然保護区
🚌ティベリヤからNo.541、840でキルヤット・シェモナーへ行き、No.35、No.36、No.37、No.58に乗り換え。
☎(04)6951579
FAX(04)6950128
URLen.parks.org.il
夏期8:00～17:00
　（金・祝の前日～16:00）
　冬期8:00～16:00
　（金・祝の前日～15:00）
料28NIS　学生24NIS

■ナハル・ヘルモン自然保護区
🚌ティベリヤからNo.541、840でキルヤット・シェモナーへ行き、ゴラン社のバスNo.58に乗り換え。
☎(04)6902577
FAX(04)6904066
URLen.parks.org.il
夏期8:00～17:00
　（金・祝の前日～16:00）
　冬期8:00～16:00
　（金・祝の前日～15:00）
料28NIS　学生24NIS

バニヤスの滝

Information
ドルーズの村、メッサダ
Map P.284

ゴラン高原には1967年以降も住み続けているシリア人が多くいる。特に多いのはドルーズ派（→P.238）で、メッサダはそんなドルーズの村のひとつ。村にはドルーズ料理を出すレストランもあり、ゴラン高原ツアーで立ち寄ることも多い。

🚌ティベリヤからNo.541、840でキルヤット・シェモナーへ行き、ゴラン社のバスNo.58に乗り換え。所要:30分

HOTEL ホテル

　大型の高級ホテルはプロムナード周辺に点在しており、中級以下のホテルは、セントラルバスステーションの周辺などに多い。
　また、ガリラヤ湖畔にはキブツが点在しており、宿泊施設をもつところもいくつかある。

PICK UP HOTEL

スコットランドセンターとして知られてきた
スコッツ
Scots Hotel

最高級	
69室	
Map P.273	
ティベリヤ市内	

　美しい庭に囲まれたこの建物は、若きスコットランド人医師デーヴィッド・トレンスDavid Torrenceが1885年に建てた、プロテスタントのための病院だった建物。彼は宗教の違いにこだわらず診療し、人々から慕われていた。トレンスが死んだときティベリヤのラビは「ティベリヤの財産はガリラヤ湖、温泉、そしてデーヴィッド・トレンスだ」と語ったといわれている。その後はホスピスとして使われていたが、21世紀に入り、ホテルに生まれ変わった。

ドクターズハウスと呼ばれるトレンスの建物

客室　新館と教会創建当時からの古い建物を改装した旧館がある。
ドクターズハウス　トレンスが治療にあたった建物。治療以外にも水曜と日曜の夕方にはすべての人に開けられていた。
バー　ケイリー・バー Ceilidh Barはスコッチを中心に80種類ほどのウイスキーを揃える。階下にはワインセラーもある。
スパ　屋外プールのある別棟にある。入場はひとり90NIS。

大きなプールも備えている

ケイリー・バーは小さいが種類は豊富

🛗 📺 🍴 🖥 📶 Wi-Fi
全室　全室　全室　全館無料

✉ 1 Gdud Barak St.
🌐 www.scotshotels.co.il
☎ (04)6710710　FAX (04)6710711
S AC 🚿📞📺🛁 350US$ 〜（新館）
W AC 🚿📞📺🛁 390US$ 〜（新館）
S W AC 🚿📞📺🛁 500US$ 〜（旧館）
💳 US$ € NIS　CC A D M V

リモニム・ガレイ・キネレット
Rimonim Galei Kinnereth

高級	Map P.273
120室	ティベリヤ市内

✉ 1 Eliezer Kaplan St.
🌐 www.rimonim.com
☎ (04)6728888
FAX (04)6790260
S AC 🚿📞📺🛁 171US$ 〜
W AC 🚿📞📺🛁 190US$ 〜
💳 US$ € NIS
CC A D J M V

🛗 📺 🍴 🛁 📶 Wi-Fi
全室　全室　全室　全室　全館無料

　建物は2棟に分かれており、それぞれ設備はほぼ同じだが、北棟のほうがクラシカルな雰囲気だ。ティベリヤ温泉のお湯を使ったスパやプールなどの施設も充実している。

レオナルド・クラブ
Leonardo Club

高級	Map P.273
400室	ティベリヤ市内

✉ HaBanim St.
🌐 www.fattal.co.il
☎ (04)6714444
FAX (04)6722111
S W AC 🚿📞📺🛁 215US$ 〜
💳 US$ € NIS
CC A D M V

🛗 📺 🍴 🖥 📶 Wi-Fi
全室　全室　一部　全館有料

　❶に近い町の中心部にあるので何かと便利な立地だ。大きなプールやジャクージ、サウナなどの設備に加え、マッサージやアロマテラピーなどスパ施設も充実。オールインクルーシブで3食もついている。

レイク・ハウス
Lake House

高級	Map P.275A3
150室	ハマット地区

✉HaBanim St.
URL www.lake-house-hotel.com
TEL(04)6728555
S AC 🚿📶💻100US$ ～
W AC 🚿📶💻120US$ ～
💳US$ € NIS
CC A D M V

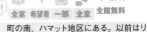
全室　希望者　一部　全室　全館無料

町の南、ハマット地区にある。以前はリモニム・ミネラルという名前だった。宿泊者はすぐ横の敷地にあるティベリヤ温泉（→P.280）の入場が無料になる。

シラット・ハヤム
Shirat Hayam Boutique Hotel

高級	Map P.273
11室	ティベリヤ市内

✉1 HaYarden St.
URL www.shirathayam.org.il
TEL(04)6721122
FAX(04)6720001
S AC 🚿💻500NIS ～
W AC 🚿💻600NIS ～
💳US$ € NIS
CC A D M V

🖥　✈　　　💊　📶 Wi-Fi
全室　全室　全室　全室　全館無料

ハイファ・ホテルとして1850年に創業。長期滞在したエジプトの大歌手の名をとってウンム・クルスームホテルと呼ばれていたことも。部屋により設備や内装が異なる。

カザ・ノヴァ
Casa Nova Tiberias

経済的	Map P.273
27室	ティベリヤ市内

✉1 HaYarden St.
URL www.saintpeterstiberias.org
TEL(04)6712281
D AC 🚿💻90NIS
S AC 🚿💻200NIS
W AC 🚿💻260NIS
💳US$ € NIS　CC不可

📶 Wi-Fi
全館無料

聖ペトロ教会と同じく、フランシスコ会修道院が運営するホスピス。ドミトリーは男女別で各7人収容。共同で使えるキッチン

👍❶で紹介された穴場ホテル。建物は教会と同じため部屋はとてもきれい。おいしい朝食つき。知られてないためか客は少なくひっそりとしてました。（千葉県　中川敏彦　'15年1月～春）

アヴィヴ・ホリデイ・フラット
Aviv Holiday Flat

中級	30室
	Map P.273
	ティベリヤ市内

長期滞在に向いたゲストハウス。全室に冷蔵庫とキッチンが付いている。隣りにはホステルがあり、リーズナブルな料金で泊まれる。レンタル自転車は1日70NIS。

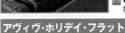
🖥　✈　　📶 Wi-Fi
全室　全室　全室　全館無料

✉2 Haoter
URL www.aviv-hotel.xwx.co.il
TEL(04)6712272
FAX(04)6712275
S AC 🚿💻88US$ ～
W AC 🚿💻115US$ ～
💳US$ € NIS　CC A D M V

パノラマ
Panorama Hotel

経済的	39室
	Map P.273
	ティベリヤ市内

にぎやかなハ・ガリル通りにある。ロビーの大きなガラス窓からはガリラヤ湖が眺められる。部屋はやや古いが、個室なら町で最も安い部類。キッチンあり。

🖥　✈　　📶 Wi-Fi
全室　希望者　全室　全館無料

✉HaGalil St.
TEL(04)6720963
FAX(04)6790146
S W AC 🚿💻100US$
💳US$ € NIS
CC A D M V

タイベリアス
Tiberias

ホステル	17室
	Map P.273
	ティベリヤ市内

1階は商店が入り、2階部分がホステル。9室が4～8人部屋のドミトリー。各種1日ツアーを催行しており、宿泊者以外からも人気がある。キッチンあり。

🖥　📶 Wi-Fi
一部　全館無料

✉Habin Sq.
URL www.hostel-tiberias.com
TEL(04)6792611
D AC 🚿💻90NIS ～
S AC 🚿💻200NIS ～
W AC 🚿💻200NIS
💳NIS
CC A D M V

ハ・ガリル
HaGalil Hostel

ホステル	13室
	Map P.273
	ティベリヤ市内

レセプションは建物の2階。建物はやや老朽化が目立ち、その分安く滞在することができる。共同のキッチンあり。自転車のレンタルも可能。

🖥　📶 Wi-Fi
全室　全館無料

✉40 HaGalil St.
URL galilhostel@gmail.com
TEL050-7225101
D AC 🚿💻75NIS
W AC 🚿💻200NIS
💳US$ € NIS　CC不可

📷ハ・ガリル通りにある安宿。赤い看板が目印。（東京都　R.H.　'15夏）

●ティベリヤ

レストランが多いのは、プロムナード周辺の湖沿いからハ・バニム通り周辺にかけて。セントラルバスステーションの近くにはファラフェルなどのスタンドが多い。また、ショッピングセンターでも食事は取れる。セントピーターズフィッシュをはじめとする魚料理の店が多い。

Map P.273 リド・ビーチ

デックス・グルメ・グリル
Decks Gourmet Grill

> グリル

湖に面したレストラン。肉のグリルが中心だが、セントピーターズフィッシュ99NISやサーモン99NISもある。冬期は休業するが、同じ料理が隣りのパゴダで提供される。

✉Lido Beach ✉lido@lido.co.il
☎(04)6710800（リド・ビーチ）
🕐17:00〜24:00 🚫シャバット、冬期 💳ADMV

Map P.273 ダウンタウン

トレンス
Torrence Restaurant

> 英国料理

スコッツホテルのレストラン。宿泊客以外にも人気が高く、いつも多くの人でにぎわう。金・土のランチビュッフェ155NIS。ディナービュッフェは200NIS（木・金270NIS）。

✉1 Gdud Barak St. 🌐www.scotshotels.co.il
☎(04)6710710 🕐7:00〜10:00 11:30〜14:30
19:00〜21:00 🚫日〜木のランチ 💳ADMV

Map P.273 ダウンタウン

エル・ランチョ
El Rancho

> ステーキハウス

❶のすぐそばにあるアルゼンチンステーキハウス。コシェルなので血はしたたらないが、豪快に盛りつけたお肉は迫力満点だ。各種ステーキは79〜129NIS。

✉Ha'Qishon St. ☎(04)6724171
🕐12:00〜24:00（金11:00〜16:00、土曜日没〜24:00）
🚫無休 💳ADMV

Map P.273 ダウンタウン

リトル・タイベリアス
Little Tiberias

> イタリア料理

パスタは59〜75NIS、ステーキなど肉のグリルは45〜155NIS。ビーフストロガノフなどのメニューもある。マスやタイなどの魚料理は79〜135NIS。

✉HaQishon St. ☎(04)6792148
🕐12:00〜24:00 🚫無休
💳MV

Map P.273 リド・ビーチ

パゴダ
Pagoda

> 中華料理
> スシバー

瓦屋根の中国風建物が目印。スタッフにタイ人が多く、タイカレー（43NIS）やタイスキ用の鍋を使ったスープも人気。寿司コーナーもある。メインは42〜89NIS。

✉Lido Beach ✉lido@lido.co.il
☎(04)6710800（リド・ビーチ）
🕐12:00〜23:00 🚫シャバット 💳ADMV

Map P.273 ダウンタウン

ビッグ・ベン
Big Ben

> 英国風パブ
> 中近東料理

ガリラヤ湖そばに建つショッピングモールにあるイングリッシュパブ。朝から真夜中までにぎわっている。フムス25NIS〜、ファラフェル36NISなど。肉料理は50NIS〜。

✉Shopping Mall ☎(04)6722248
🕐9:00〜24:00 🚫無休
💳ADMV

旅の準備と
テクニック

みやげ物屋が並ぶエルサレムのソロモン通り

荷物の持ち方

荷物の管理は責任をもって　個人旅行の場合、荷物はできるだけ軽くするのが基本。スーツケースだと、ナイフでざっくり切られて中の物を盗まれる危険性は低いが、重くなるのは避けられない。また、道が悪い所ではキャスターが壊れてしまうこともある。イスラエルはバス移動が基本になるので、トランクにいちいち出し入れするのもたいへんだ。

ツアーの場合　添乗員（または現地係員）付きで高級ホテルに泊まるようなツアーでは、自分の手で荷物を運ぶことが少ない。自宅から空港までスーツケースを運ぶのが苦にならないのであれば、スーツケースでも問題はない。

ボストンバッグ型　適度な大きさのボストンバッグは、バスでの移動の際にスーツケースのようにトランクに入れられることもなく、背中にあるバックパックと違って荷物が常に目の届く位置にあるという利点がある。ただし手に持って歩くことを考えると重さはかぎられてくる。

小さいバッグをもうひとつ　どんなスタイルで行くにしても、別に持っていきたいのが、小さなリュックやショルダーバッグなど観光に使うかばん。日頃使う地図やカメラなどを入れよう。

貴重品の持ち方　ウエストポーチは「ここに貴重品が入っていますよ」と宣言しているようなもの。本当に盗まれると困るものは服の下などに身につけておくようにしたい。

使い慣れたものを持っていこう

イスラエルでもたいてい揃う　イスラエルでは、旅を続けるうえで必要なものはすべて現地調達できる。品質はイスラエル製でも問題ないし、外国製品も多く出回っている。ただしシャンプーなどは旅行用の小型パックはない。

薬類は日本から　もちろん現地でも調達は可能だが、使い慣れている薬を日本から持っていきたい。外国ブランドの場合、日本でおなじみのものでも、用量や用法はまったく違うこともある。外国語で副作用についてきちんと理解するのも難しい。特に小柄な人は、強い薬で体調を崩してしまうことがある。常用している薬はもちろん、下痢止めと風邪薬くらいは持っていくとよいだろう。

リップクリームや目薬　死海地方やネゲヴ沙漠などイスラエル南部は乾燥しているのでリップクリームや目薬が重宝。冬の寒い時期にエルサレムや北部に行くなら使い捨てカイロも役に立つだろう。

貴重品の管理

できれば信頼できるホテルのフロントに預けるなりして持ち歩かないことだ。都市間を移動するときは全財産を持ち歩くことになるが、現金やカード、イザというときのために分散させて持つなどの工夫をしよう。ホテルでの盗難にはそれなりの注意が必要。特にドミトリーの宿などでは自分自身の管理能力が問われる。

国際線の機内へは、液体物の持ち込み禁止

日本を出発するすべての国際線では100mℓを超える液体物は持ち込み禁止（出国手続き後の免税店などの店舗で購入したものや医薬品、ベビーミルクなどを除く）。液体物は事前にスーツケースやバックパックなど、託送荷物の中に入れてカウンターで預けてしまおう。容量が1ℓ以下のジッパー付き透明プラスチック製の袋に入れれば機内持ち込みは可能。
●国土交通省「国際線の航空機客室内への液体物持込制限について」
URL www.mlit.go.jp/koku/15_bf_000006.html

入国と出国

とかく話題になりがちなイスラエルの出入国。「たいへんだ」とか「面倒くさい」とかいろいろな声が聞かれるが、そんな出入国のことについてできるだけ詳しくまとめてみた。

ビザとパスポート

3ヵ月以内の観光目的の日本国民は、イスラエル入国にビザは必要ない。パスポートの残存有効期間は入国時に6ヵ月以上必要。パスポート取得の詳細については各都道府県の旅券課まで。また、ビジネスや留学など観光以外の目的で入国する場合はビザが必要。詳しくは在日本イスラエル大使館まで。

■国際空港
URL www.iaa.gov.il

空路での入国

現在、日本からの直行便は運航されていないので、ヨーロッパなどの主要空港で乗り換えて入国することとなる。イスラエルの空の玄関口、ベン・グリオン空港はテルアビブ郊外にある。空港は第1ターミナルと第3ターミナルが利用されているが、2018年8月現在すべての便が第3ターミナルに到着する。

ベン・グリオン空港の❶

テルアビブへの乗り継ぎ便

大韓航空
📞無料 0088-21-2001　URL www.koreanair.co.jp

経由地：ソウル（仁川国際空港）

日本→ソウル：ソウルへは日本主要都市から就航。
ソウル→テルアビブ：ソウルからテルアビブへは週3便（火・木・土15:00発）。所要約12時間。
テルアビブ→ソウル：テルアビブからソウルへは週3便（火・木・土23:00発）。所要約10時間。
日本→ソウル：ソウルへは日本主要都市から就航。

ターキッシュ エアラインズ
TEL (03)6837-2337　URL www.turkishairlines.com/ja-jp

経由地：イスタンブール

日本→イスタンブール：成田から毎日1便、所要約12時間10分。
イスタンブール→テルアビブ：毎日7便程度、所要2時間10分。
テルアビブ→イスタンブール：毎日7便程度、所要2時間20分。
イスタンブール→日本：成田から毎日1便、所要約11時間30分。

エールフランス航空
TEL (03)6767-1143　URL www.airfrance.co.jp

経由地：パリ

日本→パリ：成田から毎日1便、羽田から毎日1～2便、関空から1日1便、所要約12時間30分。
パリ→テルアビブ：1日3便、所要約4時間30分。
テルアビブ→パリ：1日3便、所要約5時間5分。
パリ→日本：成田へは1日1便、羽田へは1日1～2便、関空へは1日1便、所要12時間。

KLMオランダ航空
TEL (03)5767-4149　URL www.klm.co.jp

経由地：アムステルダム

日本→アムステルダム：成田からは毎日1便、関空からは毎日1便、所要約11時間40分。
アムステルダム→テルアビブ：毎日1便、所要4時間30分。
テルアビブ→アムステルダム：毎日1便、所要約5時間。
アムステルダム→日本：成田へは毎日1便、関空へは毎日1便、所要約11時間。

アリタリア航空
TEL (03)4589-4629　URL www.alitalia.com/jp_ja

経由地：ローマ

日本→ローマ：成田からは毎日1便、所要約12時間45分。関空からは週3便、所要13時間。
ローマ→テルアビブ：毎日4便、所要3時間20分。
テルアビブ→ローマ：毎日4便、所要3時間45分。
ローマ→日本：成田へは毎日1便、所要約12時間15分。

エルアル・イスラエル航空
TEL (00)0070 0070　URL www.olal.com

経由地：香港、バンコク他

香港→テルアビブ：週6便、所要約11時間55分。
テルアビブ→香港：週6便、所要約10時間55分。
バンコク→テルアビブ：週5便、所要約10時間45分。
テルアビブ→バンコク：週5便、所要約10時間55分。

※2018年7月現在のスケジュール。スケジュールは時期によって変更されるので、事前に確認してください。

クリップがあると便利

滞在許可証をパスポートに挟んでおけるよう、小さなクリップを持って行けばよかったと思いました。
（東京都　R.H.　'16夏）

入出国審査

私の場合です。入国時は別室に行かされ、すでにかなりの人が並んでいましたが、20分位ですぐに呼ばれ入国審査官と同じような2、3の質問に答えたらすぐに入国カードが貰えました。出国の方がかなり時間はかかります。ただ、チェックイン前の保官とのマンツーマンでのセキュリティチェックですが、上手く答えられない部分があり、考える素振りをすると、保官が誘導尋問みたく「こういう事か？」と聞いてくるので何とか大丈夫です。手荷物のX線検査においても、列ができているにも関わらずブースが一つしか開いていません。ですが、ボーディングタイムの迫っている飛行機があると保官が確認してくれて、優先的にX線検査を通してもらえるようです。スーツケースは預けた後に開けられて全て調べられるようです。帰国後、スーツケースを開けた後に開けた時間とサインの書かれたハガキのようなものが荷物の中に入っていました。
（東京都　アッキー　'16春）

イスラエル入国　空港の建物に入ったら、円形になっているトランジットホールの上を歩き、緩い傾斜の連絡通路を降り入国審査場（パスポートコントロール）に向かう。

入国時に発行される滞在許可証

審査は、旅程や滞在期間などを答えるだけで簡単に通されることが多いが、時間がかかることもある。特に、**パキスタンやイラン、シリア、イラクなどに滞在した痕跡がパスポートにあると、時間がかかってしまう傾向にある**。よほどのことがない限り入国できないということはないだろうが、審査に数時間かかってしまうことは珍しいことではない。このあたりはそのときの国際情勢などにも大きく左右される。

別室に呼ばれた場合、過去の旅行先、滞在先や日程、誰とあったか、友人はいるのかなどが、係官から質問される。複数回同じような質問が別の係官からされることもある。

入国審査が終わると、滞在許可証が発給される。この許可証は出国まで必要なので、なくさないようにパスポートといっしょに保管しておくこと。パスポートに入国スタンプは押されない。

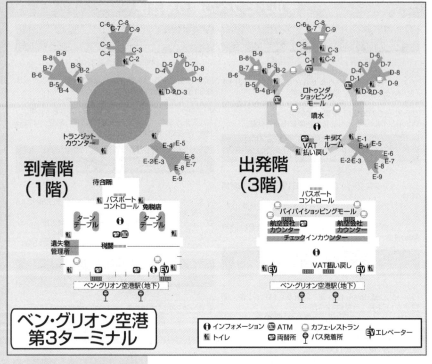

到着階（1階）

出発階（3階）

ベン・グリオン空港　第3ターミナル

ⓘ インフォメーション　**ATM** ATM　カフェ・レストラン　**EV** エレベーター
トイレ　両替所　バス発着所

陸路での入国

　陸路で入国する場合、細かいセキュリティチェックを受けることがある。

エジプトから入国　エイラットの南のターバーから入国できる。ターバーの国境は歩いて越えることが可能。ただし、2018年8月現在、日本の外務省からダハブ〜シャルム・イッシェーフ間を除くシナイ半島全域に、「渡航の是非を検討してください」の危険情報が発出されている（→P.173）。

ヨルダンから入国　ヨルダンとの国境検問所は、北から、ベト・シェアン東のヨルダン川ボーダー（ヨルダン側の呼称ではシェイフ・フセイン橋）、エリコ郊外にあるアレンビー橋（ヨルダンではキング・フセイン橋と呼ぶ）、エイラット〜アカバ間のイッツハク・ラビン・ボーダー（アカバ・ボーダー）の3ヵ所。ヨルダン側の説明によると、このうち、アレンビー橋は非公式の国境だとのこと。ウエストバンクの人々がヨルダンへ行くために開いているものだが、実質的には観光客でもまったく問題なく使える。ただし、ここでビザを取得することはできない。また、出入国税もここだけ高い。

空路での出国

出国3時間前には空港にいよう　空路でのイスラエル出国といえば、かつては世界一審査が厳しいと言われていたが、現在は他国とあまり大きな違いはない。とはいえ、場合によっては出国審査に時間がかかることもあるので、エコノミークラスの乗客は出発の3時間前、ビジネスクラス以上の乗客は出発の2時間前に空港に着くように要請されている。ベン・グリオン空港の国際便はほとんどが第3ターミナル発だが、第1ターミナル発の便もあるので、事前に確認すること。

　空港に着いたら、まずチェックインカウンターでパスポートを見せ、係員からの質問に答える。質問内容は、行き先、イスラエルでの滞在日数、荷物は自分で梱包したか、銃火器や液体物を持ち込んでいないか、などといったごく簡単なものですぐに終わる。ただし、他の中東諸国への滞在歴があったり、不自然な点があると判断された場合は、別室でより詳しい質問を受ける可能性もある。

　チェックが終わったら、航空会社のカウンターに並び、搭乗手続きを行う。係員にパスポートとeチケットを渡し、搭乗券を発行してもらい、荷物を預ける。航空会社によっては、搭乗手続きはタッチパネル式の自動チェックイン機を使って行う場合もある。

オンライン・チェックイン

　多くの航空会社で、出発の72〜24時間前から数時間前までオンラインでのチェックインができる。空港の自動チェックイン機に慣れていない人は事前に済ませておけるので便利だ。利用航空会社のウェブサイトの「オンラインチェックイン」にアクセスし、予約番号等を入力して必要な情報を入力すればOK。手続きが終わればボーディングパス（搭乗券）をプリントしたり、スマホにダウンロードしておく。なお、座席の予約は航空券の予約または購入時にできることが多いので、旅行会社で手配した場合も問い合わせてみるとよい。ただし格安航空会社の事前座席指定は有料のことが多いので、よく規定を読んで手続きしよう。空港に着いたらチェックインカウンターで搭乗券やパスポートを提示し、荷物を預ければよい。

付加価値税の払い戻しを受ける方法

　観光省が推薦する店で合計400NIS以上の買い物をした場合には、出国時に空港でVATの払い戻しが受けられる。ただし、食料品、飲料、たばこ等には適用されない。買い物した店では商品を透明な袋に入れてくれるのでこれを出国時の手続き終了まで開けないこと。

　手続きは未開封の商品と袋に付いているVATの書類や買い物したレシートを、空港の出発ロビーにあるVATの表示のあるカウンターに提出する。商品は係官が開封し、書類を確認する。払い戻しはクレジットカードの口座への振り込みまたは現金。手数料が別途かかる。

■エジプトとの国境

ターバーのほかにもいくつか国境があるものの、ガザ地区に近く、あまり利用は一般的ではない。
●ターバー
TEL (08)6360999
圖24時間（ラマダーン期間は8:00～20:00）
休ヨーム・キプール、イード・アル・アドハーの第1日

■ヨルダンとの国境

URL www.iaa.gov.il
●ヨルダン川ボーダー
　（シェイフ・フセイン橋）
TEL (04)6093410
圖6:30～21:00（金・土8:00～19:00）
休ヨーム・キプール、イスラームの新年
●アレンビー橋
　（キング・フセイン橋）
TEL (02)5482600
圖8:00～24:00（金・土～15:00）
休ヨーム・キプール
●イツハク・ラビン・ボーダー
　（アカバ・ボーダー）
TEL (08)6300555
圖6:30～20:00（金・土8:00～20:00）
休ヨーム・キプール、イスラームの新年
※ウエストバンクをヨルダン国内と見なしているヨルダンは、アレンビー橋の検問所を国境とは見なしておらず、パレスチナ人の往来のためのものであるというのが公式見解。このため、外国人はここでビザの取得はできない。ヨルダンから入国には問題ない場合が多く、「外国人は通過できない」ということはほとんどないが、時間にゆとりのない場合は、ほかの国境を利用することも検討しよう。

■アル・ニジュメー　折込Map表E1

✉Sultan Suleiman St.
TEL (02)6277466
7:00～13:00の30分に1便程度運行しており、ひとり42NIS。13:00以降はチャーターになる。

エイラットとアカバの間にある、イツハク・ラビン・ボーダー

搭乗券を受け取ったら、手荷物検査に進み、手荷物をX線探知機に通し、自身も金属探知機をくぐる。手荷物検査場は混雑していることが多いので、搭乗手続きが終わったらすぐにならんでおきたい。

手荷物のチェックが済んだら次は出国審査。出国審査は全自動化されており、まず、備え付けの機械にパスポートの顔写真のページをスキャンさせ、出国許可証を受け取る。出国許可証は、入国時にもらう滞在許可書の色違いで、ピンク色をした名刺大のカードだ。次いで出国ゲートまで進み、先ほど受け取った出国許可証のバーコード部分をゲートの読み取り部分にかざしてゲートを通り、搭乗口へと進む。

イスラエルから近隣諸国へ

陸路でエジプトへ出国　ターバーの国境からエジプトへ抜けることができる。国境を越えた後は長距離バスやタクシーなど、陸路での移動手段しかないが、安全とはいえない状況だ。2018年8月現在、日本の外務省から、ダハブ～シャルム・イッシェーフ間を除くシナイ半島全域に、「渡航は止めてください」の危険情報が発出されている（→P.173）。

陸路でヨルダンへ出国　ベト・シェアン近郊のヨルダン川ボーダー、エリコのアレンビー橋、エイラット近くのイツハク・ラビン・ボーダーからヨルダンへ出国することができる。ただし、アレンビー橋はヨルダンは非公式な国境としている。エルサレムから移動する場合は、東エルサレムのスルタン・スライマーン・ターミナルの近くにあるアル・ニジュメー Al-Nijmehという会社がアレンビー橋までセルヴィス（乗合タクシー）を走らせている。

国境はヨーム・キプール、イスラームの新年などは休み。出国税は場所により違うが、106～178NIS。非公式な国境であるアレンビー橋を除いて、国境でビザは即時無料で取得可能。テルアビブやラーマッラーのヨルダン大使館でもビザは取得可能。必要な書類は、写真1枚と申請書。日本大使館の添え書きなどは不要。

アラブ諸国へ行く人への注意　イスラエルではどの国の入国実績があっても原則として入国を拒否しないが、アラブ諸国などのなかにはイスラエル入国の痕跡がパスポートにあると、自国への入国を認めない国がある。2018年8月現在、イスラエルの入出国では、パスポートにスタンプを押されないが、陸路でエジプト及びヨルダンの国境を越える場合、それぞれの国の入出国スタンプはパスポートに押されてしまう。イスラエル旅行と同時にアラブ諸国へ行こうと思っている人は、渡航する順番に気をつけよう。

294

通貨と両替

通貨 イスラエルの通貨の単位はシェケルIsraeli Shekel（複数形はシュカリム）。1985年にインフレのため、3ケタのデノミが実施され、以降ニュー・シェケルとなり、NISと表示されるのが普通。1NISは100アグロット（単数形はアゴラ）。

2018年9月5日現在のレートは1NIS＝約31円、1US$＝約3.62NIS。イスラエルの紙幣は、200NIS、100NIS、50NIS、20NIS、10NIS、硬貨は10NIS、5NIS、1NIS、50アグロット、10アグロット、5アグロットがある。紙幣は2014～2017年に新札が発行された。

どこで両替するか 日本円からシェケルへの両替は、ベン・グリオン空港の両替カウンターや、主要都市の一部の銀行、両替商などで行うことができる。

外貨支払いは米ドルとユーロが便利 イスラエルで最も通用度の高い外貨は米ドル、その次にユーロ。小さな都市でも両替できるほか、ホテルやレストランなどではそのまま通用する（つり銭はシェケルになり、換算レートは市中レートより若干悪い）。

クレジットカード

クレジットカードの通用度は日本以上。ぜひ1枚は持っていきたい。VISAやMasterCardのクレジットカードは、銀行のATMでキャッシングできる。キャッシングには手数料のほかに金利も付くが、「繰り上げ返済」で返済すれば、両替所で両替するよりも有利なレートで現金を引き出せることが多い。ICカード（ICチップ付きのクレジットカード）で支払う際は、サインではなく暗証番号（英語でPIN Code）が必要だ。

換算レートはクレジットカードがお得 料金を支払う際、現金払いかカード払い、どちらのほうがレートがいいのか悩んでしまうかもしれない。レートは、よほど大きな変動がない限り、カード払いのほうが優れている。クレジットカードのレートはカード会社が定めており、公示仲値にほぼ等しい。

海外専用プリペイドカード

海外専用プリペイドカードは、外貨両替の手間や不安を解消してくれる便利なカードのひとつだ。多くの通貨で国内の外貨両替よりレートがよく、出発前にコンビニATMなどで円をチャージし（預け入れ）、その範囲内で渡航先のATMで現地通貨の引き出しができるので（要手数料）、使いすぎや多額の現金を持ち歩く心配もない。

■銀行の営業時間
日・火・木8:30～12:30、16:30～18:00
月・水8:30～12:30
金8:30～12:00
土曜は休み、というところが多い。両替商はもう少しフレキシブル。

両替商の数は多いが、レートは店によってまちまち

どの町にもATMはあるのでクレジットカードがあると便利

■おもなクレジットカード会社
●アメリカン・エキスプレス
www.americanexpress.com
●ダイナース
www.diners.co.jp
●JCB
www.jcb.co.jp
●MasterCard
www.mastercard.co.jp
●VISA
www.visa.co.jp

■ものの値段いろいろ
公定価格があるものを除いて以下は一般的な相場。町ごとで大きく違う。
フレッシュジュース:10～15NIS
シュウルマサンド:15～25NIS
たばこ(輸入物):32NIS～
水(1.5ℓ):3～8NIS

カフェのメニュー

旅の予算

　イスラエルはほかの中東諸国と比べるとかなり物価が高い。宿泊費と外食費はヨーロッパ並みかそれ以上の予算が必要だ。しかし、交通費は国の方針で安く設定されている。また、エルサレム旧市街やパレスチナ自治区の物価は安い。

　スーパーマーケットやデパート、高級ホテル内のショップには定価が表示されており、ほとんど値引きはしない。しかしみやげ物屋の多くは値札シールがあっても価格は交渉次第だ。少しまとめて買ったり、何度か通ったりして交渉するのも中近東での買い物の楽しみだ。

食費　お昼をシュウルマやファラフェルのサンドイッチと飲み物だけで済ませば1000円以下だが、しっかりとしたランチを取ると2000～3000円。ディナーは4000円～。

宿　ドミトリーで済ませば1泊3000円以下だが、中級のシングルだと8000～9000円、高級～最高級ホテルなら2万円以上することも珍しくない。もっとも、このクラスは旅行会社などを通すと時期や条件にもよるが安くなることが多い。

交通費　テルアビブ→エルサレム→死海→エイラット→ベエル・シェヴァとバスで回って約4600円。エルサレム→ナザレ→ティベリヤ→ハイファ→テルアビブと回れば2900円ほど。交通費は比較的安い。

30代ひとり旅の支出例

●1日目　エルサレム	
ベン・グリオン空港～エルサレム(シェルート)	64NIS
水(1.5ℓ)	8NIS
エルサレム旧市街で昼食	50NIS
イスラエル博物館入館料	54NIS
夕食(ファラフェルサンド)	15NIS
ホテル(シングル、シャワー付き)	400NIS
●2日目　エルサレム～ベツレヘム	
エルサレム～ベツレヘム(バス往復)	14NIS
昼食(シュワルマ)	15NIS
水(1.5ℓ)	8NIS
エルサレム新市街で夕食	100NIS
ホテル(シングル、シャワー付き)	400NIS
●3日目　エルサレム～死海	
朝食(エルサレム旧市街)	40NIS
水(1.5ℓ)	8NIS
エルサレム～エン・ゲディ(バス)	34NIS
エン・ゲディ・スパ	96NIS
エン・ゲディ国立公園	29NIS
宿泊費(ユースホステル、朝食込み)	350NIS

●3日目　死海～ティベリヤ	
エン・ゲディ～マサダ(バス)	16NIS
マサダ入場料とロープウエイ往復	102NIS
水(1.5ℓ)	8NIS
マサダ～エルサレム(バス)	37.5NIS
エルサレム～ティベリヤ	37.5NIS
夕食(セントピーターズフィッシュ)	120NIS
宿泊(シングル、シャワー付き)	350NIS
●5日目　ティベリヤ～カペナウム～ナザレ～ハイファ	
ティベリヤ～タブハ(バス)	13.5NIS
カペナウム～ティベリヤ(バス)	13.5NIS
水(1.5ℓ)	8NIS
ティベリヤ～ナザレ(バス)	34NIS
昼食(ビジネスランチ)	60NIS
ナザレ～ハイファ	16NIS
宿泊(ドミトリー)	100NIS
●6日目　ハイファ～テルアビブ	
ハイファ～ベン・グリオン空港(電車)	35.5NIS
およその合計	**8万1732円**
	(1NIS=31円で計算)

296

郵便、電話、インターネット

郵便 イスラエルの郵便はわりあい確実に届く。小さな町でも郵便局があり、営業時間は一般に8:00〜12:30と16:00〜18:30。水曜は8:00〜13:00のみ、金曜と祝前日は8:00〜12:30、土曜は休み。パレスチナ自治区は郵便もパレスチナ政府によって運営されている。営業時間は8:00〜14:00で金曜休。日本までのエアメールは、はがきが1.5NIS。

国内電話 イスラエルの公衆電話は他国同様、携帯電話の普及とともに著しくその数を減らしている。公衆電話はカード式で、まずカードを入れると、液晶の部分に英語で「Wait」の文字が出る。そしてすぐに「Please dial」に変わるので、電話番号を押す。テレホンカードは郵便局で販売している。

カード式の公衆電話

国際電話 イスラエルの国際電話は現在、Smile Communications(012)、Netvision(013)、Bezeq International(014)、XFone(018)など複数の会社が競合している。日本にかける場合は012、013など、それぞれの番号を初めに押し、その後国番号81、市外局番の0を取った個々の番号を押す。00からかけると電話機が優先する電話会社を通じてかけられる。

パレスチナ自治区はPaltel(00)の1社のみ。カードを差し込み、ツーッと音がしてから電話をかける。

→電話のかけ方はP.6を参照。

PINコード式テレホンカード カードの裏側を削ると暗証番号(PINコード)が出てくるタイプのテレホンカードは、国際電話会社を通してかけるよりも、通話料が安い。電話機にカードを挿入するのではなく、裏面に書かれた電話番号(有料の場合とフリーダイヤルの場合がある)にかける。

イスラエルのSIMカードを使う SIMフリー対応のスマートフォンや携帯電話を持っているのなら、現地でSIMカードを購入して利用するという手もある。現地の通信会社のショップなどで購入できる。現地の電話番号を得ることができるので、通話は国内通話扱いで割安。パレスチナでも使える。また、通話だけでなく、データ通信の定額プランに加入しておけば、どこでもインターネットにつなげられ、非常に便利。イスラエルの公共交通は、長距離バス、テルアビブやエルサレムの市内バスなどの路線情報がGoogle Mapに対応しているので、特に個人旅行者は、自分の位置から目的地のルー

■郵便料金(イスラエル)
●日本までのエアメール
はがき9NIS
手紙100gまで9NIS
●日本までの通常小包
500gまで47.4NIS
1kgまで68.6IS
1.5kgまで80.4NIS
2kgまで106.6NIS
●EMS(国際エクスプレスメール)
500gまで99NIS
1kgまで125NIS

■テレホンカードの料金
20度数12NIS
50度数28.5NIS
120度数56.5NIS

■イスラエルの携帯通信会社
●Cellcom
URL www.cellcom.co.il
●Pelephone
URL www.pelephone.co.il
●Golan Telecom
URL www.golantelecom.co.il
●Partner
URL www.partner.co.il
●HOT Mobile
URL www.hotmobile.co.il

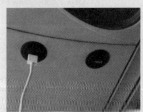
USBポートの付いたバスもよく見かける。乗りながらスマホの充電ができて便利

WiFiマークがペイントされたWi-Fi利用可能のバス

■海外用モバイルWi-Fiルーター
●グローバルWiFi
URL townwifi.com
●イモトのWiFi
URL www.imotonowifi.jp
●テレコムスクエア
URL www.telecomsquare.co.jp

ト検索ができ、市バスの使い勝手が格段に向上すること間違いなし。データの定額料金は携帯通信会社によってさまざまなプランがあるが、1ヵ月有効で使用容量3GがSIMカード代、手数料なども含めて110NIS程度。

インターネット環境　スマートフォンの普及とともに、インターネットカフェはほとんど見なくなった。ホテルによっては、ゲストが使えるPCを置いている場合もあるが、ネット利用を考えているなら、自分の端末を持って行った方がよい。ほとんどすべてのホテルはWi-Fiを備えている。まれに客室では通じず、ロビー周辺でしかWi-Fiが利用できない宿もある。カフェやレストランでもWi-Fiが使える所が多いが、接続するにはパスワードが必要な場合があるので、スタッフにパスワードを教えてもらおう。また、Wi-Fiを備えた長距離バスも増えている。

海外用モバイルWi-Fiルーター　日本国内で行われている、海外専用のWi-Fiルーターのレンタルサービス。スマートフォンやタブレット端末、ノートPCで使える。到着時からインターネットに接続できるので、急いでいる人にとってはありがたいサービスだ。申し込みは各社のウェブサイトや、成田や羽田などの空港の窓口で行うことができる。

INFORMATION

イスラエルでスマホ、ネットを使うには

　まずは、ホテルなどのネットサービス（有料または無料）、Wi-Fiスポット（インターネットアクセスポイント。無料）を活用する方法がある。イスラエルでは、主要ホテルや町なかにWi-Fiスポットがあるので、宿泊ホテルでの利用可否やどこにWi-Fiスポットがあるかなどの情報を事前にネットなど調べておくとよいだろう。ただWi-Fiスポットでは、通信速度が不安定だったり、繋がらない場合があったり、利用できる場所が限定されたりするというデメリットもある。ストレスなくスマホやネットを使おうとするなら、以下のような方法も検討したい。

☆ 各携帯電話会社の「パケット定額」

　1日当たりの料金が定額となるもので、NTTドコモなど各社がサービスを提供している。
　いつも利用しているスマホを利用できる。また、海外旅行期間を通してではなく、任意の1日だけ決められたデータ通信量を利用することのできるサービスもあるので、ほかの通信手段がない場合の緊急用としても利用できる。なお、「パケット定額」の対象外となる国や地域があり、そうした場所でのデータ通信は、費用が高額となる場合があるので、注意が必要だ。

☆ 海外用モバイルWi-Fiルーターをレンタル

　イスラエルで利用できる「Wi-Fiルーター」をレンタルする方法がある。定額料金で利用できるもので、「グローバルWiFi（【URL】https://townwifi.com/）」など各社が提供している。Wi-Fiルーターとは、現地でもスマホやタブレット、PCなどでネットを利用するための機器のことをいい、事前に予約しておいて、空港などで受け取る。利用料金が安く、ルーター1台で複数の機器と接続できる（同行者とシェアできる）ため、いつでもどこでも、移動しながらでも快適にネットを利用できるとして、利用者が増えている。

　ほかにも、いろいろな方法があるので、詳しい情報は「地球の歩き方」ホームページで確認してほしい。
【URL】http://www.arukikata.co.jp/net/

ルーターは空港などで受け取る

暦と祝祭日

イスラエルは各国からユダヤ教徒を受け入れてなり立っている国。同じユダヤ教徒でも出身国や宗教についての考え方、就いている仕事などの立場で生活習慣は大きく変わる。ただ、ヨーム・キプールだけは、この日ばかりはと静かに過ごす人が多い。

ユダヤ教の祭日

日常生活では西暦を使うイスラエルだが、祝日はユダヤ暦で行われる。ユダヤ暦は12ヵ月の太陰暦であり、太陽暦の西暦より1年が10～11日短い。しかし春の祭りが秋や冬になると困るので、7年間に3回という割合で閏月（第2アダール月、アダール・シェニー）を加えて調節する。

ユダヤ暦とは？

ユダヤ暦、いわゆる「創造紀元」は、聖書に記されているすべての年代を遡って計算したものだ。この方法でユダヤ教のラビは世界が創造されてから3830年あとにエルサレムの第2神殿が破壊されたとした。したがって創造紀元元年は西（キリスト）暦紀元前3761年となる。ちなみに西（キリスト）暦2019年は9月にあるユダヤの新年まで創造紀元（ユダヤ暦）が5779年。

イスラエル（ユダヤ教）の祝日

	2019	2020	2021
★**ローシュ・ハシャナ** ראש השנה 新年 ティシュレ月1日 「全世界が審判を受ける」という伝承に基づいて、神が天地創造を行ったことを記念する。新年を祝いパンやリンゴに蜂蜜をかけて食べる。	9/30 ～ 10/1	9/19 ～ 20	9/7 ～ 8
★**ヨーム・キプール** יום הכפורים 贖罪の日 ティシュレ月10日 イスラエルで最も重要な日で空港も閉鎖、すべての施設が休み。ユダヤ教徒は新年から10日間懺悔をするが、10日目のヨーム・キプールは断食をして前年1年間の罪を悔い改める。	10/9	9/28	9/16
●**ハグ・ハ・スコット** חג הסכות 仮庵祭 初日のみ全休。イスラエルの民が出エジプト後8日間仮庵住まいだったことをしのぶため、草葺き屋根の家を建ててそこで食事をする。秋の収穫を祝う意味もある。	10/14 ～ 10/20	10/3 ～ 9	9/21 ～ 27
★**シムハット・トーラー** שמחת תורה 律法の歓喜祭 ユダヤ人は毎週決まった節のトーラー（旧約聖書のモーセ五書）を読み、1年間で読了する。次年度また創世記から読み始めるに当たって1年間読み続けたトーラーに感謝し読了を祝う。	10/22	10/11	9/29
ハグ・ハ・ハヌカー חג החנוכה 宮潔めの祭 紀元前164年に、ギリシアの異教徒によって汚された神殿をユダ・マカビーが潔めた故事に由来する。8枝の燭台に毎日1本ずつ火をともす。	12/22 ～ 30	12/10 ～ 18	11/28 ～ 12/6
トゥ・ビシュバット ט"ו בשבט 植樹祭 新生国家イスラエルにとって沙漠を緑に変える意味の重要な日。	1/21	2/10	1/28
ハグ・ハ・プーリーム חג הפורים 仮装行列祭 王妃エステルがペルシア人からユダヤ人を救ったことを記念する。町はさまざまな格好をした老若男女でにぎわう。	3/21	3/10	2/26
●**ハグ・ハ・ペサッハー** חג הפסח 過越しの祭 初日と最終日は全休、ほかは半休または全休。イスラエルの民がモーセに率いられ、出エジプトをしたことを記念する。期間中イースト菌の入ったパンは禁食され、マツオットというクラッカーのようなものを食べる。	4/20 ～ 27	4/9 ～ 16	3/28 ～ 4/4
★**独立記念日** יום העצמאות 1948年の建国を祝い、国中の人が独立の苦労と喜びを分かち合う。	5/9	4/29	4/15
ラグ・ヴァ・オメル ל"ג בעומר 学校のみ休み。バルコフがローマ兵に勝利をおさめた日。子供たちがたいまつをたいて祝う。	5/23	5/12	4/30
★**ハグ・ハ・シャヴオト** חג השבועות 7週祭 ハグ・ハ・ペサッハーから7週目にあたり、イスラエルで最初の大麦の収穫を祝ったことに由来する。またモーセがトーラーを授かった日とされ、ユダヤ教の誕生を祝う。	6/9	5/29	5/17
タムーズ17日 שבעה-עשר בתמוז ローマ兵が神殿の包囲を開始した日。熱心なユダヤ教徒は断食する。	7/20	7/9	6/27
ティシュアー・ヴェ・アーヴ תשעה באב 休日ではない。エルサレムの神殿が破壊された日。嘆きの壁の前で祈りをささげ、この日から9日間の断食をする。	8/11	7/30	7/18

★は休業、●は期間中の一部を除き通常営業、ほかは通常どおりだがシャバットにあたる日は休み。通常の祝日は、オフィスや商店、交通機関がストップする。ただし、ムスリムが経営するレストランや一部の商店、ホテル内のレストランは営業している。●ヨーム・キプールはユダヤ教徒の施設は完全に休む。

12月25日にはベツレヘムの聖誕教会でクリスマス・ミサが行われる

イスラームの祭日

　ムスリムの間で最も重要な祭りは、ラマダーン月の断食が開けた後の祭り（イード・アル・フィトル）と、巡礼（ハッジ）後に行われる犠牲祭（イード・アル・アドハー）だ。ムハンマド生誕祭（マウリード・アンナビー）はラビー・アルアッワル月の13日。

イード・アル・フィトル　苦しい（?）断食が開けるとともに祭りは始まる。この時期は喜捨をすることになっており、小さい子供にお菓子をあげたりする光景が見られる。

イード・アル・アドハー　メッカ巡礼の最後の時期に行われる。巡礼から帰ってきた者は犠牲をささげることとされ、巡礼に行かなくとも懐に余裕のある者は羊や牛などの生贄をささげる。隣近所におすそ分けをするのがならわしである。

キリスト教徒の祭日

主要3派の祭りの日は違う　キリスト教の祭りといえば、まず思い浮かぶのはクリスマスだろう。12月24日のクリスマスイブにはベツレヘムの聖誕教会で盛大なクリスマスミサが行われるが、これはおもにローマ・カトリックが仕切っているもの。各派ごとにイエスの誕生とする日は違い、例えばアルメニア正教会では1月6日、ギリシア正教会では1月7日がクリスマスだ。これらの日も同じ聖誕教会でミサにあたる儀式が執り行われている。

シュロの祝日　イエスがエルサレムに歓呼の声を浴びながら入場した日はシュロの祝日Palm Sundayと呼ばれる。カトリックのシュロの祝日（2019年は4月14日）には、エルサレムのオリーブ山から聖ステパノ門（ライオン門）にかけてその再現をとおして追体験できる祭りがある。

月名対応表（ユダヤ暦・イスラーム暦）

月名	ヘブル月名（ユダヤ暦）	2019年該当月1日	イスラーム暦月名	2019年該当月1日
第1月	ニーサーン ניסן	4月6日	ムハッラム محرم	8月31日
第2月	イヤール אייר	5月6日	サファル صفر	9月30日
第3月	シィヴァン סיון	6月4日	ラビー・アルアッワル ربيع الاول	10月29日
第4月	タムーズ תמוז	7月4日	ラビー・アッサーニー ربيع الثاني	11月28日
第5月	アーヴ אב	8月2日	ジュマダー・アルウーラー جمادى الأولى	1月7日、12月27日
第6月	エルール אלול	9月1日	ジュマダー・アルアーヒラ جمادى الآخرة	2月6日
第7月	ティシュレー תשרי	9月30日	ラジャブ رجب	3月8日
第8月	ヘシュヴァーン חשון	10月30日	シャアバーン شعبان	4月6日
第9月	キスレヴ כסלו	11月29日	ラマダーン رمضان	5月6日
第10月	テヴェト טבת	12月29日	シャウワール شوال	6月4日
第11月	シュヴァート שבט	1月7日	ズー・アルカアダ ذو القعدة	7月4日
第12月	アダール אדר	2月6日、3月8日※	ズー・アルヒッジャ ذو الحجة	8月2日

※2019年のユダヤ暦はアダール月の次に閏月である第2アダール月が続く

生活習慣

安息日＝シャバット　イスラエルの生活習慣で、忘れてはならないのが安息日の考え方。安息日はシャバットと呼ばれ、エゲッドバスは運休、観光地でも商店やレストランの多くが休業する。

　旧約聖書の創世記には神が天と地を創造する過程で「夕となり、また朝となった」とある。つまり1日は夕方から次の日の夕方までと考えられている。そして7日目に神が休んだため、これを安息日としているのだ。

金曜夕方〜土曜夕方は全てストップ　シャバットは「日没」が基準となるので何時から休むかは季節によって多少ずれる。事業所や商店の多くは金曜の14:00頃で営業をやめ、土曜は1日中休み、郵便局や銀行は金曜午前中だけ開けて、土曜は休む。レストランは金曜の14:00〜16:00頃に閉まり、土曜の18:00頃から開店、バスは金曜15:00頃から本数が減り、16:00頃にはほとんどの路線が止まる。土曜は18:00頃から少しずつ動き出す。タクシーは台数が減るものの、まったくなくなるわけではない。観光施設はおおむね開いている。

写真撮影の注意　ほとんどの人は写真を撮られることを気にしないが、正統派の信心深いユダヤ教徒のなかには、写真を撮られることを嫌がる人がいる。アラブの、特に女性はやはり写真を撮られることを嫌う人が多い。写真を撮るときは「撮ってもいいですか?」と言ってOKをもらってから撮るのがマナーだ。いきなりカメラを構えたりしないようにしよう。

階数の数え方

イスラエルの階数の数え方は、アメリカ式とヨーロッパ式が混在している。つまり、入口のある階を1階と数えるか、グランドフロア（つまり地上階）と数えるかで変わってくる。ショッピングセンターの2階という情報を聞いても、実際は2階や3階だったりすることもあるので、気をつけよう。

宗教上のタブー

どの宗教でも会堂や聖地に入るときは肌を露出しないことが求められる。そのような場所では飲食や喫煙もタブー。写真撮影が認められている所でもフラッシュをたくのは周りを見てからにしよう。

イスラエルの週末

		金曜				土曜				日曜			
		午前	午後	夕方	日没後	午前	午後	夕方	日没後	午前	午後	夕方	日没後
ユダヤ人の多い地区	商店	△	△	×	×	×	×	△	◎	◎	◎	△	△
	銀行・郵便局	△	×	×	×	×	×	×	×	◎	◎	×	×
	観光地	◎	△	△	×	△	×	×	×	◎	◎	◎	◎
	レストラン	◎	△	△	×	△	△	△	◎	◎	◎	◎	◎
	公共交通	◎	△	×	×	×	×	△	◎	◎	◎	◎	◎
	タクシー	◎	◎	◎	◎	◎	◎	◎	◎	◎	◎	◎	◎
アラブ人地区	商店	∧	∧	∧	◎	◎	◎	◎	◎	◎	◎	◎	◎
	銀行・郵便局	×	×	×	×	×	×	×	×	◎	◎	×	×
	観光地	◎	◎	△	×	◎	◎	△	×	◎	◎	△	∧
	レストラン	◎	◎	◎	◎	◎	◎	◎	◎	◎	◎	◎	◎
	公共交通	∧	∧	∧	∧	∧	∧	◎	◎	◎	◎	◎	◎
	タクシー	◎	◎	◎	◎	◎	◎	◎	◎	◎	◎	◎	◎

アイコンの解説:◎→営業　∧→一部営業　×→休業

■国内線の航空会社
●エルアル・イスラエル航空
URL www.elal.com
●アルキア・イスラエル航空
URL www.arkia.com
●イスラエアー
URL www.israir.co.il
■イスラエル国鉄
URL www.rail.co.il
■イスラエルのバス会社
●エゲッド・バス
URL www.egged.co.il
●ダン
URL www.dan.co.il
●カヴィーム
URL www.kavim-t.co.il
●ジービー・ツアーズ
URL www.gb-tours.com
●アフィキム
URL www.afikim-t.co.il

ラヴ・カヴ

チャージ式ICカード。エルサレムやテルアビブの市内交通（シェルート、タクシーは除く）だけではなく、エゲッド・バス社の長距離バスや鉄道にも利用できる便利なカード。市内バスの1日券もこのカードにチャージできたりと、便利な使い方もできる。詳細はP.58。

タクシー

都市間のタクシー運賃は固定料金が決められており、運転手に頼めば料金表をもらうこともできる。タクシーは町で流しの車をひろってもよいし、電話で呼んでもよい。ベン・グリオン空港にはタクシー会社のオフィスがあり、そこへ行けばバウチャーを発行してくれる。運転手にこのバウチャーを見せてから乗れば安心だ。

レンタカー

イスラエルの道路は整備されており、交通標識もヨーロッパや日本とほぼ同じ。車は右車線を走る。信号は赤の次にも黄色になるので注意。外資系大手のほか、イスラエル資本の会社もたくさんある。希望すればオートマ車も手配できるが、車種にかぎりがあるので、早めに予約しよう。
気をつけたいのは、パレスチナ自治区にレンタカーで入るとき。黄色のイスラエルナンバーのレンタカーでは入れない。また、イスラエルで借りたレンタカーでエジプトやヨルダンの国境を越えることは原則的に不可能だ。

国内交通

　イスラエル国内の移動はバスが便利。国立公園などの見どころは幹線道路から奥に入った所にあることが多く、公共交通機関がないのでレンタカーが重宝する。

飛行機

　国内の路線をカバーしているのはアルキア・イスラエル航空とイスラエアーの2社。エルサレム、テルアビブ、エイラットなどに国内線の空港があるが、旅行者にとって最も利用価値のあるのは、エイラットと各地を結ぶ路線だろう。

中・長距離バス

　イスラエル国内全土にバスの路線がはりめぐらされている。始発時刻は正確で、特別なことがないかぎり、渋滞による遅延はない。

エゲッド・バスEgged Bus　イスラエルで最大の路線網。主要都市を結ぶ便数が圧倒的に多い。

　チケットは当日バスステーションの切符売り場、あるいは運転手から直接買える。ただし、週末は混むこともあるので、早めにバスステーションに行ったほうがいいだろう。

そのほかの会社　ティベリヤ周辺ではアフィキムAfikim、ナザレ周辺ではナザレ・トランスポートNazareth Transportとジービー・ツアーズGB Tours、テルアビブ周辺ではダンDan、エズレル平野ではカヴィームKavimが運行している。

鉄道

　国内全土をカバーしているわけでなく時間もかかるが、ダイヤが正確で、バスに比べて料金も安い。近年は各地で路線延長工事を行っており、さらに便利になりそうだ。

　利用しやすい路線はベン・グリオン空港〜テルアビブ〜ハイファ〜ナハリヤを結ぶルート。30分から1時間おきにあり、普通と急行が走っている。ベエル・シェヴァへはテルアビブから便があり、30分から2時間おきに急行が走っている。

シェルート

　6〜9人乗りのバン、あるいはミニバスで、空港〜エルサレム市内など中距離を移動する乗合タクシー。バス料金よりやや高いが、指定の所で乗降できる。ひとりの料金は決まっており、運転手に渡す。アラブ地区ではセルヴィスという。町によってはシェルート専用の乗降場がある。

エゲッド・バス社時刻表

時刻表の見方

時刻表番号
毎日運行

1	**エルサレム⟷テルアビブ**	
999	約2時間30分	9999NIS
エルサレム発	9:00	10:00 12:00 **14:00**
テルアビブ発	**10:00**	**12:00** **14:00**

バス番号
日〜木曜運行
金曜のみ運行
土〜木曜運行 *
※黒字は基本的に日〜金曜の運行

土曜のみ運行

1	**エルサレム⟷テルアビブ**	
405	約1時間	16NIS
エルサレム発	5:50〜22:55の1時間に3〜5便程度（シャバットは運休）	
テルアビブ発	5:50〜24:00の1時間に3〜5便程度（シャバットは運休）	

2	**エルサレム⟷エン・ゲディ**	
444	約1時間30分	34NIS
エルサレム発	4〜7便、23:57	
エン・ゲディ発	4〜7便、18:31 19:31 翌0:01	

3	**エルサレム⟷エン・ゲディ**	
486	約1時間30分	34NIS
エルサレム発	8:00 9:00 9:40 10:20 11:00 11:40 12:30 13:30 15:00 16:45	
エン・ゲディ発	9:00 11:15 12:30 13:50 14:15 15:00 16:00 16:50 17:30 18:50 20:30 21:15	

4	**エルサレム⟷エン・ゲディ**	
487	約2時間	34NIS
エルサレム発	16:15 20:40 21:30	
エン・ゲディ発	6:15 6:30 20:30	

5	**エルサレム⟷エン・ボケック**	
444	約2時間	37.5NIS
エルサレム発	4〜7便、23:57	
エン・ボケック発	4〜7便、18:05 19:05 23:35	

6	**エルサレム⟷エン・ボケック**	
486	約1時間40分	37.5NIS
エルサレム発	8:00 9:00 9:40 10:20 11:00 11:40 12:30 13:00 13:30 15:00 16:45	
エン・ボケック発	8:18 10:30 13:03 13:48 14:18 15:18 16:03 16:48 18:03 19:48 20:38	

7	**エルサレム⟷ベエル・シェヴァ**	
440	約3時間	34NIS
エルサレム発	7:00 10:30 13:25 14:36	
ベエル・シェヴァ発	5:55 9:30 10:30	

8	**エルサレム⟷ベエル・シェヴァ**	
446	約2時間15分	27NIS
エルサレム発	5:00〜22:00の1〜2時間に1便程度（シャバットは運休）5:55〜22:30の1〜2時間に1便程度（シャバットは運休）	
ベエル・シェヴァ発		

9	**エルサレム⟷ベエル・シェヴァ**	
470	約1時間40分	27NIS
エルサレム発	6:10〜21:30の1時間に1〜2便程度（シャバットは運休）	
ベエル・シェヴァ発	5:50〜21:30の1時間に1〜2便程度（シャバットは運休）	

10	**エルサレム⟷エイラット**	
444	約4時間45分	70NIS
エルサレム発	4〜7便、23:57	
エイラット発	4〜7便、15:30 16:30 21:00	

11	**エルサレム⟷ハイファ**	
940	約2時間	37.5NIS
エルサレム発	6:30〜21:00の1〜2時間に1便程度（シャバットは運休）	
ハイファ発	6:10〜21:00の1〜2時間に1便程度（シャバットは運休）	

12	**エルサレム⟷ハイファ**	
947	約3時間	37.5NIS
エルサレム発	6:05〜20:40の1時間に1〜2便程度（シャバットは運休）	
ハイファ発	5:50〜21:00の1時間に1〜2便程度（シャバットは運休）	

13	**エルサレム⟷ナザレ（旧市街）**	
955	約2時間40分	37.5NIS
エルサレム発	12:45 16:15 18:20 20:45 22:00 23:25	
ナザレ発	5:14 8:44 18:44 20:14 翌0:14	

14	**エルサレム⟷ベト・シェアン**	
961	約2時間15分	37.5NIS
エルサレム発	7〜12便 12:30 14:00	
ベト・シェアン発	7〜13便 7:00 9:00 10:45 11:30 20:00 20:15 20:30	

15	**エルサレム⟷ベト・シェアン**	
966	約2時間	37.5NIS
エルサレム発	8:30 9:40 10:00 12:00 12:15 17:15 21:05 21:20	
ベト・シェアン発	7:12 8:12 14:12 18:12 21:57 22:27	

16	**エルサレム⟷ベト・シェアン**	
967	約2時間	37.5NIS
エルサレム発	7:00 9:00 10:00 10:20 11:15 13:00 14:45 15:30 16:45 18:45 20:50 21:40 22:05 22:35 23:05 23:45	
ベト・シェアン発	5:00 6:30 7:00 9:30 10:00 12:00 12:45 13:15 13:45 14:15 15:30 20:45 21:30 23:30	

17	**エルサレム⟷ティベリヤ**	
961	約3時間	37.5NIS
エルサレム発	10:45 11:30 12:30 13:45 14:00 14:15 15:30 16:00 20:30	
ティベリヤ発	6:30 6:30 8:30 10:10 10:15 11:00 11:10 12:00 12:30 15:50 16:50 18:40 20:00	

18	**エルサレム⟷ティベリヤ**	
962	約2時間30分	37.5NIS
エルサレム発	7:15 8:15 9:15 10:00 11:00 12:00 13:00 13:15 14:30 17:00 18:00 19:00 20:00	
ティベリヤ発	7:30 8:15 8:30 9:00 9:45 10:00 11:45 12:30 13:45 14:30 15:30 16:30 17:30 16:50 17:50 18:40 20:00 21:00 21:25 21:45 21:50 22:00	

19	**エン・ゲディ⟷エイラット**	
444	約3時間30分	42.5NIS
エン・ゲディ発	4〜7便、翌0:59	
エイラット発	4〜8便、15:30 16:30 21:00	

20	**エン・ボケック⟷エイラット**	
444	約3時間10分	42.5NIS
エン・ボケック発	4〜7便、翌1:29	
エイラット発	4〜8便、15:30 16:30 21:00	

21	**ベエル・シェヴァ⟷エン・ゲディ**	
384	約2時間15分	37.5NIS
ベエル・シェヴァ発	6:20 7:05 8:00 8:20 9:40 12:35 15:35	
エン・ゲディ発	8:40 10:00 11:00 11:15 12:30 15:00 15:30 18:30	

22	**ベエル・シェヴァ⟷エン・ボケック**	
384	約1時間45分	27NIS
ベエル・シェヴァ発	6:20 7:05 8:00 8:20 9:40 12:35 15:35	
エン・ボケック発	9:10 10:30 11:30 11:45 13:00 15:30 16:00 19:00	

23	**ベエル・シェヴァ⟷ミツペー・ラモーン**	
392	約2時間	21.5NIS
ベエル・シェヴァ発	8:15 8:30 9:15 12:00 14:00 15:45	
ミツペー・ラモーン発	9:07 9:14 9:37 11:44 16:08 16:14 17:37 19:44	

24	**ベエル・シェヴァ⟷エイラット**	
392	約5時間	60NIS
ベエル・シェヴァ発	8:15 8:30 9:15 12:00 14:00 15:45	
エイラット発	6:30 7:00 20:00	

25	**ベエル・シェヴァ⟷エイラット**	
393	約3時間30分	51.5NIS
ベエル・シェヴァ発	15:45 16:45 18:05	
エイラット発	16:45 23:00	

26	**ベエル・シェヴァ⟷エイラット**	
397	約3時間10分	51.5NIS
ベエル・シェヴァ発	7:00 7:30 8:00 9:00 10:00 10:30 11:00 12:00 12:30 14:00 15:30 17:00 18:30 19:00 21:30 翌1:30	
エイラット発	9:30 10:30 11:00 12:30 14:00 15:00 16:00 17:00* 18:00 18:30 19:30 20:30 21:30	

27	**ミツペー・ラモーン⟷エイラット**	
392	約3時間	39.5NIS
ミツペー・ラモーン発	9:48 10:03 10:18 10:48 17:??? 17:00 18:00	
エイラット発	6:30 7:00 8:00 13:30 15:00 17:00	

28	**エイラット⟷ハイファ**	
991	約5時間30分	78NIS
エイラット発	14:00 9:00 23:55	
ハイファ発	8:00 23:45	

※発車時刻および運賃は2018年7月現在の調査時のものであり、しばしば変更されます。他にも似た路線で複数の会社が運行している場合があります。

エゲッド・バス社時刻表

時刻表の見方

時刻表番号　　　　　毎日運行
1	エルサレム⟷ベエル・シェヴァ	
999	約2時間30分	9999NIS
エルサレム発	9:00 10:00 12:00 14:00	
ベエル・シェヴァ発	9:00 10:00 12:00 14:00	

日～木曜運行
金曜のみ運行　　　　土曜のみ運行
土～木曜運行 *
※黒字が基本的に日～金曜の運行

29	エイラット⟷テルアビブ	
390	約5時間20分	82NIS
エイラット発	9:30 10:30 11:00 12:00 12:30 13:30 14:00 15:00 17:00* 18:00 19:00 20:00	
テルアビブ発	6:30 8:00 9:00 10:00 11:00 12:30 14:00 16:00 18:00 23:59	

30	エイラット⟷テルアビブ	
394	約5時間	70NIS
エイラット発	5:00 6:30 8:00 9:30 11:00 11:30 12:00 13:00 14:00 15:00 16:00 翌1:00*	
テルアビブ発	9:30 11:00 12:00 13:00 14:00 15:00 16:00 17:00 18:30 20:00* 23:58	

31	テルアビブ⟷ベエル・シェヴァ	
770	約1時間40分	34NIS
テルアビブ発	16:30	
ベエル・シェヴァ発	6:52	

32	テルアビブ⟷ハデラ	
852	約1時間30分	16NIS
テルアビブ発	6:30～22:30の1時間に1～4便程度（シャバットは運休）	
ハデラ発	5:40～18:00の1時間に1～4便程度 20:45（シャバットは運休）	

33	テルアビブ⟷ハデラ	
872	約1時間30分	16NIS
テルアビブ発	9:00 9:20 10:00 10:30 13:00 14:00 15:10 16:30 17:00 18:00 20:45 21:00 22:00 23:30 23:35	
ハデラ発	6:00 6:50 7:07 8:55 9:00 10:30 12:00 12:30 13:40 15:00 15:40 16:30 17:00 18:45 18:50 19:45 20:05 21:05 21:45 22:05	

34	テルアビブ⟷ズィフロン・ヤアコヴ	
872	約2時間10分	21.5NIS
テルアビブ発	9:00 9:20 10:00 10:30 13:00 14:00 15:10 16:30 17:00 18:00 20:45 21:00 22:00 23:30 23:35	
ズィフロン・ヤアコヴ発	5:25 6:15 8:20 8:25 9:55 11:25 11:55 13:05 14:25 15:05 15:55 16:25 18:10 18:15 19:10 19:30 20:30 21:10 21:30	

35	テルアビブ⟷ハイファ	
910	約1時間40分	21.5NIS
テルアビブ発	6:25～23:05の1～2時間に1便程度（シャバットは運休）	
ハイファ発	5:50～23:05の1～2時間に1便程度（シャバットは運休）	

36	テルアビブ⟷ハイファ	
921	約3時間	27NIS
テルアビブ発	5:25～23:00の1時間に2～3便程度（シャバットは運休）	
ハイファ発	5:50～23:35の1時間に2～3便程度（シャバットは運休）	

37	テルアビブ⟷ナザレ（新市街）	
826	約2時間35分	34NIS
テルアビブ発	7:00～20:30の1時間に1～2便程度（シャバットは運休）	
ナザレ発	4:45～21:00の1時間に1～2便程度（シャバットは運休）	

38	テルアビブ⟷ベト・シェアン	
843	約2時間25分	37.5NIS
テルアビブ発	9:45 12:15 14:00 17:00 20:30	
ベト・シェアン発	5:50 8:00 13:00 14:40 22:55	

39	テルアビブ⟷アフーラー	
825	約1時間50分	27NIS
テルアビブ発	5:45～20:30の1時間に1～4便程度 23:00（シャバットは運休）	
アフーラー発	5:10～20:00の1時間に2～4便程度（シャバットは運休）	

40	テルアビブ⟷アフーラー	
840	約1時間50分	27NIS
テルアビブ発	15:40 16:20 20:00 21:00 22:00 23:20 24:00	
アフーラー発	17:45 21:15 22:15 23:15 23:45	

41	テルアビブ⟷ティベリヤ	
836	約2時間40分	44NIS
テルアビブ発	6:30～19:15の1～2便程度（シャバットは運休）	
ティベリヤ発	5:00～18:00の1～2便程度（シャバットは運休）	

42	テルアビブ⟷ティベリヤ	
840	約2時間40分	37.5NIS
テルアビブ発	15:40 16:20 20:00 21:00 22:00 23:20 24:00	
ティベリヤ発	17:00 20:30 21:30 22:30 23:00	

43	テルアビブ⟷ツファット	
846	約3時間10分	42.5NIS
テルアビブ発	12:30 17:30	
ツファット発	5:20 8:15	

44	テルアビブ⟷キリヤット・シェモナー	
845	約3時間20分	42.5NIS
テルアビブ発	6:30～19:00の1時間に1～2便程度（シャバットは運休）	
キリヤット・シェモナー発	5:10～18:30の1時間に1～2便程度（シャバットは運休）	

45	ハデラ⟷ハイファ	
921	約45分	16NIS
ハデラ発	6:05～23:36の1時間に1～3便程度（シャバットは運休）	
ハイファ発	5:50～21:15の1時間に1～3便程度（シャバットは運休）	

46	ハデラ⟷ハイファ	
922	約1時間	16NIS
ハデラ発	6:41	
ハイファ発	なし	

47	ズィフロン・ヤアコヴ⟷ハイファ	
202	約50分	14.5NIS
ズィフロン・ヤアコヴ発	6:04～20:14の1時間に1～2便程度（シャバットは運休）	
ハイファ発	6:10～22:00の1時間に1～2便程度（シャバットは運休）	

48	ハイファ⟷アッコー	
261	約25分	12.5NIS
ハイファ発	23:00 23:35	
アッコー発	5:24 5:44 18:19 19:04	

49	ハイファ⟷ティベリヤ	
430	約1時間15分	21.5NIS
ハイファ発	6:30～22:30の1時間に1～3便程度（シャバットは運休）	
ティベリヤ発	5:30～22:00の1時間に1～3便程度（シャバットは運休）	

50	ハイファ⟷キリヤット・シェモナー	
500	約2時間20分	37.5NIS
ハイファ発	6:00～23:30の1時間に1～2便程度（シャバットは運休）	
キリヤット・シェモナー発	6:10～22:15の1時間に1～2便程度（シャバットは運休）	

51	ハイファ⟷キリヤット・シェモナー	
505	約1時間50分	37.5NIS
ハイファ発	7:00～19:00の1時間に1便（シャバットは運休）	
キリヤット・シェモナー発	5:35 7:00～19:00の1時間に1～2便（シャバットは運休）	

52	アッコー⟷ナザレ（旧市街）	
343	約2時間30分	27NIS
アッコー発	7:00～19:30の1時間に1～2便程度（シャバットは運休）	
ナザレ発	5:55～18:55の1時間に1便（シャバットは運休）	

53	アフーラー⟷ティベリヤ	
442	約1時間	21.5NIS
アフーラー発	5:45～21:00の1時間に1～2便程度（シャバットは運休）	
ティベリヤ発	5:00～19:00の1時間に2便（シャバットは運休）	

54	アフーラー⟷ティベリヤ	
541	約50分	21.5NIS
アフーラー発	6:15～20:40の1時間に1便程度（シャバットは運休）	
ティベリヤ発	6:40～20:05の1時間に1便程度（シャバットは運休）	

55	ティベリヤ⟷キリヤット・シェモナー	
541	約1時間20分	27NIS
ティベリヤ発	7:05～21:30の1時間に1便程度（シャバットは運休）	
キリヤット・シェモナー発	5:35～19:00の1時間に1便程度（シャバットは運休）	

56	ティベリヤ⟷キリヤット・シェモナー	
840	約1時間	27NIS
ティベリヤ発	18:15 18:53 22:33 23:33 翌0:33 翌1:53 翌2:33	
キリヤット・シェモナー発	16:00 19:30 20:30 21:30 翌0:30	

※発車時刻および運賃は2018年7月現在の調査時のものであり、しばしば変更されます。
他にも似た路線で複数の会社が運行している場合があります。

メトロポリン社時刻表

57 60	ベエル・シェヴァ⟷ミツペー・ラモーン	
	約1時間40分	15NIS

ベエル・シェヴァ発
6:35 8:00 8:40 10:30 11:45 12:00 13:35 15:25 17:25 20:00 21:40 22:30 23:00 23:45*

ミツペー・ラモーン発
6:30 8:25 10:00 11:30 12:30 12:45 13:40 16:30 18:45 20:30

58 64	ベエル・シェヴァ⟷ミツペー・ラモーン	
	約1時間25分	15NIS

ベエル・シェヴァ発
6:10 7:30 9:00 9:10 10:00 11:00 12:35 13:00 14:00 14:35 15:00 16:20 16:30 16:45 19:00* 19:50 20:40 21:15 22:45

ミツペー・ラモーン発
5:00 7:00 9:00 9:20 10:30 11:00 11:30 12:15 12:45 14:00 14:30 14:45 15:00 17:00 17:30 17:40 18:00 18:30 19:30 19:45 20:15 20:30 21:00 21:40

59 65	ベエル・シェヴァ⟷ミツペー・ラモーン	
	約1時間15分	15NIS

ベエル・シェヴァ発
7:00 8:05 9:30 11:20 12:15 13:10 14:00 15:00 15:45 17:00 18:00 19:30 20:40

ミツペー・ラモーン発
6:50 7:45 8:45 9:45 10:40 12:00 13:00 14:10 16:15 18:20 19:15 20:00 21:00

ナティーヴ・エクスプレス社時刻表

60 271	ハイファ⟷アッコー	
	約30分	114.5NIS

ハイファ発
5:35～23:45の1時間に1～3便程度（シャバットは運休）

アッコー発
5:13～23:07の1時間に1～3便程度（シャバットは運休）

63 361	ハイファ⟷カルミエル	
	約1時間	16NIS

ハイファ発
5:40～22:00の1時間に1～2便程度（シャバットは運休）

カルミエル発
5:46～21:41の1時間に1～2便程度（シャバットは運休）

66 44	ナハリヤ⟷ペキイン	
	約45分	12.5NIS

ナハリヤ発
7:05～20:45の1～2時間に1便程度（シャバットは運休）

ペキイン発
5:03～17:53の1～2時間に1便程度（シャバットは運休）

61 271	ハイファ⟷ナハリヤ	
	約1時間15分	12.5NIS

ハイファ発
5:35～23:45の1時間に1～1便程度（シャバットは運休）

ナハリヤ発
8:50～22:45の1時間に1～1便程度（シャバットは運休）

64 271	アッコー⟷ナハリヤ	
	約15分	8.5NIS

アッコー発
6:08～23:33の1時間に1～3便程度（シャバットは運休）

ナハリヤ発
5:45～22:45の1時間に1～3便程度（シャバットは運休）

67 46	ナハリヤ⟷ペキイン	
	約45分	12.5NIS

ナハリヤ発
6:45 8:00 9:00 12:00 16:05 17:40 18:20 19:35 20:30 21:30 22:00

ペキイン発
5:28 6:28 7:58 8:03 8:43 13:13 14:43 17:33 18:13 18:43 19:13 20:43

62 361	ハイファ⟷ツファット	
	約1時間45分	22.4NIS

ハイファ発
5:40～22:00の1時間に1～2便程度（シャバットは運休）

ツファット発
5:05～21:45の1時間に1～2便程度（シャバットは運休）

65 361	アッコー⟷ツファット	
	約1時間10分	22.4NIS

アッコー発
6:10～23:11の1時間に1～3便程度（シャバットは運休）

ツファット発
4:55～22:45の1時間に1～3便程度（シャバットは運休）

68 361	ツファット⟷カルミエル	
	約45分	15NIS

ツファット発
5:05～21:45の1時間に1～2便程度（シャバットは運休）

カルミエル発
6:40～23:00の1時間に1～2便程度（シャバットは運休）

ジービー・ツアーズ社時刻表

69 331	ハイファ⟷ナザレ（旧市街）	
	約50分	16NIS

ハイファ発
6:20～19:30の1～2時間に1便程度（シャバットは運休）

ナザレ発
5:40～19:00の1～2時間に12便程度（シャバットは運休）

ナザレ・トランスポート社時刻表

70 332	ハイファ⟷ナザレ（新市街）	
	約45分	16NIS

ハイファ発
4:40～21:00の1時間に1～2便程度（シャバットは運休）

ナザレ発
4:40～21:00の1時間に1～2便程度（シャバットは運休）

71 431	ナザレ（旧市街）⟷ティベリヤ	
	約50分	16NIS

ナザレ発
5:50～21:00の1時間に1便程度（シャバットは運休）

ティベリヤ発
6:00～20:30の1時間に1便程度（シャバットは運休）

スーパーバス社時刻表

72 354	ナザレ（新市街）⟷アフーラー	
	約20分	10NIS

ナザレ発
7:00～21:15の1時間に1便程度（シャバットは運休）

アフーラー発
6:40～21:10の1時間に1便程度（シャバットは運休）

74 411	ベト・シェアン⟷アフーラー	
	約30分	11.5NIS

ベト・シェアン発
6:30～18:45の1時間に1～2便程度（シャバットは運休）

アフーラー発
6:45～20:35の1時間に1～2便程度（シャバットは運休）

76 28	ベト・シェアン⟷ティベリヤ	
	約50分	14.5NIS

ベト・シェアン発
5:30～21:00の1時間に1～2便程度（シャバットは運休）

ティベリヤ発
6:15～22:00の1時間に1～2便程度（シャバットは運休）

73 355	ナザレ（新市街）⟷アフーラー	
	約20分	10NIS

ナザレ発
4:50 5:40 9:00 11:00 14:00 18:30 20:00 22:00

アフーラー発
6:00 9:50 12:50 14:20 18:50 20:50 22:20 23:20

75 412	ベト・シェアン⟷アフーラー	
	約30分	11.5NIS

ベト・シェアン発
5:30～23:15の1時間に1～2便程度（シャバットは運休）

アフーラー発
5:35～23:30の1時間に1～2便程度（シャバットは運休）

77 411	ティベリヤ⟷ツファット	
	約1時間	15.5NIS

ティベリヤ発
7:00～19:00の1～2時間に1便程度（シャバットは運休）

ツファット発
7:00～19:00の1～2時間に1便程度（シャバットは運休）

カワイーム社時刻表

78 76	カイザリヤ⟷ハデラ	
	約1時間～1時間	8.9NIS

カイザリヤ発
6:20 7:00 7:40 8:40 10:00 12:00

ハデラ発
6:40 8:20 9:05 11:25 13:10 14:50 15:50 19:30

79 79	ズィフロン・ヤアコヴ⟷ハデラ	
	約20分	4NIS

ズィフロン・ヤアコヴ発
6:40～21:40の1時間に1～3便程度（シャバットは運休）

ハデラ発
5:50～21:10の1時間に1～4便程度（シャバットは運休）

コマン社時刻表

80 98	キルヤット・シェモナー⟷メッサダ	
	約60分	13.5NIS

キルヤット・シェモナー発
10:37 14:00 16:10 16:00 10:10 12:00 19:45 21:30

メッサダ発
3:47 17:00 17:00 （全時期週1便 7:07） 9:07 11:37 18:02

※発車時刻および運賃は2010年7月現在の調査時のものであり、しばしば変更されます。
他にも似た路線で複数の会社が運行している場合があります。

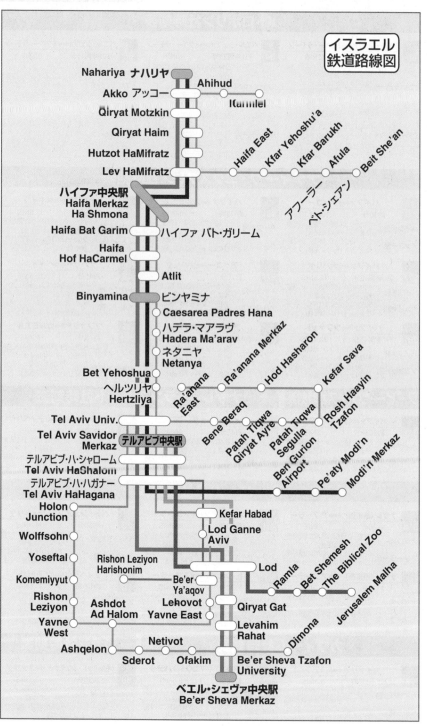

イスラエル
鉄道路線図

Nahariya ナハリヤ
Akko アッコー
Ahihud
Karmiel
Qiryat Motzkin
Qiryat Haim
Hutzot HaMifratz
Haifa East
Kfar Yehoshu'a
Kfar Barukh
Afula
Beit She'an
Lev HaMifratz
アフーラー
ベト・シェアーン
ハイファ中央駅
Haifa Merkaz
Ha Shmona
Haifa Bat Garim ハイファ バト・ガリーム
Haifa
Hof HaCarmel
Atlit
Binyamina ビンヤミナ
Caesarea Padres Hana
ハデラ・マアラヴ
Hadera Ma'arav
ネタニヤ
Netanya
Ra'anana Merkaz
Hod Hasharon
Kefar Sava
Bet Yehoshua
Ra'anana
East
Rosh Haayin
Tzafon
ヘルツリヤ
Hertzliya
Bene Beraq
Tel Aviv Univ.
Patah Tiqwa
Qiryat Ayre
Patah Tiqwa
Segulla
Tel Aviv Savidor
Merkaz テルアビブ中央駅
Ben Gurion
Airport
Pe'aty Modi'in
Modi'n Merkaz
テルアビブ・ハ・シャローム
Tel Aviv HaShalom
テルアビブ・ハ・ハガナー
Tel Aviv HaHagana
Holon
Junction
Kefar Habad
Wolffsohn
Lod Ganne
Aviv
Yoseftal
Rishon Leziyon
Harishonim
Lod
Ramla
Bet Shemesh
The Biblical Zoo
Komemiyyut
Be'er
Ya'aqov
Rishon
Leziyon
Lehovot
Yavne East
Ashdot
Ad Halom
Qiryat Gat
Jerusalem Malha
Yavne
West
Levahim
Rahat
Dimona
Ashqelon
Netivot
Be'er Sheva Tzafon
University
Sderot
Ofakim
ベエル・シェヴァ中央駅
Be'er Sheva Merkaz

306

旅のホテル

　イスラエルにはさまざまな種類の宿泊施設がある。残念ながら、多くの観光案内所では宿の予約は基本的に代行しないが、ホテルリストをもらうことができる。

ホテル　イスラエルのホテルは、外国資本の高級ホテル、伝統と歴史のある高級ホテル、機能的なエコノミーホテルなど幅広い。死海、ガリラヤ湖周辺には温泉のあるスパ・リゾートホテルもあり、エステや医療のケアを受けられる。

　高級ホテルの料金は日本と同程度もしくはそれ以上。ツイン朝食付きで1泊200US$から600US$ぐらいはする。しかし、市内の旅行代理店をとおすとシーズンにもよるが驚くほど安い料金で泊まれることがある。

ユースホステル　国内には国際ユースホステル協会により運営されている18のユースホステルがある。

　ユースホステルの宿泊には年齢の制限がなく、カードがなくても泊まることができる。食事付きのところと自炊設備のあるところがある。料金はドミトリーで1泊40US$弱、個室で70〜140US$ぐらい。国際ユースホステル協会に加盟していない独立系のホステルもある。ただし、近年は独立系ホステルも含めドミトリーのあるホステルは減少傾向にある。

クリスチャン・ホスピス　イエスゆかりの地には、巡礼客のために、教会や修道院の敷地内にホスピスという宿泊施設が設けられている。ドミトリーと個室があり、食事も取れる。歴史的にも貴重な建物が多く、清潔で管理が行き届いている。

　料金はドミトリー1泊35US$〜、個室で1泊70〜150US$ほど。もちろんキリスト教徒でない人も泊まれる。

　ホスピスのある都市はエルサレム、ベツレヘム、ナザレ、ハイファ、テルアビブ郊外など。

キブツ・ホテル　キブツには宿泊施設をもっているところもある。設備は中級程度で食事も取れる。

キャンプ場　イスラエル国内にはいくつかキャンプ場があり、自分のテントを張ることもできるし、バンガローのドミトリーや個室に泊まることもできる。

フィールド・スクール　イスラエル自然保護協会S.P.N.I.(Society for the Protection of Nature in Israel)などの団体によって運営されるホステル。自然観察ツアーなども企画しているところが多い。死海やエイラツトなどイスラエル各地にあるが、特にネゲブ砂漠の観光に便利。

ネゲブ砂漠のフィールド・スクール

■イスラエルユースホステル協会
URL www.iyha.org.il

■イスラエル自然保護協会
URL www.natureisrael.org/aspni

ナザレの町には巡礼客用のホスピスが多い

キブツって何?

キブツとはイスラエル独自の社会主義的共同体。おもに灌漑事業、農作業に従事しており、国内で消費される野菜や果物のほとんどを生産している。国内には270以上のキブツがあり、外国人も住み込んで仕事を手伝うことができる。問い合わせはキブツ・プログラムセンターなどへ。

■キブツ・プログラムセンター
Kibbutz Program Center
✉13 Leonardo De Vinci St.
TEL(03) 6925260
URL www.kibbutz.org.il

■日本での情報収集先
●テマサトラベルTemasa Travel
イスラエル方面に強い旅行会社。キブツ プログラムの申し込み代行は行っていないが、プログラムに関する情報収集、書類の書き方に関するアドバイスを行っている。
東京都...日本橋...第2開発ビル3F
TEL(03) 3722-2184
URL www.temasa.co.jp

旅のトラブルと安全対策

イスラエルを旅行する際に一番心配なのが、やはり治安の問題かもしれない。しかし、近年、テロの件数などは大幅に減ってきている。

テロ対策のため、ショッピングセンターなどでは、入口で手荷物検査が行われる。また、放置されたものは爆弾処理班が片づけるので、不審物には触らないこと。自分のかばんからも目を離さずきちんと管理しよう。

外務省の安全情報　おもにパレスチナ自治区で断続的に起こっているイスラエル兵士や入植者たちとパレスチナ住民の衝突は、双方とも基本的には外国人を直接の標的とするものではないものの、緊迫した状態が続いている。

日本の外務省は2018年8月現在、イスラエルおよびパレスチナ全域に「十分注意してください」の危険情報を発出している。さらに、ヨルダン川西岸（エリコ、ベツレヘム、ラーマッラーおよびこれら3都市とエルサレムを結ぶ幹線道路並びに西岸内の国道1号線および90号線を除く）、レバノンとの国境付近、ガザ地区および同地区との境界周辺には「渡航は止めてください」（渡航中止勧告）の危険情報が発出されている。

パレスチナ自治区でも観光旅行で訪れる町、ベツレヘム、ラーマッラー、エリコは問題なく訪れることができるが、最

■**外務省海外安全ホームページ**
URL www.anzen.mofa.go.jp

■**外務省海外安全情報配信サービス
たびレジ**
登録しておくと、現地の大使館、総領事館から最新安全情報がメールで届くサービス。大規模な事件、事故、テロ、自然災害など緊急事態が発生したときにもメールが届き、安否の確認や必要な支援などを受けることができる。
URL www.ezairyu.mofa.go.jp

パスポート紛失時の手続き
パスポートをなくしたら、まず現地の警察署へ行き、紛失・盗難届証明書を発行してもらう。次にテルアビブの日本大使館で旅券の失効手続きをし、新規旅券の発給、または帰国のための渡航書の発給を申請する。パスポートの顔写真があるページと航空券や日程表のコピーがあると手続きが早い。コピーは原本とは別の場所に保管しよう。

必要書類および費用
●現地警察署の発行した**紛失・盗難届出証明書**
●写真（35×45mm）2枚
●戸籍謄本または抄本　1通
●**旅行日程**が確認できる書類（旅行会社にもらった日程表または帰りの航空券）
●**手数料**　10年用旅券1万6000円、5年用旅券1万1000円、帰国のための渡航書2500円。いずれも支払いは現地通貨の現金で。
「旅券申請手続きに必要な書類」の詳細や「IC旅券作成機が設置されていない在外公館」は外務省のウェブサイトで確認を。
URL www.mofa.go.jp/mofaj/toko/passport/pass_5.html

308

イスラエル
危険情報（渡航情報）
マップ

・アッコー
ハイファ　・ティベリヤ
ナザレ
テルアビブ
ラーマッラー
エルサレム　・エリコ
・ベツレヘム
・ベエル・シェヴァ

凡例:
■「渡航はやめてください」
□「十分注意してください」

・エイラット

※上記は2018年8月現在、日本の外務省より発出されているものです。情勢は常に流動的なので、外務省の海外安全ホームページで最新情報を確認してください

新情報を確認して行動すること。

かつて多発した爆弾テロ事件は、以前に比べて大幅に減っているが、衝突は依然として多く、死者も少なからず出ている。とはいえ、観光客をターゲットにしたものは起きておらず、日本人が標的になっているわけでもない。だが、デモ活動の現場、バスや路面電車の停留所といったところでたびたび衝突が起きていることを考えれば、巻き込まれるリスクを下げるためにも、大勢の人が集まる場所にはできるだけ近づかないのが賢明だ。また、軍事施設や兵士を許可なく撮影すると逮捕される恐れがあるので気をつけよう。

盗難犯罪　前述の一連の衝突による混乱以外にも注意すべき点はある。最も多いのが死海やビーチなどでの置き引きだ。スパで入浴する場合、貴重品の管理にも十分に気を配りたい。人混みのなかでスリに遭遇する可能性も決して低くはない。公共交通手段で移動する際や市場で買い物をするなどの場面ではポケットやかばんがどんな状態なのか気を配ろう。

また、タクシーで移動した際、降りる間際に貴重品を持っていかれるという例もある。自分は徒歩、相手は車なので、降りたあとに気づいてもあとの祭りだ。最低限必ず手書きではないレシートをもらい、なくさずに持っていること。チャータータクシーなどで移動中の車上荒らしにも気をつけたい。

自転車を盗まれるというのもよくある犯罪だ。レンタル自転車などで遠出した際に、タイヤにチェーン鍵をかけておいても、チェーン鍵をつけたまま持っていかれることもある。チェーンは必ず固定された場所につないでおこう。

注意したい病気　イスラエルで最も注意したいのは消化器疾患だ。一般的に水道水は飲用可能だが石灰質が多いので、慣れない人は下痢を起こしやすい。ペットボトルの水はおおむね大丈夫だ。また、暑いシーズンは脱水症状から体を守る必要がある。

まれにだがサソリや毒ヘビの被害に遭う人もいる。沙漠地方にいるイエロースコーピオンと呼ばれるサソリは特に毒性が強いことで知られ、刺されると最悪の場合、死にいたる。強い日差しを避けて岩陰や石の下にいることが多いので、不用意に石を動かしたり、岩に手を突っ込んだりしないほうがいい。

また、ハレスナナバイパーという夜行性の毒ヘビは、日本人の被害例はまだないものの、年間2～3人の死亡例がある。夜出かけるときサンダルの利用はできるだけ控えよう。かまれた場合はすぐに病院に連絡すること。

ワシントン条約の輸入規制

ワシントン条約とは絶滅の恐れがある動植物を保護するため捕獲を禁止・制限する規制。指定の動植物を原料とした製品の輸入は、関係機関が発行した輸出許可証がないと許可されない。例えば希少動物を原料とした漢方薬、ワニやトカゲを材料とした皮革製品などがこれにあたる。

コピー商品の購入は厳禁!

有名ブランドのロゴやデザイン、キャラクターなどを模倣した偽ブランド品や、ゲーム、音楽ソフトなどを違法に複製した「コピー商品」を、購入してはいけないのは旅先でも同じこと。これらの品物を持って帰国すると、空港の税関で没収されるだけでなく、場合によっては損害賠償請求を受けることも。「知らなかった」では済まされないのだ。

空襲警報が鳴ったら……

イスラエルでは防空システムが稼働しており、被害が出る可能性がある場合は、空襲警報が鳴る。観光客が宿泊するようなホテルにはたいていシェルターが設置されている。滞在中に警報が鳴ったら、まずはレセプションに行き、スタッフの指示にしたがおう。事前にシェルターの位置を確認しておくことも大事だ。町を歩いているときに空襲警報が鳴った場合は、周囲の安全そうな建物に入り、建物の奥でしばらく待機する。建物が近くにない場合は走ったりせずに地面に伏せて待機。警報が鳴ったら、必ず10分程度は待機しよう。その後、安全が確認できたら通常の活動に戻ることができる。

イスラエルの病院

イスラエルの医療体制は周辺国に比べるとしっかりしている。医療費は高額なのでぜひ旅行保険には入っておきたい。以下はテルアビブおよびエルサレムの代表的な大型総合病院。

イヒロフ病院 Ishilov Hospital
Map P.189B2 (テルアビブ)
✉6 Weizman St., Tel Aviv
℡(03) 697-3686 (救急外来)
URLwww.tasmc.org.il

テル・ハショメール病院
Tel Hashomer Hospital
✉2 Sheba Road, Tel Hashomer,
Tel Aviv
℡(03) 5303101 (救急部)
URLeng.sheba.co.il

ハダッサ病院
Hadassah Hospital
Map P.56A3 (エルサレム)
✉Ein Kerem, Jerusalem
℡(02) 6777111 (救急外来)
URLwww.hadassah-med.com

旅の情報収集

ツーリストインフォメーション　観光大国のイスラエルでは、ツーリストインフォメーションが充実している。地図やパンフレットの配布、ホテル案内（予約代行はしない）、イベント案内、交通案内などあらゆるニーズにこたえている。

国営のGovernment Tourist Information Officesとの市営の Municipal Tourist Offices、それに第3セクターや私営のものもあるが、業務はほとんど同じ。それぞれの所在地は、本書では各都市のページの欄外に記している。

営業時間は日〜木曜の8:30〜18:00（シーズンオフや冬期は〜15:00）、金曜の8:30〜13:00、土曜は通常休業。

イスラエル版Time Outもある

英字紙　イスラエルで発行されているイスラエル系の英字新聞は、現在"Jerusalem Post"のみ。しかし、この新聞はかなり読み応えがあり、最新のイスラエルの情報をゲットするのにぴったりだ。タイム・アウトTime Outのイスラエル版でも最新情報が手に入る。

日本で得られる情報

駐日本イスラエル大使館　日本で情報を集めたい人はまずイスラエル大使館のウェブサイトを見てみよう。簡単な国の紹介のみならず、観光や経済の情報はもちろん、イスラエルの映画や舞台、モダンダンス、管弦楽団などの来日情報などイスラエル文化に関する情報も満載だ。リンクも充実しており、イスラエルの魅力についてもう一歩深く知りたい人にも最適のいいウェブサイトだ。

■在イスラエル日本大使館
⊠Museum Tower 19th & 20th Floor, 4 Berkowitz St., Tel Aviv
℡(03)6957292
URLwww.israel.emb-japan.go.jp
■駐日本イスラエル大使館
⊠〒102-0084
東京都千代田区二番町3番地
℡(03)3264-0911
URLembassies.gov.il/tokyo
■駐日パレスチナ常駐総代表部
⊠〒100-0083
東京都千代田区麹町2-12-1
VORT半蔵門7F
℡(03)5215-8700
URLwww.palst-jp.com

駐日本イスラエル大使館 公式ゆるキャラ「シャロウムちゃん」

ヘブライ語で"平和"を意味するシャローム、シャロ〜ム、シャロオウム……、シャロウムと名付けられたオウムです。シャロウムちゃんは、イスラエルの国章と、平和の象徴オリーブを手（翼）に持ち、ダビデの星のかんむりを頭にかぶって、世界の平和のために、イスラエルの親善大使として、がんばります。

情報収集に役立つ　ウェブサイトリンク集

駐日本イスラエル大使館
URLembassies.gov.il/tokyo
情報が満載の大使館ページ

エルアル・イスラエル航空
URLwww.elal.com

エゲッドバス
URLwww.egged.co.il

ダン・バス
URLwww.dan.co.il

Bus.co.il(長距離バス情報)
URLwww.bus.co.il
イスラエル国内のバスの時刻表が検索可能

イスラエル国鉄
URLwww.rail.co.il
時刻表や最新運賃など

Welcome to Israel（イスラエル政府観光局）
URLwww.goisrael.com

駐日パレスチナ常駐総代表部
URLwww.palst-jp.com

Visit Palestine（パレスチナ観光局）
URLwww.visitpalestine.ps

在イスラエル日本人交流会
URLwww.japanisrael.com
イスラエルの文化や生活に関する情報を提供

旅の言葉

イスラエルの主要言語は**ヘブライ語**と**アラビア語**。普通ユダヤ人はヘブライ語を話し、アラブ人が多い地域ではアラビア語が話されている。ヘブライ語やアラビア語は短期間の旅行中にマスターするのは無理だが、あいさつぐらいは覚えてどんどん話しかけてみよう。

ヘブライ語

ここでは旅行中知っていると便利なヘブライ語を紹介しよう。ヘブライ語は母音表記がなく、単語に女性形、男性形があるので難しいかもしれないが、発音は日本語と似ている部分もあってわりに楽だ。

復活した聖書の言葉 「ヘブライ語」を英語でHebrewヒーブリューといい、ヘブライ語ではイブリットという。もともとユダヤ人のことをイブリーといい、その言葉がイブリットだった。これにギリシア人がギリシア語で書いたときにHを付けて表記したのがヒーブリュー、ヘブライといわれる原因だ。

ヘブライ語の文字は、紀元前11世紀頃に今の中近東地域で勢力をもっていたフェニキア人のフェニキア文字からできたといわれている。現在のヘブライ文字は表音文字だが、もとはエジプトなどの象形文字と同様、ひとつの文字がひとつのものを指す絵画文字だった。例えば、英語のAにあたるアレフ אはア行の音を表すが、昔のフェニキア人は雄牛の角をこれに似た絵で表したという。また英語のBに当たるベット בは家

欧米人の名前はヘブライ語から

欧米人の名前は聖書から取られたものが多く、したがってヘブライ名であることが多い。よく知られているのは、ジョン（→ヨハネ）、ベンジャミン（→ベニヤミン）、ジェイムス（→ヤコブ）など。

ヘブライ語が読めなくても、トイレなどはわかりやすい表示

ヘブライ語のアルファベット

文字	発音	例	文字	発音	例
א	A	אם エム（母）	ל	L	לאומי レウッミー（国立の、民族の）
ב	B,V	בית バイト（家）	מ	M	מלון マローン（ホテル）
ג	G	גן ガン（庭）	נ	N	נצרת ナツラット（ナザレ）
ד	D	דלת デレット（ドア）	ס	S	סלע セラア（岩）
ה	H	הר ハル（山）	ע	'A	עכו アッコー（地名）
ו	W,V	ורד ヴェレッド（バラ）	פ	F,P	פונדק プンダク（宿、食堂）
ז	Z	זמן ズマン（時間）	צ	Ts,Tz	צפת ツファット（地名）
ח	Kh	חיפה ハイファー（ハイファ）	ק	K	קבר ケヴェル（墓）
ט	T	טבריה ティヴェリヤー（ティベリヤ）	ר	R	רבע レバア（4分の1）
י	Y,I	יפו ヤッフォ（地名）	ש	S,Sh	שוק ショック（市場）
כ	Kh,K	כנסייה クネスィヤー（教会）	ת	T,Th	תל אביב テルアヴィヴ（テルアヴィヴ）

※כ、מ、נ、פ、צは語尾に来ると形が変わる。

311

辞書は旅行者の必需品。現地で購入するのも手

の形、さらに英語のCにあたるカフ**כ**はてのひらを表している。

英語のアルファベットがギリシア語のアルファとベータから来ていることはよく知られているが、これはさらに遡ればフェニキア文字のアレフとベットから来ている。

ヘブライ語の歴史　フェニキア語や古代エジプト語は書かれた文字としてしか残っていないのに、ヘブライ語は今も日常使われている。もちろん、現代ヘブライ語は古代ヘブライ語や聖書のヘブライ語などとは、文体や文法がずいぶん違うが、読めることは読める。現代日本と古語の関係や、現代ギリシア語と古代ギリシア語の関係に少し似ているかもしれない。

ヘブライ語で書かれたものの代表として挙げられるのは、やはり旧約聖書だ。ユダヤ教の聖典であるこの聖書を、熱心なユダヤ教徒は声に出して何度も読む。それが戒律のひとつでもある。聖書の注釈、祈祷書、説話など中世ユダヤ文学の一部もヘブライ語で書かれてきた。

しかし、書き言葉としてのヘブライ語が綿々と続いてきた反面、話し言葉としてのヘブライ語は3世紀頃にすたれてしまった。それ以降、日常語としてヘブライ語が使われることはなかったが、現在ヘブライ語の父と呼ばれるエリエゼル・ベン・イェフダーが今日のような日常語として復活させた。

さて私たちがわりによく耳にするアーメン、ハレルヤ、メサイアなども、ヘブライ語が語源だ。ハレルヤはハレルー（ほめたたえなさい）・ヤー（神を）、アーメンは「そのとおりになるように」という意味で、忠実や信仰という単語と同じ語源をもつ。メサイアはヘブライ語ではマシアハといい、「神からの使い」という意味が転じて救い主という意味になった。

ヘブライ語の読み方と書き方　ヘブライ語は右から書いていくので、日本語の横書きと逆方向から読み始める。文字は全部で22文字。母音は日本語のように5種類だが、普通書くときは子音のみで表す。

ヘブライ語の読み方の練習

ב נ ק
k n b
英語風に並び替えると右からbnk、少しカンを働かせbankと読む。つまり銀行のこと。

מ ל ו ן
n o l m
右から初めの2文字はmとl、次はo、u、vのどれか、最後はn、合わせてmalonと読む。ホテルのこと。

י ר ו ש ו ר י
m y l s h u r y
右から並び替えるとyerushalaymイエルシャライム、エルサレム。

ת ל א ב י ב
v y v a l t
t、l、a、(b、v)、i、(b、v)。Tel Avivテル・アヴィヴ（テルアビブ）と読む。

312

ヘブライ語会話と基本単語集

　ヘブライ語では、話し手や聞き手が女性か男性かによって動詞の活用が違う。しかし、旅行者が話しているかぎり、理解しようとしてくれるので、特に問題はないだろう。

あいさつ

おはよう。 **בוקר טוב.**
boker tov ボケル・トーヴ

こんにちは、さようなら。 **שלום.**
shalom シャローム

また会いましょう。 **להתראות.**
lehitraot レヒトラオート

お元気ですか？ **מה שלומך?**
ma shlom'ha マー・シュロムハ

元気です。 **שלומי טוב.**
shlomi Tov シュロミー・トーヴ

絶好調です。 **טוב מאוד.**
Tov meod トーヴ・メオド

神様のおかげです。 **ברוך השם.**
baruh hashem バルーフ・ハシェム

まあまあです **ככה ככה.** **kaha kaha** カハカハ

私の名前は――――です。 **שמי――――.**
shmi―――― シュミ

どちらから？（お国は？） **מאין אתה?**
meain ata (at)? メアイン　アッター（アット）

わたしは日本人です。 **אני מיפן.**
ani miyapan アニー　ミヤパン

東京出身です。 **אני מטוקיו.**
ani mitokyo アニー　ミトーキョー

どうぞよろしく。 **נעים מאוד.**
naiim meod ナイーム・メオッド

ありがとう **תודה רבה.**
toda raba トダー・ラバー

はい。 **כן.** **ken** ケン

いいえ **לא.** **lo** ロー

私は学生です。 **אני סטודנט.**
ani student アニー　ステュデント

依頼と質問

～をください。 名詞 **בבקשה.**
名詞**bevakasha** （名詞）ベヴァカシャー

例)お水をください。 **מים בבקשה.**
maim bevakasha マイム　ベヴァカシャー

～してください。 動詞の不定詞 **בבקשה**
bevakasha 動詞の不定詞
ベヴァカシャー（動詞の不定詞）
例)窓を開けてください **בבקשה לפתוח את החלון.**
bevakasha liftoah et ha'halon
ベヴァカシャー　リフトアッハ　エット　ハ・ハロン

～ができますか？ **אפשר** 不定詞!
efshar 不定詞**?** エフシャル（不定詞）？
例)これを見ることができますか？
אפשר לראות את זה?
efshar lir'ot et ze?
エフシャル　リルオット　エット　ゼ

～が欲しい。 名詞 **אני רוצה**
ani rotse(rotsa) 名詞
アニー　ローツェー（ローツァー）（名詞）
例)私は本が欲しい **אני רוצה ספר.**
ani rotse sefer
アニー　ローツェー（ローツァー）セフェル

～がしたい。 不定詞 **אני רוצה**
ani rotse(rotsa) 不定詞
アニー　ローツェー（ローツァー）（不定詞）

人称代名詞

私 **אני** ani アニー
あなた(男) **אתה** ata アター
あなた(女) **את** at アット
彼 **הוא** hu フー　彼女 **היא** hi ヒー
私たち **אנחנו** anahnu アナハヌ

国名

フランス **צרפת** tsarfat ツァルファット
アメリカ **אמריקה** amerika アメリカ
日本 **יפן** yapan ヤパン
ドイツ **גרמניה** germaniya ゲルマニヤ
英国 **אנגליה** angliya アングリヤ

都市名

テルアビブ **תל אביב**
tel aviv テル・アヴィヴ

ハイファ **חיפה** heifa ヘイファ

エルサレム **ירושלים**
yerushalaim イエルシャライム

ティベリヤ **טבריה**
tverya テヴェルヤー

ナザレ **נצרת** natsrat ナツラト

ベツレヘム **בית לחם**
beit lehem ベート・レヘム

死海 **ים המלח**
yam hamelah ヤム・ハメラハ

時間・曜日

昨日 **אתמול** etmol エトモール
今日 **היום** hayom ハヨーム
明日 **מחר** mahar マハル
朝 **בוקר** boker ボケル

昼 **צהרים** tsohoraim ツォホライム
午前 **לפני צהרים**
lifnei tsohoraim リフネ・ツォライム
午後 **אחרי צהרים**
aharei tsohoraim アハレイ・ツォホライム
夕方 **ערב** erev エレヴ
夜 **לילה** laila ライラ

日曜日 **יום ראשון**
yom rishon ヨーム・リショーン
月曜日 **יום שני**
yom sheni ヨーム・シェーニー
火曜日 **יום שלישי**
yom shlishi ヨーム・シュリシー
水曜日 **יום רביעי**
yom revi'i ヨーム・レヴィーイー

わたしはここに滞在したい。	אני רוצה לשהות כאן.

ani rotse(rotsa) lish'hot kan
アニー　ローツェー　リシュホート　カン

ショッピング

~はどこにありますか？ איפה יש ?名詞

eifo yesh 名詞？ エイフォー　イェーシュ（名詞）？

もっと大きいのはありますか？
יש לך יותר גדול!

yesh leha(lah) yoter gadol?
イェーシュ　レハ（ラフ）　ヨテル　ガドール？

おいくらですか？ כמה זה?

kama ze? カマ　ゼ？

高いですね ze yakar ゼ ヤカル זה יקר.

割り引いてくださいますか？ אפשר לקבל הנחה?

efshar lekabel hanaha?
エフシャル　レカベル　ハナハ？

これでいいです זה בסדר.

ze beseder ゼ　ベセデル

これをください תן (תני) לי את זה בבקשה.

ten(tni) li et ze bavakasha
テン（ツニー）リ・エット・ゼ　ベヴァカシャー

おつりが足りません חסר כסף.

haser kesef ハセル　ケセフ

領収書をください תן (תני) לי קבלה בבקשה.

ten(tni) kabala bevakasha
テン（ツニー）　リ　カバラー　ベヴァカシャ

レストラン

この近くでおいしいレストランはどこにありますか？
איפה יש מסעדה טובה בסביבה?

eifo yesh mis'ada tova basviva?
エイフォ　イェーシュ　ミスアダー　トヴァ　バースヴィヴァー？

何がいいですか？（あなたは何をすすめるか）
על מה אתם ממליצים?

al ma atem mamlitzim?
アル　マー　アテム　マムリツィーム

メニューを見せてください。 אפשר לראות את התפריט.

efshar lir'ot et hatafrit
エフシャル　リルオート　エト　ハタフリート

同じものをください אפשר לקבל אותו דבר?

ehshar lekabel oto davar
エフシャル　レカベル　オートー　ダヴァル

リレーツー（リ・ヨトメツイ）ル、りみませんか～ をください
סליחה, מלצר (מלצרית), 名詞, בבקשה.

sliha, meltsar(meltsarit) 名詞 bevakasha
スリッハー　メルツァル（メルツァリート）（名詞）ベヴァカシャー

注文したものと違います זה לא מה שהזמנתי.

ze lo ma she-hizmanti ゼ　ロー　マー　シェヒズマンティ

早く持ってきてください。 תביא מהר בבקשה.

tavi maher bevakasha
タヴィー　マヘル　ベヴァカシャー

勘定書きをいただけますか？ אפשר לקבל חשבון?

efshar lekabel heshbon?
エフシャル　レカベル　ヘシュボン

ホテル

部屋はありますか？ יש לכם חדר?

yesh lahem heder? イェーシュ　ラヘム　ヘデル？

ひとり1泊いくらですか？ כמה זה לילה אחד לאחד?

kama ze laila ehad le'had?
カマ　ゼ　ライラ　エハッド　レエハッド？

もっと安い部屋はありますか？ יש לכם חדר יותר זול?

yesh lahem heder yoter zol?
イェーシュ　ラヘム　ヘデル　ヨテル　ゾル？

ふたり/ひとり部屋がいいです
אני רוצה חדר יחיד/חדר זוגי.

ani rotse (rotsa) heder yahid /hodr zugi
アニー　ローツエー（ローツァー）　ヘデル
ヤヒード/ヘデル　ズギー

木曜日 יום חמישי	ゆっくり話すこと לדבר לאט	撮影すること לצלם
yom hamishi ヨーム・ハミシー	ledaber le'at レダベル レアット	letsalem レツァレム

金曜日 יום שישי
yom shishii ヨーム・シシー

英語で話すこと לדבר באנגלית
ledaber beanglit レダベル ベアングリット

(~に)電話をかけること לטלפן ל
letalfen le レタルフェン　レ

土曜日 שבת
(yom) shabat （ヨーム）シャバート

これを送ること לשלוח זה
lishloah ze リシュロアッハ　ゼ

形容詞

祭日 חג hag ハグ

一緒に写真を撮ること להצטלם ביחד
lehitstalem beyahad
レヒツタレム・ベヤハッド

大きい גדול gadol ガドル

動詞の不定形

開けること לפתוח liftoah リフトアッハ

もらうこと、受け取ること
לקבל lekabel レカベル

小さい קטן katan カタン

閉めること לסגור lisgor リスゴル

買うこと לקנות liknot リクノット

高い יקר yakar ヤカル

座ること לשבת
lashevet ラシェヴェット

たばこを吸うこと לעשן
le'ashen レアシェン

安い זול zol ゾル

きれい יפה yafe ヤフェ

食べること לאכול le'ehol レエホル

きたない מלוכלך meluhlah メルフラフ

飲むこと לשתות lishtot リシュトット

早い(時間が) מוקדם
mukdam ムクダム

遅い(時間が) מאוחר
me'uhar メウハル

部屋を見せてもらえますか？ אפשר לראות חדר?!
efsher lir'ot heder? エフシャル リルオート ヘデル？

海が見える部屋にしてください חדר הפונה לים בבקשה.
heder ha-pone layam bevakasha ヘデル ハ ポネー ラヤーム ベヴァカシャー

台所は使えますか？ אפשר להשתמש במטבח?
efsher lehishtamesh bamitbah? エフシャル レヒシュメタシュ バミトバアー？

門限は何時ですか？ מתי סוגרים את השער?
matai sogrim et hashaar? マタイ ソグリーム エト ハシャアル？

シーツを替えてください החליף (החליפי) את הסדין.
hahlif(hahlifi) et hasadin ヘフリーフ（ヘフリーフィー）エート ハサディン

朝食付きですか？ עם ארוחת בקר?
im aruhat boker? イム アルハット ボケル？

私の荷物を預かってくれますか？ האם תוכל (תוכלי) לשמור החפצים שלי?
ha'im tuhal (tuhli) lishmor hafatzim sheli? ハイム トゥハル（トゥフリ）リシュモル ハファツィーム シェリー？

チェックアウトしたいです אני רוצה לעשות צ'ק-אאוט.
ani rotse (rotsa) la'sot check-out アニー ローツエー（ローツァー）ラアソット チェックアウト

街歩き

~はどこですか？ איפה 名詞?!
eifo 名詞? エイフォ（名詞）？

~にどうやって行きますか？ איך מגיעים ל 名詞?
eih magi'im le 名詞? エイフ マギーイーム レ（名詞）？

ここから~までどれくらい時間がかかりますか？ כמה זמן לוקח מפה עד 名詞?!
kama zman lokeah mipo ad 名詞? カマー ズマン ロケアプ ミポー アド ~（名詞）？

~に着いたら教えてください תגיד לי בבקשה כשנגיע ל 名詞.
tagid li bevakasha kshe nagia le 名詞 タギード リー ベヴァカシャ クシェ ナギア レ（名詞）

~に行ってください. ל 名詞, בבקשה.
le 名詞 bevakasha レ（名詞）ベヴァカシャー

ここは何通りというのですか？ איך קוראים לרחוב הזה?!
eih korim larehov haze? エイフ コルイーム ラ・レホヴ ハ・ゼ？

停まってください. תעצור, בבקשה.
taatzor bevakasha. タアツォル ベヴァカシャー

ちょっと待ってください חכה לי רגע
Hake li rega' ハケー リ レガー

~までの切符を1枚ください. תן לי כרטיס ל 名詞.
ten li kartis le 名詞 テン リ カルティス レ（名詞）

レストラン

オレンジジュース מיץ תפוזים mits tapuzim ミーツ・タプズィーム
紅茶 תה te テー
インスタントコーヒー נס קפה neskafe ネスカフェ
トルココーヒー קפה טורקי kafe turki カフェ・トゥルキ
牛乳 חלב halav ハラヴ
ビール בירה bira ビーラー
白ワイン יין לבן yain lavan ヤイン・ラヴァン
赤ワイン יין אדום yain adom ヤイン・アドーム
水 מים maim マイム
アイスクリーム גלידה glida グリダー
パン לחם lohem レヘム
スープ מרק marak マラク
塩 מלח melah メラハ
砂糖 סוכר sukar スカル
こしょう פלפל pilpel ピルペル
米 אורז orez オレズ
カバーブ קבב kabab カバブ

野菜サラダ סלט ירקות salat yerakot サラット・イェラコット
シュワルマ שווארמה shwarma シュワルマ
肉団子 קציצות ktsitsot クツィツォト
魚 דג dag ダッグ
フームス חומוס humus フームス
お勘定 חשבון heshbon ヘシュボン

ホテル

シーツ סדין sadin サディン
タオル מגבת magevet マゲヴェット
お湯 מים חמים maim hamim マイム・ハミーム
シャワー מקלחת miklahat ミクラハット
バスタブ אמבטיה ambatiya アンバティヤ
毛布 שמיכה smiha スミハ
鍵 מפתח maftea マフテアフ
税金 מסים misim ミスィーム

街歩き

扉 דלת delet デレット
地図 מפה mapa マパー
本 ספר sefer セフェル

切手 בולים bulim ブーリーム
封筒 מעטפה maatafa マアタファ
切符 כרטיס kartis カルティス
たばこ סיגריה sigariya シガリヤ
シェルート שירות sherut シェルート
タクシー מונית monit モニート
レストラン מסעדה mis'ada ミスアダー
スーパーマーケット סופרמרקט supermarket スーペルマルケト
セントラルバスステーション תחנה מרכזית tahana merkazit タハナット・メルカズィート
鉄道駅 תחנת הרכבת tahanat Ha-rakevet タハナット・ハ・ラケヴェット
銀行 בנק bank バンク
大学 אוניברסיטה universita ウニヴェルスィータ
ホテル מלון malon マローン
郵便局 דואר do'ar ドアル
道 רחוב rehov レホヴ
旧市街 העיר העתיקה ha ir ha'atika ハ・イル・ハ・アティカー
病院 בית חולים Beit Holim ベイト・ホリーム

アラビア語の数字		
1	١	ワーハド
2	٢	イティニーン
3	٣	タラータ
4	٤	アルバア
5	٥	ハムサ
6	٦	スィッタ
7	٧	サバア
8	٨	タマーニヤ
9	٩	テスア
10	١٠	アシャラ
11	١١	ヘダーシュ
12	١٢	エトナーシュ
13	١٣	タラターシュ
14	١٤	アルバターシュ
15	١٥	ハムサターシュ
16	١٦	セッターシュ
17	١٧	サブアターシュ
18	١٨	タマンターシュ
19	١٩	ティスアターシュ
20	٢٠	アシュリーン
25	٢٥	ハムサ・ワ・アシュリーン
30	٣٠	タラーティーン
40	٤٠	アルバイーン
50	٥٠	ハムスィーン
60	٦٠	セッティーン
70	٧٠	サバイーン
80	٨٠	タマーニーン
90	٩٠	ティッサイーン
100	١٠٠	ミーア
150	١٥٠	ミーアッハムスィーン
200	٢٠٠	ミッティーン
300	٣٠٠	タラトゥミーア
1000	١٠٠٠	アルフ
2000	٢٠٠٠	アルフェーン

　アラブ人が多く住むパレスチナ自治区ではアラビア語が用いられる。文字の見た目はかなり違うが、アラビア語もヘブライ語と同じセム語系の言語。だから、文法体系や、単語などけっこう似ているところがある。

　アラビア語は「ミミズ文字」と形容されるように日本人がちょっと見ただけで読みこなすことはとても難しい。ヘブライ語と同じように子音しか表記しないことも理解を妨げる。

　そのうえ、アラビア語は**書き言葉のフスハー**と日常の話し言葉である**アンミーヤ（方言）**に分かれている。フスハーはフォーマルな言葉としてアラビア半島から北アフリカのモロッコまでアラブ全域で広く通じるが、会話に用いるには少々堅苦しい。日常使われるアンミーヤは地方ごとに大きく異なり、まったく通じないこともある。ここではイスラエルで比較的通じやすい**ヨルダン、シリア方言**で、知らなきゃ困る数字とすぐ役立つあいさつや便利な言い回しを挙げてみた。

History

イスラエルとパレスチナ

　現在のイスラエルがあるパレスチナの地は、ユダヤ民族だけではなく、さまざまな民族が住んでいた。地中海交易で活躍したフェニキア人や旧約聖書にも登場するカナン人、「パレスチナ」の語源にもなったペリシテ人などもそうだった。紀元70年のエルサレム陥落（→P.321）にともなって起こったユダヤ民族の離散後も人々が行き交い、多様な文化が重層的に蓄積されていった。これが現在パレスチナ人と呼ばれる人々を形づくっていく。

　第2次世界大戦後、旧約聖書に記された「約束の地」であるパレスチナにユダヤ国家の建国を、というユダヤ民族の悲願が実現し、1948年、イスラエルが建国された。

　ところが、イスラエルに与えられた建国の地には、ムスリムやキリスト教徒など（＝パレスチナ人）が長い間暮らしていたため、ユダヤ人の入植で、その地のパレスチナ人を追い出すこととなり、大勢の難民を生んだ。

　イスラエルを取り巻く対立の基本構造はここにある。加えて周辺のアラブ諸国の思惑や、イギリスなどかつての植民地支配のいきさつ、またアメリカの意向が問題を複雑にしている。

　現在も、イスラエルは国連が承認した土地以上に入植地を広げ、ユダヤ民族の移住をすすめている。圧倒的な軍事力をもつイスラエルに対して、パレスチナ側はインティファーダ（抵抗運動）を起こした。イスラエルはテロ防止のためとしてヨルダン川西岸に分離壁を建設中。治安の維持という点に関しては、一定の効果を挙げているものの、土地の収奪や分断などの問題が起こり、緊張が続いている。

アラビア語会話と基本単語集

　アラブ人街にはみやげ物屋の並ぶスーク(市場)もあるから、ぜひ腕試しをしてみてはどうだろうか。また、アラブ人の多い地域では英語が通じにくいこともあるので、少し覚えているとたいへん便利。

あいさつ

こんにちは(時間に関係なく)　السلام عليكم
アッサラーム　アレイコム

返事　و عليكم السلام
ワレイコムッサラーム

よろしく　مرحباً マルハバン

返事　أهلاً アハラーン

おはよう　صباح ال خير
サバーフルヘール

返事　صباح النور サバーハンヌール

こんばんは(午後から)　مساء الخير
マサール　ヘール

返事　مساء النور マサーアンヌール

ありがとう　شكراً シュクラン

どういたしまして　عفواً アフワン

元気ですか？　كيف حالك؟ キーフハーラック？

元気？　كيفك؟ キーファック？

元気です　كويس クワイエス

おかげさまで　الحمد لله アルハムドゥリッラー

絶好調です　تمام タマーム

さようなら　مع السلامة マアッサラーメ

実用例文

はい　نعم ナアム　いいえ　لا ラー

すみません　لو سمحت
ラウサ マフトゥ、(女性に対してはラウ サマフティ)

〜はどこですか？　名詞 وين؟ ウェーン(名詞)？

トイレはどこですか？　وين الحمام؟
ウェーン　エル　ハンマーム

私は〜に行きたい　بدي اروح ل
ビッディー　アルーフ ラ (場所)

〜はありますか？　名詞 فى عندكم؟
フィー　アンダクム(名詞)？

〜どうやって行けますか？　名詞؟ كيف أوصل
キーフ　アウサル(名詞)？

道に迷いました　أنا ضائع ダーイア アナ

アラビア語わかりません　ما بحكى عربى
マー　バフキー　アラビー

人称代名詞

私　أنا アナ
あなた(男性)　أنت エンタ
あなた(女性)　أنت エンティ
彼　هو フワ
彼女　هى ヒヤ
私たち　نحن ナフヌ
あなたたち　أنتم アントゥム

疑問詞

どこ？　وين ウェーン
何？　شو シュー
いつ？　إيمتا イェムタ
どなた？　من ミーン
どうして？　ليش レーシュ
いくら？　قديش アッデーシュ

国名

اليونان اليونان ワルドゥーン
シリア　سورية スーリヤ
エジプト　مصر マスリ
レバノン　لبنان ルブナーン

日本人　يابانى ヤバーニー
中国人　صينى スィーニー
韓国人　كورى クーリー

地名

パレスチナ　فلسطين フィリスティーン
エルサレム　القدس アル・コッズ
ベツレヘム　بيت لحم ベイト・ラヘム
ヘブロン　الخليل アル・ハリール
エリコ　أريحا アリーハ
ナザレ　الناصرة アン・ナースィラ

ヨルダン川　نهر الأردن
ナフルル・ウルドゥン

時間・曜日

今日　اليوم イリ・ヨウム
昨日　امبارح インバーレ
明日　بكرة ブクラ
朝　صباح サバーハ
昼　ظهر ドフル
夜　ليل レイル
土曜日　يوم السبت ヨウムッ・リブト

日曜日　يوم الاحد ヨウムル・アハドゥ
月曜日　يوم الاثنين
ヨウムル・イティネーン
火曜日　يوم الثلاثاء
ヨウムル・タラータ
水曜日　يوم الاربعاء ヨウムル・アルバー
木曜日　يوم الخميس ヨウムル・ハミース
金曜日　يوم الجمعة ヨウムル・ジュマア

形容詞

大きい　كبير カビール
小さい　صغير サギール
たくさん　كثير クティール
少し　قليل コッレイル
高い　غالى ガーリー
安い　رخيص ラヒース
おいしい　لذيذ ラズィーズ
暑い　حار ハール
寒い　بارد バーリドゥ
熱い　ساخن サーヒン
冷たい　بارد バーリドゥ

英語を話しますか？ بيتحكى انجليزى
イブティフキー　インギリーズィー

英語を話す人はいますか？ في حدا بحكي إنجليزي
フィー　ハーダ　ビティフキー　インギリーズィー

空き部屋はありますか？ فيه عندكم غرفة خالية؟
フィー　エインドゥコム　オルファ　ハーリア

あります في
フィー

ありません ما في
マー　フィー

私は～が欲しい بدي
ビッディ（名詞）

いくらですか？ قديش
アッデーシュ

～をください لو سمحت
名詞

（名詞）ラウサ　マフトゥ

これは何ですか？（どういうつもり？）
شو هذا؟
シュー　ハーダ？

何か用ですか？（あなたは何が欲しいですか？）
شو بدك؟
シュー　ビッダク？

なんでもありません ما مشكلة
マー　ムシュキレ

わかりません أنا مش فاهم
アナ　ミシュ　ファーヘム

どうぞ تفضل
トゥファッダル

ダメ（禁止） ممنوع
マムヌーア

ごめんなさい أنا أسف
アナ　アーセフ

具合が悪いです أنا مريض
アナ　マリード

助けて！ إلحقوني
イルハクーニー

助けてください بحتاج مساعدتك
バフタージュ　ムサアダタック

よくある会話パターン

ようこそ أهلاً وسهلاً فى فلسطين パレスチナへ
アハラン　ワサハラン　フィ　フィリスティーン

名前は？ شو اسمك؟
シュースマック？

私の名前は～です。 اسمي 名前 イスミ　名前

どこから来たの？ أنت من وين؟
エンタ　ミネーン？

日本人です。 أنا يابانى アナ　ヤバーニー

お会いできて光栄です فرصة سعيدة
フルサ　サアイーダ

スークで値段交渉

これはいくらですか？ قديش هذا؟
アッデーシュ　ハーダ

150シェケル بمية وخمسين شيقل جديد
ビ・ミーアッハムスィーン　シェケル

高すぎます غالي كتير
ガーリー　ケティール

私に合うサイズはありますか？ عندك مقاسي؟
アンダック　マカースィー

甘い、よい حلو ヘルワエ
悪い سئ サイーッ
きれい、かわいい جميل
ジャミール、ジャミーラ

食べ物
オレンジ برتقال ブルトカール
バナナ موز モーズ
ピクルス طرشي トゥルシー
フムス حمص ホンモス
タヒーナ طحينة タヒーナ
オリーブ زيتون ゼイトゥーン
パン خبز ホベズ
シュワルマ شاورمة シャワルマ
スープ شربة シューラバ
サラダ سلطة サラータ
水たばこ نارجيلة アルギーラ

飲み物
水 ماء マーイ
ミネラルウオーター
ماء معدني マーイ・マアダニー

お茶 شاي シャーイ
コーヒー قهوة カフワ
ビール بيرة ビーラ
ジュース عصير アスィール

施設
警察 بوليس ボーリース
郵便局 مكتب البريد
マクタブ・バリード
銀行 بنك バンク
トイレ حمام ハンマーム
駅 محطة ムハッタ
バス停 موقف باصات
マウカフ・バーサート
薬局 صيدلية サイダリア
病院 مستشفى ムスタシュファ
レストラン مطعم マタアム
ホテル فندق フンドゥク
ユースホステル بيت الشباب
ベイトゥッ・シャバーブ
雑貨屋 بقالة バッカーラ

博物館 متحف マトゥハフ
教会 كنيسة ケニーセ
修道院 دير デイル
城壁 سور スール
モスク مسجد マスジド
市場 سوق スーク

交通
バス أتوبيس オトビース
セルヴィス سرفيس セルヴィス
ラクダ جمل ジャマル
チケット تذكرة タズキラ
右 يمين ヤミーン
左 شمال シマール

地図・地形
広場 ميدان メイダーン
通り شارع シャーレア
公園 حديقة ハディーカ
川 نهر ナフル
海 بحر バフル
山 جبل ジャバル

318

イスラエル 4000年の歴史

　日本人にとって、中東の歴史はなじみが薄い。しかし、映画にもなったモーセの『十戒』、「アダムとイヴ」や「ノアの方舟」の話なら知っている人も多いのではないだろうか。これらの物語は、ユダヤや中東の歴史抜きには成立しえなかった。特に聖書（旧約）に書かれている

ことはユダヤの歴史そのものといえるほど関係が深い。聖書は中近東の旅だけでなく、宗教画を鑑賞したり、西欧文学に触れるときにも知っておきたいもの。ぜひこの機会にひととおり聖書についても知識を深めておこう。

イスラエル歴史年表

聖書の時代	20C	アブラハム、バビロンよりカナンに定住。一族とエジプトへ
	13C	モーセが現れ、エジプト脱出
	1020	イスラエル最初の王サウルが即位
イスラエル王国	997	ダビデ、イスラエル王となる
	967	ソロモン王即位
	965	ソロモン王、エルサレム神殿の建設を開始
	930	ソロモン王の死。王国はイスラエルとユダに分裂
	722	イスラエル、アッシリアにより滅亡
バビロン捕囚	597	バビロニア王ネブカドネザル、エルサレムを包囲
	587	ユダヤ、バビロニアによって滅亡。バビロン捕囚
	4C	『トーラー』の編纂
ギリシア・ローマ時代	430	サマリア派創立
	331	アレキサンダー大王のパレスチナ征服
	164	ギリシアに対して反乱。自治独立へ
	125	クムラン教団創設
	30	イエス処刑される
	66〜70	ローマによるエルサレム陥落
	73	マサダの陥落
	132〜135	バル・コフバの乱。ユダヤ人のヨーロッパなどへの離散始まる
離散の時代	2C〜	パレスチナで『タルムード』編纂
	490	バビロニア・タルムード完成
	6C	メソポタミアで『タルムード』改訂・増補版が編纂
	638	アラブ軍、エルサレム占領
	740	ハザール人ユダヤ教に改宗

離散の時代	1096	ヨーロッパ中部でユダヤ人虐殺
	1215	第4回ラテラノ公会議で反ユダヤ法が制定
	1290	イングランド王、ユダヤ人を追放
	1348〜1350	ペストが大流行。犯人と見なされたユダヤ人が虐殺される
	1492	スペインからユダヤ人が追放される
	1516	オスマン朝のパレスチナ支配始まる
	1555	ヴェネツィアでユダヤ人に差別バッジの着用義務化
	17C中	ポーランドでユダヤ人虐殺
シオニズム運動	1791	フランス革命によりユダヤ人は選挙権を得る
	1894	ドレフュス事件起こる
	1896	ヘルツル『ユダヤ人国家』を著す
	1917	イギリス、バルフォア宣言。シオニズム運動興る
	1922	イギリス、パレスチナの委任統治を開始
	1933	ヒトラー首相就任。ヨーロッパでユダヤ人虐殺始まる
現代イスラエル	1948	イスラエル建国宣言。アラブ諸国と第1次中東戦争へ
	1956	第2次中東戦争（スエズ作戦）
	1967	第3次中東戦争（6日間戦争）
	1973	第4次中東戦争（贖罪日戦争）
	1979	エジプト・イスラエル平和条約調印
	1987	インティファーダ発端
	1993	オスロ合意
	1995	ラビン首相暗殺
	2002	イスラエル、分離壁建設開始
	2004	アラファトPLO議長死去

★父祖アブラハムの出現

ユダヤ教、キリスト教、イスラームともに、父祖は聖書に記された「ノアの方舟」の主役ノアから10代目にあたる**アブラハム**（アヴラハム）だと考えている。彼は信仰心があつく、神から**カナンの地**（現在のパレスチナ地方）を与えられた。だが、孫ヤコブ（ヤアコヴ）が晩年を迎える頃、カナンは飢饉に見舞われ、ヤコブの一族は息子ヨセフを頼って**エジプト**へと移住する。

★モーセによるエジプト脱出

エジプトでユダヤ民族を待っていたのは、過酷な奴隷生活だった。紀元前1280年頃に現れた**モーセ**（モシェー）はユダヤ民族を統率してエジプトから脱出して、厳しい環境にあったシナイ半島へ逃れ、山頂で神から有名な**十戒**を授けられることとなる。

★イスラエル王国の建設

カナンの地に戻ったユダヤ民族は、以後200年ほど安定した生活を送った。そして紀元前1020年、イスラエル最初の王**サウル**（シャウール）が即位。2代目**ダビデ**（ダヴィド）の時代に首都をエルサレムとし、その子**ソロモン**（シュロモー）はエルサレムに神殿（第1神殿）を建て国民を団結させた。

★南北分裂と国家の弱体化

繁栄を謳歌したユダヤ国家も、紀元前930年頃のソロモン王の死をきっかけに翳りを見せはじめる。国は北の**イスラエル**と南の**ユダ**に分かれ、覇権を争って双方が次第に弱体化していった。内紛に揺れる南北両国家は、紀元前722年にイスラエルは**アッシリア**に、ユダも紀元前587年に**バビロニア**にそれぞれ

🗝 Key Person

ダビデとゴリアテ
David & Goriath

サウルはイスラエルの王としてペリシテ人を征するため戦っていたが、特にペリシテ軍の巨漢兵士ゴリアテには苦しめられた。ゴリアテは一騎打ちを要求、それを受けて立ったのが羊飼いをしていた少年ダビデだった。どこにも隙がないと思われていたゴリアテだったが、パ

ダビデの塔（→P.64）に置かれているダビデ像

チンコ型の投石機で放たれた石が、眉間に命中するとゴリアテはもんどりうって倒れた。イスラエルに新たな英雄が誕生した瞬間だった。

滅ぼされてしまう。多くのユダヤ人は四散していったが、残りは捕囚としてバビロニアに連れ去られた。

★ペルシア、ギリシアの支配下に

紀元前538年、バビロニアがペルシアによって征服されると、ユダヤ民族はようやく故国への帰還を許された。しかし、国家の主権は認められず、ペルシアの支配下で国土の復興にとりかからねばならなかった。彼らはバビロニアによって破壊されたエルサレムの神殿を再建する。

🗝
Key Person

ソロモン王と神殿
King Solomon & Holy Temple

ダビデのあとを継いでイスラエル王国の王となったソロモンの時代は、黄金時代と呼ばれる。エジプトのファラオの娘をめとることで外交関係も安定し、イスラエル王国に空前に繁栄をもたらした。その象徴的な存在がエルサレム神殿だった。旧約聖書の「列王記」には上巻の6章と7章をまるまる使って、その壮麗さが細かく記されている。そして、ソロモンがこの宮殿を建てたことで、「わたしはイスラエルの人々の中に住み、わが民イスラエルを見捨てることはない」（列王記上6:13）と神が約束するのだった。

プロジェクションマッピングで再現したソロモン王の時代のエルサレム神殿（ダビデの塔、音と光のショー）

紀元前334年に始まったマケドニアの大王、**アレクサンダー**による東方遠征は、繁栄を謳歌したペルシア帝国をのみ込み、ユダヤもマケドニアの支配下におかれることになった。対ユダヤ政策が比較的寛大であったペルシアに比べ、この新しい王朝はヘレニズム文化を押しつけ、ユダヤの慣習を制限した。ユダヤ教禁止令の公布に反発した人々は反乱を起こし、紀元前164年、ユダヤはついに自治独立を勝ち取る。

★ローマ支配への反乱からエルサレム陥落へ

ユダヤの独立は長くは続かなかった。紀元前60年以降、今度はローマの支配が訪れたからだ。紀元後66年にはユダヤ民族は反乱を起こしてローマ軍の撃退を図るが、70年、ついに鎮圧されてエルサレムは陥落、独立の夢は破られてしまう。当時の様子は反乱軍からローマ軍に投降したユダヤ人軍司令官ヨセフスが書いた『**ユダヤ戦記**』に詳しい。

★パレスチナのユダヤ民族の減少

エルサレムの陥落後も、ユダヤ民族はローマ支配下のパレスチナで宗教をよりどころに法律、教育、文化制度を継承していたが、132〜135年に再びローマに対して蜂起した**バル・コフバの乱**に失敗すると、パレスチナのユダヤ民族の数は次第に減少し、5世紀以降少数派となる。一方で、学者（ラビ）が聖書に準拠して共同体の規律を守っていくユダヤ慣習の膨大な判例が、『**ミシュナー**』と『**グマラー**』を合わせた『**タルムード**』に編纂された（2〜6世紀）。

★中世のエルサレムとユダヤ民族の迫害

中世のパレスチナの地には、さまざまな王朝が出現した。その経緯を大ざっぱにたど

ユダヤ戦争の際、マサダ（→P.140）では最後までローマ軍に対する抵抗が続けられた

マイモニデスの墓（→P.279）。サラーフッディーン（サラディン）の名医として知られる一方、ユダヤ哲学者としても活躍

ると、638年から**正統カリフ→ウマイヤ朝**、1072年から**セルジューク朝**、1099年から**十字軍**、1291年から**マムルーク朝**、1516年からは**オスマン朝**がそれぞれ支配している。

世界に散ったユダヤ民族は、概して迫害の対象となった。メシアはイエスであると考えるキリスト教徒に対し、メシアはまだ来ていないとするユダヤ教徒は異端だったのだ。

とりわけ、1095年にエルサレムをムスリムの手から奪還しようと始まった十字軍が、士気高揚を狙ってユダヤ教徒を血祭りにあげた頃から、ヨーロッパにおける反ユダヤ感情と迫害は強まっていく。社会的にもユダヤ民族は差別バッジを着用させられたり、彼らだけの居住区ゲットーに隔離されたりした。特にレコンキスタの完了した頃には、多くのユダヤ教徒が迫害を逃れて各地へと流れていった。

★フランス革命で市民権を獲得

18世紀も終わり頃になると、ユダヤ民族の迫害は次第に影をひそめ、代わりにさまざまな分野へとユダヤ民族の進出が目立った。例えばユダヤ人哲学者**モーゼス・メンデルスゾーン**は『**モーセ五書**』のドイツ語訳を著している。さらにフランス革命後の1791年にはフランス国内のユダヤ人に参政権が与えられるなど、徐々にヨーロッパ諸国で認められていった。

★ドレフュス事件とシオニズム運動の登場

1894年、フランスのユダヤ人将校ドレフュスがドイツに軍事機密を売ったという濡れ衣で裁判にかけられる事件が起こった。これをきっかけに、ヨーロッパ内で再びユダヤ民族迫害の動きが広まっていく。

新聞記者としてこの事件を目撃した**テオドール・ヘルツル**は、こうしたユダヤ民族問題はユダヤ人独立国家の創設によってのみ解決されると考え、1896年に『**ユダヤ人国家**』を著す。パレスチナに公的に保障されたユダヤ民族の国を築く**シオニズム運動**は、ここに端を発する。シオニズムはエルサレムにあるシオンの山を語源とする言葉。翌年にはスイスのバーゼルで、第1回国際シオニスト会議も催されている。

★バルフォア宣言

ヨーロッパでシオニズム運動が高揚した19世紀末期、パレスチナではヨーロッパ列強が植民地支配を広げようと時機をうかがっていた。そのなかで1917年、イギリスは第1次世界大戦におけるユダヤ人の協力と引き換えに、外務大臣**バルフォア卿**の名で、パレスチナの中にユダヤの「ナショナル・ホーム」を実現させることを約束した。

大戦に勝利したイギリスは、1922年国際連盟からパレスチナの委任統治を認められ、世界各地からユダヤ人を移民させた。1917年には5万6000人だったパレスチナのユダヤ人口は、1929年には15万6000人へと膨れあがったのである。

★ヒトラーの台頭とユダヤ人虐殺

1929年にアメリカで始まった恐慌はまたたくまに世界に広がり、特に第1次世界大戦の敗戦国ドイツに壊滅的な打撃を与えた。**アドルフ・ヒトラー**は、ドイツの敗戦と経済破綻の原因がユダヤ人にあると主張。1933年の首相就任後、組織的で大規模なユダヤ人迫害政策を実施する。

第2次世界大戦中、ヒトラーのナチスはヨーロッパ各国を次々に支配下におき、ユダヤ人を強制収容所に送り虐殺した。その数は

第2次世界大戦時に虐殺されたユダヤ人を慰霊した博物館、ヤド・ヴァシェム（→P.96）

ラトルン要塞（→P.98）は第1次中東戦争の激戦地となった

600万人にも上ったといわれる。

★アラブ人との争い

パレスチナに流れ込むユダヤ民族が急増すると、先住のパレスチナ・アラブ人との間で争いが起こった。これに拍車をかけたのは、ユダヤ人の建国に協力すると宣言したイギリスが、実はバルフォア宣言の2年前にメッカの太守フセインに対して、シリア、パレスチナ、アラビア半島をアラブ人のものと認める覚書を送っていたという事実である。イギリスはこれによって、オスマン朝との戦いにおけるアラブの協力を取りつけることに成功していた。

イギリスは、戦争に勝ちたいがためにユダヤにもアラブにも「いい顔」をしてしまった。両者の争いはナチスの虐殺を逃れた大勢のユダヤ人がパレスチナに押し寄せてくるにつれて、深刻化していった。

★大戦の終結とイスラエルの建国

第2次世界大戦後、パレスチナ・アラブとユダヤの抗争を収拾できなくなったイギリスは、問題解決を国連に委ねた。

これを受けて1947年、国連はパレスチナをアラブとユダヤのふたつの国とし、エルサレムは国際管理とする決議を採択。翌年にイギリス統治が終了し、**ベン・グリオン総裁**がイスラエルの建国を宣言、初代大統領に**ワイツマン**が就任した。

★第1次中東戦争の勃発

国連の採決を不服とするアラブ各国はイスラエルの建国宣言の同日にパレスチナに侵攻、**第1次中東戦争**が勃発する。

大国の思惑が戦争を混乱させたが、結局、国連がアラブ国家に認めた土地の約半分をイスラエルが占領。残りの半分のうちエルサレム旧市街とヨルダン川西岸地区をトランス・ヨルダン（現ヨルダン）が、ガザをエジプトが

それぞれ占領して、1949年に休戦協定が結ばれた。終戦後イスラエルは国連加盟を認められ、エルサレムを首都と定めた。ただし、国際的には認められておらず、多くの国はテルアビブに大使館などを設置している。

★第2～第4次中東戦争と中東和平

その後、イスラエルとアラブ諸国は3度の戦争を経験している。1956年の**第2次中東戦争**（スエズ作戦）では、イスラエルはエジプト政府のスエズ運河国有化宣言に反対するイギリス、フランスと同盟を組み、シナイ半島制圧を目指して参戦。1967年の**第3次中東戦争**（6日間戦争）ではエジプトがアカバ湾の入口ティラン海峡を封鎖したのを契機にエジプト、シリア、ヨルダンと戦い、シナイ半島、ゴラン高原、ガザ地区、東エルサレムを含むヨルダン川西岸を占領する。1973年の**第4次中東戦争**（贖罪日戦争・断食月戦争）ではエジプト、シリア軍に押し戻されて占領地の一部譲歩で休戦した。

しかし、1977年にはエジプトの**サダト大統領**がイスラエルを訪問、1978年にエジプト・イスラエル・アメリカの三ヵ国首脳会談を経て、1979年にはイスラエルとエジプトの間に平和条約が調印されたのである。

1993年に**PLO**との和平交渉が成立し、**パレスチナ暫定自治**が開始された。1995年11月に和平の推進役だった**ラビン首相**が暗殺されたが、1996年に入り**アラファト議長**のもとパレスチナ自治政府が本格的に始動、共存への道を歩み始めていた。

しかし労働党のバラクによる「和平路線」は道半ばにして挫折。後に首相になるリクードのシャロンによる神殿の丘訪問、このときのアル・アクサー寺院での演説をきっかけに再び激しい衝突が始まった。和平プロセスは

シリアとの国境近くに置かれている戦車

イスラエル当局が建設を進めている分離壁

停滞し、イスラエルによる分離壁の設置へとつながっていく。

★アラブの春と国際関係の変化

2004年にアラファトが死去、2006年にはシャロンが脳卒中に倒れ、両者の関係は新たな段階を迎えた。

イスラエル側はオルメルトがシャロンのあとを受けて再び和平を目指したが汚職で辞任。リクードを中心とする**ネタニヤフ政権**が誕生した。

パレスチナ自治政府はヨルダン川西岸地区の**ファタハ**とガザ地区の**ハマス**に分裂し、ハマスはイスラエルとの対立姿勢を強めた。これに対してイスラエル政府はガザ封じ込めや大規模空爆、地上戦などで攻撃し、数多くの犠牲者を出した。イスラエル軍とハマスとの大規模な衝突は、2006年以降断続的に続き、特に2008～09年と2014年には、イスラエル軍の地上部隊がガザに侵攻するなど大規模なものとなった。

2012年11月、パレスチナは国連総会の決議において「オブザーバー国家」として認められることとなった。

2017年12月にアメリカはエルサレムをイスラエルの首都として承認。イスラエル建国70周年にあたる2018年5月14日にアメリカ大使館はテルアビブからエルサレムに移転するが、パレスチナ自治区で猛反発を招く。デモや抗議活動が活発化し、特にガザ地区では、イスラエル軍との激しい衝突が引き起こされた。ハマスはイスラエルに向けて迫撃砲弾やロケット弾を発射し、イスラエル軍もガザ地区にあるハマスの訓練施設に空爆を行うといった事態になっている。

2018年8月現在、情勢は難しい局面を迎えているが、いまこそ和平の進展が望まれている。

323

索引

地名

見どころ

■ ア ■

325

326

公道90号線はレバノン国境近くのキリヤット・シェモナーからエイ
ラットまでを結ぶ大動脈

327

自分らしく生きる
**フランスの
ことばと絶景100**

道しるべとなる
**ドイツの
ことばと絶景100**

人生を楽しみ尽くす
**イタリアの
ことばと絶景100**

生きる知恵を授かる
**アラブの
ことばと絶景100**

ALOHA を感じる
**ハワイの
ことばと絶景100**

＼旅は人生だ！／

明日への勇気が湧いてくる
美しいことばと旅情あふれる美景に
前向きな気持ちをもらおう

旅の名言＆
絶景シリーズ
地球の歩き方

今すぐ旅に出たくなる！
**地球の歩き方の
ことばと絶景100**

元気と勇気がわく
**韓国の
ことばと絶景100**

心に寄り添う
**台湾の
ことばと絶景100**

悠久の歴史をひもとく
**中国の
ことばと絶景100**

人生観が変わる
**インドの
ことばと絶景100**

地球の歩き方 シリーズ一覧 2023年6月現在

*地球の歩き方ガイドブックは、改訂時に価格が変わることがあります。 *表示価格は定価（税込）です。 *最新情報は、ホームページをご覧ください。www.arukikata.co.jp/guidebook/

地球の歩き方 ガイドブック

A ヨーロッパ

A01	ヨーロッパ	¥1870
A02	イギリス	¥1870
A03	ロンドン	¥1980
A04	湖水地方＆スコットランド	¥1870
A05	アイルランド	¥1980
A06	フランス	¥1870
A07	パリ＆近郊の町	¥1980
A08	南仏プロヴァンス コート・ダジュール＆モナコ	¥1760
A09	イタリア	¥1870
A10	ローマ	¥1760
A11	ミラノ ヴェネツィアと湖水地方	¥1870
A12	フィレンツェとトスカーナ	¥1870
A13	南イタリアとシチリア	¥1870
A14	ドイツ	¥1980
A15	南ドイツ フランクフルト ミュンヘン ロマンチック街道 古城街道	¥1760
A16	ベルリンと北ドイツ ハンブルク ドレスデン ライプツィヒ	¥1870
A17	ウィーンとオーストリア	¥2090
A18	スイス	¥2200
A19	オランダ ベルギー ルクセンブルク	¥1870
A20	スペイン	¥1870
A21	マドリードとアンダルシア	¥1760
A22	バルセロナ＆近郊の町 イビサ島／マヨルカ島	¥1760
A23	ポルトガル	¥1815
A24	ギリシアとエーゲ海の島々＆キプロス	¥1870
A25	中欧	¥1980
A26	チェコ ポーランド スロヴァキア	¥1870
A27	ハンガリー	¥1870
A28	ブルガリア ルーマニア	¥1980
A29	北欧 デンマーク ノルウェー スウェーデン フィンランド	¥1870
A30	バルトの国々 エストニア ラトヴィア リトアニア	¥1870
A31	ロシア ベラルーシ ウクライナ モルドヴァ コーカサスの国々	¥2090
A32	極東ロシア シベリア サハリン	¥1980
A34	クロアチア スロヴェニア	¥1760

B 南北アメリカ

B01	アメリカ	¥2090
B02	アメリカ西海岸	¥1870
B03	ロスアンゼルス	¥2090
B04	サンフランシスコとシリコンバレー	¥1870
B05	シアトル ポートランド	¥1870
B06	ニューヨーク マンハッタン＆ブルックリン	¥1980
B07	ボストン	¥1980
B08	ワシントンDC	¥2420
B09	ラスベガス セドナ＆グランドキャニオンと大西部	¥2090
B10	フロリダ	¥1870
B11	シカゴ	¥1870
B12	アメリカ南部	¥1980
B13	アメリカの国立公園	¥2090
B14	グランドサークル フェニックス サンタフェ	¥1980
B15	アラスカ	¥1980
B16	カナダ	¥1870
B17	カナダ西部 カナディアン・ロッキーとバンクーバー	¥2090
B18	カナダ東部 ナイアガラ・フォールズ メープル街道 プリンス・エドワード島 トロント オタワ モントリオール ケベック・シティ	¥2090
B19	メキシコ	¥1980
B20	中米	¥2090
B21	ブラジル ベネズエラ	¥2200
B22	アルゼンチン チリ パラグアイ ウルグアイ	¥2200
B23	ペルー ボリビア エクアドル コロンビア	¥2200
B24	キューバ バハマ ジャマイカ カリブの島々	¥2035
B25	アメリカ・ドライブ	¥1980

C 太平洋 / インド洋島々

C01	ハワイ1 オアフ島＆ホノルル	¥1980
C02	ハワイ島	¥2200
C03	サイパン ロタ＆テニアン	¥1540
C04	グアム	¥1980
C05	タヒチ イースター島	¥1870
C06	フィジー	¥1650
C07	ニューカレドニア	¥1650
C08	モルディブ	¥1870
C10	ニュージーランド	¥2200
C11	オーストラリア	¥2200
C12	ゴールドコースト＆ケアンズ	¥1870
C13	シドニー＆メルボルン	¥1760

D アジア

D01	中国	¥2090
D02	上海 杭州 蘇州	¥1870
D03	北京	¥1760
D04	大連 瀋陽 ハルビン 中国東北部の自然と文化	¥1980
D05	広州 アモイ 桂林 珠江デルタと華南地方	¥1980
D06	成都 重慶 九寨溝 麗江 四川 雲南	¥1980
D07	西安 敦煌 ウルムチ シルクロードと中国北西部	¥1980
D08	チベット	¥2090
D09	香港 マカオ 深セン	¥1870
D10	台湾	¥2090
D11	台北	¥
D13	台南 高雄 屏東＆南台湾の町	¥
D14	モンゴル	¥
D15	中央アジア サマルカンドとシルクロードの国々	¥
D16	東南アジア	¥
D17	タイ	¥
D18	バンコク	¥
D19	マレーシア ブルネイ	¥
D20	シンガポール	¥
D21	ベトナム	¥
D22	アンコール・ワットとカンボジア	¥
D23	ラオス	¥
D24	ミャンマー（ビルマ）	¥
D25	インドネシア	¥
D26	バリ島	¥
D27	フィリピン マニラ セブ ボラカイ ボホール エルニド	¥
D28	インド	¥
D29	ネパールとヒマラヤトレッキング	¥
D30	スリランカ	¥
D32	ブータン	¥
D33	マカオ	¥
D34	釜山 慶州	¥
D35	バングラデシュ	¥
D37	韓国	¥
D38	ソウル	¥

E 中近東 アフリカ

E01	ドバイとアラビア半島の国々	¥
E02	エジプト	¥
E03	イスタンブールとトルコの大地	¥
E04	ペトラ遺跡とヨルダン レバノン	¥
E05	イスラエル	¥
E06	イラン ペルシアの旅	¥
E07	モロッコ	¥
E08	チュニジア	¥
E09	東アフリカ ウガンダ エチオピア ケニア タンザニア ルワンダ	¥
E10	南アフリカ	¥
E11	リビア	¥
E12	マダガスカル	¥

J 国内版

J00	日本	¥3
J01	東京	¥20
J02	東京 多摩地域	¥20
J03	京都	¥22
J04	沖縄	¥22
J05	北海道	¥22
J07	埼玉	¥22
J08	千葉	¥22

地球の歩き方 aruco

●海外

1	パリ	¥1320
2	ソウル	¥1650
3	台北	¥1320
4	トルコ	¥1430
5	インド	¥1540
6	ロンドン	¥1650
7	香港	¥1320
9	ニューヨーク	¥1320
10	ホーチミン ダナン ホイアン	¥1430
11	ホノルル	¥1320
12	バリ島	¥1320
13	上海	¥1320
14	モロッコ	¥1540
15	チェコ	¥1320
16	ベルギー	¥1430
17	ウィーン ブダペスト	¥1320
18	イタリア	¥1320
19	スリランカ	¥1540
20	クロアチア スロヴェニア	¥1430
21	スペイン	¥1320
22	シンガポール	¥1650
23	バンコク	¥1430
24	グアム	¥1320
25	オーストラリア	¥1430
26	フィンランド エストニア	¥1430
27	アンコール・ワット	¥1430
28	ドイツ	¥1430
29	ハノイ	¥1430
30	台湾	¥1320
31	カナダ	¥1320
33	サイパン テニアン ロタ	¥1320
34	セブ ボホール エルニド	¥1320
35	ロスアンゼルス	¥1320
36	フランス	¥1430
37	ポルトガル	¥1650
38	ダナン ホイアン フエ	¥1430

●国内

東京	¥1540
東京で楽しむフランス	¥1430
東京で楽しむ韓国	¥1430
東京で楽しむ台湾	¥1430
東京の手みやげ	¥1430
東京おやつさんぽ	¥1430
東京のパン屋さん	¥1430
東京で楽しむ北欧	¥1430
東京のカフェめぐり	¥1480
東京で楽しむハワイ	¥1480
nyaruco 東京ねこさんぽ	¥1480
東京で楽しむイタリア＆スペイン	¥1480
東京で楽しむアジアの国々	¥1480
東京ひとりさんぽ	¥1480
東京パワースポットさんぽ	¥1599
東京で楽しむ英国	¥1599

地球の歩き方 Plat

1	パリ	¥1320
2	ニューヨーク	¥1320
3	台北	¥1100
4	ロンドン	¥1320
6	ドイツ	¥1320
7	ホーチミン／ハノイ／ダナン／ホイアン	¥1320
8	スペイン	¥1320
10	シンガポール	¥1100
11	アイスランド	¥1540
14	マルタ	¥1540
15	フィンランド	¥1320
16	クアラルンプール／マラッカ	¥1100
17	ウラジオストク／ハバロフスク	¥1430
18	サンクトペテルブルク／モスクワ	¥1540
19	エジプト	¥1320
20	香港	¥1100
22	ブルネイ	¥1430
23	ウズベキスタン サマルカンド ブハラ ヒヴァ タシケント	¥16
24	ドバイ	¥13
25	サンフランシスコ	¥13
26	パース／西オーストラリア	¥13
27	ジョージア	¥15
28	台南	¥

地球の歩き方 リゾートスタイル

R02	ハワイ島	¥16
R03	マウイ島	¥16
R04	カウアイ島	¥18
R05	こどもと行くハワイ	¥15
R06	ハワイ ドライブ・マップ	¥19
R07	ハワイ バスの旅	¥13
R08	グアム	¥14
R09	こどもと行くグアム	¥16
R10	パラオ	¥16
R12	ブーケット サムイ島 ピピ島	¥16
R13	ペナン ランカウイ クアラルンプール	¥16
R14	バリ島	¥14
R15	セブ＆ボラカイ ボホール シキホール	¥16
R16	テーマパーク in オーランド	¥16
R17	カンクン コスメル イスラ・ムヘーレス	¥16
R20	ダナン ホイアン ホーチミン ハノイ	¥16

地球の歩き方 旅の図鑑シリーズ

見て読んで海外のことを学ぶことができ、旅気分を楽しめる新シリーズ。
1979年の創刊以来、長年蓄積してきた世界各国の情報と取材経験を生かし、
従来の「地球の歩き方」には載せきれなかった、
旅にぐっと深みが増すような雑学や豆知識が盛り込まれています。

W01
世界244の国と地域
¥1760

W07
世界のグルメ図鑑
¥1760

W02
世界の指導者図鑑
¥1650

W03
世界の魅力的な
奇岩と巨石139選
¥1760

W04
世界246の首都と
主要都市
¥1760

W05
世界のすごい島300
¥1760

W06
世界なんでも
ランキング
¥1760

W08
世界のすごい巨像
¥1760

W09
世界のすごい城と
宮殿333
¥1760

W11
世界の祝祭
¥1760

W10 世界197ヵ国のふしぎな聖地＆パワースポット ¥1870	**W12** 世界のカレー図鑑 ¥1980
W13 世界遺産 絶景でめぐる自然遺産 完全版 ¥1980	**W15** 地球の果ての歩き方 ¥1980
W16 世界の中華料理図鑑 ¥1980	**W17** 世界の地元メシ図鑑 ¥1980
W18 世界遺産の歩き方 ¥1980	**W19** 世界の魅力的なビーチと湖 ¥1980
W20 世界のすごい駅 ¥1980	**W21** 世界のおみやげ図鑑 ¥1980
W22 いつか旅してみたい世界の美しい古都 ¥1980	**W23** 世界のすごいホテル ¥1980
W24 日本の凄い神木 ¥2200	**W25** 世界のお菓子図鑑 ¥1980
W26 世界の麺図鑑 ¥1980	**W27** 世界のお酒図鑑 ¥1980
W28 世界の魅力的な道 178 選 ¥1980	**W30** すごい地球！ ¥2200
W31 世界のすごい墓 ¥1980	

※表示価格は定価（税込）です。改訂時に価格が変更になる場合があります。

あなたの**旅の体験談**をお送りください

「地球の歩き方」は、たくさんの旅行者からご協力をいただいて、
改訂版や新刊を制作しています。
あなたの旅の体験や貴重な情報を、これから旅に出る人たちへ分けてあげてください。
なお、お送りいただいたご投稿がガイドブックに掲載された場合は、
初回掲載本を1冊プレゼントします！

ご投稿はインターネットから！

URL www.arukikata.co.jp/guidebook/toukou.html
画像も送れるカンタン「投稿フォーム」
※左記のQRコードをスマートフォンなどで読み取ってアクセス！

または「地球の歩き方　投稿」で検索してもすぐに見つかります

地球の歩き方　投稿 　　　🔍　　 検索

▶投稿にあたってのお願い

★ご投稿は、次のような《テーマ》に分けてお書きください。

《**新発見**》————ガイドブック未掲載のレストラン、ホテル、ショップなどの情報
《**旅の提案**》————未掲載の町や見どころ、新しいルートや楽しみ方などの情報
《**アドバイス**》————旅先で工夫したこと、注意したこと、トラブル体験など
《**訂正・反論**》————掲載されている記事・データの追加修正や更新、異論、反論など

> ※記入例「〇〇編20XX年度版△△ページ掲載の□□ホテルが移転していました……」

★**データはできるだけ正確に。**
　ホテルやレストランなどの情報は、名称、住所、電話番号、アクセスなどを正確にお書きください。
　ウェブサイトのURLや地図などは画像でご投稿いただくのもおすすめです。

★**ご自身の体験をお寄せください。**
　雑誌やインターネット上の情報などの丸写しはせず、実際の体験に基づいた具体的な情報をお
　待ちしています。

▶ご確認ください

※採用されたご投稿は、必ずしも該当タイトルに掲載されるわけではありません。関連他タイトルへの掲載もありえます。
※例えば新刊の他の雑誌やパスで発表されている場合、すでに編集部で調べ・調査を終えているものと同内容のご投稿をいただいた場合などは、ご投稿掲載されない場合がありますので、あらかじめご了承ください。
※当社は個人情報を第三者に提供いたしません。また、ご記入いただきましたご自身の情報については、ご投稿内容の確認や掲載本が該当する場合以外の目的には使用いたしません。
※ご投稿の採用の可否についてのお問い合わせはご遠慮ください。
※原稿は原文を尊重しますが、スペースなどの関係で編集部でリライトする場合があります。

335

今回の取材は、2018年3〜4月にどんぐり・はうすが行いました。残念ながらスペースの都合上、今回の取材に当たってご協力いただいた方々のお名前をすべて挙げることはかないませんが、皆さまのご尽力に、深く御礼申し上げます。

写真提供・協力：一志敦子　岩間幸司　駐日イスラエル大使館　Israel Ministry of Tourism
駐日パレスチナ常駐総代表部　Palestine Ministry of Tourism and Antiquities　Dr. Hamdan Taha
Arie Kutz　Nurit Shohat Rotem Mizrahi（Inbal Pinto and Avshalom Pollak Dance Company）
Eyal Landsman（Inbal Pinto and Avshalom Pollak Dance Company）
Ascaf（Batsheva Dance Company）　Fuad Hiar　Jonathan Tishbi　Lea Majaro-Mintz　Dr. A. Ben Tor
Iyad Hamdan　Ihab Haj Daoud　Muhammad Mansour　Wisam H. Owaineh　Ala' Abu Sada
Ghada Abu Ta'a Joubran Joubran Israel Museum　Tower of David　Tel Aviv Museum of Art　Horon Design Museum
Bible Lands Museum Jerusalem　Yad Vashem　©iStock

制　作：河村保之	Producer：Yasuyuki Kawamura
編　集：どんぐり・はうす	Editors：Donguri House
大和田聡子	Akiko Ohwada
平田功	Isao Hirata
黄木克哲	Yoshinori Ogi
写　真：岩間幸司	Main Photographer：Koji Iwama
デザイン：シー・パラダイス	Design：Sea Paradise
地　図：どんぐり・はうす	Maps：Donguri House
表　紙：日出嶋昭男	Cover Design：Akio Hidejima
校　正：槍楯社	Proofreading：Sojunsha

本書の内容について、ご意見・ご感想はこちらまで
〒141-8425　東京都品川区西五反田2-11-8
株式会社地球の歩き方
地球の歩き方サービスデスク「イスラエル編」投稿係
https://www.arukikata.co.jp/guidebook/toukou.html
地球の歩き方ホームページ（海外・国内旅行の総合情報）
https://www.arukikata.co.jp/
ガイドブック『地球の歩き方』公式サイト
https://www.arukikata.co.jp/guidebook/

地球の歩き方E 05　イスラエル　2019〜2020年版
1986年8月1日　初版発行
2023年7月14日　改訂第14版第1刷発行

Published by Arukikata. Co.,Ltd.
2-11-8 Nishigotanda, Shinagawa-ku, Tokyo, 141-8425

著作編集	地球の歩き方編集室
発行人	新井邦弘
編集人	宮田　崇
発行所	株式会社地球の歩き方
	〒141-8425　東京都品川区西五反田2-11-8
発売元	株式会社Gakken
	〒141-8416　東京都品川区西五反田2-11-8
印刷製本	凸版印刷株式会社
DTP制作	有限会社どんぐり・はうす

※本書は基本的に2018年3月〜4月の取材データに基づいて作られています。
　発行後に料金、営業時間、定休日などが変更になる場合がありますのでご了承ください。
更新・訂正情報：https://www.arukikata.co.jp/travel-support/

●この本に関する各種お問い合わせ先
・本の内容については、下記サイトのお問い合わせフォームよりお願いします。
　URL▶https://www.arukikata.co.jp/guidebook/contact.html
・広告については、下記サイトのお問い合わせフォームよりお願いします。
　URL▶https://www.arukikata.co.jp/ad_contact/
・在庫については　Tel 03-6431-1250（販売部）
・不良品（乱丁、落丁）については　Tel 0570-000577
学研業務センター　〒354-0045　埼玉県入間郡三芳町上富279-1
・上記以外のお問い合わせは　Tel 0570-056-710（学研グループ総合案内）